本书系河南省高等学校哲学社会科学应用研究重大项目——新常态下河南省上市公司企业社会责任研究（2016-YYZD-02）、省高校人文社会科学重点研究基地——河南财经政法大学河南经济伦理研究中心、教育部高校人文社会科学百所重点研究基地——中国人民大学伦理学与道德建设研究中心的研究成果

河南省企业社会责任研究报告

研究报告

（2016）

ANNUAL REPORT ON
CORPORATE SOCIAL RESPONSIBILITY OF HENAN
（2016）

马书臣　乔法容　周林霞◎主　编
李培林　王文超　张新宁◎副主编

经济管理出版社
ECONOMY & MANAGEMENT PUBLISHING HOUSE

图书在版编目（CIP）数据

河南省企业社会责任研究报告（2016）/马书臣等主编.—北京：经济管理出版社，
2016.11

ISBN 978 - 7 - 5096 - 4889 - 6

Ⅰ.①河…　Ⅱ.①马…　Ⅲ.①企业责任—社会责任—研究报告—河南—2016
Ⅳ.①F279.276.1

中国版本图书馆 CIP 数据核字（2016）第 323500 号

组稿编辑：申桂萍
责任编辑：高　娅
责任印制：黄章平
责任校对：董杉珊

出版发行：经济管理出版社
　　　　　（北京市海淀区北蜂窝 8 号中雅大厦 A 座 11 层　100038）
网　　址：www. E - mp. com. cn
电　　话：（010）51915602
印　　刷：北京玺诚印务有限公司
经　　销：新华书店
开　　本：720mm×1000mm/16
印　　张：23.5
字　　数：409 千字
版　　次：2016 年 11 月第 1 版　　2016 年 11 月第 1 次印刷
书　　号：ISBN 978 - 7 - 5096 - 4889 - 6
定　　价：88.00 元

目 录

总 论

理论篇

行业篇

企业篇

附　　录

总　论

2015 年河南省企业社会责任
工作概况及 2016 年展望

2015 年，河南省国民经济面对复杂严峻的形势，呈现出总体平稳、稳中有进、稳中向好的发展态势。企业社会责任的发展呈现良好的局面，政府引导、企业主动、行业推动的格局初步形成，在法律道德、质量安全、科技创新、诚实守信、消费者权益、股东权益、员工权益、能源环境、和谐社区、责任管理等方面卓有成效，但也面临一系列问题。2016 年，河南省企业社会责任发展应当从政府加大推进力度、企业的主动实践、社会各方的积极推动等方面展开。

一、2015 年河南省经济社会发展概况

2015 年，面对复杂严峻的经济形势，河南深入贯彻落实中央各项决策部署，主动适应经济发展新常态，坚持调中求进、改中激活、转中促好、变中取胜，统筹稳增长、促改革、调结构、强支撑、防风险、惠民生各项工作，采取一系列政策措施扩大增长点、转化拖累点、抓好关键点、稳控风险点、抢占制高点，全省经济呈现出总体平稳、稳中有进、稳中向好的发展态势。

（一）2015 年河南省国民经济发展指标

据河南省统计局发布的公报，2015 年河南省生产总值 37010.25 亿元，按可比价格计算，增长 8.3%（见表 1），高于全国 1.4 个百分点。分产业看，第一产业增加值 4209.56 亿元，增长 4.4%；第二产业增加值 18189.36 亿元，增长 8.0%；第三产业增加值 14611.33 亿元，增长 10.5%。

其中，全年全省规模以上工业增加值增长 8.6%，高于全国平均水平 2.5 个百分点。分经济类型看，国有企业下降 1.4%，集体企业增长 5.4%，股份合作企业增长 11.1%，股份制企业增长 9.4%，外商及港澳台商投资企业增长 10.4%。

表1　2010～2015年河南省GDP总量、第二产业增加值及增长率

年份	GDP（亿元）	增长率（%）	第二产业增加值（亿元）	增长率（%）
2010	22942.68	12.2	13226.84	14.8
2011	27232.04	11.6	15887.39	15.1
2012	29810.14	10.1	17020.20	11.7
2013	32155.86	9.0	17806.39	10.0
2014	34939.38	8.9	17902.67	9.6
2015	37010.25	8.3	18189.36	8.0

资料来源：根据河南省统计局、国家统计局河南调查总队发布的历年《河南省国民经济和社会发展统计公报》资料整理。

与此同时，结构调整与转型升级步伐明显加快，三次产业结构持续优化。产业转型升级取得重大进展，第三产业增加值占生产总值比重达到39.5%，比2010年提高8.9个百分点，成为拉动增长、扩大就业的生力军；高成长性制造业和高技术产业占工业的56.3%，提高15.5个百分点，装备、食品行业主营业务收入超万亿元；产业集聚区规模以上工业增加值占全省的60.4%，提高20个百分点以上，成为工业增长的主阵地。城镇化率46.85%，提高8.03个百分点，五年新增790万城镇人口，中原城市群成为国家重点培育发展的城市群。表2为2010～2015年河南省全部工业增加值及增长率。

表2　2010～2015年河南省全部工业增加值及增长率

年份	全部工业增加值（亿元）	增长率（%）
2010	11950.82	15.4
2011	14401.70	16.1
2012	15357.36	11.8
2013	15960.60	9.9
2014	15904.28	9.5
2015	16100.92	8.0

资料来源：根据河南省统计局、国家统计局河南调查总队发布的历年《河南省国民经济和社会发展统计公报》资料整理。

总体来看，2015年全省经济表现出总体平稳、稳中有进、稳中向好的发展态势，主要经济社会发展预期目标胜利完成，一些指标取得历史性突破。在这一

轮全国各省增速普遍换挡回落的背景下，河南增速不仅高于全国平均水平，而且高出幅度逐渐扩大，实现了换挡不失速、量增质提升。但也要看到，河南发展面临的形势依然复杂，影响经济平稳增长的不确定因素依然较多。下一步，要坚定信心、直面挑战、抢抓机遇、迎难而上，保持稳增长政策措施的连贯性和稳定性，以供给侧改革为契机，推动工业结构转型升级，加大金融对实体经济的支持力度，继续保障和改善民生，确保经济社会实现持续、平稳、健康发展。

（二）2015 年河南省企业发展状况

2015 年 12 月，由河南省企业联合会、河南省企业家协会联合发布的"2015 河南企业 100 强"榜单出炉，河南能源化工集团、中国平煤神马能源化工集团、郑州铁路局位列前三。

"2015 河南企业 100 强"涵盖了全省不同性质、不同行业的大企业，其中国有及国有控股企业 50 家、民营企业 43 家、外商投资企业 7 家、第二产业企业 90 家、以服务业为代表的第三产业企业 10 家。

"2015 河南企业 100 强"实现营业收入 12731.30 亿元，较上年的 14308.22 亿元减少 1576.92 亿元，下降幅度为 11.02%（见表 3）。入围企业中，年营业收入超过 300 亿元的企业有 10 家，超过 100 亿元的有 26 家，较上年减少 6 家。河南能源化工集团以年营业收入 2043.37 亿元蝉联第一位，第 100 名黄河勘测规划设计有限公司为 10.56 亿元。

数据显示，"2015 河南企业 100 强"资产总额为 20966.76 亿元，较上年的 19280.18 亿元增长 8.75%，资产规模出现翘头迹象。另外，100 强企业实现净利润 277.57 亿元，较上年的 283.12 亿元下降 1.96%，经济效益指标低位徘徊，企业发展形势依然严峻。

表3　2010~2015 年河南省 100 强企业年营业收入及增长率

年份	营业收入（亿元）	增长率（%）
2010	9105.72	—
2011	11550.17	26.85
2012	12909.75	11.77
2013	13720.30	6.28
2014	14308.22	4.29
2015	12731.30	-11.02

资料来源：根据河南省企业联合会、河南省企业家协会联合发布的历年"河南企业 100 强"资料整理。

二、2015 年河南省企业社会责任发展概况

2015 年，河南省各级政府部门、企业及行业协会高度重视企业社会责任的履行，通过各种渠道及方式披露社会责任报告，取得了显著的成绩。

（一）河南省上市公司社会责任发布概况

截至 2015 年 12 月 31 日，河南省共有境内上市公司 73 家，总市值 8681.52 亿元，流通市值 6469.26 亿元，总股本 69.5.85 亿股，流通股本 598.98 亿股。在 73 家上市公司中，在主板上市的有 38 家，市值 5304.25 亿元，流通市值 4340.01 亿元，股本 540.87 亿股，流通股本 491.29 亿股。在中小板上市的有 24 家，市值 2425.86 亿元，流通市值 1615.39 亿元，股本 119.24 亿股，流通股本 84.64 亿股。在创业板上市的有 11 家，市值 951.41 亿元，流通市值 513.86 亿元，股本 35.74 亿股，流通股本 23.05 亿股。2015 年有 47 家上市公司现金分红，分红总额 110.1 亿元，现金分红率 124.93%，股息率 1.27%。

截至 2016 年 10 月 7 日，共有 36 家上市公司发布了 2015 年企业社会责任报告，占河南上市公司的 49.32%。

（二）河南省工业行业社会责任发布概况

2015 年 11 月 27 日，河南省工业经济联合会在河南省人民会堂举办了"2015 年河南省工业经济行业企业社会责任报告发布会暨第四届河南工业突出贡献奖表彰会"。河南省 21 家企业以及河南省汽车行业协会正式向社会集中发布了社会责任报告。河南省已经连续六年集中发布企业社会责任报告。

河南省工业经济联合会常务副会长范保国指出，当前，河南省工业经济发展面临着复杂的形势。国内外经济环境依然复杂严峻，外需低迷状况短期内难以改观，部分行业、企业困难加深，工业转型升级尚未完成，工业经济发展面临较大的下行压力。企业履行社会责任不仅是要求企业对社会负责，更是企业自身经营管理的一部分。只有广大企业都搞好经营管理，切实履行好自己的社会责任，河南工业经济才会有更好的明天。安阳钢铁股份有限公司、遂成药业股份有限公司、河南仰韶酒业有限公司、河南天豫薯业有限公司、河南瑞贝卡发制品股份有限公司、河南省瑞光印务股份有限公司、河南中源化学股份有限公司、河南佰利联化学股份有限公司、河南金山化工有限责任公司、天瑞集团郑州水泥有限公司、仲景宛西制药股份有限公司、郑州士奇测控技术有限公司、郑州万达重工股份有限公司、河南瑞泰耐火材料科技有限公司、河南森源集团有限公司、河南宋

河酒业股份有限公司、河南心连心化肥有限公司、河南天冠集团有限公司、河南豫联能源集团有限责任公司、罗山县灵山茶业有限公司、南阳汉冶特钢有限公司21家企业和河南省汽车行业协会陆续发布了社会责任报告。

同时，经河南工业突出贡献奖组委会认定，河南省共有八家企业（其中包括六名企业家）获第四届"河南工业突出贡献奖"，分别是安阳钢铁集团有限责任公司及董事长李涛、河南能源化工集团有限公司、河南森源集团有限公司及董事局主席楚金甫、河南豫联能源集团有限责任公司及董事长张洪恩、河南中烟工业有限责任公司黄金叶生产制造中心、风神轮胎股份有限公司及董事长王峰、格力电器（郑州）有限公司及副总经理陈政华、河南天冠企业集团有限公司及董事长张晓阳。此外，河南瑞贝卡发制品股份有限公司等21家企业和15名企业家获"河南工业行业突出贡献奖"。

作为全省首个工业领域社会责任报告集中发布会，经省政府批准，河南工业经济行业企业社会责任报告发布会自2010年每年举办一届，旨在为河南工业企业及行业协会提供社会责任报告集中发布、展示、交流平台，提供社会责任管理实践研究和绩效检验、评价、改进平台，凝聚共识，激发活力，推动形成政府、行业、企业、社会"四位一体，多元共促"的协同推进格局，促进经济、社会、环境的全面协调可持续发展。

（三）《河南企业社会责任报告》发布会概况

2015年12月28日，新华社河南分社、河南省工业和信息化委员会主办，新华网河南频道、河南省企业社会责任促进中心承办的"首届河南企业社会责任报告发布会"在郑州举行，发布《河南企业社会责任报告》。这是河南省第一次较为全面、系统编制发布的企业社会责任报告，也是首次由政府主管部门、新闻单位和专业研究机构共同发布的企业社会责任报告。

《河南企业社会责任报告》样本覆盖18个省辖市、18个行业和777家企业。报告对河南省企业履行社会责任现状进行了分析与总结，同时指出河南省企业社会责任建设过程中的问题与不足，并探索符合河南特色的区域责任竞争力的提升路径。该报告指出，河南省企业社会责任工作发展比较迟缓。有关方面和一些企业对社会责任缺乏认识，缺乏理念，更缺乏促进和承担企业社会责任行之有效的办法。很多企业片面地将企业社会责任理解为做公益，却忽视了创新创业、员工权益、环境保护等方面的责任工作。

三、2015 年河南省企业社会责任工作取得的成效

2015 年，河南省各级政府部门、行业协会、企业等高度重视企业社会责任的履行，在法律道德、质量安全、科技创新、诚实守信、消费者权益、股东权益、员工权益、能源环境、和谐社区、责任管理等方面成效显著。

（一）政府引导企业履行社会责任

2015 年，河南省各级部门高度重视引导企业履行社会责任，在员工权益保障、质量安全、企业诚信、能源环境保护、企业公益慈善管理等方面颁布相应的法律、规章、制度，确保将引导企业履行社会责任落到实处。

在员工权益保障方面，积极构建和谐的劳动关系。一是加强劳动关系调整和劳动保障监察执法工作。完善协调劳动关系三方机制，实施集体合同制度"攻坚计划"，截至 2015 年 7 月底，全省劳动合同签订率达 97%，集体合同覆盖率达 95%，全省签订区域性、行业性和企业工资专项集体合同 46264 份，覆盖企业 73046 家，涉及职工 324.71 万人；劳动保障监察执法工作积极有效，升级改造劳动保障监察管理信息系统，初步建立起劳动保障监察举报投诉案件省级联动处理机制，全省共检查各类用人单位 2.61 万家，处理各类劳动保障违法案件 5975 件，处理突发性事件 444 件，涉及劳动者 2.06 万人，责令补签劳动合同 9.56 万份，为 10.72 万名劳动者追发工资待遇 10.9 亿元，为 2.14 万名劳动者促缴社会保险费 3982 万元。二是加强劳动人事争议调解仲裁工作。健全基层劳动争议调解组织体系，截至 2015 年 7 月底，全省各类基层调解组织发展到 1.62 万个，劳动人事争议仲裁院建设取得突破性进展，全省共建立仲裁院 179 个，省辖市和县（市）仲裁院建院率达 100%，全省各级劳动人事争议仲裁机构和调解组织共受理案件 1.59 万件，涉及劳动者 1.98 万人，涉案金额 3.42 亿元；10 人以上集体争议案件 160 件，涉及劳动者 2512 人，结案率达到 93.2%。三是做好企业工资宏观调控工作。及时发布全省企业工资指导线，加强企业工资收入分配管理，将不同类别行政区企业最低工资标准分别调整为每月 1600 元、1450 元、1300 元，进一步提高低收入职工特别是基层一线职工的工资水平。

在质量安全方面，切实维护公共健康和消费安全。2015 年 3 月，河南省农业厅印发了 2015 年农产品质量安全监管工作要点，要求紧紧围绕"努力确保不发生重大农产品质量安全事件"目标，以深入推进农产品质量安全执法年活动为总的抓手，以农产品质量安全县创建为重要载体，坚持"产出来"和"管出来"

两手抓，强化源头治理和执法监管，大力推行标准化生产和全程控制，推进监管能力和制度机制建设，确保主要农产品例行监测合格率稳定在96%以上，切实维护公众健康和消费安全，促进农业提质增效和可持续发展。

在企业诚信方面，加大社会信用体系建设。2015年1月，河南省委宣传部、省文明办、省发展改革委、人民银行郑州中心支行、省社科联在郑州联合举办了河南省诚信企业示范创建"百千万"工程启动仪式暨河南高层发展论坛：河南省社会信用体系建设理论研讨会，来自省社会信用体系建设领导小组各成员单位、省辖市和省直管县（市）的社会信用体系建设牵头部门、综合诚信承诺企业的领导和代表共150人参加。论坛公布了2015年河南省首批综合诚信承诺企业文件，根据《河南省人民政府关于加快推进社会信用体系建设的指导意见》和《关于河南省实施诚信企业示范创建"百千万"工程的意见》，按照企业自愿申报、各地组织企业签署《河南省企业综合诚信承诺公约》确认情况，三全食品股份有限公司、中国一拖集团有限公司、河南豫光金铅集团有限责任公司等2271家河南省首批综合诚信承诺企业予以公布。今后，河南将紧紧围绕政务诚信、商务诚信、社会诚信和司法公信建设，启动规划编制、省级公共信用信息平台等六项重点工作。

在能源环境保护方面，贯彻落实《河南省减少污染物排放条例》。该条例规定，"县级以上环保行政部门对无证排污、违反许可证要求排污的，可依法查封有关设施、场所"。这被环保人士认为是中国内地污染减排监管手段的有效突破。据河南省统计局统计，2013年河南省万元工业增加值能耗比上年下降8.3%，2014年达到11.29%，2015年则达到11.54%，初步核算可超额完成国家下达的万元生产总值能耗下降目标。此外，河南省83个省控河流监测断面中，水质符合Ⅰ～Ⅲ类标准的断面占43.4%，比上年减少1.2个百分点；符合Ⅳ类标准的断面占24.1%，比上年减少2.4个百分点；符合Ⅴ类标准的断面占9.6%，比上年增加4.8个百分点；水质为劣Ⅴ类的断面占22.9%。按照《环境空气质量标准》（GB3095－2012）评价，全省省辖市城市环境空气质量级别为中度污染。

在企业公益慈善方面，企业捐赠形式多样化。根据河南省慈善总会2015年工作报告，2015年河南慈善总会全年共接收慈善款物捐赠7.37亿元，比上年增长23.9%；公益性支出7.1亿元，比上年增长20%；资助和帮扶困难群众9.8万人次，比上年增加1.8万人次。此外，截至2015年底，河南省慈善总会共成立专项基金32个，基金规模达3119万元，小额冠名爱心基金5160个。2015年1

月，河南金凯帝房地产开发有限公司、北京洛奇临床检验所、北京三方投资发展有限公司、优德集团、河南水利建筑工程有限公司、上海聆海投资管理有限公司、广东超维电子科技有限公司等企业及爱心人士向河南省残疾人福利基金会捐赠助残基金 1186 万元，用于资助贫困大学生、先天性残疾预防、残疾人艺术培训和设立扶残助残基金等。根据新华社河南分社、河南省工业和信息化委员会主办，新华网河南频道、河南省企业社会责任促进中心承办的"首届河南企业社会责任报告发布会"发布的《河南企业公益慈善调查报告》认为，河南企业捐赠具有以下特点：扶贫领域捐赠热度不减；教育领域大额捐赠突出，捐赠形式多样；多元捐赠应对社会差异化需求；企业公益项目迈入品牌化竞争时代；"一日捐"受企业追捧；灾害激发捐赠高潮；专项基金及企业基金会成为企业公益慈善专业化首选；企业、媒体联动助推公益慈善传播。

（二）企业主动履行社会责任

2015 年，河南省各级各类企业均有比较明确的社会责任履行意识，根据行业特色和企业实际，在法律道德、质量安全、科技创新、诚实守信、消费者权益、股东权益、员工权益、能源环境、和谐社区、责任管理等方面做出实效。

在法律道德方面，安阳钢铁股份有限公司在经营过程中严格遵守国家各项法律法规，建立健全各项企业规章制度。按时上缴国家税费、支付职工薪酬、向银行等债权人给付借款利息，公司每股社会贡献值为 0.37 元。三全食品公司能够在生产经营活动中认真遵守《公司法》、《劳动法》等法律法规及社会伦理规范；在市场经营活动中倡导并践行商业伦理理念，坚持以"消费者满意"为导向，注重公司发展与环境保护之间的平衡。河南神火煤电股份有限公司认真遵守国家法律、法规，积极预防腐败，依法经营，公司的核心经营战略充分考虑了应尽的社会责任。

在质量安全方面，中信重工机械股份有限公司构建以"质量红线管理"为核心的特色质量管理模式，全面推进国际标准和国际规范工作，探索并创建出具有中信重工特色的质量管理方法——"155"质量防控体系，为产品质量提升提供了坚实保障。安阳钢铁股份有限公司严把产品质量关，通过"QC"小组、"质量信得过班组"、"质量月"等活动，不断强化生产过程、最终产品及售后服务的质量控制，建立健全质量保证体系。三全食品公司倡导"客户至上，以质量求生存、以质量创新求发展"的管理伦理理念，使 ISO9001：2000 质量管理体系和HACCP 食品安全控制体系贯穿在整个生产流程，并建立了完善的产品溯源机制，打造了一条完整的、有足够控制力的从农田到餐桌的新型食品安全供应链，充分保证了从原料种植养殖、生产加工、储存、运输到终端销售的整个供应链产品的品质和安全。河南汉威电子股份有限公司一方面牢固树立全员质量管理理念，完善质量管理体系；另一方面从产品设计到原料采购再到生产过程，严格把关产品质量控制全流程。通过一系列措施的实施，成效显著。在 2016 年 5 月的郑州高新区质量工作大会上，汉威电子荣获 2015 年"主任质量奖"和"主持制修订国家标准先进企业"两项荣誉称号，并获奖金 80 万元。

在科技创新方面，安阳钢铁股份有限公司通过自主创新，引领发展，2015年公司研发投入 5.57 亿元，获得授权核心专利技术 23 项，核心竞争力有了显著提升。三全食品公司加大科研投入，广泛开展产学研合作与交流，形成了产学研一体的研发体系和强大的新产品研发能力。河南神火煤电股份有限公司重视科技与管理创新，加大研发投入，重视技术成果的转化和推广应用。全年共有 416 项创新成果和 8 项国家发明专利，煤炭业务板块共完成各类大小创新项目 800 余个。河南瑞贝卡发制品股份有限公司围绕市场需求，继续加大科研投入力度，加快了新产品、新助剂、新工艺、新材料等领域的研发和推广力度，企业核心竞争力得到全面提升。全年确认新产品 868 种，研发新助剂 5 种，完成技术创新项目31 个，其中 28 项已在生产中推广应用，有效提升了产品质量，降低了生产成本。

在诚实守信方面，三全食品公司能客观、真实、准确、完整、及时地披露有关信息，做到信息公开、诚信经营、公平交易，被国家工商行政管理总局评定为"全国 520 家重合同守信用单位"。风神轮胎股份有限公司切实履行依法纳税责任，为增加国家和地方财政收入做出贡献。2015 年，公司按照国家有关规定，合计实现税收 3.11 亿元。2000 年以来，公司累计上缴国家税金 41 亿元，为经济社会发展做出了积极贡献。2016 年，风神轮胎以 56764 万元实纳税额位居焦作市百强纳税企业榜首，在践行社会责任，坚持诚信经营，做好依法纳税等方面在全市企业中起到了积极的示范带动作用，为当地经济社会建设发挥了重要作用。河南神火煤电股份有限公司积极依法纳税。2016 年因受整体宏观经济疲软、产能严重过剩等因素影响，公司遇到成立以来前所未有的困难，两大主营产业煤炭和电解铝均出现严重亏损，在经营形势十分严峻的形势下，公司上缴各类税费达10.24 亿元。

在消费者权益方面，安阳钢铁股份有限公司以客户服务为中心，积极满足客户需求。2015 年，公司从渠道、区域、级别等方面对顾客进行细分，区分不同顾客群体特点，有针对性地满足不同顾客的需求。此外，开展"量身定做"式服务，改善订单组织形式，尤其对于小批量订单或者用户急需订单，尽可能协同各生产部门，实现整体接单。神马实业股份有限公司秉承以客户为中心的服务理念，把改善与客户的关系，提升客户满意度作为提高企业竞争力的出发点和落脚点。一方面，积极培育以客户为中心的经营行为，实施以客户为中心的服务流程，通过提高产品性能、建立客户数据库、增强客户服务、提升客户满意度，与客户建立起长期、稳定、相互信任的亲密关系；另一方面，通过经营管理业绩报告、公司网站、客户见面会、客户满意度调查、客户投诉专线、客户走访等多种渠道，倾听客户需求，与客户沟通，对客户进行产品和服务知识的普及，做好售后服务。在保护消费者权益方面，神马实业股份有限公司始终坚持公平营销，致力于为客户提供真正公正的信息和公平的合同行为。华兰生物工程股份有限公司坚持为消费者提供优质的产品和服务，建立了 24 小时响应制度，严格控制产品质量和安全、做好产品的售后服务工作。河南神火煤电股份有限公司积极维护消费者合法权益，重视产品质量，始终坚持为消费者提供优质、合格的产品，通过了相关的产品质量认证，建立了完善的售后服务体系，优化客户关系。

在股东权益方面，风神轮胎股份有限公司切实维护股东权益，社会贡献值连年增长。2015 年，公司股东大会、董事会、监事会"三会"规范运作，不断提升公司的治理水平，促进公司规范运作，有效控制了公司的财务风险、经营风险，保护了股东和债权人的合法权益。健全的公司治理架构、公司治理为公司的生产运营提供了保障。近年来，公司每股社会贡献值连年增长。2015 年，上交所公司每股社会贡献值为 2.92 元。河南神火煤电股份有限公司积极维护股东和债权人合法权益，完善公司法人治理结构，加强投资者关系管理。自上市以来，公司累计向股东派送现金股息 20.29 亿元，认真履行信息披露义务。2016 年，通过投资者关系互动平台实时解答投资者咨询 149 条，接待机构投资者实地来访调研 7 人次。2015 年 11 月 19 日，公司还组织参加了"河南上市公司诚信公约煤电钢铁企业阳光行"活动。河南瑞贝卡发制品股份有限公司十分重视对股东及债权人利益的维护。2015 年，该公司实现营业收入 19.45 亿元，实现归属于股东的净利润 1.41 亿元，上缴税金 1.1 亿元，向员工支付工资 4.58 亿元，支付银行等债权人借款利息 1.0073 亿元。

在员工权益方面，安阳钢铁股份有限公司面对不利的市场形势，积极维护员工权益。公司采取"不减薪，不减人"的稳定岗位就业措施，在干部考核、薪酬分配、人力资源评价等方面进行了广泛的改进，实行宏观管控，权力下放，有效激发了各单位的内生动力。此外，通过多种形式的员工培训，提高员工技术水平和工作能力。河南汉威电子股份有限公司严格遵循各项法律法规的要求与员工签订合同，明确双方权利与义务，依法为员工办理各项社会保险，依法维护员工的合法权益，尊重员工个性绽放，加强对员工的人文关怀，为员工创造"安全、健康、快乐"的工作和生活环境，最大限度地提供发挥潜能的便利条件，在人力资源管理以及雇主品牌建设方面成绩显著。中信重工机械股份有限公司各级机构设专人负责安全生产工作，实行了分级管理、全员参与的安全风险防范责任制。公司注重提升员工的安全意识和职业健康意识，2015 年全年组织安全培训 12055人次，包括特种作业人员培训、职业健康教育、安全管理人员培训、安全人员专项培训等。2015 年，中信重工机械股份有限公司建立了雾霾天气应急响应长效机制，根据天气预警分级采取调休、减少或停止室外作业、增加防护措施、实行弹性工作制等措施，充分保障员工的身心健康。河南神火煤电股份有限公司依法保护员工的合法权益。一是严抓安全生产管理，全年实现了零工亡目标。二是强化专项培训，锤炼专业人才队伍。2016 年，组织煤矿主要负责人、安全生产管理人员共 350 人次到河南工程学院、河南理工大学参加安全资格证培训复训；按计划组织科队级安管人员培训班 11 期，810 人次参培；举办特种作业人员、班组长培训复训班 64 期，培、复训特种作业人员 2152 人次，班组长 719 人次。三是保护员工的职业健康和安全，抓创建，塑造企业文化，维护和谐劳动关系。河南瑞贝卡发制品股份有限公司非常重视安全生产工作，把安全工作摆在"重于一切、高于一切"的重要位置。2015 年，公司成立了以总经理为主任，各部门负责人为委员的安全生产管理委员会，组建了安全生产管理机构，形成了"安全管理第一责任人→具体分管领导→各部总监、部门经理→兼职安全员"的安全体系。按照"安全第一，预防为主，综合治理"的方针，建立了覆盖公司所有部门的安全标准化体系，制定安全标准化制度 65 个。

在能源环境方面，天冠集团在生物能源领域以"中国绿色能源倡导者"的使命为己任，在生产燃料乙醇的过程中，通过构建循环经济模式，一方面把产生的废糟液，经过发酵处理生产沼气，沼气污泥经过加工处理成为生态肥，用于改良土壤结构，增加土壤肥力；另一方面通过燃料乙醇的推广，大大减少汽车有害尾气的排放，使整个燃料乙醇推广区域的大气污染得到了有效控制。经测量，乙醇推广区域 CO、HC 平均值分别下降 30.8% 和 13.4%，温室效应气体 CO_2 大大减少，环保效益十分明显。天冠集团的循环经济模式，带来了显著的社会效益和经济效益，生物天然气项目每年可替代并节约标准煤 12 万吨，节约水资源 300 万立方米，减少二氧化碳排放量 111 万吨，减少二氧化硫排放量 3.31 万吨，减少烟尘排放量 1.16 万吨。天冠集团独有的燃料乙醇工业生态系统，真正做到了"吃干榨净"，使原材料利用率达到 100%，再生资源利用率达到 100%。这种"取自自然—用于自然—回归自然"的可持续发展模式，有效利用了资源，也为我国循环经济建设树立了标杆，为建设美丽中国、美丽乡村贡献了力量。鉴于"天冠循环经济模型"的典型性和示范性，天冠集团先后被国家确定为全国首批循环经济试点单位和全国九家循环经济教育示范基地之一。安阳钢铁股份有限公司加强组织管理，促进节能减排：结合机构调整和职能改变，修订能源和环保管理规章制度和程序文件，加强对能源和环境体系新标准的培训学习，增强了相关工作人员的业务水平；组织各单位开展重点耗能设备能效测试，确保重点耗能设备优化运行，促进能耗指标持续改进，能源和环境管理体系的运行更加高效。2016 年，公司没有重大环境污染事故；生产经营符合国家法律法规要求，全年无环境违法事件；污染物排放达到国家和地方排放标准，主要污染物排放量满足政府节能减排要求和总量控制指标；冶金渣、含铁尘泥等工业固体废弃物综合利用率达到 100%。中原环保股份有限公司在 2015 年供暖季结束后，按照河南省环保厅对排烟需进行脱硝处理的要求，对公司下属的新密热力公司的脱硝技术进行市场调研，优中选优，投资加装脱硝设备，确保脱硝运行稳定，烟气排放达到国家规定要求。公司全年污水处理量达到 2.6 亿吨，有效改善了水环境污染；沼气输送量达 483 万立方米，变废为宝，不仅取得了经济效益，还为生态环境的保护做出了贡献。河南神火煤电股份有限公司发展绿色经济和循环经济，致力于实现煤炭绿色开采和电力、冶金等低碳生产。减少废物排放，从生产源头狠抓污染预防和控制措施，积极发展循环经济。煤炭业务板块强化机电设备购置、工程项目管控及用电环节管控，节约资金近 7700 万元。2016 年实现节能量 20874.48 吨标准煤，完成了年度节能目标。三全食品将环境保护作为企业可持续发展战略的重要环节，注重履行企业环境保护的职责，严格贯彻执行《中华人民共和国环境保护法》的有关规定，持续强化节能降耗，使公司实现健康持续发展。

在和谐社区方面，万达重工股份有限公司积极开展公益慈善活动，坚持不懈地传播慈善文化。公司在持续、稳健发展的同时一直不忘将社会公益事业作为承担社会责任的主要途径之一，不仅多次组织企业员工为困难家庭捐钱捐物，还定期组织员工到郑州市福利院关怀老人和儿童。不仅积极参加政府组织的各种募捐和植树等活动，在每次灾难发生时还主动捐款为灾区奉献爱心。不仅帮助当地果农解决水果滞销问题，还远赴西藏为边远地区小学生送去了来自中原人民的关怀。仅2015年一年，公司就组织参加各类公益活动20余次，捐赠衣物、学习用品、资金折合人民币约50余万元。公司用一次次的实际行动感化着员工，奉献着社会，也一步一步地履行着自己的社会责任，践行着自己庄重的承诺。河南神火煤电股份有限公司积极从事公益慈善活动。开展送健康送温暖活动，春节期间对851户工伤及困难职工进行了慰问，发放慰问金80余万元。开展金秋助学活动，为236户困难职工子女发放助学金90万元等。河南瑞贝卡发制品股份有限公司在追求经济效益和股东利益最大化的同时，始终把承担社会责任作为公司的神圣职责，并成立了相关管理机构，指定了专职工作人员，确定了社会责任项目，认真履行自己的职责。2015年，公司在北京、杭州、郑州、许昌等城市开展了"为爱义剪"活动，向因癌症化疗导致脱发的患者捐助假发，抚慰他们受伤的心灵。帮扶贫困员工100名，帮扶贫困大学生10名，看望、慰问伤病员工及社区老人，发放慰问金近20万元，为构建和谐社会做出了应有的贡献。

在责任管理方面，神马实业股份有限公司积极履行社会责任意愿，结合中国的传统文化，把公司社会责任理念形象地提炼为"责任与幸福同行"，希望通过自身积极履行社会责任的实践，为社会创造幸福的生活。万达重工股份有限公司自1999年创建以来，始终秉持"敬业、诚信、创新、发展"的企业精神，坚持为客户创造价值、为社会承担责任，坚守"开创幸福万达事业、为社会承担更大责任"的价值观，牢牢把握国家能源建设战略机遇期，大力培育企业核心竞争力，持续提升企业盈利能力；同时，还积极而自觉地承担建设"美丽中国"的企业社会责任，以"做负责任的公民，做负责任的产品，做负责任的企业，做负责任的服务"为企业社会责任目标，将企业的经济效益和社会责任有机地统一起来。中信重工机械股份有限公司以"诚信"为核心，以经营理念为基础，以"焦裕禄精神"为精髓，以岗位诚信体系为特色的诚信文化体系，为企业持续发展凝聚了强大的精神动力和智力支持。被中国企业文化研究会授予"全国企业文化建设示范基地"称号，成为河南省首家获此殊荣的企业。2015年11月，公司获评全国"'十二五'企业文化建设创新文化标杆"。中原环保股份有限公司严格依据《中国企业社会责任评价准则》构建CSR管理指标体系，将责任理念探索和实践持续推进，继往开来，逐步由基本达成社会共识阶段进入到社会责任管理的新阶段，并在总体上形成了政府引导、行业推动、企业实践、社会参与、国际合作五位一体、多元共促的社会责任推进格局。

（三）行业协会推动企业履行社会责任

行业协会作为市场和政府之外的社会组织，在促进企业社会责任履行方面有着不可替代的作用，其主要通过行业协会自律在经济部分的治理中发挥着自己的作用。行业协会通过制定行业自律规则达到对协会成员的约束和治理，在拥有潜伏共同利益的人们之间，逐步形成一套行之有效的赏罚规则，可以对合作者论功行赏，同时惩罚合作的破坏者，有助于克服集体行动障碍，形成有效的集体行动。行业自律虽不具有类似法律的强制执行力，但对公平竞争有很强的有效性，是促进企业社会责任履行不可替代的社会气力。近年来，河南省的行业协会蓬勃发展，基本上涵盖了所有的行业。这些行业协会通过各种方式和手段，推进河南省企业在履行社会责任方面走在全国的前列。

第一，制定企业履行社会责任指南。河南省工业经济联合会制定并发布《河南工业企业及工业协会社会责任指南》，要求工业行业的企业增强责任意识，积极履行社会责任，成为依法经营、诚实守信的表率；节约资源、保护环境的表率；以人为本、构建和谐社会的表率。在追求经济效益和股东利益的同时，积极维护债权人和职工的合法权益，诚信对待供应商和消费者，积极从事环境保护，参与扶贫济困等公益事业，促进企业与社会的协调、和谐发展。河南省矿业协会制定的《河南省矿业协会章程》第七条第五款明确规定，"加强行业管理，履行社会责任，促进建立矿业行业自律性机制，参与制定、监督执行行规、行约、技术标准，经政府有关部门批准，开展行检、行评、参与行业资质认证、指导矿业企事业在市场中公平竞争，树立良好的企业形象"。

第二，搭建企业社会责任报告发布平台。为了搭建河南省工业企业社会责任报告集中发布平台，更好地引导推进工业企业全面履行社会责任，2010年河南省工业经济联合会借鉴中国工业经济联合会和兄弟省市工经联举办社会责任报告发布会的做法，报经省政府主管领导批准，每年举办一次社会责任报告发布会，旨在为河南工业企业及行业协会提供社会责任报告集中发布、展示、交流平台，提供社会责任管理实践研究和绩效检验、评价、改进平台，凝聚共识，激发活力，推动形成政府、行业、企业、社会"四位一体、多元共促"的协同推进格局，促进经济、社会、环境的全面协调可持续发展。该会目前已连续举办了六年。六年来，河南省工业经济联合会会同有关省级行业协会发布了《河南工业企业及工业协会社会责任指南》，同时收集社会责任建设有关政策和行业企业社会责任报告编印成会刊进行交流学习，为广大企业履行社会责任提供了指引，树立了典范，营造了氛围，搭建了河南省首个社会责任报告集中发布平台。

第三，大力宣传企业履行社会责任的重要性。行业协会组织通过办好行业内治理刊物，宣传企业积极承担社会责任，以国为先，回报社会，开展慈善事业；支持公益活动，关心社会发展与进步，奉献爱心和真诚，同时，规范企业老实遵法、公平、公正、依法纳税。为建立促进工业企业履行社会责任的长效机制，督促企业将社会责任要求落到实处，实现经济、生态、社会效益的和谐统一，河南省工业经济联合会自 2014 年起，每年举办河南省工业经济行业企业社会责任培训班，并探索开展河南工业企业履行社会责任星级评价活动。河南省矿业协会还利用"世界地球日"、"全国土地日"、"科技活动周"等活动载体，以"珍惜地球资源，转变发展方式"，"节约资源、保护环境，做保护地球主人"为载体，大力宣传企业社会责任，收到较好的效果。

第四，推动企业及其他行业协会履行社会责任。河南省工业经济联合会作为全省工业经济领域的联合组织，在引导企业履行社会责任方面发挥了重要作用，和全省行业协会共同打造了一个完善的企业社会责任报告发布平台。河南省工业经济联合会要求全省性工业行业协会发挥行业联合组织和行业带头人的作用，组织带领行业协会和行业内企业尽快树立社会责任理念，增强紧迫感、使命感、责任感，全面推进河南企业履行社会责任。河南省矿业协会努力推进矿业循环经济，加快转变发展方式。该协会号召河南省矿业企业全面贯彻和落实科学发展观，摒弃传统的"大量生产、大量消耗、大量废弃"的粗放经济增长方式，大力发展"减量化、再利用、资源化、无害化"和"资源—产品—废物—再生资源"的"循环经济"。

四、河南省企业社会责任工作方面存在的问题

在经济日益全球化的今天，企业承担社会责任的理论研究、评价体系建构等一直是学界关注的热点话题。与此同时，在实践上，企业社会责任发展战略及其实施，成为企业可持续发展的一把利器。企业只有在经济发展、遵法守德、环境保护、社会和谐、生态文明等建设中勇于担当，才能更好地实现自身的可持续发展，更好地彰显自身存在的社会价值。目前，河南省企业履行社会责任中存在的

主要问题是：

第一，政府在企业社会责任立法等方面存在薄弱环节。近年来，国家不断强调企业社会责任立法，推进企业社会责任进一步向制度化、规范化发展。但截至目前，河南省还没有出台具有地方性质的关于企业社会责任的法律法规，使得河南省企业履行社会责任缺乏法律约束与政策推动，这是河南省在社会责任建设工作方面的一个薄弱环节。

第二，社会团体推动企业履行社会责任的力度不够。由于政府参与不足、资金缺乏、社会责任活动的宣传影响力度不够，至今，尚未能探索出履行社会责任与促进企业可持续发展有机结合的模式，导致企业内在动力不足，社会责任意识缺乏，主动性、积极性不高。

第三，反映现实的企业社会责任理论成果较少。截至目前，河南省仅有少数高校建立了专门从事企业社会责任研究的机构。虽有一些研究成果推出，但呈零散、学科视角多元、形不成气候的状况；另外，这些研究成果尚缺乏对河南省企业社会责任实践现状的整体把握，存在不接地气的现象，学术力量更是缺乏有效的整合，导致企业在履行社会责任中缺乏理论指导。河南省企业社会责任研究的学术力量不足，也是河南省企业社会责任工作进展缓慢的因素之一。

第四，企业在承担社会责任的认知上存在误区。部分企业领导不理解企业社会责任的内涵，片面地认为履行社会责任就是慈善捐款，或狭隘地理解为履行社会责任会增加企业成本，因而，履行社会责任成了包袱，认为应在企业自身具备经济实力后再讨论履行社会责任等。这些误解，导致一些企业在履行社会责任的过程中存在很大的盲目性，更缺乏明确的目标及战略。因此仅停留在口头上要履行社会责任，或通过做公益慈善来履行社会责任。

五、2016 年河南省企业社会责任发展展望

随着河南省经济实力的进一步增强，企业整体经济水平的提升，河南省企业社会责任发展在未来几年将会经历一个快速发展期。我们必须抓住机遇，迎接挑战，积极推进企业社会责任建设。

第一，政府加大推进力度。一是推进企业社会责任法制化。要在《公司法》的总则中突出强调企业必须承担的基本社会责任，将企业社会责任纳入法制化、规范化的管理体系中。强化企业的社会责任，就是要强化企业的守法行为，使企业在生产经营的过程中严格遵守《劳动保护法》、《生产安全法》和《环境保护

法》，在遵守国家各项法律的前提下创造利润，为社会做贡献。二是使企业社会责任管理与国际接轨，建立企业社会责任评价体系。在西方发达国家，对任何一个企业的评价都是从经济、社会和环境三个方面着手，经济指标仅仅被认为是企业最基本的评价指标，而关于企业社会责任的评价多种多样，如道琼斯可持续发展指数、多米尼道德指数、《商业道德》、《财富》等都将企业社会责任纳入评价体系。三是加强培训工作。通过对有关人员的培训与教育，让地方政府管理部门的官员和企业经营者、管理者认识和理解企业社会责任对企业发展和地方经济发展的重要意义，帮助企业树立社会责任的理念，在创造利润的过程中，不能忘却企业的社会责任。四是加大宣传，让各类组织都来关注企业社会责任建设。各类组织参与到推动企业社会责任的运动中来，营造推进企业社会责任的社会氛围，使企业在一个积极促进企业社会责任的环境中认识到承担社会责任，有利于企业的可持续发展。五是政府应强化对企业履行社会责任的监督与管理。企业守法经营是底线。政府应充分了解企业的守法行为情况，表彰认真履行企业社会责任的企业，对那些严重违反《劳动法》、《生产安全法》和《环境保护法》的企业提出批评或经济惩罚或资格限制等。

第二，企业的主动实践。一是将企业社会责任融入发展战略。把履行社会责任融入企业发展战略，是企业切实承担社会责任的必由之路。只有将履行社会责任纳入公司治理，融入企业发展战略，落实到生产经营的各个环节，得到员工的理解和认可，才能保障企业社会责任工作落地。二是加强企业社会责任管理体系建设。参照国际上一些大公司在履行社会责任时的做法，将社会责任纳入企业管理体系中，将社会责任工作更加常规化、专业化。三是发布企业社会责任报告。目前，河南省只有40多家发布企业社会责任报告，说明企业发布社会责任报告的积极性不高，应该鼓励企业发布社会责任报告，进一步完善企业履行社会责任的信息披露，促进企业履行社会责任更加透明化和专业化。四是充分运用新媒体，促进企业履行社会责任的方式多元化。随着新媒体的兴起，企业与消费者以及社区的互动增多，企业履行社会责任的方式发生了变化。一些企业可以利用新媒体自己发起助学助贫等公益项目，全程参与，从而产生很大的社会影响力，有力地促进社会责任的践行。

第三，社会各方面的积极推动。一是民间组织推动。在欧美等经济发达国家和地区，非政府组织积极推进企业社会责任运行机制的形成和完善，其经验可以借鉴。河南省可以积极培育民间组织力量，不断推进企业社会责任建设。二是行业协会支持。行业协会可以对企业社会责任建设产生多方面的促进机制。促进机制包括多方面，比如行业行为标准、评估标准和宣传培训等。三是媒体参与推动。在媒体监督和推动下，企业能更好地履行社会责任。河南省媒体对于河南省企业履行社会责任起到了积极的宣传作用，对一些企业的失责行为给予了公正的批评。四是联合高校和科研机构共同推动。河南省高校和科研机构需加大在企业社会责任理论方面的研究，为企业社会责任实践提供更有力的理论支持。

理论篇

2015 年中国企业社会责任研究概要

企业社会责任（CSR）从第一次出现在人们的视野并发展成为当今国际社会所关注的一个重要议题，已经历了一段相当长的时间。在这个过程当中，企业社会责任从最初的局限于学术界的理论探讨发展成了一个集理论与实践于一身的综合性概念，也越来越受到国际社会、各国政府、专家学者、集团公司、广大消费者的关注和重视。尤其是对中国来说，随着经济向全球化的深入发展，如何及时地跟进企业社会责任的理论研究，加强企业社会责任的应用实践，构建一个既和国际接轨又立足中国国情的企业社会责任标准就成了摆在我们面前的一个重要问题。

本书将以 2015 年国内发表的与企业社会责任有关的著作、论文、研究报告等为研究对象，着重梳理在过去的一年时间里，中国学术界在企业社会责任研究方面所做出的理论方面的贡献，内容包括：翻译国外最新企业社会责任理论动态的译介、企业社会责任的理论创新研究、企业社会责任的法制化研究，以及企业社会责任与竞争战略、财务绩效、影响因素、股权结构等方面的实证研究。本书旨在通过展示一年来有关企业社会责任研究的理论成果，梳理企业社会责任发展实践的最新动态，为相关领域的深入探讨提供资料分析与信息参考。

在梳理和总结我国 2015 年关于企业社会责任方面的研究之前，我们有必要选取国内外不同时期具有代表性的企业社会责任研究学者的主要思想和基本观点加以介绍，有助于我们对这个概念的初步了解和把握。

一、中外企业社会责任内涵概述

众所周知，谢尔顿（Oliver Shelton）于 1924 年首次在《管理哲学》（The Philosophy of Management）中将企业社会责任（Corporate Social Responsibilities, CSR）这一概念引入公众的视野范围之内，并开启了探讨这一问题的学术大门。他认为，应该把企业的生产经营活动与社会责任联系起来，且这种社会责任应该包含一定的道德因素。之后，贝利（Adolf A. Berle）和多德（E. Merrick Dodd）围绕着企业是否应该承担起一定的社会责任这一问题，进行了长达20年的论战。贝利在《哈佛法学评论》中指出，企业是营利性经济组织，一切企业权力都是股东委托的权力。多德则认为企业的管理人员既是股东的受托人，也是社会的受托人；企业既应为股东谋取利润，也要承担社会责任，即"企业是被法律允许和鼓励的，因为它服务于社会共同体而不仅仅是股东利润的来源。因为，公司不是单个股东的委托人，还应该是雇员、消费者和社会的委托人"。①从对企业社会责任最初的讨论中，我们可以看出，从一开始企业就不被看作是一个孤立于外在因素的存在。这场围绕企业社会责任问题的论战最终以坚持企业管理者应负社会责任的哈佛教授多德获胜告终。虽然CSR仍没有获得学界的一致认同，但是这场论战却推动了企业社会责任的研究向更深层次发展。

之后，企业社会责任研究逐渐成为人们关注的焦点之一。1953年，鲍恩（Howard R. Bowen）将企业与社会民众的期望联系起来，并指出，公司应该把关注的信息从内部转移到外部，更多地关注社会期望。换言之，企业家有义务按照社会民众所期望的那些价值和目标来制定相应的政策、系列决策，并付诸实践行动。鲍恩对企业社会责任的研究表明，如果企业在经营决策的过程中能够制定一些促进社会福利的目标，那么，其商业行为不仅会为自身带来经济效益，而且还会在一定程度上促进整个社会效益的提升。随后，1961年，艾尔斯（Richard Eels）和沃尔顿（Clarence Walton）进一步扩展了企业社会责任的外延。他们指出，人们最好应该从伦理学的角度来探讨企业与社会之间的关系，"当一个企业在生产经营过程中想要逃避其对社会造成的危害时，这时就需要伦理原则来规范公司和社会之间的关系"。② 总之，艾尔斯和沃尔顿在企业追逐利润的本性之外，强调了其自身的生产经营活动对社会所造成的影响，以及应当确立何种伦理原则来调整企业与社会之间的关系问题，进一步丰富了企业社会责任概念的内涵。到1963年，奎尔（Joseph W. McGuire）把义务概念引入到企业社会责任中来，即社会责任的观念意味着企业不仅拥有法律所规定的义务，而且还应该承担起某些超出这些法律义务之外对社会的义务。之后，塞西（S. Prakash Sethi）提出了"三

---

① Gary von Stange. Corporate Social Responsibility Trough Constituency Statutes: Legend or Lie? *Hofstra Labor and Employment Law Journal*, 1994: 466 – 467.

② Manal El Abboubi, Annie Cornet. Towards a Dynamic Stakeholder Management Framework for CSR Certifications. *International Journal of Business and Social Science*, 2012, 3（4）: 3.

个社会行为阶段：①涉及社会义务的行为；②涉及社会责任的行为（这两个阶段是被概念化了的组织概念）；③涉及社会回应的行为。企业的这三种社会行为指的是，在积极主动的机制内寻求预期和预防的措施"。① 换言之，塞西提出了企业应该满足社会需求的三维行动模型，即社会义务、社会责任和社会响应。首先，企业要遵守市场经济规律和相应的法律法规；其次，企业要承担起符合社会发展和公民消费需要的生产经营活动；最后，企业还要为应对社会变迁做出长期的计划和准备。从塞西的论断中我们可以看出，他已经把企业社会责任概念从抽象变得具体，并细化到公司日常的行为模式中。

20 世纪八九十年代，不仅更多的学者对企业应该承担起一定的社会责任表示认同，而且社会媒体舆论和消费者也积极参与其中。这个时期产生了一些颇有影响力的企业社会责任运动，进一步推动了企业社会责任的理论研究。例如，在20 世纪 90 年代初，全球著名的耐克公司为了追逐利润的最大化，在印度、孟加拉、印度尼西亚等发展中国家大量设厂，还通过支付低工资的方式雇佣童工。所有的工人每天都在狭小昏暗的厂房中连续工作十五六个小时。这种情况被相关媒体曝光后在欧美社会引起了轩然大波。一些消费者自发组织游行示威活动，抵制耐克公司的产品，并将其广告语 "JUST DO IT" 改成了 "JUST STOP IT"。此次事件使得耐克公司股价大跌，股东利益损失，公司形象严重受损，更使得消费者很难原谅耐克公司因追逐利润而不顾社会责任的做法。1992 年，美国国家广播公司（NBC）的新闻杂志日线（Dateline）通过隐藏式摄像机揭露美国最大的连锁百货公司 Wal－Mart 所贩卖的衣服是由孟加拉国的童工制造的。1996 年 12 月，美国新闻与世界报道（U. S. News and World Report）刊发的封面故事的标题就是"血汗圣诞节"（Sweatshop Christmas），文中不仅报道美国市场上销售的很多消费品是在美国境内的或海外的血汗工厂制造的，并且还公布了一份民意调查的结果。数据表明，有高达89% 的受访者表示愿意为其购买的商品多支付美金，70%的受访者愿意多付钱以确保他们所购买的物品不是在血汗工厂中被制造出来的。血汗工厂事件被曝光之后，美国政府、民众、企业等都展开了相应的行动。1996年 8 月，克林顿政府宣布成立 "成衣业伙伴联盟"（Apparel Industry Partnership, AIP），以商讨应该采取何种措施保障国际劳工人权问题。同年，一些地方的大学

---

① Manal El Abboubi, Annie Cornet. Towards a Dynamic Stakeholder Management Framework for CSR Certifications. *International Journal of Business and Social Science*, 2012, 3（4）: 3.

生自发组织了"停止血汗工厂学生联盟"（Students Stop Sweatshops），要求学校不能将纪念品，如运动衫、背包、校徽、纪念章等物品交由血汗工厂生产。在劳工和人权等 NGO 和消费者的压力下，许多知名品牌公司也都相继建立了自己的生产守则。耐克公司后来也同意支付赔款，并成立"公平劳工协会"以监督改善劳工环境；李维·斯特劳斯（Levi – Strauss）公司草拟了世界上第一份企业内部生产守则。企业也越来越认识到，改善雇工权益，承担起一定的社会责任，可以有效地改善公司的品牌形象，形成良好的行业声誉，进而影响消费者的选择行为，提升企业业绩。且企业在慈善事业和公民形象等方面投资，可以赢得公众和媒体支持，吸引投资者并增加企业自身的潜在价值。

基于上述内容，企业是否需要承担社会责任这一议题已经显得过时，唯一值得政府、社会讨论的一个普遍话题就是，企业具体应该承担起什么样的社会责任。这个时期对企业社会责任研究做出重要贡献的卡罗尔（Archie B. Carroll）认为，企业应该承担起四种社会责任：①经济责任。企业作为一种社会存在，对社会的文明进步负有支持、维护和创新的经济责任。看起来，我们把促进社会发展的经济期望作为企业的一种社会责任是值得商榷的。但是，企业作为社会的一个重要组成部分，它们维护自身发展的唯一路径是能够创造价值和利益，激励公司所有者、股东投资企业，使其能够获得足够的资本和资源以维系自身的存在与运营。从企业社会责任的最初来源看，社会把公司看作是一个生产和销售民众所需要的好的商品和服务的组织机构。社会允许企业通过增加商品的价值来追求超额利润，不仅使自身获益，而且也使股东、投资者得利。实质上，世界上不存在任何一个不去追逐利润的公司和企业，尤其是在当今竞争日趋激烈的时代，经济责任是对企业发展的一个基线要求，它也必须要适应和履行这种要求。②法律责任。社会不仅对企业提出了经济责任的要求，而且也对其制定出了最低限度的法律规范，包括公平商业行为的基本法理原则，及应该遵守的国家、地区、联邦、州等地方所制定的法律法规。比如，"企业行为应该符合政府、法律的期望；遵守联邦政府、州政府制定的地方规章制度；培养自己成为遵纪守法的企业公民；对股东等利益相关者履行相应的法律义务；至少提供符合最低法律限度要求的产品和服务"。[①]③伦理责任。虽然法律是调节企业履行社会责任方面的一个基本规

---

① Archie B. Carroll. Carroll's Pyramid of CSR：Taking Another Look. *International Journal of Corporate Social Responsibility*，2016，1（3）：3.

范，但是，它涉及的范围狭小，是并不充分的一种责任。为了促进企业更好地履行社会责任，除了法律规则之外，社会还希望公司能够以伦理道德来指导自身的行为。伦理责任实质上向我们暗示，虽然企业的一些责任没有被编入法律，但是，企业仍然要努力做到某些道德方面的要求。法律责任和道德责任之间的关系是：法律责任是最基本、最低限度的道德责任，而道德责任的外延和调节范围远远大于法律责任。④慈善责任。慈善责任指的是企业志愿性、慈善性的行为活动。确切地说，慈善责任是当今社会对企业的一种心理期望，其本质是志愿性的一种付出和服务。它是企业自愿为之的行为，而不是被法律强迫、被道德要求的。换言之，企业的慈善责任既不是出于法律强制，也不是源于民众的道德期望，而是企业自愿做出的正确的行动。公众可以把此种行为看成是"回馈"。为了履行这种慈善责任，企业也会选择不同的给予方式，如物质金钱和商品服务的捐赠、志愿服务的精神、共同体发展等。需要说明的是，慈善责任虽然是一种企业的利他主义，但是，大多数企业把此种责任的履行看作是树立公司形象、提升企业信誉的一种方式。总之，卡罗尔企业社会责任的四个层面之间的关系可以总结为：经济责任和法律责任是一种被社会所要求的企业行动，而伦理责任和慈善责任则是被社会所期望的企业行为。与卡罗尔对企业社会责任的研究视角不同，唐纳森（Thomas Donnaldson）从综合社会契约论（Integrative Social Contracts Theory）的角度提出了自己对企业社会责任的理解。他提出，"企业可以成为一个准民主的团体，即利益相关者都应该参与到公司日常的生产经营活动中来，通过最终的共识导向来解决企业所面对的种种问题"。① 唐纳森强调，"利益相关者之间的冲突最好通过公平商谈的两大原则来解决：①所有具有理性思维能力的人都赞成的普遍、客观的宏观原则；②企业的利益相关者通过协商最终达成共识的微观原则"。② 从作者的论述中，我们可以得知，这样一种从综合社会契约论的视角来研究企业社会责任的路径，实质上参考了当时非常流行的一种理论——罗尔斯的正义理论及其两大正义原则。唐纳森从罗尔斯的两大正义原则出发，也推论出企业践行社会责任的两个原则：宏观原则和微观原则。宏观原则反映的是，企业所在的社会中所有理性成员之间所达成的基本共识。微观原则反映的则是，企业的利益相关者在宏观原则的基础上所达成的一些共识。社会契约理论把微观社会

①② Jone Velentzas, Georgia Broni. Ethical Dimensions in the Conduct of Business Ethics, Corporate Social Responsibility and the Law. *International Conference on Applied Economics – ICOAE*, 2010.

契约与宏观社会契约结合起来，其目的是为了使企业在生产经营过程中既要考虑到社会民众的需求，又要顾及自身利益相关者的合法权益。

除此之外，这个时期研究企业社会责任的代表人物还有斯坦纳（G. A. Steiner）、嘉露（M. A. Gallo），把企业社会责任区分为内在社会责任和外在社会责任。但是，两者的视角又有所区别。斯坦纳指出，内在社会责任是合法、公正地选拔、培训、晋升及解雇员工，改善他们的工作环境。外在社会责任则是激发少数团体的创业精神，培养或雇佣残障人员。嘉露认为，内部社会责任包括企业向社会提供满意的产品和服务，创造物质财富，促进员工的全面发展，并确保自身的可持续发展。外部社会责任则主要是纠正那些破坏资源环境的行为。

进入21世纪，随着一系列新的经济社会问题的出现，埃尔金顿（John Elkington）在《进入三重底线》（Enter the Triple Bottom Line）中，通过分析七个企业发展的驱动力：市场（Markets）、价值（Values）、透明度（Transparency）、技术生命周期（Life – Cycle Technology）、合作者（Partnerships）、时间（Time）和公司治理（Corporate Governance），提出了企业社会责任的三重底线——企业盈利、社会责任和环境责任。简言之，企业在生产经营过程中不仅要追求利润，而且还要顾及其对社会、环境的影响，不能越过基本的经济、社会和环境底线。三重底线可以说是社会对企业发展所提出的最低限度的要求，而满足三重底线也是维护企业合法性，确保企业生存与发展的基本前提。三重底线理论提出之后，逐渐成为理解企业社会责任概念的共同基础，即从企业与社会的关系出发，企业要承担最基本的经济责任、社会责任和环境责任。恩德勒（Georges Enderle）也指出，企业社会责任的内涵应该包括三个方面：经济责任、社会责任和环境责任，并强调环境责任指的是致力于可持续发展、消耗较少的自然资源、让环境承受较少的废弃物的观念。与埃尔金顿和恩德勒对企业社会责任的理解不同，迈瑞维柯（Marcel van Marrewijk）还提出了企业社会责任的五层次模型，"第一层次，依赖驱动（Compliance Driven）。企业社会责任是一种社会义务，企业社会责任的花费仅仅被看作一种成本。企业的经济责任是重要的。第二层次，利益驱动（Profit Driven）。企业社会责任是一种策略，用企业社会责任创造竞争优势。在企业社会责任上的花费是一种创造力和竞争力的投资，在未来可以带来利润。第三层次，爱心驱动（Driven by Caring）。用企业社会责任去平衡利益、人类和地球之间的关系。企业从事社会福利，是为了为利益相关人创造财富。企业的社会和环境责任胜过经济责任。第四层次，互动性（Synergistic）。从事企业社会责任的目的是为了从长远角度创造企业持续经营的能力。企业的社会和环境责任被企业策略性地用来创造竞争力，以便更进一步地提高企业的经济责任。第五层次，整体性（Holistic）。企业社会责任作为一种企业文化，企业的社会和环境责任被企业策略性地用来创造企业文化，进而创造竞争力，以便更进一步地提高企业的经济责任"。①

此外，联合国贸易与发展会议（United Nations Conference on Trade and Development，UNCTAD）、世界可持续发展委员会（World Business Council on Sustainable Development，WBCSD）、世界经济论坛（World Economic Forum）、国际雇佣者组织（International Organization of Employers）、国际标准化组织（International Organization for Standardization，IOS）等都分别从各自的角度对企业社会责任进行了定义。联合国贸易与发展会议认为，企业社会责任涉及商业企业如何满足社会公共的需求。世界可持续发展委员会关于企业社会责任的定义是：企业应该承诺遵守道德规则，改善员工及其家庭、企业所在地社区和社会的生活品质，为经济发展做出贡献。世界可持续发展工商理事会提出：企业社会责任是企业针对社会，包括股东和利益相关者所应承担的合乎道德的一系列行动，在推进经济发展的同时，还要提高员工及家属、所在社区以及民众的生活质量。世界银行将企业社会责任定义为：企业为改善利益相关方的生活质量同时又贡献于社会经济可持续发展的一种承诺。联合国"全球契约"（Global Compact）进一步提出了企业履行社会责任应该涵盖人权、劳工标准、环境和反贪污四个方面的十项原则（原则一：企业界应该尊重和维护国际公认的各项人权原则；原则二：绝不参与任何漠视与践踏人权的行为；原则三：企业界应该维护结社自由，承认劳资集体谈判的权利；原则四：消除各种形式的强迫性劳动；原则五：消灭童工制；原则六：杜绝任何在用工与职业方面的歧视行为。原则七：企业界应对环境挑战未雨绸缪；原则八：主动增加对环保所承担的责任；原则九：鼓励开发和推广环境友好型技术；原则十：企业应反对各种形式的贪污，包括敲诈勒索和行贿受贿）。当今，最有影响力的企业社会责任国际标准当属 ISO26000，它涉及七个核心议题：机构管理（Grganizational Governance）、人权（Human Rights）、劳工准则（Labour Practices）、环境（the Environment）、公平运营实践（Fair Operating Practices）、

---

① 赵丰年：《企业社会责任的宏观经济动因与促进策略研究》，北京邮电大学博士论文，2008 年，第 21 页。

消费者问题（Consumer Issues）、社区参与与发展（Community Involvement and Development）。这七大核心议题对那些从事跨国事业的企业机构而言，应当尽可能地消除企业社会责任标准的地区差异，保障人权及劳工福利，协助削减贫穷，增进教育及当地社会的发展，促进全球的和谐与公平。

在企业社会责任的理论研究得到国际社会认可的基础之上，一些区域组织和国家认真积极地践行、推进本地区企业社会责任的发展。例如，欧盟自 20 世纪 90 年代中后期以来，一直将可持续发展与企业社会责任列入重要的公共政策议事日程上来，并设立专门机构和专业人员负责推动企业社会责任的相关工作。2001 年 7 月，欧盟委员会发布了《欧洲企业社会责任框架绿皮书》，旨在研究欧盟如何在欧洲和国际社会层面上推进企业社会责任，并初步探讨如何运用现有经验，通过鼓励创新、促进发展来提高企业社会责任的透明度以及验证的可靠性。之后，2002 年，欧盟又公布了《关于企业社会责任的报告：企业对可持续发展的贡献》，提出了欧洲企业社会责任行动的框架。2006 年，欧盟又制定了《实施以就业与发展为目标的伙伴关系：使欧洲成为企业社会责任的卓越标杆》的战略。这一新的战略提出之后，企业应该在自愿的基础上，将对社会和环境的关注融入到其商业运作以及企业与其利益相关方的相互关系中。

在欧盟关于企业社会责任的推动下，德国于 2009 年成立了国家企业社会责任论坛，该论坛的人员由来自政府部门、私有企业、商会、非政府组织和学术界的代表组成。其职责和义务是，为德国政府制定与企业社会责任相关的文件提供意见和帮助，并支持政府制定的企业社会责任战略。至今，德国国家企业社会责任论坛仍然活跃于积极组织相关的研讨会议和年度峰会，同时还颁发德国企业社会责任奖。德国联邦劳工和社会事务部于 2010 年 10 月发布了《国家企业社会责任战略》，其目的在于推动企业社会责任，尤其是中小型企业社会责任的行动方案，采用多元利益相关者的方式来支持经济稳定、社会平衡、环境可持续的企业发展，以提高企业社会责任的能见度和可信度。除了组织设计德国企业社会责任理论探讨的论坛、会议，发布指导文件外，德国还通过具体项目来推进企业社会责任的实践工作。例如，为了使中小型企业能够系统地实施企业社会责任，德国联合欧洲社会基金会（European Social Fund, ESF）共同发起了"中型企业的社会责任"的项目（Gesellschaftliche Verantwortung Mittelstand）。该项目对管理人员、雇员和员工代表在工作场所如何持续学习，在生产环境中如何使用可再生能源，在市场中如何在供应链环节承担起对消费者、社会及环境的负责任的生产和经营，在社区如何与所在地的社会组织建立起良好的伙伴关系等领域，进行企业社会责任的咨询和培训工作。通过把企业社会责任的理论研究与教育、宣传、培训、实践相结合，德国政府在社会发展的过程中不断地实践着企业社会责任。

与德国同属于经济强国的英国早在1973年就发表了《公司改革白皮书》。该白皮书要求企业经营者要把社会责任作为公司在日常生产决策过程中所应该考虑的一项重要内容。之后，在2004年7月，英国贸易部还设立了企业社会责任学院（CSR Academy），专门培养具有企业社会责任技能的经理人，并将这种社会责任的理念融入公司日常的商业行为中。英国于2006年修订的《公司法》明确给出了企业社会责任的建议，并指出，公司董事要以企业成员整体权益的最大化来考虑其经营管理的方式，同时在做出一系列的决策时，还要考虑到公司员工的合法权益，与供应商或其他利益相关者之间的关系，与社会、环境的冲突和矛盾，以及如何维护高标准的商业声誉。

作为欧盟重要的一个成员国，意大利也不遗余力地推进本国的企业社会责任实践，主要是通过"道德工厂"（Fabrica Ethica）的方式来推进企业的社会责任。我们知道，意大利的皮革制造行业在全世界都享有非常高的声誉，世界诸多服装大品牌都非常乐意使用意大利制造的皮革。但是，它也面对着来自中国、罗马尼亚、德国、西班牙等国的竞争者。为了应对日益激烈的全球竞争，提升意大利皮革制品的质量和品质，尤其是托斯卡纳区（Toscana）皮革商品的竞争力，意大利政府将企业社会责任与提升中小企业的竞争力联系起来。在国际社会推动企业社会责任的影响下，意大利托斯卡纳区政府逐渐促使本地区的企业获得自愿性企业社会责任标准SA8000的认证，来满足企业与其利益相关者——消费者、社会、非政府组织等的期望。托斯卡纳区政府作为"道德工厂"项目的一部分，主动为中小企业承担起符合企业社会责任标准SA8000认证所需的一半费用，并提供税收优惠，以打破国际贸易绿色壁垒，增强自身竞争实力。此外，意大利还成立由企业利益相关方所组成的"伦理地区委员会"。该委员会由意大利地方当局、商会、工商协会、工会、非政府组织、非营利性组织与消费者协会的代表组成。他们作为顾问委员，组织各类研讨会以增加社会民众对企业社会责任的了解，分享、讨论、接受来自各利益相关者的想法与建议，并与意大利国家标准化组织（Ente Nazionale Italiano di Unificazione，UNI）开展企业社会责任标准的研究工作。

作为欧盟另一个重要的成员国，丹麦为了帮助本国企业开展行之有效的企业社会责任工作，改善与贸易往来国家之间的交易状况，制定了《丹麦企业社会责任行动方案》。该方案提出了四个重要问题：首先，丹麦通过宣传来推动企业社会责任，鼓励利益相关方做出企业社会责任的相关承诺。比如，此规定明确说明，丹麦的大型公司必须在年度报告中阐释它们在履行企业社会责任方面所开展的一系列活动，同时也需要解释未开展此项活动的原因和理由。这一举措的目的在于激发公司采取积极的态度和行动认知和履行企业社会责任。丹麦还成立了企业社会责任委员会，其职责是向政府、企业和投资者提供关于企业社会责任的合理化意见和建议，进一步推进本国的企业社会责任实践。丹麦的企业社会责任委员会还通过运营专业 CSR 网站，举办国际会议和大型活动等方式为中小型企业提供专业的咨询和服务，促使消费者在物品采购过程中加深对企业社会责任的认知。其次，丹麦政府通过强制性文件来推进国内的企业社会责任。丹麦在关于企业社会责任的国际化协定——《全球契约》的背景下，通过强制性的道德和环境标准附录要求企业把社会责任纳入公司日常的生产经营过程中，并鼓励国内的公司和企业志愿加入《全球契约》，为推动企业社会责任的全球化进程做出应有的贡献。再次，迫于当前全球气候变暖的风险，丹麦政府希望企业能够为应对全球气候变化做出贡献。丹麦还为企业制定了专业的应对全球变暖的手册和网站——"气候指南针"（The Climate Compass）。这是一个帮助公司和组织减少碳排放量、节约资源、降低气候变化给人们的生产生活带来诸如不利影响的指导手册。最后，丹麦还在该方案中将自己定义为重视企业社会责任负增长的国家。丹麦政府不仅积极推进本国企业社会责任的进程，而且还努力帮助一些发展中国家参与到企业社会责任的实践中来。例如，丹麦政府为推动丹麦在华的企业履行社会责任，在 2013 年 9 月 7 日成立了一个组织——"丹麦足迹网络"。丹麦商业与经济增长部长亨利·萨斯·拉森（Texas Henry Larsen）表示，丹麦政府一直以来都认为经济增长与企业社会责任是不可分割、并驾齐驱的。丹麦驻华大使裴德盛也表示，丹麦驻华使馆在过去的三年中一直致力于帮助丹麦在华企业实现社会责任。为了扩大原有服务的规模，丹麦驻华使馆决定在华建立企业社会责任网络，这就是"丹麦足迹网络"的由来。"丹麦足迹网络"将为成员公司提供企业社会责任领域的最新进展和信息，举办研讨会、经验介绍等，帮助企业在社会责任领域与时俱进。

此外，欧盟的其他一些成员国——挪威、比利时等也努力推进着本国企业社会责任的实践。挪威外交部在 2009 年发布了《挪威全球经济下企业社会责任白皮书》。该白皮书指出，企业社会责任是公司将社会与环境问题融入企业日常运营活动中的一种策略，它意味着公司在遵守国家现存的法律法规之外所自愿做的那部分事情。基于此，挪威各界在涉及企业社会责任的三个关键领域达成了一致意见：①在挪威实施企业社会责任；②向挪威的企业传递社会民众对它们的期待和希望；③制定影响国内外企业社会责任的框架体系，并广泛参与世界贸易，给相关企业提供关于社会责任的咨询和指导服务，采取措施防止本国企业在国外犯下严重的环境罪行，等等。挪威政府推行企业社会责任的最终目标是进一步保障人权，为民众创造体面的工作条件，保护国内国际环境，反对腐败，推动经济、社会、生态环境的可持续发展。比利时则通过典型的"弗兰德的企业社会责任"项目来践行企业社会责任。该项目并不直接在企业中开展，而是通过政府、大学、企业员工与雇主的联合，一开始在较小的范围内推动企业社会责任的实践，然后逐步发展，以实现此项目的长期和可持续存在。同时，比利时还和欧洲社会基金会合作，参与比利时商业与社会的合作项目，开发多种形式的交流和合作，获取企业社会责任的实践经验。通过此种方式，弗兰德政府在推进企业社会责任的过程中不断地向企业提供资金支撑，帮助企业识别、应对具体的社会责任事务。

除欧洲国家为推进企业社会责任所做的努力之外，美国、加拿大、日本等发达国家也非常注重本国企业社会责任的实践与发展。例如，美国的商务社会责任协会（Business for Social Responsibility，BSR）认为，企业社会责任是公司在生产经营过程中满足或超越社会对其在法律、道德、资源、环境等方面的期待而做出的行动。该协会中的一些大企业也指出，企业社会责任并不是零散的、偶尔的或出于市场、公共关系、商业利益而产生的行动，而是一个融合了理念、政策、决定和实践的过程。美国国际商业委员会（United States Council for International Business）也强调，企业的社会责任应该包含自愿性的原则，且公司的产品质量、售后服务、商业道德、环境保护、员工待遇、人权和社会改善等问题应与企业社会责任保持一致。加拿大咨询局（Conference Board of Canada）也指出，企业社会责任是公司同其利益相关者，如股东、客户、员工、消费者、社区、政府、供应商，甚至是竞争者之间所建立的良好关系。其社会责任要素则包括员工关系、企业创造力、财务业绩等内容。

作为最早在亚洲地区推行企业社会责任的国家，日本政府自20世纪60年代起就开始在相关制度体系的约束之下开展履行企业社会责任的实践活动。进入

20 世纪 90 年代，随着企业经营国际化的发展和泡沫经济的崩溃，日本国内民众对企业履行社会责任，如合法经营，依法纳税，提供优质的产品以及公平、公正的就业机会，确保劳动安全与卫生，尊重人权，培养人才，营造舒适的工作环境，建立合理的企业监管与信息公开机制，诚实面对消费者，开展支援灾区的慈善事业、鼓励志愿者活动，保护资源和环境等方面的要求与呼声不断增强。为了满足上述要求并在国际市场的竞争中取得优势地位，日本的一些企业和经济团体于 2000 年引入了企业社会责任体系，并开始积极主动地践行企业社会责任活动。"2003 年以后，日本经济团体联合会、经济同友会、日本标准协会、日本 CSR 普及协会等纷纷成立委员会，专门指导和评价企业的 CSR 履行。其中，日本经团联制定了《企业行动宪章》，经济同友会提出了'自我评价方法'，日本标准协会设立了'CSR 标准委员会'并推动制定日本的 CSR 标准，日本 CSR 普及协会公布了《CSR 指导方针》，涉及环境、人权、社会开发、地区贡献、投资者、政府、金融机构等内容。从此，日本企业的 CSR 履行活动整体进入了规范操作的阶段。近年来，作为企业社会责任的实践者，许多日本企业还积极加入'全球契约'（GC），通过 ISO14001、SA8000 等认证，有计划地开展各项务实活动，以履行企业社会责任。"[1] 如今，日本的企业社会责任反映了公司努力与自然社会和谐共生之关系的诚意，也为自身的可持续发展奠定了坚实的基础。

西方国家对企业社会责任研究和实践的不断推进，也影响到了我国学者对这个问题的重视和关注。1990 年，袁家方主编的《企业社会责任》一书是我国第一本以企业社会责任为主要内容的著作。书中将企业社会责任定义为：企业在争取自身生存与发展的同时，面对各种社会需要和民众需要，为维护国家、社会和人类的根本利益所必须承担的义务。卢代富提出，所谓企业社会责任，是指企业在谋求股东利润最大化之外所负有的维护和增进社会利益的义务。因此，企业社会责任具有两个显著的特点：一是企业社会责任以公司的非股东利益相关者为企业履行义务的对象；二是企业社会责任实质上指的就是公司的法律义务和道德义务，或正式制度安排和非正式制度安排的统一体。刘俊海认为，企业不能仅仅最大限度地为股东营利，把赚钱看作是自己存在的唯一目的，而应当在增进企业利润的基础上来考虑应该承担的社会利益。这些社会利益包括雇员利益、消费者利益、债权人利益、中小竞争者利益、当地社区利益、环境利益、社会弱者利益及

---

① 雷鸣：《日本企业履行社会责任的特征及其启示》，《日本学刊》2010 年第 6 期，第 46 页。

整个社会公共利益等内容。陈炳富和周祖城还对企业社会责任做了广义和狭义的区分。广义的社会责任包括经济责任、法律责任、道德责任和其他一些企业应对社会所尽的义务。狭义的社会责任仅指企业的道德责任。陈迅和韩亚琴依据社会责任与企业关系的紧密程度把企业社会责任分为三个层次：第一个责任是基本的CSR，内容包括对股东负责与善待员工；第二个层次是中级的CSR，内容包括对消费者负责、服从政府领导、处理好与社区的关系及保护环境；第三个层次是高级的CSR，内容包括积极开展慈善捐助活动和热心公益事业。与陈迅和韩亚琴对企业社会责任的理解相似，姜启军和顾庆良也指出，企业社会责任从整体上看有三个层次：第一层责任是最低限度的责任需求，如对员工的诚信、保障员工的合法权益并创造良好的工作环境；第二层责任是超越最低限度的积极主动的履行职责的义务；第三层责任则是对那些最高目标的追求。与上述学者对企业社会责任研究的角度不同，乔法容提出了企业社会责任发展的三个阶段：古典企业社会责任观——盈利至上、社会经济责任观——经济责任以外的责任、现代企业社会责任观——对全社会的责任，并高度评价了现代企业社会责任观。她指出，现代企业社会责任观念突破了传统的利润观，它强调的是企业在追求自身合法利润的同时还应该结合企业的力量造福民众，回报社会，从而达到企业与社会的完美统一，体现企业自主权益与社会责任的统一。

此外，中国的一些学者还从不同学科的角度来研究企业社会责任的合法性、合理性问题。宁向东和吴晓亮在融合了经济学、法理学、社会学三个学科知识的基础上来探讨企业社会责任的合法性问题。他们认为，经济学方面的利益相关者理论、法理学方面的企业公民概念和社会学方面的社会和谐之内在要求是企业社会责任合法性的理论依据。郭沛源指出，从哲学渊源上看，企业社会责任是现代经济和管理理论对一些传统且基本价值理念的一种全新演绎，更重要的是，人们将这些古老哲学里所呈现的价值观与现代公司治理制度融合在了一起，不仅使企业超越了传统的以利润最大化为目的的经济实体，而且还要承担起一定的社会责任，促进社会和谐发展。

我国学术界对企业社会责任的研究和探讨也影响到了企业社会责任的实践进程。早在2005年，我国纺织行业就颁布了一个企业社会责任的管理体系——CSC9000T，这是第一个有关企业社会责任测评的体系，主要对涉及企业运营的管理体系，劳动合同，童工，强迫或强制劳动，工作时间，薪酬与福利，工会组织与集体谈判权，歧视、骚扰与虐待，职业健康与安全九个方面的内容进行评估。2006 年，我国还发布了首个企业社会责任报告，即《国家电网公司 2005 社会责任报告》。在该报告中，明确将企业社会责任定义为企业对所有者、员工、客户、供应商、社区等利益相关者以及自然环境所应承担的责任，以实现企业与经济社会可持续发展的协调统一。随后，我国又颁布了一系列针对企业社会责任的指导性意见和文件。2008 年 1 月，国务院国有资产监督管理委员会发布了《关于中央企业履行社会责任的指导意见》，要求中央企业成为依法经营、诚实守信、节约资源、保护环境和以人为本、创建和谐企业的典型代表。商务部积极开展出口企业的社会责任能力建设，并引导外资企业履行相应的社会责任。工业和信息化部明确了企业社会责任工作机构的职责，组织开展基础性研究，积极探索推进企业社会责任建设措施。上海市还于 2009 年 1 月 1 日起实施首个企业社会责任的省级地方标准——《上海市企业社会责任标准》。这个标准要求企业在生产经营活动的过程中，在追求企业自身利益的同时，还应兼顾与利益相关者及社会之间的关系，以实现企业的可持续发展，共建和谐社会。此外，浙江、山东、陕西、深圳、石家庄等地方政府也相继出台了企业履行社会责任的指导性文件和相关意见，以推进企业社会责任的深入发展。

二、2015 年中国企业社会责任（CSR）研究

以上，我们对企业社会责任从概念产生到内涵发展，以及它的主要理论观点做了简单的回顾和概述。接下来介绍的是，在过去的一年时间里（2015 年）中国学者对企业社会责任所做的理论创新和实证研究。

（一）翻译国外最新企业社会责任（CSR）理论动态

彼得·德鲁克（Peter Drucker）被誉为"现代管理学之父"，并被认为是第一位明确提出"社会创新"（Social Innovation）概念来解决企业与社会之间的矛盾，把"赚钱行善"转换为"行善赚钱"这一新的企业社会责任思想的学者。他的这一理论不仅推动了企业科技创新、企业社会责任理论的新发展，而且也为企业社会责任实践开拓了新的领域。

在这一背景下，纪光欣和罗德志在《论德鲁克的企业社会责任观及意义》一文中系统地阐释了德鲁克的企业社会责任思想。在社会发展对企业的经营管理提出更高要求的压力之下，企业社会责任理论开始关注把履行社会责任与经营目标相协调的问题。德鲁克认为，"理想的情况是，一个组织能将社会需求的满足，

包括它自己的影响所产生的社会需求，转变为组织获得业绩的机会"①。这就是说，企业要在满足和创造社会需求、解决社会问题的基础上进行企业经营、管理和社会责任履行的创新，尽量避免因传统的社会责任观过分强调企业单方面付出的局限。

我们知道，企业社会责任观的主流观点强调的是"赚钱行善"，即企业应该在保证自身利润最大化的同时承担起相应的社会责任。但是，德鲁克强调企业要在满足社会民众需求的某个链条中，改进和创新自己的企业技术、管理、组织水平来增强盈利能力。换言之，他要求把通过企业创新来解决一定的社会问题纳入公司战略的框架中来，以承担起相应的企业社会责任。我们可以通过德鲁克所列举的两个典型实例来更好地理解他所谓的社会创新、行善赚钱的企业社会责任思想。美国的卡内基（Anderew Carnegie）一直以来都用自己公司所得的巨额资金（约为当时的 5 亿美元）在各地捐建免费的公共图书馆等文化设施。后来设立专门的慈善基金会，以此实施慈善捐助，促进社会变革。卡内基的这种方式就是今天人们最为常见的"赚钱行善"模式。而罗森沃尔德（Julius Rosenwald）与之不同，他在收购西尔斯·洛巴克（Sears Roebuck）邮购公司时发现，邮购业务的客户资源主要是富裕农民。为了让农场主富裕，同时也为了扩大自己的客户资源，罗森沃尔德公司通过其所经营的企业设立了大规模的扶持资金，并创造性地建立了区域农场代理制度，主动给一些处于相对贫困和落后状态的农场主提供免费培训，以提高他们的耕种知识和劳动技能，进而提高农产品的劳动生产率，增加家庭收入。事实表明，正是这些在罗森沃尔德帮助下，逐渐富裕起来的居民构成了西尔斯·洛巴克邮购公司的主要客户。借助这一创新机制，罗森沃尔德经过 10 年努力，终于把一个收购时濒临破产的邮购公司发展成当年美国的第一大零售商，成为当时美国盈利性最好的公司之一。

如果说卡内基捐建免费公共图书馆、设立专门的慈善基金会属于"赚钱行善"的企业社会责任模式的话，那么罗森沃尔德则是在践行满足民众社会需要基础上的"行善赚钱"的企业社会责任模式。这种不同于以往的"赚钱行善"的方式就是德鲁克所推崇的"行善赚钱"的企业社会责任创新。基于此，他也把企业社会责任思想和实践推进到一个新的历史阶段。他所创立的以社会创新来履

---

① 纪光欣、罗德志：《论德鲁克的企业社会责任观及意义》，《山东理工大学学报》（社会科学版）2015 年第 1 期，第 18 页。

行企业社会责任的方式，可以说是对企业和社会双赢意义上的创新，同时也为企业可持续地承担社会责任提供了充分的依据，并开拓出企业社会责任实践的新境界。

（二）2015 年中国企业社会责任（CSR）理论创新

虽然当今的国际社会对企业社会责任的内涵形成了一定的共识，并颁布了一系列涉及企业社会责任的国际标准和规范，但是反对和质疑的声音仍然存在。出于对企业社会责任理论的辩护，中国的一些学者从各自的研究角度对此进行了相关的学术探索与理论创新。

肖红军、李伟阳和胡叶琳在《真命题还是伪命题：企业社会责任检验的新思路》一文中系统地梳理并反思了以往企业社会责任的理论研究成果，总结出存在的一些问题。第一，企业社会责任的身份问题。一些关于企业社会责任的观点极力认为企业实质上是虚拟的公民。我们知道，公民（Citizen）在宪法学意义上指的是在一个政治实体如国家或城市中，拥有公民身份并根据该地法律规定享有权利和承担义务的人。公民身份或公民权（Citizenship）则是一种认同或身份的形式，使个人在政治社群中取得相关的社会权利和义务。世界各国制定的法律通常都会规定公民的一些基本权利。《中华人民共和国宪法》第 33 条规定，凡具有中华人民共和国国籍的人都是中华人民共和国公民。宪法中规定的"基本权利"包括：言论自由、出版自由、受公正审判权、宗教自由、选举权和财产权。从对公民严格的定义来看，企业不存在成为法律中所规定的"公民"的存在，因而他所应该承担的社会责任就成为了一种虚拟责任。第二，从企业追逐利润的本质来看，以往关于社会责任的说辞和做法大都只是出于盈利或公共关系活动的需要。现实情况是，企业也许并不是很愿意且负责任地履行社会责任。此外，由于企业管理者缺乏相应技能和企业的权力结构安排也使得其没有能力负责任地行动。第三，通过前两项的分析可以得出，企业缺乏开展社会责任的正当理由。换言之，企业并没有追求社会责任的义务，就诸如社会不允许企业拥有类似公民权利的广泛权利一样。第四，综观企业社会责任的不同理论流派，企业自身可能都无法明确地阐释和表明到底什么才是标准的企业社会责任。

在分析了对企业社会责任的质疑之后，肖红军等认为，当前学界在涉及"企业社会责任在实践中是不是一个伪命题"这个问题之上缺乏一套系统有效的理论框架。很多学者对此问题的回答，要么答非所问，要么挂一漏万，这都在相当程度上阻碍了企业社会责任基础理论的突破与实践的深入发展。基于此，他们在大量充分论证的基础上，依据三个维度、六大要素和三种视角的检验综合模型来对企业社会责任这个命题进行全方位的审视。简单来说，三个维度指的是企业"追求在预期存续期内最大限度地增进社会福利的意愿、行为和绩效的综合体，也就是说，企业社会责任具有意愿（所想的）、行为（所做的）和绩效（所得的）等三个构面。意愿反映出企业愿意对社会负责任的程度，主要受到动力的影响；行为反映出企业采取对社会负责任的实际行动，除了受到意愿的影响之外，能力是企业将意愿转化为实际行动的关键因素；绩效反映出企业采取对社会负责任的表现程度，是企业行为的结果"。[①] 六大要素指的是增进社会福利（Social Welfare Maximization）、关系优化（Relationship Optimization）、影响管理（Impact Management）、保持透明（Transparency Maintenance）、富有道德（Morality）和制度安排（Institutional Arrangement）。简言之，也就是企业与社会、企业与利益相关方、社会与利益相关方互动关系的构成要素。三种视角是企业自身视角、社会视角和利益相关方视角。通过对企业社会责任与三个维度、六大要素、三种视角的检验与分析，他们提出，企业社会责任的概念和实践完全能够成为一个有价值、有意义的真命题。

与肖红军、李伟阳和胡叶琳对企业社会责任的辩护不同，肖海林和薛琼通过研究新经济社会学中制度同构理论和交易成本理论，把企业社会责任与交易转型结合起来考察企业社会责任行为的动机。所谓制度同构理论的基本观点是，"在同一商业阵营中的不同组织被建构在一个特定的组织场域中，组织场域中存在一种使各个组织变得相似的强大力量，即同构力，它包括强制性同构力、模仿性同构力和规范性同构力"。[②] 强制性同构力，指的是企业所在的社会组织、社会文化或法律规范向它所施加的正式或非正式的压力。这些压力可以被认为是一种强制性、说服性的要求。诸如一系列的法律规范、政府政策、行业标准和行业规范等，都属于强制性同构力的范畴。模仿性同构力，则是通过一些企业履行社会责任行为所产生的积极且上进的示范作用，来影响其他企业，从而带动企业模仿这种社会责任行动。规范性同构力，源于企业的专业化，即具有中心地位的企业将在行业标准、职业规范、经验法则、社会影响等方面具有更多话语权。

---

① 肖红军、李伟阳、胡叶琳：《真命题还是伪命题：企业社会责任检验的新思路》，《中国工业经济》2015 年第 2 期，第 104 页。

② 肖海林、薛琼：《制度同构与交易转型——企业为什么承担社会责任的一个新的理论解释》，《山西大学学报》（哲学社会科学版）2015 年第 1 期，第 92 页。

他们的研究框架包含着三个方面的内容：第一，制度同构力会激发企业产生承担社会责任的行为；第二，随着企业对社会责任认知和实践能力的提高，他们会从以往的短期市场交易向长期的关系型交易模式转变；第三，在企业交易转型的过程中，企业家伦理准则在一定程度上也起到了非常重要的推动作用。肖海林和薛琼通过分析还指出，制度同构力是引致企业社会责任行为的根本原因。强制性同构力、模仿性同构力及规范性同构力会使企业面临来自内外部的压力，从而强化企业与特定制度、环境、参与者的有效互动。随着互动的深入，企业也会获得合法性的认可和更多的专用性资产，并具备获取稀缺资源的能力，降低交易成本，更好地履行社会责任。简言之，他们认为这些使企业面临来自组织内部和外部的压力——强制性同构力、模仿性同构力和规范性同构力，是促使企业承担社会责任的根本原因，即"制度同构力中的强制性同构力、模仿性同构力和规范性同构力共同激发并唤醒了企业的社会责任行为"。他们的这种研究思路——规范性同构制度理论与交易理论的结合，体现了"融贯主义"的研究趋势。制度同构理论从社会学的视角将企业社会责任驱动因素的散落的点连接起来，交易成本理论进一步按照行为—后果的逻辑过程说明企业社会责任行为可能带来的影响。该逻辑框架可以为众说纷纭的企业社会责任行为互动过程提供一个新的思路和解释。

与上述视角不同，朱辉宇从道德合理性方面对企业社会责任的国际标准体系进行伦理审视和理论上的辩护。早在1997年，非营利性的、关注人权问题的国际社会责任组织（Social Accountability International，SAI）就已发起并联合欧美部分跨国企业和其他一些国际组织制定了企业社会责任国际标准。目前，被全球广泛追捧的社会责任型投资（Socially Responsible Investment，SRI）就是将公司的融资目的与社会、环境及伦理问题相统一且体现企业社会责任的融资模式。英国伦敦股票交易所还向国际企业提出了八种"道德指数"的指标，在世界各主要金融证券市场首先将道德因素纳入指数范畴。由此可见，企业社会责任国际标准实质上指的是，在全世界范围内指引、约束企业承担起相应社会责任的一系列指标体系。从广义上来看，那些跨国公司制定的行为守则、国际组织颁行的社会责任指南等都可被视为企业社会责任的国际标准；从狭义上看，企业社会责任国际标准指的则是专门针对企业承担社会责任而制定的一系列具有国际适用性、普遍性的标准或指南，且这种社会责任国际标准具有恒定性、重复性、统一性等基本特征。比如，国际社会责任组织制定的社会责任国际标准SA8000是全球首个适用于不同地域、行业规模的企业责任标准。此外，大多数企业社会责任国际标准还能够依据客观环境的变化来进行适时的修订和升级，比如 SA8000 标准，已有 SA8000：2001、SA8000：2004、SA8000：2008、SA8000：2014 等几个新的版本。这些企业社会责任国际标准的适时修订和升级，可以保证它的开放性、发展性、连续性、动态性和适用性。但是，这样一种企业社会责任的国际标准也承受着一些学者的批驳。

朱辉宇总结出，对企业社会责任国际标准的批评主要有以下两种观点：其一，当今主要的国际组织大多由西方发达国家倡导建立，国际标准和游戏规则的制定也多由西方发达国家主导。因而，这些标准对发展中国家来讲，在某种程度上就会缺乏一种普遍的共识性。换言之，企业社会责任国际标准在建立和实施的过程中，缺乏各个国家广泛而有效的交流与对话，因而没有形成广受认可的意见共识。其二，共识性不足必然延伸到标准的实际施行中。由西方主导制定的企业社会责任的国际标准，因为缺少发展中国家的声音，所以是仅能体现西方企业社会责任标准且较为严格的尺度规范，这会造成一些发展中国家在履行企业社会责任时难以达到这种苛刻的要求。

朱辉宇指出，虽然当今的企业社会责任国际标准在道德合理性方面还有值得审视和商榷的地方，但是，我们并不能由此全盘否定这些标准的存在价值，而应在反思其内在缺陷的同时，理解其存在的现实性与合理性。要提升企业社会责任国际标准的道德合理性，首要的工作便是厘清这些国际标准所呈现出来的诸如核心概念、基本原则、具体规定等内容，并在此基础上向责任承担者阐明标准的整体框架和详细内容。总之，企业社会责任道德合理性的关键因素之一在于提高人们对企业承担社会责任的必要性、重要性的认知。我们还应该参与到企业社会责任国际标准的制定和完善的过程中来。企业社会责任国际标准作为一项具有广泛适用性的制度性安排，它的道德合理性在于不同国家、组织、企业等利益相关者之间的充分对话与交往实践。因而，在企业社会责任国际标准制定的过程中，多元利益相关者必须能够平等地对话。换言之，企业社会责任国际标准不能由某一个国家或组织完全主导和制定，它必须要接受其他国家的审视、讨论、批判，并在互动交往、平等对话的基础上达成基本共识，以确保这些标准的道德合理性。需要说明的是，企业社会责任国际标准道德合理性的确立不仅需要平等商谈和理论反思，而且也依赖于一系列的社会实践。对我国企业来说，企业社会责任国际标准的道德合理性还在于这样一种标准的中国化。

总而言之，社会责任的标准化是当代企业管理模式的重大变革，是企业现代化、专业化、规范化的重要条件，是推进社会责任担当、控制外部性成本、维护市场秩序的重要途径。因此，我们应该审视企业社会责任国际标准的道德合理性，建立既与国际接轨又具有中国特色的企业社会责任国际标准体系，既要把握其核心理念和基本原则，又要理解其符合社会发展要求的各种论述，矫正国内标准尚不完善的各种规定，以此来改进那些不合适的企业社会责任理念，推进国内标准与国际标准的接轨。

除了上述关于企业社会责任的理论研究，贺伟跃和孙爱平通过审视各个国家企业社会责任的研究状况及其在实践中的应用，提出了未来企业社会责任发展的方向，即企业社会责任议程之"历史的终结"的论断。他们强调，企业社会责任研究有很强的必要性：首先，"我国面临着将企业社会责任运动经由跨国公司通过国际贸易和投资施加给我国企业、市场和环境的消极影响最小化的挑战；其次，我国面临着将推行企业社会责任实践作为实现我国经济、社会和环境方面公共政策的手段的挑战。因而，对中国而言，企业社会责任乃一个绕不过去的话题。作为一场事关国家—市场—公民社会三者关系的重大革命，企业社会责任不仅仅是企业的个体经济行为，更是一种化解经济冲突、增进社会福利的帕累托改进过程"。[①] 因而我国必须密切关注当今国际贸易交往中的企业行为准则国际标准，要尽可能地依照这些准则使我国的制造商和供应商能够参与到国际市场竞争中来。例如，当今的绿色贸易壁垒（Green Barriers，GBs），也称为环境贸易壁垒（Environmental Trade Barriers，ETBs），是指为保护生态环境而直接或间接采取的限制甚至禁止贸易的措施。它是国际贸易中的一种以保护有限资源、环境和人类健康为名，通过制定一系列苛刻的、绝大多数发展中国家不能达标的环保标准，限制或禁止外来商品的进口，为达到贸易保护目的而设置的贸易壁垒。其越来越成为我国面临的一个难题，无论是从国际环境还是从国内发展角度来看，推行企业社会责任，无疑是打破这些贸易壁垒，增强企业竞争力的一种良策。

所以，企业社会责任企业之"历史的终结"，指的就是企业的组织生产日益按照日本式管理而进行，企业的治理模式日益按照美国式股东价值导向而进行，企业的环境和人权责任日益依照欧洲式标准而进行。对于发展中国家来说，随着履行社会责任日益成为进入国际市场的入场券，加强对企业社会责任的行为准则

---

① 贺伟跃、孙爱平：《企业社会责任议程历史的终结》，《求索》2015 年第 1 期，第 27 页。

研究和社会实践就必须成为我们特别予以关注的一个问题。

（三）2015 年中国企业社会责任（CSR）的法制化研究

除了伦理学、经济学、管理学对企业社会责任研究予以关注之外，它所产生的多方面的影响也促使一些法律方面的专家学者开始探讨企业社会责任的法制化研究。

早在 2001 年，奥斯塔什（Daniel T. Ostas）教授在《重建企业社会责任：法律和经济理论的观点》（*Deconstructing Corporate Social Responsibility：Insights from Legal and Economic Theory*）一文中就强调，我们仅仅讨论企业社会责任而不注重它的法制化是有问题的，因为企业的社会责任和法律责任总是交织在一起的。可以说，社会责任明显包括法律责任，前者的外延比后者更为广阔。2010 年，中国一些法学家也提出，虽然企业社会责任建立之初都是以道德责任的形式出现的，但是，由于法律责任能够依靠国家的强制力保障实现，因而法律责任化后的企业社会责任的实践将会变得更加确定。从这个意义上来说，一部分企业社会责任可以逐渐发展为法律责任和软法责任，并同道德责任并存。因而，企业社会责任存在两种约束形式：一部分还是继续以伦理道德予以调整，另一部分也可以被称为企业道德底线，则逐渐上升为法律方面的要求。后者需要法律直接对企业施加强制性。例如，国家颁布的《自然资源法》、《环境保护法》、《劳动法》、《社会保障法》、《公司法》等法律法规所涉及的一些与企业相关的强制性规范便是企业社会责任法制化的具体体现。

作为 2015 年企业社会责任法制化研究的新发展，尹奎杰指出，从法律上来考察企业社会责任，应该着眼于企业应当承担的法律义务、法律责任来回答和审视这一问题。换言之，也就是从企业社会责任的法律规范的视角来审视这一问题。这既是以企业依法享有权利和履行义务为基础，也是以法律的规范特点来回答企业应当承担何种社会责任。企业社会责任法制化研究一方面是基于法律规范逻辑的"法律教义学"理论主张，另一方面也是基于推动或者促进企业社会责任更好地为社会服务的现实需要。总而言之，企业社会责任在法律上的意义主要是通过法律的制度化方式规范和确立企业应当承担社会责任的制度形式。

基于此，尹奎杰审视了企业社会责任在法律规范上表现出来的四种权利义务的规范类型，这四种关系类型从强到弱依次表现了企业社会责任在法律规范上的多样性和丰富性。第一种可以说是最强意义上的权利义务关系。这种最强的权利义务关系指的是，"享有权利的社会主体主要表现为企业的劳动者或者企业在法律交易过程中的利益关系主体，这些主体可以依据某个特定的法律规则向承担义务的企业提出的特定的财产或者人身性质的法律请求，这种法律请求的提出，是以直接的法律上的规范为前提的"。[1] 第二种则是次强意义上的权利义务关系。这种次强的意义取决于法律所预先规定了的企业某种行为的法律性质。简言之，如果法律预先制定出企业的某种特定行为需要承担起相应的社会责任（法律责任），则企业就必须承担它；反之，则企业不必承担这种责任。在这里，企业是否承担社会责任来自法律规定对企业是否做出了某种特殊行为的认定和规范，法律规定对企业这种特定行为的认定，是构成企业社会责任的前提。企业社会责任的有无，虽有法律规定，但企业只在有先行行为存在的前提下才承担责任，否则不承担，也即"有权力，则有责任"。第三种是弱强意义上的权利义务关系。企业社会责任的这种弱强意义上的规范性质，不以法律所规定的社会与企业之间的权利与义务为前提，而是来自现实实践中。如果企业的产品或者企业的服务构成了与社会主体之间的某种事实上的联系而要求企业承担某种事实上的责任，那么这种责任就可以通过法律的程序予以确定（一般通过司法的方式）。这种弱强意义上的权利义务关系是否存在，取决于两个因素，一个是相关事实，另一个是司法的自由裁量。第四种则是最弱意义上的权利义务关系。最弱意义上的企业社会责任在权利义务的规范表现上并不十分明确和具体。这种最弱指的是，企业所应承担的责任和义务不仅超出了法律的规定，也不存在预定的法律规范，而且在事实上也不会涉及其他权利主体。但是在这种情况下，我们说企业社会责任仍然存在的原因，则来源于道德的约束和伦理的考察，如正义、仁慈等道德理念和伦理思想。因而，法律要求企业承担这一形式的社会责任主要源于公平或者某种道德考量。一般具体的个人是无权力要求企业去履行这种类型的社会责任的，只能通过特殊的方式来实现，这就是最弱意义上的社会责任。这种意义上的企业社会责任可以简化表述为——"基于公平，所以承担"。虽然企业社会责任法制化的第四种关系看起来最弱，但是这并不能否认企业社会责任在这一点上不能被法律化。

通过上面的分析，尹奎杰指出，企业社会责任法制化既符合现代法治社会对企业生产经营活动的法律规范，又可以兼顾企业在攫取利润、实现利益最大化时所应该承担的道德要求。从这个意义上来讲，企业社会责任的法制化意味着企业

① 尹奎杰：《企业社会责任的规范属性及制度路径》，《社会科学家》2015年第12期，第101页。

活动进一步的规则化。在这样的概念范畴体系中，企业的社会责任从本质上说是某种法律义务，它不但包含了企业因利用社会资源而应尽的道德义务，也包括了企业因造成社会资源减损而负担的道德义务。这两个方面的道德义务的法律化，使企业从法律上承担社会责任具有了一定的道德基础，并使得它的一些伦理责任在发展的过程中可以逐步上升为法律规范。

薛小蕙也非常赞成上述的观点，她通过分析企业社会责任发展的整个历史阶段指出，企业社会责任最初是一种道义上的责任，是企业承担了其本身责任之外的一些责任。但是，这个阶段的企业社会责任还不完全等同于道德责任，它只是企业的某种慈善行为。之后，随着企业形式的日趋成熟、经济全球化的发展以及企业社会责任理论和实践的深化，企业社会责任除了道德义务的考量之外，更需要法律方面的约束和规范。众多企业社会责任的实践证明，对于某些社会责任的承担，这样一种具有直接性、强制性的法律约束要比道德约束的力度更强、效果更好。因此，企业社会责任法制化的必要性之一，在于保障各种利害关系人的权益实现。这就是说，企业社会责任除了要从伦理学的角度对它所涉及的利益相关者——股东、消费者、政府、环境、社区等负有一定的道德责任之外，还要将这种社会责任转化为一种强有力的法律保障，以法律的形式明确企业所承担的责任。企业社会责任法制化的必要性之二，在于企业社会责任法制化有利于引导和规范中小企业的生产经营行为。总体上来看，目前我国中小企业的数目很大，对我们经济生活的良性发展有着重要的影响。但是，与国有企业相比，它们的企业社会责任意识相对淡薄。近些年国内发生的一些严重危害人民生产生活安全的问题，诸如三聚氰胺奶、皮革奶、地沟油、瘦肉精、苏丹红等食品安全事故大都出自民营企业。从这一点来看，企业社会责任法制化能够在一定程度上促进中小企业改善经营管理活动，承担起相应的社会责任。企业社会责任法制化的必要性之三在于，促进企业的可持续发展。企业的可持续发展是实现企业转型与有序发展的根本保障，企业承担社会责任可以为公司的可持续发展营造一个良好的竞争环境。企业如果以履行社会责任为目的，保证诚信经营、保护环境、关注相关利益者的权益，并致力于公益事业，那么，它就会实现一种动态的良性循环。因而，为了保证公司的可持续发展，企业社会责任的法律规制是必不可少的，只有将其放在法制轨道中，才能保证它的良好运行。

孙志芳从国有企业社会责任立法的角度对国有企业社会责任的履行提出了更高的要求。他强调，国有企业是我国国民经济的支柱，是推进国家现代化、保障人民共同利益的重要力量。截至 2012 年，中央企业已全部发布了社会责任报告，高于世界 500 强 65% 的报告发布率。他也提到，虽然现阶段我国国有企业发布的企业社会责任报告数量比较多，但是与国有企业在我国经济结构中的地位、社会公众的期望相比，与发达国家之间还存在着一定的差距。原因主要有以下两点：第一，部分国有企业可能尚没有充分认清履行社会责任对于树立良好企业形象、提升企业核心竞争力的益处；第二，当前我国国有企业承担社会责任还未建立起完备的法律规范制度。换句话说，当前我国国有企业履行社会责任多是靠企业自律、社会舆论监督等方式，缺乏法律规范的强制性要求。纵观发达国家企业社会责任的发展历程和社会实践，就能了解到，只有建立完备的企业社会责任法律规范体系，企业才能更好地承担起应有的社会责任。因此，"国有企业要以法治化思维审视社会责任，从管理层和员工两方面提升全员社会责任意识；要融社会责任于依法治企战略，通过依法合规经营、构建和谐劳动关系等途径增强履行社会责任能力；要健全完善社会责任组织管理体系、信息披露制度、社会责任评价机制，提升国有企业社会责任履行水平"。[①]

综上所述，企业社会责任法制化具有重要的理论意义和现实意义。企业社会责任在很大程度上是一种道德责任，它最初产生于民众对公司的一种道德诉求。但是，道德良知、道德自律和社会舆论约束并不能保证所有的企业都能够自觉地履行社会责任。随着时间的推移和社会的发展，我们发现，企业社会责任的实现除了由伦理道德予以调整和约束外，一部分重要内容，尤其是对企业的道德底线要求的规范，则逐渐上升为法律。换言之，对于有些社会责任的承担，需要靠法律直接对企业施加强制性，这样道德责任便成了法律责任。例如，《自然资源法》、《环境保护法》、《劳动法》、《社会保障法》、《公司法》中的相关强行性规范便是企业社会责任法制化的体现。企业社会责任在我国已经成为一个普遍和热门的话题，通过道德法律化来推动企业履行社会责任的实现也已取得较大共识。但是，正如并非所有的道德规范都有必要且有可能上升为法律一样，实现企业社会责任的法律化首先需要根据企业社会责任的不同要求来分析其法律化的可能，有些企业社会责任可以责任化，有些则应继续留给伦理道德层次来调整。

---

① 孙志芳：《法治视域下国有企业践行社会责任研究》，《山东社会科学》2015 年第 7 期，第 188 页。

（四）2015 年中国企业社会责任（CSR）实证研究

以上我们总结论述了 2015 年中国学者在国外最新的企业社会责任理论动态、企业社会责任理论创新，以及企业社会责任法制化的探讨。下面，我们将从八个方面概述过去的一年中，我国企业社会责任的实证研究的基本情况。

1. 企业社会责任与竞争战略之间的实证分析

杨蕙馨和刘建花指出，当前企业与社会之间的关系问题成为了影响企业生存和发展的重要议题。企业社会责任理论使公司传统的竞争战略理论受到了一系列前所未有的挑战。其一，企业的本性是最大限度地追求利润，而企业社会责任的存在则会占用一部分企业资源。换言之，企业社会责任会挤占一部分产生价值增值的股东利益。其二，企业社会责任的成本投入和低成本竞争战略之间的矛盾。低成本战略要求企业成为产业中的低成本生产者，强调企业要从一切来源中获取规模经济或绝对成本优势。而同时获取成本领先和企业社会责任的竞争优势往往是相互抵触的，因为企业社会责任的投入本身通常成本高昂。以上这两种企业社会责任与企业经营之间的矛盾和冲突，在一定程度上会影响企业在竞争战略决策上的选择，也会为一些企业在社会责任缺失方面找到合理的理由和借口。因此，杨蕙馨和刘建花认为，要化解这些矛盾和冲突，就要挖掘企业社会责任和竞争战略的匹配性和契合点，将二者的矛盾对立性转化为统一性，使企业能够获得社会责任和竞争战略匹配带来的累加收益和竞争优势。

这种企业社会责任与竞争战略之间的匹配机理主要表现在以下三个方面：第一，企业社会责任与竞争战略匹配所产生的产品竞争力。企业竞争优势本质上还是其最终产品与服务相对于竞争对手所具有的独特性和价值增值性。而这种独特性和商品的价值增值性最终要靠消费者手中的货币来予以认可和实现。从这个角度来看，企业社会责任与竞争战略匹配所产生的产品竞争力的本质在于以消费者责任为核心塑造的新型企业——消费者关系。具体来说，企业在产品与服务质量、成本控制、善因营销等方面的社会责任投入，赋予企业产品和服务以"责任标签"，引致消费者的利益感知、情感感知和规范感知，从而产生最终产品和服务层面不易被模仿的独特性和价值增值性，即企业的产品竞争力。第二，企业社会责任与竞争战略匹配所产生的制度竞争力。企业社会责任的目的是为了满足企业各利益相关者的合法利益。具体来看，它在企业制度层面表现为企业运营机制、资源关系、品牌等要为利益相关者带来合理的收益。所以，企业社会责任与竞争战略的匹配会在一定程度上简化利益相关者认识和处理企业发展的规则和程序。可以这么说，企业社会责任在制度层面上的这种能力和优势，为企业参与竞争提供了获取利润和资源的保障平台和杠杆支点。第三，企业社会责任与竞争战略匹配所产生的组织竞争力。企业社会责任与竞争战略在组织层面的匹配主要表现为企业的经营理念、价值观念、社会责任目标、企业形象及全球化视野等既符合公司创造利润的本性，又能兼顾不同利益相关者的合法权益。具体来看，企业社会责任与竞争战略匹配所产生的组织竞争力有助于塑造良好的企业形象，激发正能量，从而增强企业的竞争优势。

根据企业社会责任与竞争战略之间的匹配机理理论，她们还研究了企业社会责任与竞争战略匹配之间的两种实现路径。第一种路径是基于企业社会责任的差异化战略。差异化战略的本质是达成某种有价值的独特性，而企业社会责任能够促进产品差异化战略。首先，它可以使企业品牌形象差异化，换言之，企业履行社会责任行为会通过消费者形成一种品牌形象，而这一品牌形象会影响消费者的心理和情感需求。其次，它要求公司产品设计及功效差异化，诸如低能耗、低污染、绿色环保的产品设计，从而获得消费者及其他利益相关者对责任企业和责任产品的青睐。再次，它所要求的产品质量及服务的差异化。这主要体现在企业在消费者层面所履行的社会责任，诸如注重产品质量和服务体验，以提升自身的核心竞争力。最后，企业资源能力差异化，即通过履行各层面的社会责任会获取对应利益相关者的支持，从而形成异于竞争对手的资源能力网络。第二种路径是基于企业社会责任的目标集中战略。目标集中战略指的是成本集中和差异化集中。具体来看，依据企业社会责任的目标市场的确定，辨识对企业社会责任具有较高敏感度的买方，在此基础上重点研究影响目标顾客与企业之间的包括社会责任、沟通策略、投资时机等对消费者消费行为的影响，以此来建立与企业相匹配的社会责任模式。总之，面对当前新的竞争态势和发展使命，企业能否通过企业社会责任与竞争战略的匹配来实现自身的可持续发展已经成为一个非常重要的话题。因此，探讨企业社会责任与竞争战略的匹配机理和实现路径对国内企业失责事件的缓解和竞争战略的提升具有重要意义，从长远的战略角度来看，它同时也是中国企业走向可持续发展的一条必由之路。

王清刚和李琼重点分析企业社会责任价值创造机理的实证分析。他们选取2009～2012 年证监会行业分类下的制造业公司为研究样本。通过剔除数据不全的公司样本 17101 个，最终得到 4570 个有效样本，并采用 STATA 12.0 统计软件对数据进行分析处理。研究发现，企业履行对供应上游利益相关者供应商的社会责任和企业价值正相关；企业履行对中游利益相关者股东、政府的社会责任和企业价值显著正相关；企业履行对债权人、社区的社会责任和公司价值显著负相关；企业履行对员工的社会责任关系不明确；企业履行对供应链下游利益相关者客户的责任和企业价值显著正相关。以上研究结果表明，企业履行社会责任能促进企业价值的提升。该研究的贡献在于"基于利益相关者理论将供应链管理与社会责任价值创造联系起来，以供应链核心企业为研究对象，从供应链视角确定核心企业的利益相关者，进而确定出衡量社会责任的各利益相关者指标，实证证明了核心企业在供应链中积极履行社会责任能够提高企业价值，为企业实施供应链社会责任管理提供理论依据和动力源泉"。①

2. 企业社会责任与财务绩效之间的实证分析

孔龙和李蕊主要以我国食品饮料行业上市公司的数据为参考，研究分析政治关联（政治关联是指企业通过多种途径与政府建立良好的关系）、企业财务绩效与企业社会责任之间的关系。他们选取 2009～2013 年我国食品饮料行业（涵盖农副食品加工业、食品制造业和酒、饮料和精制茶制造业等）94 家上市公司的数据作为初始样本，通过剔除特殊处理的上市公司、数据统计有缺失的公司，以及存在异常值的公司，最终选取了 56 个研究样本。

通过对 56 家上市公司的企业社会责任与政治关联、财务绩效之间的实证分析，得出了以下几点结论：第一，在食品饮料行业中，政治关联企业比非政治关联企业的财务绩效更高。这就是说，高管政治关联可能在一定程度上使企业在竞争过程中争取到一些关键的资源，即企业会通过得到的便利条件提升自身的财务绩效。同时，数据还表明，高管的政治关联程度越强，财务绩效就越好。政治关联给企业带来收益的高低是由政治关联的级别决定的，政治关联程度越强，给企业带来的收益越高，对企业财务绩效的积极影响也将越大。第二，在社会责任履行方面，政治关联企业比非政治关联企业表现得更好。这就是说，与政治关联度很低的那些企业相比，政府和社会公众会对政治关联度相对较高的企业的社会责任履行寄予更高的期望。基于此，企业为了获得政府的认可，将会努力采取公益慈善行动，积极履行企业社会责任，以获得政府和社会民众的关注。简言之，在政治关联企业中，政治关联级别对企业社会责任的履行有显著正向影响。政治关

---

① 王清刚、李琼：《企业社会责任价值创造机理与实证检验——基于供应链视角》，《宏观经济研究》2015 年第 1 期，第 117 页。

联程度越强，企业因政治关联获得的收益越高，政治关联高管来自政府的期望和压力也将越大，为了维系与政府的良好关系，企业将会尽力迎合并满足政府的政策导向和要求，更加积极地履行社会责任。第三，良好的社会责任的履行能够有效地提升企业财务绩效。这也说明了，企业在追求自身经济效益提高的同时，通过积极履行社会责任来兼顾所有的利益相关者，向社会和公众树立起良好的企业形象，从而获取利益相关者的优质资源，进而有效提升企业的财务绩效。

总之，他们通过实证分析强调："政治关联能够有效地促进食品饮料行业企业履行社会责任，并进而提升其财务绩效，而且政治关联程度越高，财务绩效和社会责任表现越好；企业社会责任的良好表现能够对财务绩效产生积极的影响，即企业履行社会责任会提升财务绩效。因此，企业应合理利用政治关联去实现企业和社会的共同发展；政府可通过政治关联，适当引导企业履行社会责任；其他利益相关者在享受利益的同时，应促进企业建立和维系政治关联。"①

侯巧铭和张寒月以利益相关者理论为基础，并通过三个理论假设：企业承担社会责任可以降低资本成本、企业履行社会责任可以收获社会声誉及美誉度等无形资产、企业履行社会责任可以帮助企业获得竞争优势，来研究企业社会责任与企业绩效之间的关系。他们选取 2012～2013 年沪深主板的上市企业为研究样本，选取主营业务总资产收益率，根据回归结果构建联立方程模型来衡量企业社会责任的履行是否有助于增加财务绩效。研究结果表明：企业社会责任与财务绩效存在双向正相关关系。他们还指出，从企业承担社会责任的短期跨度来看，此种行为会增加企业的运营成本，进而影响公司的当期利润，从而导致财务绩效的下降。但是，从企业的长期发展来看，公司承担社会责任会给自身带来良好的社会声誉，树立优质的品牌形象，同时与消费者和其利益相关者建立一种相互的信任感。上述这些内容作为企业的无形资产，会使企业实现产品和服务溢价，从而提升财务绩效。在实践中，很多企业都会试图通过援助重大灾难的慈善行为以及从中赢得的社会声誉来使企业自身获得一种良好的"道德资本"，以更好地吸引投资者和消费者，甚至是政府及社会民众的支持，并最终增加企业绩效。此外，企业承担社会责任还可以进一步转变成企业的核心竞争力，使企业逾越国际上的壁垒，进而提升长期盈利能力。

---

① 孔龙、李蕊：《政治关联、企业财务绩效与企业社会责任的相互关系研究——以我国食品饮料行业为例》，《北京交通大学学报》（社会科学版）2015 年第 3 期，第 53 页。

赵蓓、吴芳和张岩则从信息不对称理论的角度来研究企业社会责任与财务绩效之间的关系。他们依据 2010～2012 年沪深 A 股上市公司发布的数据，采用实证研究的方式并借鉴水平模型和增量模型来考察企业社会责任、财务绩效之间的关系。研究结果表明，企业社会责任正向影响财务绩效；企业可见度正向调节企业社会责任对企业财务绩效的正向影响。换言之，企业在控制其他潜在影响因素之后，其社会责任正向影响企业财务绩效，即企业履行社会责任的程度越高，财务绩效就越好。因而对企业来讲，应该更关注企业社会责任的履行，处理好公司与利益相关者之间的关系，从而提升企业的财务绩效，增强竞争优势。他们的研究在一定程度上对于企业管理人员有一定的启示意义。这要求企业管理人员在公司生产运营过程中应当密切关注企业社会责任的实践，处理好各方利益相关者之间的关系，进而增加公司利润和竞争优势。

与上述仅通过样本来分析企业社会责任履行与财务绩效之间关系的研究不同，陶文杰和金占明从首席执行官（Chief Executive Officer，CEO）权力角度来探讨企业社会责任与企业绩效之间的关系。作为核心决策者的首席执行官在企业社会责任（Corporate Social Responsibility，CSR）决策和实施过程中扮演着重要角色，但 CEO 权力异质性对 CSR 表现的影响甚少被关注。他们以 2009～2011 年我国发布企业社会责任报告中的 A 股上市公司为样本，应用专业方法普通最小二乘（Ordinary Least Square，OLS）法检验 CEO 权力、企业社会责任与企业绩效之间的内在联系。通过专业的数据分析，他们指出："①CEO 组织权力与 CSR 显著正相关，但与企业绩效不相关；②CEO 所有权权力与 CSR 不相关，但与企业绩效显著正相关；③CSR 与 CEO 声望权力和企业绩效均高度正相关，且在二者之间存在中介效应；④CSR 与 CEO 专家权力和企业绩效均高度正相关，且在二者之间存在中介效应。"[①] 简言之，陶文杰和金占明的研究表明，企业社会责任履行、CEO 组织权力的存在能够在一定程度上增加企业的财务绩效。这种研究对我们的启示是：首先，作为企业核心决策者的 CEO 要重视企业社会责任在企业运营过程中的重要战略地位，通过调整企业资源配置方向和结构来发掘社会利润和企业需要的契合点，进而实现社会—企业两者的共赢；其次，公司的主要决策者不仅要对企业社会责任与财务绩效之间的内在关系做出一个较为准确的判断，而且还

---

① 陶文杰、金占明：《CEO 权力、企业社会责任和企业绩效》，《清华大学学报》（自然科学版）2015 年第 12 期，第 1359 页。

要运用自身的能力和权力将二者高效协同起来；最后，CEO 组织权力的增强会使他们在资源配置方面拥有更大的决断力，同时也会使企业社会责任的履行得到更有力的保障。总之，他们的研究对于企业的意义在于：CEO 组织权力集中有利于提高企业解决社会—环境问题的效率，但不直接作用于企业绩效，所有权权力的作用则与之相反；具备声望权力和专家权力的 CFO 能更好地协同社会效益和企业利益。因此，为了维护所有者权益和企业可持续发展，企业应综合考察 CEO 权力构成，并构建有效的权力约束机制。

除了上述涉及企业社会责任与财务绩效之间的直接研究之外，朱敏、刘拯和施先旺还从企业社会责任的履行可以在一定程度上降低企业审计费用的角度，间接论证了它们之间的关系。换句话说，审计部门会对那些较好履行企业社会责任的企业给予更多的方便和优惠，因而公司将会通过资金支出的减少来提升自身的企业绩效。他们为了检验企业社会责任与注册会计师审计收费之间的关系，选取2009～2013 年中国沪深两市 A 股上市公司为研究样本，通过剔除金融类上市公司资产负债率高的公司，以及其他有问题的企业，最终得到 7463 个公司的年度观测值。通过回归分析得出的数据说明，注册会计师倾向于将实质性的社会责任行为作为企业可持续发展和管理层诚信的重要指标，并据此衡量和评估审计风险，进而确定审计业务的收费标准。若企业积极履行社会责任，则注册会计师会据此适当降低对该客户企业的审计收费。此外，研究还发现，相对于非国有企业而言，在国有企业中，良好的社会责任表现更有可能显著降低注册会计师的审计收费。

从这项研究所产生的长远影响来看，企业社会责任的履行可以在一定程度上增加企业绩效。为了进一步增强企业的资本优势，他们还提出了四点建议：第一，要加强政府的引导监管。政府监管部门可以通过相关的法律，如《劳动合同法》、《消费者权益保护法》等来对企业履行社会责任的行为进行监管，规范企业的生产经营活动，从而降低审计费用。第二，借鉴发达国家企业社会责任的经验，不断完善法律法规及制度建设，制定适合的企业社会责任标准。第三，增强企业社会责任与审计收费之间的关系研究，向企业表明社会责任的履行有利于减少注册会计师的审计收费，提升公司业绩。第四，除了企业在社会责任方面的实践，政府还需要进一步推动风险导向的审计理论在注册会计师审计工作中的运用。总而言之，这项研究有助于注册会计师从企业社会责任层面进行审计风险评估，同时对于政府相关部门完善企业社会责任规范体系及修订审计准则亦具有一定的政策启示意义。

3. 企业社会责任与影响因子之间的实证分析

石颖和刘力钢通过实证分析来考察企业社会责任的影响因素。他们通过相关数据来论证企业规模、企业盈利性、企业性质、行业可见性、总部所在地区对企业社会责任的影响。研究结果表明：企业规模、企业盈利性和企业性质对整体以及不同维度社会责任的影响差异性小。具体来看，企业规模与企业社会责任水平及环境责任呈现一种正相关的关系，即企业规模越大，企业社会责任履行得越好。此外，企业盈利性和企业性质对整体社会责任感、责任管理水平、市场责任水平、社会责任感以及环境责任水平均有正向影响。总之，他们通过企业社会责任的影响因素的实证研究，提出："企业规模对不同维度社会责任具有相似且正相关的影响；盈利性对整体社会责任、责任管理、环境责任具有积极影响，对市场责任和社会责任的影响不显著；控股股东的性质对于不同维度社会责任具有相同的影响；行业可见性对环境责任具有显著负面影响，对其他类型社会责任不具有显著负面影响；总部位于发达地区企业整体社会责任、责任管理、社会责任显著较好。"[1] 基于以上的分析，他们提出了几点建议：为了进一步推进我国上市公司的企业社会责任，政策当局可以依据上市公司的规模特征、企业性质、盈利状况、总部所在地等影响企业社会责任的因素制定出不同的政策来提高针对性，以此来推进不同类别的上市公司履行企业社会责任的实践。总之，深入分析研究企业社会责任的影响因子，不仅能够为企业社会责任研究提供相关的理论支撑，而且对于企业履行社会责任也有着重要的现实意义。

田虹和姜雨峰从影响企业社会责任的无形因素入手来分析企业社会责任和企业声誉之间的关系问题。他们采用问卷调研的方式，选取长春、沈阳、大连、北京、天津、唐山、石家庄等城市的企业为研究对象。通过抽样调查与分析，得出以下三点结论：首先，企业社区责任和企业环境责任对企业声誉具有正向的推动作用。其次，利益相关者压力对企业环境责任与企业声誉之间具有显著的正向调节效应。简单来说，利益相关者压力对企业社区责任履行与企业声誉具有的调节作用越大时，企业社区责任和企业环境责任对企业声誉的影响越大。最后，道德滑坡对企业社区责任履行与企业声誉的关系具有正向的调节作用，即当道德滑坡越大时，企业履行社区责任对企业声誉的影响越大；当道德滑坡越小时，企业履

---

① 石颖、刘力钢：《企业社会责任影响因素的差异性研究》，《未来与发展》2015 年第 12 期，第 81 页。

行社区责任对企业声誉的影响越小。这种实证研究在一定程度上补充了企业社会责任与企业声誉之间的关系研究，有利于我们分析企业社会责任对企业声誉的影响机理。他们的研究对企业有效开展社会责任活动具有一定的启示：利益相关者压力和道德滑坡之间的关系揭示了企业社会责任履行对企业声誉的作用机理。因而，企业应该全面了解和分析企业社会责任履行与企业声誉之间的关系，在利益相关者的压力下，企业履行环境责任将会显著提升企业声誉，而在道德滑坡的社会环境中，这种调节作用愈加显著。企业只有将履行社会责任与企业经营、企业战略融合在一起，并将利益相关者、企业营销和企业经营相匹配才能为企业带来长期的经济利益。

4. 中小企业社会责任（SMEs CSR）的实证分析

上述主要考察的是影响我国国有大中型企业履行社会责任的因素。但是，我国经济的组成部分除了国有大中型企业，还有为数众多的中小企业（Small‐and Medium‐sized Enterprises，SMEs）。综观企业社会责任研究的相关文献，很多学者对企业社会责任的探讨大多局限于国有大中型企业和跨国公司，往往忽视作为我国经济运行的重要组成部分的中小企业社会责任的研究。而西方国家与我们有所不同，尤其对于欧盟国家来说，他们研究的重点往往是中小企业的社会责任履行问题。从我国企业未来发展的现实来看，中小企业的社会责任也应该成为我们研究的一个重要对象。

对于这个问题，杨春方早在 2010 年就对我国中小企业履行社会责任的相关问题进行了初步的研究与分析，并指出其不同于大型企业社会责任的三个特点：首先，规模不同、性质不同、能力不同的企业在承担社会责任的内容和层次上也应该是有所区别和差异化的，我们不能在理论假设的基础上用同一个标准来衡量所有企业的社会责任履行状况。其次，企业在其生命周期的各个阶段所应承担的社会责任内容也是不同的。从企业的生命周期理论来看，每一个企业的发展都会经历初创期、成长期、成熟期、衰退期和蜕变期五个阶段。因而，企业在不同的生命周期可能会承担起不同的社会责任。最后，从社会整体福利的角度来看，衡量企业社会责任的最终标准应该是看其最终目的能否增进整个社会的福利和幸福。之后，他一直关注和研究中小企业社会责任的履行情况，并在 2015 年《中小企业社会责任缺失的非道德解——资源基础与背景依赖的视角》一文中指出，当前许多大型国企和外资企业都陆续发表了自己的社会责任年度报告，但在企业社会责任报告中极少见到中小企业的身影。而且，中小企业也存在一系列普遍的侵犯员工权益、违反我国劳动法律法规的事件。当前的众多数据表明，我国中小企业在履行社会责任方面出现了一些严重的问题。"据国家统计局和环保总局的调查，在我国2900多万家中小企业中，80%以上的工业生产存在污染问题，占我国污染源的60%，有关部门对部分省市2000多户中小企业进行质量调查统计，产品质量基本合格的企业占74%，产品不合格及伪劣的企业占26%"。[①] 此外，我国中小企业侵犯员工权益的事件也时有发生。对于这些中小企业社会责任的缺失，多数学者都简单地将其归因于其社会责任意识的淡薄，而没有过多地做深入的调查与分析。基于此，作者认为，这种将企业经营者的个人道德作为决定中小企业社会责任履行的优劣的观点是有问题的。换句话说，这样一种严重夸大企业经营者个人品质对企业社会责任的影响，把中小企业社会责任的缺失完全归咎于公司经营者的道德缺失或经理人自身善恶高低的论断都是不准确的。

通过一系列的调查分析，杨春方构建了中小企业社会责任缺失的三维评价模型——经济、社会、制度因素来对此问题进行深入的研究，从而为中小企业社会责任的缺失找到合理的解释，这既是一种理论上的探索，也可弥补相关研究的空白。其研究结果最终表明，中小企业社会责任缺失的根本原因不在于经营者的道德缺失。与大企业相比，我国绝大部分中小企业规模小、利润低、抗风险能力低，对地方政府财政收入的贡献也较低。但是，他们在公司经营管理与社会责任等方面却处于更为严格的政府监管与政策约束之下。这种与大型国有企业完全不同的、不公正的待遇实质上也从另一方面加剧了中小企业对社会责任的淡薄和漠视。总而言之，中小企业社会责任缺失的非道德原因是，企业资源能力的约束和社会控制失败。

与杨春方对中小企业社会责任的研究路径不同，陈承、张俊瑞等以实地调研的方式，通过对所搜集数据的回归分析来研究这个问题。他们指出，学者们常常借用大型企业社会责任的概念和维度来探讨中小企业的社会责任问题。但是，这种研究思路的弊端在于，那些大型企业社会责任的实践内容可能并不适合于中小企业。因为，中小企业不等于小的大企业，它们的独特性使得其在企业社会责任理论和实践等方面与大企业有着明显的差异。因而，陈承等通过判断抽样和便利抽样相结合的非随机抽样法，将调查区域限定为湖北长江流域的六个城市，包括

---

① 杨春方：《中小企业社会责任缺失的非道德解——资源基础与背景依赖的视角》，《江西财经大学学报》2015年第1期，第32页。

武汉、宜昌、荆州、鄂州、黄冈和黄石。通过制作电子问卷、实地访谈、抽样调查等构建起了一个内容涵盖核心利益相关者责任、社会公众责任和管理过程责任的中小企业社会责任三维度模型。在此次研究中,中小企业核心利益相关者被界定为员工、顾客和供应商;社会公众责任被界定为中小企业所在地的社区责任和环境责任;管理过程责任被界定为中小企业针对社会责任决策和实施形成的一系列文化、制度和程序。通过分析,他们得出结论:"从探索性因素分析的结果来看,核心利益相关者责任维度对总方差的解释度达到31.007%,它对中小企业社会责任的贡献最大。核心利益相关者是影响中小企业生存和发展的关键,他们往往拥有或控制着企业价值创造的战略性资源,如知识型员工就不同于传统的一般劳动力,他们凭借着知识资本为企业源源不断地创造价值,但前提是企业要关注他们的利益和需求。仅次于核心利益相关者责任的是社会公众责任,对总方差的解释度为21.774%,中小企业与社区有着广泛的联系,对社区公益活动的积极响应和居民生存环境的主动关注能为中小企业建立良好的声誉度;同时,中小企业家的价值观和品格特征也是影响中小企业社会公众责任表现的重要因素。在对中小企业的访谈中发现,企业家对社会公众责任的积极态度常常会影响企业内部员工的忠诚度和归属感,员工会为能在这样的企业中工作而感到幸运并加倍努力。管理过程责任对总方差的解释度为16.524%,管理过程责任并没有直接的责任对象,但管理过程的责任体现为对其他两个责任维度的支撑,科学和规范化的管理是企业不断发展壮大的前提,只有将社会责任与管理过程有机结合起来,才能避免人为因素的不良干扰,才能将企业的经济目标和社会目标有机协调和统一起来。从验证性因素分析的结果来看,核心利益相关者责任维度与社会公众责任维度之间的相关系数最大(0.834,p<0.001),这表明两个责任维度之间可能有着很强的关联性,或者可以认为中小企业的经济目标与社会目标并不矛盾,相反,二者还可能相互促进。从结果中还可发现,管理过程责任与其他两个责任维度也都具有较高的相关系数(分别为0.693和0.689,p<0.001),并且系数大小十分接近,这说明管理过程责任无论是对核心利益相关者责任还是对社会公众责任均具有较强的支撑作用。由此,加强对社会责任的战略管理和过程控制是实现中小企业经济和社会双重目标的有效途径。"①

---

① 陈承、张俊瑞、李鸣、裴潇、黄金蓉:《中小企业社会责任的概念、维度及测量研究》,《管理学报》2015年第11期,第1693页。

如果说，杨春方觉察到的是我国中小企业在履行社会责任方面与国有大中型企业、跨国集团存在着明显差异的话，那么，陈承等上述的一系列分析和论断则为我们从核心利益相关者责任、社会公众责任和管理过程责任三个维度审视中小企业社会责任的履行提供了一个可资参考的研究模式。总之，上述学者的探索让我们意识到了国内企业社会责任研究的不足。而在这个问题上，欧盟国家对中小企业社会责任的探究与实践有值得我们学习和借鉴的地方。

在中小企业社会责任的探究和实践方面，我们可以借鉴德国中小企业社会责任的研究和经验。谈到德国经济，大家首先想到的是大众、西门子、宝马、奔驰等大型跨国集团企业。实际上，德国的经济命脉更大程度上依赖于众多的中小型企业。不管是就业人数、学徒生数量，还是出口比例，它们都不逊色于那些大型跨国公司。如果依据德国知名管理大师赫尔曼·西蒙（Hermann Simon）教授对"隐形冠军"（Hidden Champions）的定义：该企业所经营的产品不能低于世界市场排名前三或者大洲第一；年营业额不超过50亿欧元；企业的知名度相对较低，不为普通消费者所熟悉；那么，德国境内的很多企业都可以被称为中小企业里的"隐形冠军"。① 例如，最具代表性的是位于波恩的管风琴制造商——商克莱斯公司，员工人数一直保持在65人左右，年营业额只有600万欧元，但世界上最负盛名的歌剧院或教堂的管风琴都由它独家制造。有人统计出"全球目前共有2734家'隐形冠军'，其中德国就有1307家，占总数的47%。美国有366家，位列第二"。② 我们知道，中小企业因其自身的特点，在组织大规模生产和吸纳劳务等方面的效率确实不足以和大型企业、跨国集团公司相抗衡，但是，它们却是一国经济中最活跃的部分，尤其是在创造就业、推动创新、维护社会稳定等方面有着独特的竞争优势。因此，为推进我国中小企业社会责任的理论研究和社会实践，我们有必要了解德国境内的这些"隐形冠军"。

德国对中小企业的定义是：雇佣员工总人数少于500人，年销售额不超过5000万欧元。依据这一标准，德国目前有380万家中小企业，雇佣员工2820万人。这些中小企业占德国企业总数的99.96%，雇工总人数占70%。其中，这些中小企业中有35%为员工不到10人的"微小企业"。2005~2010年，德国新增

---

① Hermann Simon. Hidden Champions: Lessons from 500 of the World's Best Unknown Companies. *Harvard Business School Press*, 1996.

② 周磊：《隐形冠军撑起经济半边天》，《欧洲时报》（德国版）2015年12月18日第21版。

就业人口180万人，这些工作岗位全部由中小企业创造。2010年，德国公共事业和大企业减少了17万个工作岗位，而中小企业却创造了67万个就业岗位。2011年，德国的失业率为6.6%，创20年来最低。有人总结出德国中小企业能够获得成功的七大原因：①历史因素。100多年前德国四分五裂的状态使得各个邦国之间的关税没有统一的标准。在这种环境下，企业想实现长久的发展，就必须具备两个条件：一是产品的国际化；二是商品要体现出高品质的附加值。②传统技能。从德国一些百年企业的发展历程来看，它们的专业技能是一代代地传承下去的。换言之，家族式的企业在德国占据了很大的比重。这种家族的意思不仅在于公司领导者是有直系血缘关系的亲属，而且，它们的员工在很大程度上也会将自己甚至下一代的一生贡献给这个公司。比如，德国主要经营木地板涂料的昆仑涂料公司采取的就是典型的家族式的企业发展模式。昆仑涂料公司的CEO沃尔夫冈强调，"向专业技术人员提出要求、提供支持，给他们培训的机会和事业发展空间，在员工间营造家庭般的氛围，是留住专业技术人才的重要条件。公司很少有人辞职，基本上都是一辈子在这里工作，有些员工的父辈就是公司的老员工。我们一直坚持先保证公司利益，再考虑家族利益"。[①] ③创新力。依据欧洲专利局的统计数据，2003～2012年，德国拥有的专利数量超过13万个，是法国的2.3倍，意大利的4.4倍，英国的4.7倍。④良好的生产基地。德国制造业占国民生产总值的比例比其他发达国家要高很多。而对GDP的贡献中，德国中小型企业贡献最大，它们的数量和对外投资是英国和法国同类型规模企业的两倍。因而，德国之所以能够成为出口大国，在一定程度上依赖于中小型企业，而不是跨国公司。⑤激烈竞争。德国虽然拥有数量最多的"隐形冠军"，但它们最大的竞争对手恰恰来自德国本土。在很多行业里，世界排名第一和第二的可能都来自德国。企业之间激烈的竞争使其更加注重产品的研发。德国历来就重视研发的企业文化，大部分中小企业都会参与研发活动，甚至一些中小企业还有自己专门的研发部门。同时，这些企业也鼓励员工参加各种培训，以学习更多的专业知识和劳动技能。⑥产业集群。德国很多产业都有固定的集中地区，形成了几十个产业集群，比如索林根的刀具、施韦因富特的轴承、纽伦堡的铅笔、维尔泰姆的保温容器和德国北部的风能产业等。这些产业聚集地把行业内的资源和最高端技术都集中在一起，最终形成了拥有技术创新和竞争优势的产业区域。⑦双元制职业培

---

① 管克江：《中小企业如何成为"隐形冠军"》，《人民日报》2012年2月27日第21版。

训。德国双元制可源源不断地为各行各业提供技术人才。作为一个制造大国，能够随时得到新鲜血液无疑是一个不可代替的竞争力。上述德国中小企业的七大竞争优势是德国制造享誉海内外的重要硬性条件。

但是，除上述成就了德国中小企业发展的七大因素之外，德国政府实施的企业社会责任战略也是促成这些"隐形冠军"的另一个重要因素。随着企业社会责任研究和实践的国际化进程，德国在2010年颁布了国家企业社会责任战略，确切地说应该是中小企业（SMEs）的企业社会责任（SME CSR）战略。对德国而言，这样一种企业社会责任框架为国内企业提供了应对社会挑战、加强长期竞争力的手段。"德国政府旨在鼓励更多企业，尤其是中小企业将企业社会责任作为战略概念来了解，并在其核心业务中履行企业社会责任"。①总的来说，在德国，由政府推动的中小企业社会责任主要有以下两个方面的内容。①制定企业社会责任行动计划的框架。该计划的目的是为了在全社会营造一个推行企业履行社会责任的环境和氛围，推动竞争制度框架的建立，以确保企业以此种方式来构建自身的竞争优势。尤其是鼓励中小企业、员工和消费者都参与到企业社会责任的建设中。一方面增加社会民众对企业社会责任的认知，强化德国企业社会责任的特色；另一方面为实现全球化背景下生态环境保护与经济社会协调发展做出应有的贡献。基于此，德国政府于2011年在欧洲社会资金的资助下，为中小企业提供了切实可行的、具有针对性的定制性帮助，使它们能够从战略角度将企业社会责任融入公司的商务理念之中。德国还在不同的企业社会责任议题领域中为中小企业提供了针对性的咨询和培训资助，内容涵盖劳工实践、环境保护、供应链安全和社区发展等方面。此外，德国政府还建立了中小企业网络平台，为企业提供信息和经验交流。②德国企业社会责任行动计划还明确规定了政府介入的领域和范围，内容包括：提升企业社会责任的可信度和透明度；对企业社会责任的推广进行引导，向全社会传播企业社会责任信息；推动教育、培训和科研领域对企业社会责任相关问题进行研究与分析；在国际社会中注重企业在所在国履行社会责任的动力和能力，保持德国公司履行企业社会责任的一贯性；推动企业通过履行社会责任来解决一些社会问题；创造一个有利于企业履行社会责任的环境。

德国除了制定上述关于企业社会责任的行动框架外，还有促使德国企业履行

---

① 艾德乐：《企业社会责任国家战略——德国联邦政府企业社会责任行动方案概要》（Summary of German National CSR Strategy），《经济导刊》2012年第4期，第38页。

企业社会责任的外在动力。简单来说，这种动力指的就是企业社会责任的记录。在当今全球经济一体化的过程中，企业社会责任记录可以说是任何企业都难以回避的一个重要问题。在德国，上市公司要经常接受评级机构的测评，其企业社会责任记录是重要的一项内容。曾经有人披露了这样一个事实：如果德国一家大型企业的上游产品是在一个发展中国家且使用了童工的工厂中生产出来的，那么该公司的产品销售和品牌形象会在短期内出现明显的下降。这是因为，一些了解企业社会责任的消费者和客户不会选择和使用那些违反社会责任的企业所生产出来的产品和服务；同时，投资者也不愿意在这些企业中投入更多的资金。

在经济全球化深入发展的趋势下，越来越多的国家将企业社会责任作为全球化战略的重要内容。在这个过程中，企业社会责任的研究与推进不仅针对大型企业和跨国集团，也指向那些为数众多的中小企业，原因在于这些中小企业也是一国产品质量和形象的重要组成部分。某国制造的标签，不仅反映出该国产品和服务的质量，也反映出企业社会责任的普遍性和可持续性。尤其对我国来说，随着中国国际贸易和开放程度的深入发展，标有"中国制造"的产品遍及全球各地。但是，我们的企业和产品在一些机构的等级评定中仍处于不利的局面。例如，在2015年评选出的世界企业社会责任100强（2015 CSR Rep Trak 100）中，没有一家中国企业上榜。这也在某种意义上说明，国内企业在履行社会责任，如产品质量、生产安全、劳动保障、人权、环境保护等方面还存在一些问题，影响了"中国制造"的品牌形象。如果我们想要从根本上提升中国制造核心竞争力，树立良好的声誉，除了要进行技术革新外，还应该在产品和服务中加入企业社会责任这个重要元素。在这个问题上，欧盟国家，尤其是德国政府对企业社会责任的重视和做法为我们提供了可借鉴的方案。

5. 企业社会责任与股权结构之间的实证分析

股权结构一般指的是，"股份公司总股本中不同性质的股份所占比例及其相互关系"①，同时，它作为公司治理结构的基础，在一定意义上决定着企业的行为，并对企业履行社会责任产生较大影响。成沛祥、肖汪洋和邓超选取2013年沪深两市的A股上市公司作为研究样本，通过剔除那些上市情况不正常的公司、金融行业公司、数据不全的公司以及企业社会责任评分异常的企业，最终选定了

① 成沛祥、肖汪洋、邓超：《上市公司股权结构与企业社会责任关系研究》，《求索》2015年第7期，第110页。

731 个样本。他们通过回归分析及显著性检验，得出了以下四个结论：第一，国有股比例对企业社会责任的回归系数为正，且在对异方差性进行修正前后都有很高的显著性。这说明国有控股的比例越高，企业社会责任的综合得分就会越高，企业履行社会责任就会做得越好。第二，管理层持股比例与企业社会责任呈现出一种负相关的关系。这说明企业管理层持股比例的提高，会降低企业承担社会责任的水平。换言之，当企业管理层持股比例增加后，股东对管理层的约束力会变弱，管理层可以更加便利地追求自身利益最大化，而忽视其他的利益相关方，进而不利于企业履行社会责任。第三，"从修正前后的模型参数即显著性检验结果可知，股权集中度与企业社会责任呈显著正相关，说明前五大股东占股比例越高，企业履行社会责任情况越好"。① 第四，股权制衡度（股权制衡度是指控制权由几个大股东分享，通过内部牵制，使得任何一个大股东都无法单独控制决策，达到大股东相互监督的股权安排模式，既能保留股权相对集中的优势，又能有效抑制大股东对上市公司利益的侵害）与企业社会责任呈正相关。这说明股权制衡度对企业更好地履行社会责任具有积极作用。他们还根据实证研究的结论，从股权结构的角度，提出了针对上市公司履行企业社会责任的几点建议：首先，要增强非公有制企业履行社会责任的意识。我国经济的可持续发展不仅需要国有大中型企业，也需要非公有制企业的良性发展，必须要将社会责任的意识贯彻到各个企业。其次，各个企业要充分发挥各个股东对企业的监督作用，确保企业社会责任的提升。再次，要进一步增加制衡股东的持股比例，培育多元化的投资主体。最后，要改善政策环境吸引外国投资者，完善公司内部治理结构，建立股权制衡的股权结构，以进一步保障企业社会责任的贯彻与实施。

6. 企业社会责任与员工心理状态、忠诚度之间的实证分析

之前就有学者提出，企业社会责任的履行不仅可以帮助企业树立良好的公众形象，而且可以影响消费者对公司产生一定的正面情感，影响员工对企业的忠诚度。企业员工作为公司最重要的利益相关者之一，他们敬业度的高低直接关系着企业财务绩效的实现。但是，这只是一种理论方面的假设。为了检验这种假设，姜友文和张爱卿依据随机抽样的方法，通过设计问卷、发放问卷、回收问卷、对有效问卷进行整理与分析来研究企业社会责任与员工心理状态、忠诚度之间的关

---

① 成沛祥、肖汪洋、邓超：《上市公司股权结构与企业社会责任关系研究》，《求索》2015 年第 7期，第 105 页。

系问题。他们将员工心理状态中的心理意义感和心理安全感作为企业社会责任影响员工敬业度的中介变量，并通过结构方程模型对它们之间的关系进行实证验证。

通过实证研究分析，姜友文和张爱卿得出了两项重要的结论：第一，"企业履行社会责任对员工工作敬业度的直接影响为0.39，间接影响为0.29，总效应为0.68，这说明国内企业经过多年的实践，履行社会责任已经成为影响员工工作敬业度的重要因素之一。当员工感到企业对社会和非社会利益相关者、员工等承担责任时，员工会在情感上产生一定的满足感，会以成为组织的一员而感到自豪，从而在工作中投入更多的情感和行动作为回报"。[①] 第二，当心理意义感和心理安全感在企业社会责任和员工工作敬业度间起着中介作用，当员工感知企业对政府、消费者、员工及社会和非社会利益相关者承担责任时，员工会觉得所从事的工作更有意义，情感上会产生一定的满足感，因而会在工作中投入更多的情感和行动。简言之，企业履行社会责任会对员工的工作敬业度产生正向的影响。

姜友文和张爱卿的研究结果对企业管理、企业社会责任的履行有一定的参考意义。对企业来说，在当今激烈的竞争环境和全球化的社会责任运动中，应该主动放弃那些用于粉饰门面的社会责任行为，将社会责任真正融入企业实践中，从而让员工感受到企业社会责任的履行，提高员工的心理安全感，激发员工的敬业度来赢得新的竞争优势。企业还应该提高企业员工的心理安全感知，通过结合员工的任务内容、职责特点、工作互动性，制定一些管理制度，设计一些社会责任项目，来提高员工的心理满足感，激发员工的工作积极性、主动性，激发员工的认同感和信任感，从而提高他们的敬业度。

7. 不同国家企业社会责任的实证分析

丁一兵和付林选取作为新兴市场国家和发达国家的中、美两国为典型代表，讨论不同制度环境下企业社会责任的差异现象。中方样本为中国社会科学院公布的2010~2013年"中国100强企业社会责任发展指数"中持续上榜的中国大型国有企业及一些著名的民营企业。美方样本则来源于2011~2014年美国《企业责任杂志》（CR Magazine）公布的"美国最佳企业公民100强"中持续上榜的美国大型企业。他们通过专业的研究方法对中美两国大型企业社会责任与企业效率

---

① 姜友文、张爱卿：《企业履行社会责任对员工心理状态及工作敬业度的影响》，《云南社会科学》2015年第4期，第81页。

的影响方式进行了实证分析。

通过回归分析，丁一兵和付林指出，美国大型企业本年度内的企业社会绩效对企业效率有着显著的正向促进作用。其背后的原因在于，美国属于经济实力雄厚的发达国家，社会舆论监督对企业社会责任履行状况会给予迅速的披露。这在一定程度上影响了美国企业社会责任的履行。此外，他们通过研究还发现，美国大企业总资产与企业效率之间呈现负相关的关系，资本密集度对企业效率的影响并不显著。这说明，美国企业生产要素跨行业流动自由度高，因而，企业效率、企业社会责任之间不存在明显的行业化差异。与之相比，对于中国大型企业来说，本年度内的企业社会责任对企业效率没有明显的影响。这可能是因为中国属于发展中国家，企业社会责任所产生的绩效转化为企业社会资本所需的时间周期长于美国企业，因而才会出现如此的差异。除此之外，中国企业总资产对企业效率的影响显著为负，而资本密集度对企业效率的作用显著为正。这是由于中国资源跨行业流动的障碍较大，因此不同行业之间的技术水平差距比较明显。具体来说，一方面中国国有大型企业较同类民营企业存续时间更长，能够积累更多的技术资本；另一方面中国国有大型企业较同类民营企业更容易享受到政府优待。对比中美两国大型企业的回归结果，两者的差异在于资本密集度和企业社会绩效对企业效率的影响结果上。前者是由于美国的市场经济比中国更成熟，行业影响相对更小；后者是由于美国的大型企业社会绩效转化为企业社会资本所需的周期要小于中国大型企业。

简言之，他们的最终实证结果表明，"首先，社会责任对企业效率都有积极影响。其次，发达国家由于媒体对企业社会责任的履行状况披露更为迅速，造成其利益相关者对企业社会责任履行状况的反应比新兴市场国家更为快捷。所以对于发达国家的大型企业，同一年的企业社会绩效对企业效率有正面影响；而新兴市场国家中的大型企业则是上一年的企业社会绩效对本年的企业效率有正面影响"。[①] 他们的研究给我们的启示是：第一，从长远看，企业应该主动承担相应的社会责任来促进企业社会资本的积累，进一步提高企业效率。同时，随着中国经济的不断发展以及公众对企业社会责任关注度的增强，企业社会责任对企业效率的影响会变得像美国的企业社会责任那样更迅速、更明显。第二，从企业外部

---

① 丁一兵、付林：《中美大型企业社会责任对其企业效率的影响机制研究》，《产业经济研究》2015年第6期，第30页。

环境来说，为保证我国大中型企业社会责任的履行，除了政府要加强监管力度、制定法律法规对企业行为进行约束外，还应该充分发挥社会舆论的宣传监督作用。

丁晓钦和陈昊重点分析了我国国有企业社会责任的履行状况。他们在《国有企业社会责任的理论研究及实证分析》一文中不仅梳理了企业社会责任的理论类型，而且也从实证角度分析了中国国有企业履行企业社会责任的现状。他们依据的是《企业社会责任蓝皮书2013》发布的300家企业，包括100家国有企业、100家私有企业和100家外资企业，其中外资企业被认定为私有企业，每类企业均由该类企业CSR实践综合得分前100名构成。同时，借鉴中国社会科学院经济学部企业社会责任研究中心的评价体系，从责任管理（包括责任治理、责任推进、责任沟通、守法合规）、市场责任（包括股东责任、客户责任、伙伴责任）、狭义社会责任（包括政府责任、员工责任、社区责任）、环境责任（包括环境管理、节约资源、降污减排）四个方面评析中国企业社会责任管理现状和责任信息披露水平。通过回归分析，他们指出，在国企和私企履行社会责任的总体表现上，2007~2012年每年国企CSR实践表现都要优于私企，即公有制企业可以更好地实施企业社会责任，而私企则会通过规避或转嫁的方式拒绝履行部分社会责任。而且，由于私有企业的逐利性质，其在履行了部分不可逃避的隐性社会责任之后，出于成本等各方面经济利益的考虑，机会主义偏好会增加，从而会影响到私有企业对利益相关方中弱势群体的履责水平。总之，这些实证分析表明，当前我国因为制度差异、历史习惯等因素，在企业性质、市场组织、政府监管等方面还与美国、欧洲等国家存在着较为显著的差异，这就需要政府通过一些强制性的规定来促使企业主动承担起一定的社会责任。"重视这种制度环境差异，把制度分析加入CSR分析中，充分重视国有企业在CSR实践中的地位和作用，对于当前中国积极推动CSR履行具有积极意义，而且能更加全面充分地认识到国有企业履行社会责任的优越性。这对于厘清当前国企的定位与作用，更好地进行国有企业改革创新也有一定的借鉴意义"。[①]

不同国家之间企业社会责任会有一定的差异，然而，因为各个国家的经济发展情况、社会制度的不同，同一个企业在不同的国家和地区可能也存在着履行社

---

① 丁晓钦、陈昊：《国有企业社会责任的理论研究及实证分析》，《马克思主义研究》2015年第12期，第79页。

会责任的差异。

跨国公司从某种意义上来看，是企业社会责任在全球范围内的推动者。一些企业在本国一直维护着履行企业社会责任的良好形象。但是，一些跨国集团在向外扩张的过程中，会依据不同国家的国情来执行双重的企业社会责任标准。李茜总结了跨国公司的此种问题："近一个时期，跨国公司经营及其产品缺陷被频频曝光，主要问题有：①转移定价问题。部分跨国公司利用全球网络，转移价格或利润逃避各种税费。②环境污染问题。一些跨国公司在生产经营过程中，将污染严重产业转移到我国，并在生产经营过程中，降低环保标准。③劳资矛盾突出。少数外资企业劳工标准偏低，加班加点忽视劳动保护。④技术转移问题，部分跨国公司在我国使用落后的技术或不转移技术，并未达到'以市场换技术'的效果。⑤非法撤资或单方面终止合同，给我国利益相关者造成严重的经济损失。"[①]

为了更好地研究跨国公司在不同国家间企业社会责任履行方面的差异，李茜利用"合作博弈的谈判模型"来阐释地方政府的政策对跨国公司履行企业社会责任合约的影响。通过实证分析，她指出，地方政府的谈判成本包括与跨国公司进行投资谈判时的人力、物力、财力成本。然而，一些地区政府部门工作效率低下，许多政府官员对于企业社会责任了解甚少，甚至不具备能够就企业社会责任与跨国公司进行谈判的人才。同时，监管部门技术落后，缺乏对跨国公司进行有效的监测和防范。在这种情况下，地方政府面临的谈判成本较高，谈判过程中处于被动地位，使得跨国公司有机可乘，进而影响跨国公司企业社会责任的履行。因此，根据模型的推论分析，我国政府要进一步优化投资环境和基础设施建设，着力避免那些高污染项目的外资引进，建立健全环境的监测和评估体系，严格执行引资项目的事前和事后环境评估，将资源与环保指标列入吸引外资的考察体系。

8. 关于企业社会责任的质疑与回应

与主流专家学者对企业社会责任的理解不同，权小锋、吴世农和尹洪英在2015年发表的《企业社会责任与股价崩盘风险："价值利器"或"有利工具"》一文中指出，近些年来，一些国有、混合型大中型公司在承担和履行社会责任方面取得了很大的进步。例如，交通银行、中化集团、百度等公司都成立了企业社

---

① 李茜：《地方政府政策变迁对跨国公司企业社会责任的影响》，《经济经纬》2015年第3期，第122页。

会责任委员会。据统计，中央的国有企业中有近 50 家也成立了企业社会责任委员会，并且越来越多的上市公司开始积极主动地发布年度企业社会责任报告。此外，我国还建立了企业社会责任的第三方评级机构——润灵环球责任评级机构（RKS）。在国内外企业社会责任理论研究和社会实践的推动下，我国每年发布企业社会责任报告的公司呈明显的上升趋势。但是，他们依据已发布的数据资料，仍然对一些企业是否真正履行了社会责任产生了质疑。他们指出，"虽然发布社会责任报告的公司数量逐年上升，但自愿性发布社会责任报告的公司数明显偏低，2010~2013 年自愿发布社会责任报告的企业分别为 131 家、145 家、189 家、257 家，四年间自愿性披露的比例平均不足 1/3，大部分仅是为应对证监会、国资委、上交所和深交所的规定而发布社会责任报告。企业自愿性披露的动机不强，而且发布的报告质量水平也参差不齐。据 RKS 对上市公司社会责任的综合评分统计，即使到 2014 年，我国企业社会责任的综合评分指数平均只有 40.5 分，离及格线还有很大距离"。[①] 除此之外，很多上市公司发布的社会责任报告几乎从不涉及负面信息。为了深入了解我国企业履行社会责任的真实现状和存在的问题，权小锋、吴世农和尹洪英从股价崩盘风险的独特视角和非对称风险框架来分析企业社会责任的经济后果。他们以 2008~2013 年我国 A 股上市公司为样本，剔除股票年度收益少于 26 周的样本，删除金融行业企业，剔除 ST、PT 企业，剔除财务和公司治理数据缺失的样本，最终得到 2327 个样本观测值。

他们通过分析指出，当股价存在崩盘风险时，企业社会责任的回归系数为 0.006。这种分析结果表明，企业社会责任与股价崩盘风险之间呈现出显著的正向关系，即企业社会责任履行得越多，公司股价就越有崩盘的风险。这个分析也表明了，在中国资本市场，就稳定市场方面而言，企业社会责任体现了"工具性"而非"价值性"的特征，这种企业社会责任的工具性利用会强化管理层的捂盘行为，加剧股票的崩盘风险，企业社会责任会产生正向的崩盘效应。此外，他们还依据我国上市公司企业社会责任信息披露的二元化态势：①因监管层和交易所的强制性规定而被迫披露社会责任报告；②企业主动自愿披露社会责任报告，将样本组分为强制披露组和自愿披露组。分组回归分析的结果表明，企业社

---

① 权小锋、吴世农、尹洪英：《企业社会责任与股价崩盘风险："价值利器"或"有利工具"》，《经济研究》2015 年第 11 期，第 49 - 50 页。

会责任的回归系数在强制披露组数值显著为正，而自愿披露组的数值却并不显著。这表明，在我国的资本市场，企业社会责任的崩盘效应仅在强制披露的公司存在，而在自愿披露的企业并不存在。这进一步验证了企业社会责任的"工具假说"在中国资本市场的适用性，因为当前我国资本市场社会责任制度正处于建设和规范过程中，相比自愿性披露社会责任信息的公司，强制性披露社会责任信息的公司对政策规制的目标考虑显然更为侧重，从事实质性社会责任建设的意识更为淡薄、履行社会责任更具有作秀嫌疑。因此强制性披露社会责任信息的公司更会利用政策规范的借口和幌子，以掩盖管理层捂盘和信息披露操纵的自利行为，最终加剧和扩大了资本市场股价的崩盘风险。此外，一些未经第三方企业社会责任专业评级机构进行信息审核和认证的企业，其社会责任信息的有效性和可靠性更容易被公司利用，来掩饰其自利性的社会责任行为，进一步加大了股价崩盘的风险。

总之，他们的研究结果说明了以下四个问题：①企业社会责任与股票崩盘风险之间呈显著的正向关系。这说明，在我国的资本市场，企业社会责任确实会引起公司股票的崩盘效应。换言之，企业社会责任会提高公司股价的崩盘风险。②依据披露形式分为强制性披露组和自愿性披露组，企业社会责任的崩盘效应仅在强制性披露组存在，自愿性披露组的股票崩盘效应并不明显。③企业社会责任的崩盘效应存在完全的投资路径、部分的信息路径，但不存在会计路径和税收路径。这说明公司管理层会利用企业社会责任效应来进行捂盘的行为。④企业内部控制质量与外部机构投资者监督并不能对企业社会责任的崩盘效应形成有效的制约和治理作用。表明在当前阶段的资本市场，内部控制制度和机构投资者还没有发挥"市场稳定器"的作用。① 他们的研究证实了，在当前我国的资本市场，企业社会责任体现为管理层的"自利工具"，而非股东"价值利器"。

权小锋、吴世农和尹洪英等通过实证分析提出的企业社会责任能够引起公司股票崩盘的结论，无疑是对我们一直以来对企业社会责任所做研究的颠覆性论断。实质上，这种质疑、反对企业社会责任的判断有着一定的理论渊源。古典经济学的代表人物亚当·斯密（Adam Smith）很早就提出了，人是具有理性决断能力的"理性经济人"的假设。这种假设认为，自由市场表面上看起来似乎混乱

---

① 权小锋、吴世农、尹洪英：《企业社会责任与股价崩盘风险："价值利器"或"有利工具"》，《经济研究》2015 年第 11 期，第 62 页。

而毫无拘束，实际上却被一只"看不见的手"所指引，引导市场生产出正确的产品种类和数量。简单来说，如果某种商品短缺，其价格便会高涨，那么，生产这种产品所能得的利润便会刺激其他厂家加入这种产品的生产。当此种商品数量增加之后，便会消除短缺，最终达到供需平衡。如果更多的产品进入市场，那么，生产者之间的竞争将会加剧。如果商品供给量的增加将产品的价格降低乃至接近产品的生产成本，即此种商品所获得的利润接近于零，或者仍继续下跌，那么，商品生产者将会脱离市场。当然，如果商品的价格再一次高于零利润，那么，生产者将会再进入市场，如此循环往复，以促进市场的供需平衡。由此可见，生产者之所以进入市场，主要是源于追逐利润的本性。亚当·斯密在《国富论》中就提到："我们不能借着向肉贩、啤酒商或面包师傅诉诸兄弟之情而获得免费的晚餐，相反，我们必须诉诸于他们自身的利益。我们填饱肚子的方式，并非诉诸于他们的慈善之心，而是诉诸于他们的自私。我们不会向他们诉诸我们的处境为何，相反，我们会诉诸于他们的获利。"① 亚当·斯密"理性经济人"的假设揭示出，人实质上都是自私而贪婪的。市场中每个人追求的都是效用的最大化，关心的都是自身的福利。换言之，在市场中，没有一个人是为了追求社会整体的经济福利而存在的。因此，高效率地利用有限的资源创造企业利润的最大化，为股东创造更多的财富，是企业存在的唯一动力和目标，而且也被认为是最合理的社会责任行为。总之，亚当·斯密的"理性经济人"假设认为，企业的主要目的是为利益相关者，主要是股东谋求利润的最大化，而不是承担起一定的社会责任。

之后，诺贝尔经济学奖得主弗里德曼（Milton Friedman）可以说是批评企业社会责任最有代表性和影响力的一位大家。他在《资本主义与自由》一书中提出："认为公司和劳工的领导人具有超过自己的股东和会员利益之上的'社会责任'的观点已经得到广泛的接受。这种观点表明了对自由经济的特性和性质的一个基本上的误解。在这种经济中，企业仅具有一种而且只有一种社会责任——在法律和规章制度许可的范围内，利用它的资源从事旨在增加其利润的活动。这就是说，从事公开的和自由的竞争，而没有欺骗或虚假之处。同样，劳工领导人的'社会责任'是为他们工会会员的利益服务。"② 如果公司管理者承担起了为股东

---

① 亚当·斯密：《国富论》，郭大力、王亚南译，上海三联书店 2009 年版，第 69 页。
② 米尔顿·弗里德曼：《资本主义与自由》，张瑞玉译，商务印书馆 2006 年版，第 144 – 145 页。

尽量赚钱之外的社会责任，那么，他们就彻底破坏了自由社会存在的基础。企业存在最重要，也是唯一的一项社会责任就是在市场经济规律的指引下尽可能大地增加公司利润。弗里德曼进一步强调："公司领导人接受了尽可能为自己的股东谋利以外的社会责任是一种风尚，而很少有风尚能比这一风尚更加地损害我们自由社会责任的基础。这在基本上是一个颠覆性的说法。假设企业家除了为其股东赚取最大的利润以外，确实具有社会的责任，他们又怎么知道责任如何呢？毛遂自荐的私人能否决定社会利益如何？他们能否决定为了既定的社会利益加在他们自己或他们的股东身上的负担究竟有多大才是合适的？"① 简单来说，如果企业承担起这种超过股东利润之外的社会责任，那么，它就要为这种行为付出相应的代价。例如，如果企业管理者把股东的资本投资在社会公共事业上，势必会降低公司的利润，进而减少股东利益。如果企业把因履行社会责任的成本通过提高产品价格转移到消费者身上，那么，消费者的利益就会受到损失，反而更不利于企业的长远发展。如果企业降低员工的工资和福利来践行社会责任，则雇员的利益就会受到损失。总之，"在以股东利益最大化为企业目标理念的古典企业责任观的牵引下，企业不愿承担履行社会责任的成本，并认为企业承担社会责任会给企业经营增加成本，这些成本最终会转嫁给消费者和企业股东"。② 基于此，在一个自由企业、私人财产体系中，公司主管是企业所有者的一个员工，他对雇主负有直接的责任。这个责任就是依照企业的本性去追逐利润的最大化。企业主管无权慷他人之慨，擅将企业的资金用于社会。因为，企业的资金是股东所有，企业的经营者只是接受股东的委托来加以经营而已。因此，他们没有权力将企业的资金和利润用于社会行为，否则便会损害股东及消费者的利益。此外，弗里德曼还认为，企业没有义务进行慈善救助。在一个自由社会中，这种让企业承担社会责任、付出金钱的方式是非常不适合应用在公司的经营管理过程中的，且此提法有悖于企业追求利润最大化的本质。

　　另一位诺贝尔经济学奖得主、新自由主义的代表人物哈耶克（Friedrich August von Hayek）也认为，企业社会责任在本质上是有悖于自由的。因为企业参与社会责任活动的日益增加，势必会使政府对其社会责任进行强化和引导。其最终

---

① 米尔顿·弗里德曼：《资本主义与自由》，张瑞玉译，商务印书馆 2006 年版，第 145 页。

② 乔法容、王丽阳：《循环经济分析框架下的企业社会责任》，《伦理学研究》2008 年第 1 期，第 22 页。

结果是，企业履行社会责任将不得不按照政府的权威来行事，从而在一定程度上损害了企业的自由。换言之，企业社会责任的提法会使政府过多地干预市场经济行为，同时也会使得企业因承担额外的社会责任而损害自由竞争。因而，哈耶克指出，公司的唯一目标在于按照最能获利的方式使用股东赋予经营管理者的那部分资本，任何对公司利润最大化目标的偏离都将危及企业的生存和发展。对企业来说，只要它的资源能够投向最有效率的生产领域，那么，公司也就承担起了社会责任。企业不是慈善家，不能将其资本用于除增加利润以外的其他社会目的。此外，丹蒙特（David Demant）也对企业社会责任概念持批评的态度。他指出，一方面，企业社会责任概念一直没有一个清楚统一的解释；另一方面，企业社会责任本质上应该是一个自愿性的公司行为，应由公司管理者自由决定采取如何行动，而不是被任何政府或其他组织所强制。汉德森（David Henderson）也强调："企业社会责任给企业管理带来了沉重的负担，也并未给公司和社会带来任何益处。"① 换句话说，目前人们广泛关注且认可的企业社会责任概念存在着很深的弊端，这种方式只会破坏市场经济规律，减少股东福利。因而，企业社会责任只是一种被误导的美德。霍姆斯（R. L. Holmes）讲道，我们所探讨的企业社会责任，在本质上是伦理道德意义上的责任。从这一点来看，只有人才能做出行为上的选择，才能承担起道德义务，并拥有道德权利。企业不是单独的个人，本身不具有上述的能力和资格。因此，企业本身无道德地位，社会责任的准则和标准并不适用于公司。

综观人们对企业社会责任概念的论述，反对和质疑企业社会责任的理由主要有以下两个方面：第一，企业承担社会责任会降低其经济效益。我们知道，企业的首要任务是严格遵守市场经济规律从事生产经营活动，以实现自身利润的最大化，为股东谋求应得的利益。然而，企业担负起一定的社会责任有可能会使自身付出更多的资本，从而使企业负担起过重的运营成本。如此一来，企业就会把自身参与社会责任活动的费用转嫁到商品的价格中。这一方面会造成商品价格上升，企业竞争力降低，另一方面也会在一定程度上迫使消费者为企业的此种行为买单，损害他们的利益和权益。总之，反对者认为，企业承担社会责任有悖于利润最大化目标的实现，且企业承担社会责任还会使商品价格上涨，国内外竞争力

① David Demant. Campaigns of Corporate Social Responsibility：The Case of Canadian Oil Producer EnCana (Ecuador) . *Electronic Theses and Dissertations*, 2005：1348.

下降，损害消费者的合法权益。第二，虽然企业参与社会责任活动会在社会中树立良好形象，增加影响力。但是，从目前的情况来看，企业管理层和工作人员还缺乏应对、处理涉及社会责任问题的技能。换言之，他们所掌握的多是与经济管理密切相关的知识和技能，此种能力并不能很好地应对关于社会责任方面的问题。

但是，通过企业社会责任理论和实践的发展历程，我们可以明确地指出，上述这些质疑和反对的理由都是不合理和有待商榷的。首先，在企业社会责任招致最大质疑方面，即企业社会责任会降低公司利润。这种观点实质上错误地认为，企业承担社会责任的行为一定会增加公司的运营成本，并把企业利润的最大化等同于公司股东利益的最大化。从企业社会责任的履行会增加企业运营成本的观点来看，这些反对者更多的是把企业看成是股东一个人的所有物，而不涉及其他的利益相关者。如果说古典经济学理论把企业利润最大化等同于股东利益最大化的话，那么，随着人们对公司、社会、自身认知的加深，就会逐渐明白，企业不仅仅是股东的利益关系人，还和所有的利益相关者，如公司员工、债权人、供应商、社区、政府、资源、环境等存在着密切的联系。虽然表面上看来，企业是公司股东共同投入资金而组成的，但是，它的运营也离不开员工、消费者、供应商、社区、政府，甚至是地球的资源和环境等因素。因而，企业的利益应该是所有关系人权益的总和，而非简单地从股东利益最大化的角度来评判。换言之，从现代企业理论来看，企业的目标不应当简单定位于为股东谋求利润的最大化，它还应该是所有利益相关者的收益最大化。具体来看，企业除了维护股东合法权益之外，还应该关注公司员工的福利，和供应商建立良好的合作伙伴关系，促进社区和谐发展，努力保护环境，为当代人和后代人谋求可持续发展的路径。与此同时，很多关于企业社会责任的实证研究和分析也向我们表明，企业承担社会责任不一定会提高企业的运营成本。举例来说，企业加强对公司员工的安全生产管理，虽然可能会增加一部分运营成本，但是，企业可能会减少因安全事故造成的停产和一些赔偿费用，甚至政府的罚款。与此同时，企业履行社会责任也会增强员工对公司的忠诚度，进而进行更加积极和稳定的生产操作。其结果则是，产品质量得到保证，残次品数量减少。这反而会降低企业的综合成本，进而增加企业的财务绩效。通过很多关于企业社会责任的实证研究，我们也可以发现，企业社会责任的履行对于提高公司声誉、树立良好形象、降低审计费用、增加绿色 GDP 也有着重要的促进作用。因而，这种认为企业履行社会责任会降低公司利润的观点是站不住脚的。

其次，针对企业经营管理者不具备开展社会责任活动的能力的质疑。该观点认为企业经理没有能力领导公司承担社会责任活动。这种观点如果放在 20 世纪 50 年代，我们或许还会给予更多的认同。但是，在经济全球化的今天，我们完全有理由拒绝这种论断。不论是国际组织关于企业社会责任标准，如《全球契约》、企业社会责任国际标准 SA8000、《欧洲企业社会责任框架绿皮书》、《实施以就业与发展为目标的伙伴关系：使欧洲成为企业社会责任的卓越标杆》的制定和完善，还是一些政府对企业社会责任实践的推动，如德国的《国家企业社会责任战略》、丹麦的《丹麦企业社会责任行动方案》、挪威的《挪威全球经济下企业社会责任白皮书》等，我们都可以推断出，众多公司不仅认可了企业社会责任，而且还在努力践行这种行动。因此，企业的经营管理者不仅有能力领导公司开展社会责任活动，而且还能够成功地促使企业长期地实践此种行动，并在一些领域内发挥表率作用。

总之，企业作为社会的一个重要组成部分，有其自身的特质和功能，而它获得利润的源泉则来自资源、环境、社会、社区、员工和消费者。企业社会责任的履行对公司来说，其实也是一种做生意的方式。如果将利益相关人的关切都考虑在内，那么公司员工、消费者、顾客、供应商、社区、环境等要素都是企业赖以生存和发展的基础。企业想要获得可持续的繁荣发展，就必须考虑到这些利益相关者需求的方方面面。当企业这样做的时候，间接地也有利于投资者自身利润的实现。如果企业拒绝承担社会责任，那么，原因只有一个，就是它只专注短期利益，而不顾自身长远的发展。从这一角度看，拒绝社会责任固然会使企业暂时节省一点运营成本，但是，从其长远发展来看，这种做法会损害公司声誉，导致员工忠诚度的下降，投资商的减少，进而让企业付出更高的资本。简单来说，社会为企业的生存和发展提供了必要的条件，企业则从社会取得各种利益，因此，企业在享受社会赋予的条件和机遇时，也应该以符合伦理、道德的行为回报社会，以履行相应的社会责任。

综上所述，企业社会责任的深入研究和发展使人们对它由最开始的质疑和反对，逐渐走向了认同与践行。正如施沃伦（David A. Schwerin）所说："当我第一次介绍 CSR 这个概念时，大概是 20 世纪 70 年代末 80 年代初，当时没有人感兴趣，人们只想着创造利润。但是很多年过去以后，公司更有利润了，同时，更多的公司也开始投入到 CSR 中来了。"① 甚至连早年极力反对企业社会责任的弗里德曼在随后的研究中，也逐渐地修正了他之前的观点，并指出，企业追求利润最大化是可以与承担社会责任和谐共存的。权小锋、吴世农和尹洪英等也仅从企业社会责任的工具性价值分析得出了，企业履行社会责任会带来股价崩盘风险的论断。实际上，他们没有完全否认企业社会责任的影响和作用，"企业社会责任看起来是一把'双刃剑'，如果管理层能够认真对待市场中利益相关者的诉求，切实重视改善与投资者、供应商、消费者、社区等利益相关者的纽带关系，则企业社会责任建设无疑能够成为'品牌资源'和'价值利器'；但如果企业社会责任被自利性的管理层加以'工具性'地利用，那么无疑会给企业带来极端的负面后果，引起企业股价的崩盘或暴跌"。② 此外，众多的研究证据也表明，企业社会责任能够提升公司声誉，吸引优秀的管理者、员工，得到供应商的公正对待，更容易得到金融行业的资金支持。

三、总结

综上所述，从谢尔顿首次提出企业社会责任概念，到艾尔斯、沃尔顿强调要从伦理学角度探讨企业与社会之间的关系，再到奎尔把义务概念引入企业社会责任中；从卡罗尔的企业社会责任三个维度学说，到埃尔金顿的三重底线，再到迈瑞维柯五层次模型，企业社会责任的内涵随着时代的演进呈现出了丰富的发展与深化。在企业社会责任理论研究和社会实践的基础之上，一些国际组织开始建立企业社会责任的标准化系统。

国外企业社会责任研究和实践的不断推进也影响着我国学者对这个问题的重视和关注。自袁家方主编了国内第一本以企业社会责任为主要内容的著作以来，企业社会责任研究就如雨后春笋般地得到了拓展与繁荣。学者们从各自的研究领域对企业社会责任做出了详细的阐释和分析，这些研究和探讨也有力地影响着企业社会责任的实践进程。在此基础上，我们发布了首个企业社会责任报告，实施了首个企业社会责任的省级地方标准。

到 2015 年，企业社会责任的研究又得到了进一步的深化与发展。国外最新

---

① 田晓玲：《我们在 CSR 方面的认识依旧肤浅——访美国企业社会责任运动领航人大卫·施沃伦博士》，http://news.xinhuanet.com/theory/2009 – 11/30/content_ 12563043. htm。

② 权小锋、吴世农、尹洪英：《企业社会责任与股价崩盘风险："价值利器"或"有利工具"》，《经济研究》2015 年第 11 期，第 63 页。

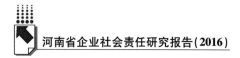

企业社会责任的理论动态得到了译介，与此同时，我国学者在企业社会责任领域进行了一系列的理论创新，尤其是在一定程度上推进了中国企业社会责任的法制化进程。通过众多的实证分析来探究企业社会责任与竞争战略、财务绩效、影响因子、股权结构等之间的关系问题，也构成了本年度企业社会责任研究的一大特色。

上述这些关于企业社会责任的研究都表明，在当今世界，企业社会责任履行的状况已成为衡量一个集团公司国际、国内竞争力的重要指标。企业在履行社会责任的同时，实际上也是树立良好形象、打造品牌、提高声誉、增强竞争力的过程。从这个意义上来说，企业承担社会责任不仅是政府和社会公众对企业提出的一种外在的要求，也是企业提高自身综合实力，赢得社会认同与尊重，从而获得长远生存与发展利益的重要方式。随着经济全球化趋势的深入发展，履行社会责任必将日益成为全球企业持续生存需要应对的共同课题，更是我国企业长远发展战略必须面临的重大挑战。

行业篇

河南省工业经济联合会履行
社会责任研究报告

河南省工业经济联合会是经河南省人民政府于 1991 年 4 月批准成立的全省性社会团体，简称省工经联，是河南省工业经济领域行业协会和工商企业的联合组织。自成立以来，分别由河南省政协原主席闫济民、省人大常委会副主任钟力生担任会长。2010 年 7 月，经中共中央组织部批准，全国人民代表大会农业与农村委员会委员、河南省人大常委会原副主任王明义担任会长。河南省工业经济联合会的宗旨是高举马列主义、毛泽东思想、邓小平理论和"三个代表"重要思想的伟大旗帜，坚持党在社会主义初级阶段的基本路线和纲领，遵守宪法、法律、法规和国家政策，遵守社会道德风尚，通过加强调查研究、指导行业协会工作，为政府、行业和企业服务，为完善社会主义市场经济体制、推进社会主义工业现代化建设、全面建成小康社会做出贡献。河南省工业经济联合会的主要工作任务是：管理河南省工业经济领域社团组织；组织河南省工业突出贡献奖评选；推荐中国工业大奖河南企业和产品（项目）；组织河南省工业百强企业评比排序；参与河南名牌产品培育和评价及应对进出口贸易争端工作；开展调查研究，为政府提供决策参考；开展为行业和企业服务工作；编辑出版《河南工业年鉴》，主办《河南工业》杂志和河南工业网站；完成河南省委、省政府和省发展和改革委员会及有关政府部门交办的工作任务。近年来，河南省工业经济联合会高度重视河南省企业社会责任建设，把引导和推动企业积极履行社会责任作为服务河南工业经济的一项重要工作来抓。

一、2015 年河南省工业经济稳中有进、稳中向好

2015 年，河南省主动适应经济发展新常态，采取一系列政策措施稳定经济增长，全省工业经济呈现出稳中有进、稳中向好的发展态势，结构调整、转型升级步伐明显加快，发展质量不断提高。2015 年，全省生产总值 37010.25 亿元，

比上年增长 8.3%。其中，第一产业增加值 4209.56 亿元，增长 4.4%；第二产业增加值 18189.36 亿元，增长 8.0%；第三产业增加值 14611.33 亿元，增长 10.5%。三次产业结构为 11.4：49.1：39.5。

2015 年全省全部工业增加值 16100.92 亿元，比上年增长 8.0%。规模以上工业增加值增长 8.6%，其中，轻工业增长 8.1%，重工业增长 8.9%，轻、重工业比例 35.3：64.7。产品销售率 98.3%。

规模以上工业 40 个行业大类中，规模居前 10 位的行业比上年增长 11.0%。其中，非金属矿物制品业增长 8.6%，农副食品加工业增长 7.1%，化学原料和化学制品制造业增长 10.4%，专用设备制造业增长 12.8%，黑色金属冶炼和压延加工业增长 8.5%，计算机、通信和其他电子设备制造业增长 23.2%，通用设备制造业增长 11.9%，汽车制造业增长 13.5%，电气机械和器材制造业增长 12.3%，食品制造业增长 12.5%。

电子信息、装备制造、汽车及零部件、食品、现代家居、服装服饰等高成长性制造业比上年增长 11.4%，对全省规模以上工业增长的贡献率为 59.9%。冶金、建材、化学、轻纺、能源等传统支柱产业增长 5.9%，对全省规模以上工业增长的贡献率为 32.7%。高技术产业增长 20.0%。煤炭开采和洗选业、化学原料和化学制品制造业、非金属矿物制品业、黑色金属冶炼和压延加工业、有色金属冶炼和压延加工业、电力热力的生产和供应业六大高载能行业增长 6.5%。

规模以上工业主要产品产量中，畜肉制品产量比上年增长 11.9%，速冻米面食品增长 1.7%，发电量下降 4.4%，钢材增长 1.8%，铝材增长 8.0%，汽车增长 3.3%，手机增长 51.0%。

2015 年末全省全社会发电装机容量 6743.60 万千瓦，比上年末增长 8.8%。其中，火电装机容量 6162.79 万千瓦，增长 8.4%；水电装机容量 398.53 万千瓦，增长 0.5%；并网风电装机容量 91.16 万千瓦，增长 108.0%；太阳能发电装机容量 40.81 万千瓦，增长 103.3%。

2015 年规模以上工业企业主营业务收入 72381.37 亿元，比上年增长 6.6%；利润总额 4840.62 亿元，下降 0.1%。从所有制来看，国有控股工业利润 30.11 亿元，下降 89.0%；集体控股工业利润 239.59 亿元，下降 3.2%；非公有制工业利润 4570.92 亿元，增长 5.7%。从行业来看，40 个行业大类中利润总额居前 10 位的行业为：非金属矿物制品业 713.54 亿元，下降 1.1%；农副食品加工业 444.11 亿元，增长 10.5%；食品制造业 254.32 亿元，增长 8.8%；化学原料和化学制品制造业 252.88 亿元，增长 7.3%；汽车制造业 244.42 亿元，增长 18.2%；专用设备制造业 225.72 亿元，增长 1.3%；通用设备制造业 222.04 亿元，增长 4.9%；电气机械和器材制造业 214.63 亿元，增长 3.8%；纺织业 195.34 亿元，增长 7.6%；医药制造业 171.47 亿元，增长 8.1%。

2015 年产业集聚区规模以上工业增加值比上年增长 13.3%，占全省规模以上工业的 60.4%。产业集聚区规模以上工业主营业务收入 45131.55 亿元，增长 11.2%，占全省规模以上工业的 62.4%。产业集聚区规模以上工业利润总额 2682.66 亿元，增长 6.7%。郑州航空港经济综合实验区规模以上工业增加值比上年增长 26.0%，实现主营业务收入 2651.88 亿元，增长 26.3%；实现利润 50.23 亿元，增长 18.5%。①

与此同时，2015 年全省工业经济运行也存在一些突出问题：一是企业生产经营困难有所加剧。2015 年 1～8 月，全省工业企业主营业务收入、利润同比分别增长 7.1%、0.5%，增幅较上年同期分别大幅下滑 3.7 个、7.8 个百分点；应收账款和产成品库存大幅上升，企业资金周转效率大大下降；国有工业企业困难尤为突出，八家省管工业企业在 2015 年 1～9 月实现营业收入 2850.3 亿元，同比下降 7.1%；亏损 82.7 亿元，同比减利 79.8 亿元。二是工业投资增长乏力。受国内外市场需求不足、产品价格下滑甚至倒挂、产能过剩、产品重复度高、用工成本上涨的多重挤压，企业盈利空间进一步压缩，增产不增收现象普遍存在，企业投资意愿不足。前三季度，全省工业投资同比增长 10.9%，低于全省投资增速 4.7 个百分点，工业投资增速对全部投资增长的贡献率从上年同期的 46.6% 回落至 35.4%，直接影响投资增长 4 个百分点。三是传统支柱产业下行压力较大。化工行业市场持续低迷，重点监测的 31 户企业，2015 年 1～9 月实现主营业务收入 237.9 亿元，累计亏损 1.7 亿元；建材行业受市场需求不足限制，重点监测的 20 家建材企业，2015 年 1～9 月实现主营业务收入 81.9 亿元，亏损 4469.0 万元；钢铁行业受产能过剩影响，重点监测的四家企业，2015 年 1～9 月完成产值 56.2 亿元，企业亏损额 4.42.3 万元；有色行业受电解铝产能严重过剩影响，2015 年 1～9 月完成主营业务收入 288.5 亿元，亏损 4924.8 万元；煤炭行业价格仍持续下跌，且还有继续下跌之势，煤炭企业普遍陷入亏损。

<hr/>

① 河南省统计局、国家统计局河南调查总队：《2015 年河南省国民经济和社会发展统计公报》，《河南日报》2016 年 2 月 28 日。

二、发布《河南省工业企业及工业协会社会责任指南》

为了引导和推进全省工业企业及工业协会认真履行社会责任，实现企业与社会、企业与环境的全面协调可持续发展，河南省工业经济联合会会同省煤炭工业协会、省铸锻工业协会、省钢铁工业协会、省石油和化学工业协会、省轻工行业协会、省纺织工业协会、省建筑材料协会、省有色工业协会、省电力行业协会、省矿业协会11家全省性行业协会，依据国家相关法律法规和商业道德、社会公德，于2014年制定并发布《河南省工业企业及工业协会社会责任指南》，努力打造一个有担当、有责任和有核心竞争力的河南工业群体。

（一）企业及工业协会社会责任的含义

1. 企业社会责任的含义

工业企业应在经营决策中考虑经济、社会和环境因素影响，并对其决策和活动所造成的经济、社会和环境的影响承担责任。为了切实履行社会责任，工业企业应做到：严格遵守国家法律法规；考虑利益相关方的利益和期望，并体现在与利益相关方的沟通和交往中；逐步将发行社会责任的要求融入使命、战略、日常运营管理和企业文化；采取透明的和符合道德要求的行动，切实促进可持续发展。

2. 工业协会社会责任的含义

工业协会作为互益性、经济类社会团体，是社会主义市场经济体制的重要组成部分，是国家宏观经济调控的重要机制。为了切实履行社会责任，工业协会应做到：严格遵守国家法律法规、社会道德行为准则和协会章程；逐步将履行社会责任的要求融入使命、战略、日常运营管理和组织文化；积极推动会员和行业企业履行社会责任，推进行业协会责任建设，促进行业持续健康发展；考虑利益相关方的合理期望和要求，并体现在与会员、行业和政府等利益相关方的日常沟通和交往中。

（二）企业履行社会责任的重要意义

1. 履行社会责任是企业贯彻科学发展观、实现可持续发展的客观要求

科学发展观的基本要求是全面协调可持续发展。河南重化工业居主导地位，资源型初级产业比重大，减少资源消耗、保护生态环境尤为重要。建设资源节约型、环境友好型社会，实现可持续发展，要求工业企业必须认真履行社会责任，坚持以人为本，转变发展观念，走节约发展、清洁发展、安全发展、可持续发展之路。

2. 履行社会责任是企业树立良好形象、增强竞争力的客观要求

履行社会责任既是《公司法》对企业的要求，也是企业自身发展走向成熟与完善的必然趋势。社会责任是企业利益和社会利益的统一。企业承担社会责任，建设新型的企业社会关系，有利于提升企业形象，增强竞争能力。实践证明，积极承担社会责任的企业，是负责任的企业；认真履行社会责任的企业，必将获得社会加倍的回报。

3. 履行社会责任是企业顺应经济全球化进程、参与国际经济交流合作的客观要求

关注自然资源、生态环境、劳动者权益和商业道德，更多地承担社会责任，已成为全球企业发展的趋势，也成为国际社会对企业评价的重要内容。在经济全球化日益深入的新形势下，企业履行社会责任，有利于树立负责任的企业形象，提升中国企业的国际影响，有利于企业开展国际经济技术合作交流，为企业拓展更广阔的发展空间。

（三）企业履行社会责任的指导思想、总体要求和基本原则

1. 指导思想

以构建社会主义和谐社会为宗旨，深入贯彻落实科学发展观，坚持以人为本，坚持可持续发展，从本企业实际出发，突出行业特色，关注薄弱环节，认真履行利益相关方责任，积极回应利益相关方需求；既关注经济效益，又注重社会效益和环境效益，以良好的经营业绩和公众形象报效祖国、奉献社会、造福人民。

2. 总体要求

企业要增强责任意识，积极履行社会责任，成为依法经营、诚实守信的表率；节约资源、保护环境的表率；以人为本、构建和谐社会的表率。在追求经济效益和股东利益的同时，积极维护债权人和职工的合法权益，诚信对待供应商和消费者，积极从事环境保护，参与扶贫济困等公益事业，促进企业与社会的协调和谐发展。

3. 基本原则

一是坚持从实际出发的原则。履行社会责任要从基本国情和企业实际出发，突出重点，稳步推进，注重实效。二是坚持广泛参与的原则。履行社会责任是全体企业的共同义务，所有企业都应积极参与，主动承担相应的社会责任。三是坚持激励为主的原则。通过表彰奖励好的企业，营造履行社会责任的良好氛围。

（四）企业社会责任的主要内容

1. 促进经济发展，增加社会财富

企业是社会经济的主体，是社会财富的创造者和社会进步的推动者。要树立科学发展观，坚持自主创新，切实转变发展方式，不断壮大企业实力，提供更多的就业岗位，不断增加国家税收和社会财富，为提高综合国力做出贡献。

2. 增加股东利润，保护债权人利益

企业承担资产的保值增值责任，为股东创造更多的利润；要忠实履行合同，不恶意拖欠供应商货款和银行贷款；要遵守财务制度，确保财务报表真实完整；企业改制必须进行清产核资和产权界定，防止资产流失，保护债权人利益。

3. 诚实守信经营，保护消费者权益

模范遵守法律法规、商业道德及行规行约，依法经营，照章纳税，恪守商业信用，保护知识产权，反对不正当竞争，杜绝商业活动中的欺诈行为。披露信息真实准确，产品宣传不夸大不虚假，不误导公众。坚持用户至上，提高产品质量，为社会提供优质、安全、健康、价廉的产品。妥善处理消费者投诉和建议，不断改进产品性能，完善售前、售中和售后服务。

4. 厉行资源节约，保护生态环境

节能降耗，建设节约河南、绿色河南是当前企业社会责任的重点。要采用先进技术降低原材料和能源消耗。开发和推广节约、替代、循环利用的先进适用技术，提高资源利用率。严格执行环境保护的法律法规，环境保护设施应正常稳定运行，达到国家规定的污染物排放标准。淘汰污染严重的生产工艺设备和设施，实施清洁生产，发展绿色制造、工业生态经济和循环经济，走低投入、低消耗、低排放、高效率的发展道路。

5. 保障生产安全，维护职工权益

严格落实安全生产责任制，及时整治安全隐患，严防重特大事故发生。矿山企业更要把安全生产作为头等大事来抓。依法与职工签订并认真履行劳动合同，坚持按劳分配、同工同酬，建立工资正常增长机制，按时足额发放工资。按规定为职工缴纳养老、医疗、失业等各种社会保险费用。尊重职工人格，平等对待职工，杜绝性别、年龄等歧视。严禁使用童工和强迫劳动。加强劳动保护，改善劳动条件，减少和杜绝职业病。关心职工生活，切实为职工排忧解难。

6. 积极扶贫济困，支持公益事业

热心参与慈善、捐助等社会公益事业，关心支持教育、文化、卫生等公共福利事业，帮助残疾人和弱势群体。

（五）企业履行社会责任的实施

1. 企业要义不容辞地承担起社会责任

履行社会责任领导是关键。企业领导要牢固树立社会责任意识，高度重视社会责任工作，把履行社会责任工作纳入公司治理，融入企业发展战略，落实到生产经营各个环节。有条件的企业要定期发布社会责任报告，公布企业履行社会责任的现状、规划和主要措施，完善社会责任沟通方式和对话机制，主动接受利益相关者和社会各界的监督。

2. 行业协会要担负起倡导、组织、检查、督促的重要职责

行业协会承担着行业自律性管理的重要责任，要把组织企业履行社会责任列为行业自律的重要内容。要发布行规行约，与政府监管和社会监督相结合，引导企业增强社会责任意识。省工经联要采取普遍性问卷调查与代表性企业重点考核相结合的办法，对行业企业履行社会责任状况做出评价，并对全省履行社会责任比较好的企业进行表彰。

3. 全社会都要关心和支持企业履行社会责任

企业积极主动履行社会责任事关经济发展和社会进步全局，但企业履行社会责任工作刚刚起步，尚未形成广泛的共识，企业也缺乏经验，行业协会有关组织推进工作尚需探索，需要社会各界的关心和支持。

三、举办河南工业经济行业企业社会责任报告发布会

为了搭建河南省工业企业社会责任报告集中发布平台，更好地引导推进工业企业全面履行社会责任，2010 年河南省工业经济联合会借鉴中国工业经济联合会和兄弟省市工经联举办社会责任报告发布会的做法，报经省政府主管领导批准，同意每年举办一次社会责任报告发布会，旨在为河南工业企业及行业协会提供社会责任报告集中发布、展示、交流的平台，提供社会责任管理实践研究和绩效检验、评价、改进平台，凝聚共识，激发活力，推动形成政府、行业、企业、社会"四位一体、多元共促"的协同推进格局，促进经济、社会、环境的全面、协调、可持续发展。目前已连续举办六年。六年来，河南省工业经济联合会会同有关省级行业协会发布了《河南工业企业及工业协会社会责任指南》，同时收集社会责任建设有关政策和行业企业社会责任报告编印成会刊进行交流学习，为广大企业履行社会责任提供了指引，树立了典范，营造了氛围，搭建了河南省首个

社会责任报告集中发布平台。

（一）2010 年河南省工业经济行业企业社会责任报告发布会

2010 年 8 月 20 日，河南省工业经济联合会在河南省人民会堂举办了"2010年河南省工业经济行业企业社会责任报告发布会"，会长王明义做了重要讲话，并为发布社会责任报告的企业颁发了发布报告证书。中石化股份公司洛阳分公司、中石化集团公司中原油田、郑州飞机装备有限责任公司、河南神火集团有限公司、安阳锻压机械工业有限公司、新郑金叶香料有限公司、南阳市王振方矿物质制品有限公司七家企业在大会上发布了企业社会责任报告。河南煤业化工集团公司、郑州煤炭工业（集团）有限公司书面发布了企业社会责任报告。河南省工业经济联合会会同省煤炭工业协会等 10 余家省级行业协会发布了《河南省工业企业及工业协会社会责任指南》。

河南省工业经济联合会会长王明义在会议上指出，工业企业定期编制和发布社会责任报告，将会促使越来越多的企业履行社会责任，有助于形成公开透明的自我约束机制和社会监督机制，提升工业企业社会责任管理水平，同时有利于树立河南省工业企业良好形象。但是，企业社会责任建设是一项长期、复杂的综合性工作，需要进一步发挥河南工业百强企业在履行社会责任方面的引领、带动作用，更需要政府的高度重视，行业、企业和社会等方面的共同努力。河南省工业经济联合会将联合全省行业协会，打造百强企业发布和企业履行社会责任报告发布平台，努力宣传推动，及时交流经验，逐步形成企业积极履行社会责任的良好氛围。

（二）2011 年河南省工业经济行业企业社会责任报告发布会

2011 年 9 月 16 日，河南省工业经济联合会在河南省人民会堂举办了"2011年河南省工业经济行业企业社会责任报告发布会暨《河南工业百强发展报告》发行仪式"。河南省发改委、工信厅、民政厅、国资委等政府部门领导出席会议。在发布会上，河南煤业化工集团有限公司、中石化股份公司洛阳分公司、中国一拖集团有限公司、河南神火集团有限公司、河南莲花味精股份有限公司、河南全顺线材有限公司、鹤煤集团王河煤业分公司七家企业和河南省汽车行业协会、河南省皮革行业协会两家行业协会发布了社会责任报告。大会为发布社会责任报告企业颁发了发布报告证书。同时，河南省工业经济联合会会同省煤炭工业协会等10 余家省级行业协会修订并发布了《河南省工业企业及工业协会社会责任指南》。

河南省工业经济联合会常务副会长范保国在会议上指出，河南省工经联在中国工经联指导和政府相关部门的支持下，将立足河南省省情和行业企业发展实际，加强对国际组织制定的有关标准和规则的研究，通过定期组织举办社会责任报告发布会，为河南省工业企业及协会提供社会责任工作展示和交流平台，打造政府指导、行业推动、企业实施、社会参与的广泛社会责任推动体系，提升工业行业和企业社会责任管理水平。一是通过发布会树立典型和榜样，促使越来越多的企业履行社会责任；二是通过发布会建立定期信息披露制度，提升社会责任管理实践水平；三是通过发布会形成公开透明的自我约束机制和社会监督机制。

（三）2012 年河南省工业经济行业企业社会责任报告发布会

2012 年 12 月 3 日，河南省工业经济联合会在河南省人民会堂举办了"2012年河南省工业经济行业企业社会责任报告发布会"。河南煤业化工集团有限公司、金龙精密铜管集团股份有限公司、开封特耐股份有限公司、际华 3515 皮革皮鞋有限公司、郑州市双凤鞋业有限公司、河南新开电气集团股份有限公司六家企业和河南省汽车行业协会、河南省皮革行业协会、河南省矿业协会三个行业协会发布了社会责任报告。河南省工业经济联合会会长王明义为发布社会责任报告的单位颁发了发布证书。

河南省工业经济联合会会长王明义在会议上指出，河南省行业协会走过了一个起步、探索、发展、创新、成长的过程，在引导和推动行业企业发展中发挥了不可替代的作用。一是认真贯彻落实国家宏观政策和措施，服务国家经济社会发展大局和中心工作，努力做好行业服务和管理工作，引领促进行业发展进步；二是行业协会通过调查研究，在产业结构调整、促进产业升级换代、扩大内需、促进出口政策等方面向政府提出很好的建议，得到了政府有关部门的重视，取得了经济和社会效益；三是担当实施行业自律职责，引导推动行业企业履行社会责任；四是开展国际交流合作，增进国际同行间的了解和信任，扩大了共识，提升了国际影响力。

（四）2013 年河南省工业经济行业企业社会责任报告发布会

2013 年 9 月 27 日，河南省工业经济联合会在河南省人民会堂举办了"2013年河南省工业经济行业企业社会责任报告发布会"。会长王明义、常务副会长范保国、省发改委副主任李哲、省国资委副主任胡广坤、省工信厅总经济师吴庆格出席会议。中国平煤神马集团、登封电厂集团有限公司、郑州日产汽车有限公司、金星啤酒集团有限公司、开封特耐股份有限公司、益海（周口）粮油工业公司、郑州娅丽达服饰有限公司、郑州云顶服饰有限公司、罗山县灵山茶业有限公司九家企业和河南省酒业协会、河南省皮革行业协会、河南省汽车行业协会、河南省服装行业协会四家行业协会发布了社会责任报告。王明义会长向发布报告的企业和行业协会颁发了发布证书。王明义指出，当前，河南省企业社会建设面临新的形势和任务，人民群众追求更加美好的生活，对企业履行社会责任有着更殷切的期望。要求全省企业要自觉履行市场规律，服从国家宏观调控，优化结构，加大企业技术改造力度，走创新驱动的道路。针对企业社会责任建设的下一阶段工作，王明义指出：一是各个不同类型的企业都要履行社会责任，这是职业道德和社会公德的需要，是形势发展的需要，是企业"走出去"发展的需要。行业协会和企业要承担社会责任，积极推动全省工业经济发展。二是省工经联要把社会责任报告发布平台创建成一个为全省行业企业社会责任建设做好全方位服务的平台。河南省工业经济联合会将采取措施，深化社会责任报告发布平台，不断推进企业社会责任建设。

河南省工业经济联合会常务副会长范保国指出，将采取措施不断推进企业社会责任建设。一是进一步加强企业社会责任报告集中发布平台的建设，除了举办每年一次的社会责任报告发布会，建议各省级行业协会及省辖市工经联在网站建立长期的发布平台，进一步完善企业社会责任报告集中发布平台。二是借鉴中国工业经济联合会《中国工业企业社会责任评价指标体系（试行）》及《中国工业企业履行社会责任星级评价组织管理办法（试行）》，建立起适合河南省省情和适合河南省企业发展实际的社会责任标准体系，探索建立起省工经联组织和行业协会参与、企业自我评价和社会性评价相结合的评价体系。三是积极向政府和政府部门提出建议，不断完善有关政策措施，激励企业全面履责。拟将企业社会责任要求融入相关产业政策中，建立鼓励企业履行社会责任的配套政策体系。四是支持各行业协会的社会责任建设。支持有关行业协会定本行业企业社会责任体系和行规，开展宣传培训，推进信息披露，营造促进企业履行社会责任的良好社会氛围。五是加强企业社会责任的国际交流与合作。要积极参与国际相关事务，加强对话交流，展示河南省推进企业社会责任建设的积极态度和成效，促进国内外标准评价体系的合作与互认，为河南省企业"走出去"服务。

会议印发了《2013 年河南工业经济行业企业社会责任发布会会刊》，收录了九家企业和四家行业协会的社会责任报告。

（五）2014 年河南省工业经济行业企业社会责任报告发布会

2014 年 12 月 5 日，河南省工业经济联合会在河南省人民会堂举办了"2014年河南省工业经济行业企业社会责任报告发布会暨行业协会调研成果展示会"。河南省工业经济联合会会长王明义、河南省工业经济联合会常务副会长范保国、河南省工业和信息化委员会副厅长屈华、河南省工业经济联合会副秘书长周北鸿、各省级工业行业协会和省辖市工业经济联合会秘书长和副会长、报告发布单位、"微创新中原行"优秀企业代表、小微企业代表等 100 多人参加了此次大会。河南邦杰控集团股份有限公司、河南优波特新材料股份有限公司、河南翱翔医药科技股份有限公司、郑州市裕丰耐火材料有限公司、河南际华 3515 皮革皮鞋有限公司、郑州佰沃生物质材料有限公司、焦作隆丰皮草企业有限公司七家企业和河南省皮革行业协会、河南省汽车行业协会两家行业协会发布了社会责任报告。

河南省工业和信息化委员会副主任屈华针对企业社会责任工作提出，下一步企业社会责任工作，可以从以下五个方面做起。一是搞好总体设计，逐步理顺企业社会责任管理的体制机制，借鉴浙江等省的经验，适时以省政府名义出台推动企业履行社会责任的指导性文件，指导全省工业企业社会责任建设工作，构建以企业为主体、以企业诚信建设为基础，各行业主管部门、各行业协会、第三方主管机构合理推进的工作机制。二是加强企业履行社会责任的激励和约束，营造有利于企业履行社会责任的制度环境，支持和引导社会资源向积极履行社会责任的企业倾斜，协调相关部门将企业履行社会责任状况作为依法审批办理相关业务的主要依据。同时，加大对缺乏信用、污染环境、破坏生态、浪费资源、危害安全等行为的处罚力度。三是充分发挥协会等组织的推动作用。要鼓励和支持有关行业协会制定本行业企业社会责任体系和行规，开展宣传培训，推进信息披露，参与企业社会责任相关活动，对企业进行必要的指导和督促。鼓励和支持媒体加大新闻宣传力度，营造促进企业履责的良好社会氛围。四是加强学习培训和沟通交流，组织针对企业社会责任建设的相关培训，搭建与外省先进地区的学习交流平台，提高行业管理部门工作人员推进企业履行社会责任的能力和水平。五是企业要发挥履行社会责任的主体作用。

（六）2015 年河南省工业经济行业企业社会责任报告发布会

2015 年 11 月 27 日，河南省工业经济联合会在河南省人民会堂举办了"2015年河南省工业经济行业企业社会责任报告发布会暨第四届河南工业突出贡献奖表彰会"。河南省工业经济联合会常务副会长范保国指出，当前，河南省工业经济发展面临复杂的形势。国内外经济环境依然复杂严峻，外需低迷状况短期内难以改观，部分行业、企业困难加深，工业转型升级尚未完成，工业经济发展面临较大的下行压力。从这次发布社会责任报告及表彰的河南工业突出贡献奖企业和企业家及荣获的优秀调研报告来看，为河南工业经济发展做出突出贡献的企业和企业家，不仅是河南省工业经济发展的中流砥柱，更是河南省社会责任工作的推动者和践行者。同时，也彰显了行业协会在河南经济发展中的重要作用。企业履行社会责任不仅要求企业对社会负责，更是企业自身经营管理的一部分。只有广大企业都搞好经营管理，切实履行好自己的社会责任，河南工业经济才会有更好的明天。安阳钢铁股份有限公司、遂成药业股份有限公司、河南仰韶酒业有限公司、河南天豫薯业有限公司、河南瑞贝卡发制品股份有限公司、河南省瑞光印务股份有限公司、河南中源化学股份有限公司、河南佰利联化学股份有限公司、河南金山化工有限责任公司、天瑞集团郑州水泥有限公司、仲景宛西制药股份有限公司、郑州士奇测控技术有限公司、郑州万达重工股份有限公司、河南瑞泰耐火材料科技有限公司、河南森源集团有限公司、河南宋河酒业股份有限公司、河南心连心化肥有限公司、河南天冠集团有限公司、河南豫联能源集团有限责任公司、罗山县灵山茶业有限公司、南阳汉冶特钢有限公司21家企业和河南省汽车行业协会发布了社会责任报告。

同时，经河南工业突出贡献奖组委会认定，河南省共有八家企业（其中包括六名企业家）获第四届"河南工业突出贡献奖"，分别是安阳钢铁集团有限责任公司及董事长李涛、河南能源化工集团有限公司、河南森源集团有限公司及董事局主席楚金甫、河南豫联能源集团有限责任公司及董事长张洪恩、河南中烟工业有限责任公司黄金叶生产制造中心、风神轮胎股份有限公司及董事长王峰、格力电器（郑州）有限公司及副总经理陈政华、河南天冠企业集团有限公司及董事长张晓阳。此外，河南瑞贝卡发制品股份有限公司等21家企业和15名企业家获"河南工业行业突出贡献奖"。

四、举办河南省工业经济行业企业社会责任培训班

为建立促进工业企业履行社会责任的长效机制，督促企业将社会责任要求落到实处，实现经济、生态、社会效益的和谐统一，经河南省工业经济联合会研究，决定自2014年起，每年举办河南省工业经济行业企业社会责任培训班，并探索开展河南工业企业履行社会责任星级评价活动。

2014 年 9 月 16 日，河南省工业经济联合会会同河南省社会责任促进中心举办了首届河南工业经济行业企业社会责任专题培训班。中国社科院企业社会责任研究中心主任助理、评价部部长翟利峰，河南省社会责任促进中心主任林彬等专家分别就企业社会责任基础知识和企业社会责任理论与编制实务进行了培训，有关行业协会和企业的同志有 60 余人参加了培训。

会上，中国社科院企业社会责任研究中心副主任、河南省企业社会责任促进中心主任林彬首先讲解了企业社会责任基础知识，与学员分享解读了若干社会责任企业的成功案例，随后又分析了河南省当前工业企业的社会责任工作现状，阐明了工业企业开展社会责任工作对实现企业自身可持续发展的重要意义，并对企业如何建立健全社会责任管理体系与工作机制进行了理论指导。中国社会科学院企业社会责任研究中心研究员翟利峰为学员分析呈现了河南省企业社会责任报告发布情况，并引用报告编写实例讲述了企业社会责任报告的编写流程和注意事项。

河南省企业社会责任促进中心主任林彬表示，河南省工业经济联合会在推动河南省的企业社会责任建设工作上做了很多工作，取得了可喜成绩，为河南省的工业企业持续提供了高效、专业的服务，搭建了政府和企业之间有效沟通和对接的平台，希望此次企业社会责任培训班能够为河南省工经联及相关协会推动企业社会责任工作铺就更加专业化的道路，为会员企业规范、有效、持续开展企业社会责任工作，编写和发布企业社会责任报告提供强有力的理论和实践支撑。

五、发挥河南省工业 100 强企业在履行社会责任方面的引领、带动作用

河南工业百强企业是河南省经济发展中一批具有影响力的优势企业群体，是推动全省工业经济快速发展和提升的重要力量。为贯彻省委、省政府工业强省战略，鼓励和推动全省工业企业走新型工业化道路，表彰为河南工业做出突出贡献的企业和企业家，2005 年经省政府批准设立了"河南工业突出贡献奖"。该奖项由河南省工业经济联合会组织全省性工业经济领域行业协会和省辖市工业经济联合会共同实施，2005 年、2008 年、2012 年分别组织了三届评选。2015 年，河南省工业经济联合会组织了第四届河南工业突出贡献奖评选工作，通过企业申报、行业推荐、审查考核，河南工业突出贡献奖评审委员会组织评审，在认真听取各方面意见的基础上，认定河南省共有八家企业（其中包括六名企业家）获第四届"河南工业突出贡献奖"，分别是安阳钢铁集团有限责任公司及董事长李涛、

河南能源化工集团有限公司、河南森源集团有限公司及董事局主席楚金甫、河南豫联能源集团有限责任公司及董事长张洪恩、河南中烟工业有限责任公司黄金叶生产制造中心、风神轮胎股份有限公司及董事长王峰、格力电器（郑州）有限公司及副总经理陈政华、河南天冠企业集团有限公司及董事长张晓阳。

在履行社会责任方面，河南省工业经济联合会要求河南工业百强企业和河南工业突出贡献奖获得者义不容辞地发挥引领带动作用。从某种意义上来说，企业全面履行社会责任，不仅要求企业对员工负责、对合作伙伴和竞争对手负责，对社会和国家负责，更是对企业自身负责，是企业经营管理的一部分。企业全面履行社会责任，有利于充分调动员工的积极性、创造性；有利于取得社会的认可，营造企业发展的良好外部环境，形成促进企业发展的内外动力和整体合力。企业也只有把国富民强、社会发展、人民幸福作为最高追求，才能培育战略眼光，形成战略思维，做出科学决策，避免急功近利、损人利己、损害社会，企业才能蓬勃发展、长盛不衰。这是企业的"立企之本"。河南省工业经济联合会要求，河南工业百强企业和河南工业突出贡献奖获得者要从企业使命、发展战略、日常运营和企业文化的高度充分认识履行社会责任的重要意义，着力在科学发展、公平运营、环保节约、安全生产、和谐劳动关系、支持社会公益事业等方面在全省工业经济发展中发挥引领带动作用，在全省经济转型和产业升级中发挥更大作用。

按照企业履行社会责任的基本要求，河南省工业经济联合会要求：第一，科学发展。要明确企业核心价值观、社会责任观，加强企业文化建设，形成积极健康的企业文化，用文化引导企业发展；要将社会责任理念融入企业发展战略，用社会责任理念指导企业发展规划和计划的制定；要通过产品创新、技术创新、管理创新，不断增强企业的综合竞争力；转变企业经济效益的增长方式，不断提高自主创新能力，提高生产工艺和产品的科技含量，提高经济效益，减少资源消耗和环保污染，并使人力资源得到充分发挥；要遵守社会公德和商业道德，积极推进企业信用建设，提高信用等级。第二，公平运营。市场经济是法制经济、信用经济和公平经济，要反对商业贿赂，恪守公平竞争规则；要遵守行业标准与规范，参与行业标准或规范制定，推动行业健康持续发展。无数事实证明，企业不守规，弄虚作假，只想钻空子，是不可能得到持续发展的。第三，环保节约。要根据国家法律法规，建立健全环境管理体系和制度，开展全员环境保护培训，加强环境保护能力建设；努力减少废气、废水、固体废弃物的排放，并在生产过程中减少并尽快淘汰有毒、有害原材料的使用；要提高资源利用率，推广使用可再生能源，提高废弃物的再利用和资源化水平。第四，安全生产。要通过提高产品和服务质量，完善服务体系，努力为社会提供优质安全健康的产品和服务；严格落实安全生产责任制，严防特大安全事故发生；要为职工提供安全、健康、卫生的工作条件和生产环境，保障职工职业健康，预防和减少职业病和其他疾病对职工的危害。第五，和谐劳动关系。要坚持以人为本，积极创建和谐社会；要依法与职工签订并履行劳动合同，坚持按劳分配，同工同酬，建立工资正常增长机制，按时足额缴纳社会保险；要不断保障职工劳动条件和福利待遇，加强职工素质教育和培训，促进职工提高自身素质，为广大职工实现自身价值创造条件；要关心职工生活，切实为职工排忧解难，努力建设和谐劳动关系，为建设和谐社会贡献力量。第六，支持社会公益。要发挥专业优势，为社区经济发展创造条件；支持教育、文化和卫生等公共事业的发展，积极参与社区公共服务和管理，开展力所能及的公益活动；要结合企业发展需要，创造条件努力为企业所在社区提供就业岗位；尤其要主动维护弱势群体权益，尊重和维护社区中妇女、儿童、老年人、残疾人等群体的权益。积极参与预防灾害活动，救援受灾地区与灾区群众。

六、推动河南省工业行业协会履行社会责任

在现代社会中，行业协会是市场经济体系中的重要组成部分，在推进企业履行社会责任方面有着自己的优势。河南省工业经济联合会作为全省工业经济领域的联合组织，在引导企业履行社会责任方面发挥了重要作用，和全省行业协会共同打造了一个完善的企业社会责任报告发布平台。河南省工业经济联合会要求全省性工业行业协会发挥行业联合组织和行业带头人的作用，组织带领行业协会和行业内企业尽快树立社会责任理念，增强紧迫感、使命感、责任感，全面推进河南企业履行社会责任。

在 2010～2015 年举办的历次"河南省工业经济行业企业社会责任报告发布会"上，河南省汽车行业协会、河南省皮革行业协会、河南省矿业协会、河南省酒业协会、河南省服装行业协会等行业协会先后发布社会责任报告，有的行业协会多次发布社会责任报告。这充分发挥了行业自律的作用，促进了行业健康发展。

河南省皮革行业协会通过以下六个方面履行社会责任：第一，组织与管理。一是完善内部治理。建立以章程为核心的内部管理制度，健全会员大会（会员代

表大会）、理事会（常务理事会）制度，认真执行换届选举制度，实行民主管理；建立健全财务管理、财务核算制度，建立协会资产管理制度，并按规定接受监督管理、检查和审计；按规定定期向会员报告应报事项；遵守各项法律、法规和规章。二是提高服务能力。不断提高协会工作效率；不断开拓协会职能，开展和开发多元化服务；提高协会服务的专业化水平。第二，服务会员。一是维护会员合法权益。开展行业调查研究，掌握行业动态，收集、整合会员意见，代表会员向政府及其有关部门反映会员诉求，维护行业、会员合法权益；开展诚信体系、品牌战略、社会责任建设，规范会员行为，维护良好的市场秩序。二是促进会员和行业发展。以《河南皮革》为平台，采取多种形式向会员传递行业信息，介绍管理经验，宣传典型企业等；开展新技术、新产品鉴定及推广，开展人才、技术、职业、管理、法规等方面的业务培训，提供政策、技术、管理、市场等咨询服务；以中国香港、上海、广州皮展等展览会为平台，为企业开拓市场服好务；开展职业道德、诚信体系、社会责任、品牌战略等建设工作，树立良好的行业风气，发布《河南省皮革行业诚信公约》，先后开展"诚信示范单位"、"科技创新型企业"、"十佳牛羊皮鞋面革"、"羊剪绒优质产品"、"领先名鞋"和"十大名鞋"评选活动；积极推进骨干企业和产业集聚区（基地）建设，积极承接产业转移；不断推进结构调整和转变发展方式工作，引导企业以高效率、高质量、高效益、低消费、低排放为发展方向，以规模化、技术集成化、产品多样化、生产清洁化、资源节约化、上下游一体化为发展特征，向大工业模式发展。三是推动会员履行社会责任。推进行业开展社会责任活动，做好理念树立、业务培训、优秀经验传播、考核与评价工作。与河南省总工会联合先后在行业内开展了"关爱职工示范企业"和"劳动关系和谐企业"评选活动；引导企业积极走资源节约、环境友好、绿色低碳、节能减排、循环经济的路子；积极开展安全生产达标创建工作；积极参加河南省民政厅组织的协会等级评估工作；引导企业树立全局意识，奉献社会，将企业的发展、行业的兴旺和社会的进步相统一，和谐发展，走共同富裕的道路。第三，服务行业。一是促进行业自律。积极开展职业道德教育、诚信体系建设、品牌战略建设、社会责任建设等活动，不断提升行业形象；参与制定、修订行业标准，行业准入条件和行业发展规划，评估并预警政策、市场和技术风险。二是代表行业利益。根据行业发展情况积极与政府及有关部门沟通，真实反映行业热点、难点问题，表达诉求；收集、发布行业信息；优化行业资源配置和产业结构；以企业为主体，以市场为导向开展产学研相结合的技术创新体系；协调行业与外部关系，维护行业整体利益。三是开展交流与合作。以国内外展会、大赛、论坛、参访、交易会等形式为合作交流平台，开展广泛的交流与合作活动，做到规范、有序、有益；开展行业职工技术大赛活动，会同河南省人力资源和社会保障厅、河南省总工会积极开展劳动技能大赛活动。四是推动行业社会责任建设，提升行业社会责任绩效。积极组织企业参加由河南省工业经济联合会主办的"河南省工业经济行业企业社会责任报告发布会"；积极组织企业参加由中国皮革协会和中国财贸轻纺烟草工会联合开展的全国皮革行业创建劳动关系和谐企业的评选活动。第四，服务政府。一是增强服务政府的能力。二是协助各级政府进行行业管理。第五，员工发展。切实保障员工各项合法权益得到尊重和落实。第六，促进和谐社区建设。不断加强与社区的联系，发挥资源和专业优势，支持社区教育、文化、卫生、环保、社会治安综合治理、计生等公共事业发展，开展形式多样的社会公益活动，促进和谐社区建设。

河南省服装行业协会通过以下四个方面履行社会责任：第一，实施"五大工程"，推动河南服装行业可持续发展。一是实施"巧媳妇工程"，解决用工难的问题。2012 年 6 月，协会创造性地提出了"巧媳妇工程"，并成立了"巧媳妇工程推进办公室"，帮助本土企业承接沿海订单，协助政府和厂商把服装厂建到各县产业集聚区，把生产班组、流水线工段下移到乡镇、村庄，让农村大量的"巧媳妇"转化为产业工人。同时，把"巧媳妇工程"与加快城镇化建设结合起来，以扩大产业规模创造就业岗位，促进企业与政府对接，推动产城互动、中原崛起。二是实施"安家工程"，让企业安居乐业。当前全省服装企业已有上万家，但 90% 的企业居无定所。协会于 2012 年 11 月启动"河南省服装行业安家工程"主题调研活动，并于 2012 年 12 月启动"安家工程"。不到一年时间，郑州市 700 多家企业申报用地需求，300 多家企业提出购地建房申请。三是实施"品质提升工程"，确保产品品质。2013 年河南省服装行业实施"品质提升工程"，健全质量检测体系，提高产品质量意识。积极配合质量行政部门，加大宣传和引导力度，包括打击假冒伪劣，加强行业自律等，使更多企业认识到质量的重要性；加大对产品质量的监督检验，加强对面辅料的监督、检测；引导企业建立健全质量检测体系，加强生产过程的管控，加快技术改造装备升级。在提高质量的基础上，实现附加值提高，从而达到品牌效益的最大化。四是实施"新兴市场拓展工程"，抢占市场先机。引导有条件的企业迅速导入电子商务，实现品牌市场的多渠道、多元化；引导全省品牌服装企业抱团入驻城中村改造、新兴农村社区建设涌现的新兴市场、专业街区，降低终端营销成本，抢占市场先机；率先在省内条件成熟的大县推广实施"小万达"商业模式，主动帮助品牌服装建市场，培育商业广场。五是实施"信用合作融资工程"，降低融资成本。针对全省中小型服装企业融资难、融资贵的问题，2012年9月协会成立了"银企合作融资服务部"，与中国民生银行、中信银行、中国光大银行、洛阳银行等银行签订战略合作，帮助企业缓解融资难、融资贵的问题。第二，保护环境，加强资源节约和环境保护。引导企业严格按照国家对环境保护的有关规定，建立配套的污水处理设备，打破制约河南纺织服装发展的印染瓶颈，完善产业链，促进行业转型升级。第三，保护职工健康，维护职工合法权益。为督促表彰企业做好遵纪守法，爱护企业的员工，搞好劳动保护，不断提高工人工资水平和保证职工养老、医疗、失业"三金"按时发放，协会持续评选了"员工待遇最佳企业"、"关爱员工企业示范单位"、"维护女职工权益示范单位"，近百家服装企业得到表彰。连续下发做好"三防"安全的文件，定期组织人员去企业车间、仓库、宿舍、食堂等方面的安全检查，切实维护职工劳动、民主、发展、安全、健康、生活、文化等权益。第四，发展慈善事业，参与社会公益事业。协会多年来不断引导、带领服装企业家"富而思源、回馈桑梓"，不断参与社会公益事业。

河南省汽车行业协会根据河南省商务厅《关于印发〈河南省诚信经营示范创建活动总体方案〉的通知》（豫商秩〔2009〕18号）要求，该协会在全省汽车行业内开展"诚信经营"示范创建活动，此项活动从2010年10月开始一直持续开展。目前，全省汽车行业已有130家单位获得"诚信经营示范单位"称号，在整个行业起到了示范带动作用，产生了良好的社会影响。

河南省矿业协会履行社会责任研究报告

作为省级地矿业行业协会——河南省矿业协会，在业务主管部门省国土资源厅的关心指导下，在广大理事单位的大力支持下，自觉承担社会责任，增强行业社会责任意识，加强行业自律。目前300多个会员单位涵盖矿产资源勘查、开发利用企（事）业以及相关的科研院所、专业院校、公司等。连续多年被省工业经济联合会评选为全省先进行业协会，2003年被中国工业经济联合会评为全国先进地方行业协会，2005年被中国矿业联合会评为全国省级矿业行业协会。

一、河南省矿业协会概况

1990年5月，中国矿业协会（中矿联前身）在北京成立，业务主管部门为地质矿产部。不久中矿联向各省（市、区）地矿主管部门发出了《关于建议组建本地区矿业协会的函》。作为矿业大省，当时的河南省地矿厅与河南省矿产资源管理委员会结合河南实际，开始酝酿筹建省矿业协会。经过广泛的征询意见，河南省地质矿产厅于1993年3月13日，向省民政厅报送了《关于成立河南省矿业协会业务审查意见的函》，同意作为省矿协的挂靠单位和业务主管部门，负责解决活动经费、公办场所和专职工作人员。省民政厅于当年6月24日印发了《关于成立河南省矿业协会的批复》，认为"河南省矿业协会已具备全省性社会团体法人资格，特此批准，其业务主管部门为河南省地质矿产厅"。1993年11月30日在郑州召开"河南省矿业协会第一次会员代表大会"，通过了协会章程，选举了协会领导机构，宣告河南省矿业协会正式成立。时任省委副书记、省长马忠臣向大会发来贺信，指出："地矿产业是国民经济的基础产业，是经济建设的先行，河南省是资源大省，地质勘查和矿业开发在河南省占有十分重要的地位。希望河南省矿业协会团结全省广大矿业工作者，遵循矿业发展规律，广泛开展调查研究，为政府矿业决策当好参谋，为发展河南矿业服务，为广大矿山企业服务。"时任省人大常委会副主任秦科才、钟力生，主管副省长姚中民，省政协副主席刘玉洁，地质矿产部副部长、中国矿业协会常务副会长张文驹、秘书长郭振西等出席大会并讲话。2000年4月政府机构改革，省委、省政府决定组建河南省国土资源厅，作为省政府主管全省土地资源、矿产资源等自然资源的工作部门。原省土地局、省地矿厅的行政管理职能全部划入省国土资源厅。经省国土资源厅与省民政厅商定，同意将河南省矿业协会的业务主管部门变更为省国土资源厅。

河南省矿业协会是全省性矿业（包括矿产资源勘查、开发利用及相关行业）的社会团体，是非营利性社会团体法人；本会最高权力机构是代表大会，每届五年；理事会是会员代表大会的执行机构，理事会理事由理事单位推荐的单位负责人担任；理事会设会长、常务副会长、专职副会长、副会长、常务理事、理事、秘书长、专职副秘书长、副秘书长；本会设常务理事会；在会长领导下，由常务副会长、专职副会长、秘书长、专职副秘书长组成办公会议，负责领导协会办事机构和所属单位开展工作。秘书长办公会议负责审批新会员，并报协会办公会议确认；本会设秘书处作为常设办事机构，负责处理协会日常事务及会员管理、咨询服务、经费管理、对外联络，并负责各分支机构、代表机构、实体机构的设置、负责人的提名等。秘书处日常工作由秘书长主持、专职副秘书长协助。

二、矿业协会社会责任的理念及保障体系

《河南省矿业协会章程》第七条第五款明确规定，"加强行业管理，履行社会责任，促进建立矿业行业自律性机制，参与制定、监督执行行规、行约、技术标准，经政府有关部门批准，开展行检、行评、参与行业资质认证、指导矿业企事业在市场中公平竞争，树立良好的企业形象"。

矿业企事业不仅是社会财富的创造者，也是自然资源的消耗者、消费者。矿业企事业要坚持以人为本，主动履行社会责任，包括维护企事业员工、股东、投资者、合伙人、顾客、消费者的利益，矿业单位驻地社区群众利益以及政府代表的税费征收利益，资源保护、生态环境保护利益等。矿业企事业是否履行社会责任不仅关系到各利益相关者的经济利益和社会效益，也影响着企事业的自身形象和健康发展。一个缺少社会责任意识的矿业企业不可能永续发展和长期生存。

行业协会是现代社会的重要组成部分，是联系政府与企事业的桥梁和纽带，

也是维护社会稳定的重要力量，矿业协会认真履行社会责任，可以激励和调动广大矿业职工的积极性、创造性，有利于调整协会同政府部门、企事业等社会构成要素之间的关系，有利于构建和谐社会，使社会公众进一步了解、理解矿业协会，得到社会的认可和支持，从而树立矿业行业的社会形象，提高行业的知名度，为矿业行业生存、发展创造良好的社会环境。

为此，根据协会章程规定，河南省矿业协会的社会责任各项工作在会长的直接领导下，由会长办公会议协调指导，由秘书处负责组织落实，并明确各专业委员会按照业务分工开展工作。秘书处负责协会社会责任报告的编写、组织宣传、经验介绍、相关培训、信息发布等日常工作及保障体系。

三、河南省矿产资源与矿业经济

（一）矿产资源对河南省国民经济的支撑

矿产资源储量方面，河南是全国重要的矿产资源大省和矿业大省，矿业产值连续多年居全国前五。截至 2014 年底，全省已发现的矿种为 142 种（其中能源矿产 9 种，金属矿产 43 种，非金属矿产 88 种，水气矿产 2 种），查明资源储量的矿种为 106 种；已开发利用的为 93 种（其中能源矿产 6 种，金属矿产 23 种，非金属矿产 62 种，水气矿产 2 种）。2014 年全省新发现矿产地 10 处，其中大型 2 处、中型 7 处、小型 1 处；新增煤炭资源量超过 10 亿吨，铝土矿资源量超过 1 亿吨，金属量超过 40 吨，萤石资源量超过 100 万吨，确保了煤炭、铝土矿等重要矿产新增储量大于消耗量。

矿产资源勘查方面，2014 年，持续推进找矿突破战略行动，全面组织实施"6139"行动计划，大力开展整装勘查、深部找矿。全年共开展各类矿产勘查项目 309 项，投入勘查经费 9.63 亿元，同比减少 11.1%。其中中央财政投入 0.34 亿元，同比减少 24.4%；地方财政投入 5.20 亿元，同比减少 1.3%；社会资金投入 3.03 亿元，同比减少 22.5%。截至 2014 年底，全省共有资质单位 108 家，其中中央管理的地勘单位 3 家，省属国有地勘单位 33 家。全省找矿共投入工作量：钻探 56.77 千米，坑探 2.25 千米，槽探 16.65 万立方米，浅井 1.37 万米。

矿业权管理方面，截至 2014 年底，全省共有勘查许可证 1089 个，同比减少 3.5%，其中新立 5 个，同比减少 28.6%，注销 41 个，同比减少 93.1%；共有采矿许可证 3036 个，同比减少 7.6%，其中新立 57 个，同比增长 35.70%，注销

291 个，同比减少 37.6%。

矿产资源开发利用方面，2014 年，全省共有 2798 个各类经济性质的独立核算采矿单位从事矿业生产活动，其中大中型矿山企业 421 个，小型矿山企业 1518 个，从事矿业生产人数达 43.8 万余人。全省固体矿石产量 32095.36 万吨，同比增加 5.3%。工业生产总值 779.90 亿元，同比减少 14.68%。矿产品销售收入 660.20 亿元，同比减少 8.96%。利润总额 76.58 亿元，同比增长 29.68%。

依靠得天独厚的资源优势，河南建立了实力雄厚的煤炭、石油、电力、有色金属、冶金、建材、化工等矿业基地。依托优势资源开发，先后形成了焦作、鹤壁、平顶山、濮阳、义马、巩义、禹州、汝州、灵宝、永城、舞钢等一批以矿业经济为依托的新兴工业城市。灵宝、栾川、桐柏、叶县先后被命名为"中国金城"、"中国钼都"、"中国天然碱之都"和"中国岩盐之都"。

2010 年，全省固、液体矿石产量为 2.9 亿吨，其中，国有矿山企业固体矿产年产量 0.7 亿吨；其他经济类型矿山（点）固体矿产年产量为 2.2 亿吨。石油年产量约 500 万吨，天然气年产量 6.25 亿立方米。

2010 年，全省矿山企业采选工业总产值 1042 亿元。矿山企业工业总产值中，国有企业为 309 亿元，占全省矿业总产值的 30%，其他经济类型矿山（点）为 733 亿元，占 70%。石油、天然气开采业现价工业总产值为 193 亿元。矿业及后续加工业在河南省经济发展中，仍占有支柱性地位，是加快中原经济区建设，实现"三化"协调发展的重要物质基础。2010 年河南省主要矿产开发基地布局与产能如表 1 所示。

表 1 河南省主要矿产开发基地布局与产能（2010 年）

矿种	开采基地	加工基地	已形成产能	在全国的地位
煤炭	平顶山、永城、禹州、郑州、义马、焦作、鹤壁等煤炭开采基地，五大骨干煤炭企业	平顶山、永城、义马、郑州、鹤壁、焦作、许昌等煤电化工基地	原煤 25933 万吨；发电设备容量 4381 万千瓦；焦炭 3237 万吨	煤炭产量排在全国第四位；国家 13 个大型煤炭基地之一
石油、天然气	中原油田、河南油田等石油天然气，开采基地	濮阳、南阳、洛阳等石化基地	天然原油 472 万吨	全省石油天然气产量在全国排第十位

矿种	开采基地	加工基地	已形成产能	在全国的地位
铝粘土矿	陕县、渑池、新安、巩义、偃师、登封、荥阳、新密、汝州、宝丰、禹州等铝土矿开采基地，南阳宛城、西峡高铝三石、型砂开采基地	中铝河南、中铝中州、洛阳香江万基、三门峡东方希望、三门峡开曼、三门峡义翔、登封中美、河南有色汇源等九大氧化铝生产基地，郑州、洛阳、焦作、三门峡、商丘五大铝冶炼产业基地	氧化铝1000万吨；电解铝340万吨；耐火制品1400万吨	氧化铝、电解铝、耐火材料、高铝水泥等产量全国第一
钼（钨）矿	栾川、嵩县、卢氏、汝阳、镇平县等钼（钨）矿开采基地	洛阳市钼钨冶炼以及深加工基地	年采矿石45万吨	钼产量全国第一，钨产量全国第三
铁矿	舞钢地区、安阳—林州地区等铁矿开采基地，本省铁矿石产量不足需求量的10%	安钢、舞钢、济源钢铁公司等钢铁生产基地	生铁2581万吨；粗钢3327万吨；钢材4293万吨	粗钢、成品钢材产量全国第六
金矿	灵宝、嵩县、洛宁、栾川、桐柏金矿开采基地	灵宝、洛阳黄金冶炼加工基地	大于1.5万吨/天	黄金产量连续27年排全国第二位，灵宝、嵩县为全国十大黄金生产县
银铜铅锌镁矿	栾川、卢氏、嵩县、洛宁、汝阳、南召、镇平、桐柏、鹤壁等银铜铅锌镁矿开采基地	济源、洛阳、安阳、灵宝等铅锌银冶炼基地，洛阳、安阳、灵宝铜冶炼基地，鹤壁镁加工中心，洛阳、新乡铜压延加工基地	—	豫光金铅、济源市金利、济源万洋、安阳豫北金铅四家企业冶铅能力位居全国前十。鹤壁镁粒镁粉加工世界第一
水泥用灰石	鹤壁鹿楼、卫辉—辉县地区、渑池、新安—偃师地区、登封—新密—巩义地区、禹州、宝丰—鲁山地区、南阳蒲山地区、邓州杏山、光山马贩地区水泥灰岩开发基地	安阳、鹤壁、新乡、焦作、渑池、新安—偃师、登封—新密—巩义地区、禹州、宝丰—鲁山、南阳蒲山地区、邓州杏山、确山、光山马贩等水泥生产基地	水泥19615万吨	2009年水泥产量全国第三，2010年下降为全国第五

（二）矿业大省的隐忧

矿产资源同其他自然资源如土地资源、水利资源、生物资源、气候资源、海洋资源的最大不同点是开发后不可再生，采一点就少一点，加之，矿产资源不科学的开发利用，往往对生态环境产生负面效应，造成环境恶化，破坏生态平衡，因而，人们对矿产资源应持一种敬畏的态度，坚持合理开发、综合利用，最大限度地节约资源，尽可能避免或减少负面效应。在开发利用资源的同时，保护好生态环境；即使暂时造成环境污染或生态破坏，也应及时加以治理。

长期以来，河南省矿业经济的发展，为国民经济提供了重要支撑，但由于过度开发，甚至乱采滥挖，粗放经营，也造成了不良后果。全省石油、天然气产量逐年下降的趋势已难以扭转，2010年已降至497.9万吨；煤炭产量从保持26年的全国第二位，降至目前的第六、第七位，已由原来的煤炭净调出省，变成净调入省，储采比不足全国平均水平的1/4；河南省的优势矿产铝土矿服务年限也大大缩短；连续28年居全国黄金产量第二位的河南省重要的金矿基地灵宝市已被列为"资源枯竭城市"；省内铜、铅、锌矿石供应量仅占实际生产需求的1.33%、1.98%和25%；铁矿石供应已由20世纪80年代的1/3（进口矿石、外省调入、本省自采各占1/3），变成本省自采矿石仅占10%，绝大部分靠外购矿石；萤石矿长期是河南省出口创汇的大宗产品，曾一度排在全省出口创汇第一名，但目前产量已不足过去的1/6，生产需求的50%矿石靠外省调入。至于因矿产资源采选造成的生态破坏、环境污染、地下水沉降，各地均不同程度地存在。2014年，全省共发现土地违法案件总数、涉及土地面积、涉及耕地面积同比分别增长46.5%、73.3%和111.0%。共立案查处土地违法案件件数、涉及土地面积、其中耕地面积同比分别增长116.0%、183.0%和255.4%。2014年，全省各级国土资源部门共立案查处各类矿产违法案件99件，同比减少23.3%，罚没款295.04万元，同比减少24.7%。

四、矿业协会的社会责任

矿业协会面对国情、省情、矿情，主动履行社会责任，这是由协会的性质（非营利性社会团体法人）、指导思想（以科学发展观为统领，坚持保护和节约资源的基本国策）和宗旨（为发展矿业经济服务、为会员单位服务、为政府矿业决策服务）的定位所决定的。

发展是当代中国的主题，也是科学发展观的第一要义，核心是以人为本，基本要求是全面协调可持续，根本方法是统筹兼顾。多年来，在省委、省政府的领导下，在业务主管部门的关心指导和大力支持下，省矿协充分发挥自身优势，团结广大会员单位和全省地矿业职工，紧密联系河南省矿业形势，坚持开源节流并重，为全省矿业经济健康、协调、可持续发展做了大量工作。

（一）加大找矿力度，进一步提高资源保障能力

世界经济一体化的一个重要特点是资源的竞争加剧。实施找矿突破战略行动，再造一个"资源大省"，是河南省地质找矿工作的一大目标。通过找矿突破战略行动，河南省重要矿产新增查明资源储量持续保持全国前列，尤其是煤炭、铝土矿、锑矿、钼矿、耐火粘土矿、钒矿、岩盐和冶镁白云岩等已经提前完成目标。

为应对矿业经济发展的新形势，省矿协适时成立了地质矿产勘查专业委员会，挂靠在河南省地质调查院，专门从事这方面的业务。专委会制定了自律公约。目前全省有100多个不同类型的勘查单位在从事各类矿产的勘查工作，他们不负重托，把地质找矿紧密地与经济和社会发展相结合，主动为经济和社会发展服务，进一步提高资源保障能力。在大力开展省内老矿区外围及深部就矿找矿的同时，积极"走出去"，在省外及国外找矿也取得了较好成果。目前，全省地勘单位在20多个国家共拥有矿业权190个，矿业权面积4.6万多平方公里，其中省地矿局拥有境外矿业权110个，面积4万平方公里，有色地勘局拥有境外矿业权66个，面积5000平方公里，煤田地质局拥有境外矿业权14个，面积1200平方公里，获得铁、铝土矿、煤炭、金、铜、铅锌多金属等急缺矿产。此外，河南省还在新疆、四川、西藏、内蒙古、青海、甘肃等10多个省区建立了地质勘查基地，取得矿业权143个，矿业权面积2200平方公里。河南省"十一五"查明大中型矿产地如表2所示。

2015年8月，"河南省崤山—熊耳山银多金属矿找矿突破技术攻关研讨会暨整装勘查推进会"在洛阳召开，时任河南省国土资源厅厅长盛国民提出，要结合目前宏观经济形势和中央大力建设生态文明等新的更高要求，谋划部署第三阶段的工作，统筹工作布局，调整工作部署、重点任务和总体目标。他提出了"三不"原则：生态保护红线不能触碰，提高矿产资源保障能力的总任务不能改变，国家地勘单位找矿主力军的作用不能削弱。他特别要求，要加大矿产资源特别是战略性能源矿产的勘查开发力度，强化战略储备。加强新兴产业所需矿产的勘查工作是大势所趋，要注重新的找矿方向和拓展新的找矿领域，切实加大对页岩气

等非常规油气、"三稀"矿产、石墨、萤石及功能性非金属矿产等新兴能源资源矿产的找矿工作，为河南省的新能源、新材料、节能环保等战略新兴产业的发展做好资源准备。同时，紧紧围绕国家"一带一路"战略，争取国家政策资金支持，加快矿产勘查开发"走出去"步伐，逐步建立境外矿产资源勘查开发基地。与此同时，河南省与找矿战略行动相配套的矿产资源市场机制体制建设也在推进中。主要从全面落实矿产资源有偿取得制度，完善矿产资源公开交易制度，切实维护国家权益；加强对矿产资源市场的规范和监测调控，维护矿产勘查开发市场稳定；加强地质市场诚信体系建设，保护权利人合法权益；聚集国家和省重大资源需求，准确把握地质调查工作定位，切实发挥地质工作的基础先行和方向引领作用等方面入手，来进一步健全完善有利于找矿突破战略行动的良性机制，繁荣地质勘查工作。

（二）发挥人才优势，承接政府职能转移，开展专题调研，坚持服务宗旨

省矿协先后同省政协经济委员会联合开展了对中国长城铝业公司与地方联办铝土矿和国家级贫困县卢氏县开展利用矿产资源情况进行了调研，调研报告引起了省、市、县领导的高度重视，被省委政研室评为三等奖。

受原省计委和业务主管部门省地矿厅的委托，省矿协组织专家完成了《河南省非金属矿可利用评价》和《郑汴地区地热资源开发利用现状及对策调研报告》。

为使河南省矿山企业更好地应对加入世贸组织的新形势，变资源优势为经济优势，省矿协组织大批专家，选择不同类型的矿山开展调查研究，先后提交了《独山玉呼唤保护性开采》、《一个中外合资矿山企业的呼声》、《关于邓州市对湖北宝石水泥集团有限公司征收土地年租金问题的调查报告》、《河南洛阳栾川钼业集团调查报告》、《安钢集团李珍矿业公司调研报告》、《关于焦作市耐火粘土矿山的调查报告》、《河南省商城汤泉池温泉综合利用现状及开发发展策划》、《一个资源枯竭矿山在迟暮中的企盼》、《关于永城市矿业经济的调查报告》、《关于河南省当前矿业形势和21世纪矿业发展的建议》、《河南省矿山企业调查情况分析及建议》等17份调研报告。上述报告和建议，引起了相关部门、地方政府、新闻媒体的关注、转发，有的还引起省委、省政府的高度重视。原省委副书记、省长李克强，原省委咨询组组长、省政协主席阎济民，原副省长张洪华、李志斌等都作过批示。

近年来，省矿协又主动建立专家库，承接了省国土资源厅委托的矿产资源开发利用方案审查、划定矿区范围申请报告技术审查、绿色矿山试点单位调研和评审、申报以及省财政厅、省国土资源厅委托的矿产资源节约与综合利用以奖代补申报材料的初审和论证工作等业务。

2014年3月,河南省国土资源厅简政放权,决定取消矿山储量动态检测机构资格备案和考核管理项目,将其移交河南省矿业协会承担。为了承接省厅转移的这项职能,协会做了大量的准备工作:一是多次和省国土资源厅业务处室沟通,交换意见,并向主管厅长汇报;二是深入调查研究,多次召开矿山企业、地勘单位、中介服务机构以及部分省、市、县三级国土部门储量管理人员参加的座谈会,听取各个方面的意见建议;三是专程到国土资源部和中国矿业权评估师协会了解改革趋势、管理动态,征询他们的意见;四是组织矿产储量评审、矿权评估机构专家座谈,讨论修改拟出台的矿山储量动态检测考核办法,并在此基础上,制定了一整套工作方案和考核办法。这套考核办法从原来的重资质考核转为重能力条件、业绩成果、诚信自律考核,改县、市、省三级国土资源部门层层审查为省矿协组织专家直接考核,减少了审查环节和申报资料,方便了申报单位。五是召开全省矿山储量动态检测机构工作会议,进行储量动态技术业务培训,部署2013~2014年全省矿山储量动态检测单位考核工作。通过考察业绩、诚信自律、培训教育、规范行为,不断培育、规范矿山储量动态检测队伍,力求提高河南省矿山储量动态检测的质量和水平。至此,矿业协会承担的矿山储量动态检测管理职能已全面展开。

(三)关注地方矿业经济发展,促成"三都"命名

省矿协立足河南省优势资源开发,主动与地方政府联系,积极向中国矿业联合会推荐并组织专家现场考察,提供推荐报告,经中国矿业联合会组织专家核实,先后批准命名河南省栾川县为"中国钼都"、桐柏县为"中国天然碱之都"、叶县为"中国岩盐之都"。为此,中国矿业联合会联合南阳市委、市政府,桐柏县委、县政府,平顶山市委、市政府,叶县县委、县政府分别在北京人民大会堂举行了"中国天然碱产业发展战略暨中部崛起之路高层论坛"、"中国岩盐之都授牌仪式暨盐业发展高层论坛",全国人大副委员长顾秀莲、许嘉璐,全国政协副主席周铁农,省人大常委会副主任张以祥,副省长史济春、张大卫,省政协副主席毛增华,省国土资源厅、省矿协、南阳市、桐柏县、平顶山市、叶县有关领导出席该会议。

同时,省矿协还根据各地矿业经济发展的特点,主动与地方政府联系策划,先后同平顶山市政府共同举办了"平顶山市矿业经济发展研讨会"、"平顶山市调整产业结构实现可持续发展研讨会"，同新县人民政府共同举办了"新县矿业经济发展研讨会"，同永城市地矿局共同举办了"永城市矿业经济发展研讨会"，同商丘市国土资源局、永城市政府共同举办了"永城矿业20年庆典发展论坛"，邀请国家及省内有关专家为地方经济发展出谋划策。

（四）积极引导民营矿业走新型矿业经济发展之路

2005年1月，国务院发布《国务院关于鼓励支持和引导个体私营等非公有制经济发展的若干意见》（以下简称"36条"），时任省委书记徐光春进一步明确提出对民营企业要"政治上放心、政策上放开、发展上放手"的"三放"方针，省矿协主动策划，积极筹备，于同年9月9～10日在登封市召开了首次"河南省民营矿山企业座谈会"，认真学习国务院"36条"和省委"三放"方针。时任省人大原副主任、省工经联会长钟力生，省人大环资委副主任卫斌，省国土资源厅副厅长李志民，省著名经济学家、省经济学会会长杨承训，国土资源部"两法"修改领导小组负责人、原矿管局副局长傅鸣珂等出席并讲话。省政协副主席张洪华、中矿联常务副会长郭振西做了书面发言。座谈会由王泽众会长主持。郑州磴槽集团、河南超越集团、天瑞集团、南阳蓝晶石开发公司、鑫磊石材公司、栾川钼矿、辉县保国采石厂等单位的负责人和代表畅谈学习国务院文件感想及民营矿山的期盼。

2010年5月，省矿协换届，新一届理事会在全省首次做出成立民营矿业专业委员会的决定，以便更好地反映民营矿业的诉求，经过认真筹备，于2011年5月20日在安阳市宣告成立河南省矿业协会民营矿业专业委员会。中矿联常务副会长曾绍金专程从上海赶到安阳表示祝贺，省人大常委、省政府参事蔡德龙博士，省矿协会长吴国昌，省矿协副会长、省煤田地质局副局长赵宗敏及省国土资源厅相关处室负责人参加会议。会议由省矿协常务副会长兼秘书长孔大刚和常务副秘书长林应满主持，通过了民营矿业自律公约。

（五）努力推进矿业循环经济，加快转变发展方式

2007年9月29～30日，由河南省矿业协会、河南省国土资源厅和灵宝市人民政府共同主办的首次"河南省矿业循环经济高层论坛"在灵宝市举行。河南省人民政府发来贺电，全国人大常委会常委、环资委副主任、中国循环经济论坛组委会副主任兼秘书长冯之浚发来贺信。省工经联、省经济学会、省黄金协会、省煤炭协会、省有色金属协会、省环保协会、省国土资源厅各处室负责人，有关市、县国土资源部门、地勘单位、矿山企业、中央和省新闻媒体等共200多人参加。高层论坛由省矿协王泽众会长主持，河南省国土资源厅厅长张启生、灵宝市市长乔长青先后致辞。全国人大环资委委员、原地矿部副部长蒋承菘，原全国政协委员、地矿部副部长张文驹书面发言，中国矿业联合会常务副会长曾绍金、中国工程院院士张铁岗、河南省经济学会会长杨承训、河南省发改委经济研究所所长郑泰森、省政府参事姚公一等全国和省内20位专家在论坛发表演讲。与会代表共同签署了大力发展矿业循环经济的"灵宝行动"：庄严宣誓全面贯彻和落实科学发展观，摒弃传统的"大量生产、大量消耗、大量废弃"的粗放经济增长方式，大力发展"减量化、再利用、资源化、无害化"和"资源—产品—废物—再生资源"的循环经济；呼吁"全省国土资源部门、省矿协广大会员单位、全省地勘单位和矿业界同仁，紧密团结在以胡锦涛为总书记的党中央周围，在省委、省政府的领导下，认真贯彻落实科学发展观，立即行动起来，节约资源，节能减排，保护环境，从我做起，从本单位做起，从现在做起，共同推进河南省矿业经济的发展，为建设资源节约型、环境友好型的和谐社会，为实现中原崛起和全面建设小康社会的宏伟目标做出新的贡献"。会上还印发了由中国工程院院士张铁岗，省政府参事姚公一，省发改委经济研究所所长、省政府参事郑泰森，省政府参事室特邀专家孙志顺共同签名的致省人民政府的《关于河南省大力发展矿业循环经济的建议》。

河南省国土资源厅决定自2016年1月1日起，省级及省级以下国土资源行政主管部门采矿权登记发证应提供的《土地复垦方案》和《矿山地质环境保护与恢复治理方案》合并编制，这同时涉及土地复垦和矿山地质环境保护治理，方案编制的政策性强、编制难度和评审备案难度大。为了顺利推行这项新制度，规范方案编制、提高评审和备案的质量，河南省矿业协会与河南省国土资源厅有关处室商定，2015年12月29日举办"河南省矿山土地复垦和地质环境保护治理方案编制业务培训班"。按照方案编制部门不强调资质要求的规定，这次培训对象不作硬性要求，所有地质勘查单位、矿山设计单位、方案编制或评审单位以及矿山企业都可以自愿参加。这次培训内容：一是由河南省国土资源厅主管处室领导对《河南省国土资源厅关于矿山土地复垦方案和地质环境保护与恢复治理方案合并编制有关问题的通知》进行了解读；二是由主编、专家讲解河南省矿山土地复垦和地质环境保护治理方案编制技术要求；三是特邀生态恢复方面专家介绍生态恢复新技术、新方法。本次培训内容丰富，实用性强，取得了较好的效果。

（六）大力推动绿色矿山建设，发展绿色矿业

我国第一次正式提出建设绿色矿山是2007年。由我国主办的2007年国际矿业大会主题是"落实科学发展观，推进绿色矿业"。时任国务院副总理曾培炎向大会发的贺信中强调"落实科学发展，推进绿色矿业"是政府和人民的共同责任。国土资源部部长徐绍史在开幕词中进一步指出，发展绿色矿业，建设绿色矿山，是贯彻落实科学发展观，推动矿业经济发展方式转变的必然选择和现实途径，也是落实企业责任，加强行业自律，保障矿业健康发展的重要手段。省矿协出于社会责任和使命感，从一开始就主动参与了河南省绿色矿山的调研、推荐工作，并得到国土资源主管部门和中国矿业联合会的大力支持，我们配合中矿联现场调研了三个申报矿山，其中，郑州磴槽集团金岭煤矿被批准为河南省第一批国家级绿色矿山。

2010年5月，河南省矿业协会换届，就及时做出了将原资源经济专业委员会变更为河南省矿业协会绿色矿山专业委员会的决定，挂靠省国土资源科学研究院，具体承担绿色矿山建设的调研、推荐、培训、宣传、评审和相关文件起草等具体工作。全省已有11家矿山企业被国土资源部确定为国家级绿色矿山试点单位（第一批1家，第二批10家，其中民营矿山3家），为推动全省绿色矿山建设发挥了积极作用。目前，第三批国家级绿色矿山申报评审工作正在进行，省级绿色矿山试点单位的申报工作也将开始。

2014年，河南省矿业协会在推进河南省绿色矿山建设方面做了大量工作。一是配合河南省国土资源厅完成了第四批共八家国家级绿色矿山试点单位核实和规划审查工作。二是根据中国矿业联合会关于对第一批国家级绿色矿山试点单位验收的要求，组织专家对河南省第一批国家级绿色矿山试点单位（郑州磴槽企业集团金岭煤矿）进行了初步验收，并将验收结果按时报送中国矿业联合会。三是向所有国家级绿色矿山试点单位传达了中国矿业联合会关于《国家级绿色矿山验收办法》。四是完成了省国土资源厅下达的2014年度国土资源重大改革创新问题研究课题之一——"河南省发展绿色矿业建设绿色矿山的机制体制研究"，系统总结了河南省几年来在发展绿色矿业方面开展的工作和成就，分析了形势和存在的问题，征求了部分矿山企业的意见和建议，提出了加速发展河南省绿色矿业的对策建议。该研究成果顺利通过了评审验收，并得到了较高评价。五是积极参加中国矿业联合会在山东临沂召开的2014年中国矿业循环经济暨绿色矿山、和谐矿区经验交流会。六是根据河南省国土资源厅安排，对第二批、第三批国家级绿

色矿山试点单位发出了报送阶段总结的通知。目前，河南省共建设国家级绿色矿山试点单位 13 家，为全面推进绿色矿山建设积累了经验。

2015 年 11 月，中国矿业联合会组织开展第二批国家级绿色矿山试点单位建设情况的评估工作，河南省矿业协会将 10 个绿色矿山试点单位自评报告报送中国矿业联合会。经专家评估，这 10 个国家级绿色矿山试点单位建设工作全部通过。

（七）搭建平台，广泛交流，扩大宣传

河南省矿业协会成立以来，先后接待了加拿大多伦多市金融公司总裁伊思·肯尼迪、多米尼克证券公司副总裁大卫·卡尔普和三方贸易投资公司远东部主管经理蔡嘉华联合组成的加拿大矿业合作考察团，美国 MI 泥浆公司考察团，韩国罗州市健荣株式会社社长金东震、罗太均，中国台湾客商蔡镒辉，马来西亚客商刘山姐弟，世界银行"社区与小矿"中国区域网络代表沈雷、研究员刘刚以及 2011 年 9 月中国台湾煤矿业经济文化促进会理事长吴坤玉为团长的 18 人参访在河南的参观考察活动。相应地，省矿协也组团或参加国土资源部、中矿联和省里组团对美国、澳大利亚、南非、德国、马来西亚、泰国、新加坡、东欧、非洲、中国台湾等国家和地区进行过访问和考察。省矿协还先后接待了山东、安徽、福建、辽宁、山西、湖北、青海、新疆、海南等兄弟省（市、区）矿业界同仁来河南考察，加强了沟通，加深了相互了解。同时，省矿协还通过编印内部资料《河南矿业》，编辑出版《矿业风采》、《河南矿业五十年》、《河南省非金属矿产开发利用指南》、《河南矿业循环经济灵宝行动》、《河南矿业概要》等图书，宣传河南矿业经济。

特别是 2010 年 12 月，省矿业协会地矿科普专业委员会成立挂靠省地质博物馆后，充分利用地质博物馆这个平台，免费对外开放，在地矿科普宣传方面做了大量卓有成效的工作。仅 2011 年就接待参观人数 34 万人次，为观众讲解 300 余场次，其中接待团体 690 个，日均接待团体两个以上，包括港澳台团体 76 个 1529 人，美国、英国、波兰、法国、印度、日本、马来西亚、新加坡、澳大利亚、泰国等外国团体 53 个 1198 人，接待省部级领导八人，同时，还利用"世界地球日"、"全国土地日"、"科技活动周"等活动载体，以"珍惜地球资源，转变发展方式"，"节约资源、保护环境、做保护地球主人"为载体，把博物馆当学校，把展厅当课堂，广泛开展宣传活动，受到广大群众和学校师生、家长的赞誉。

2015 年 6 月，应美国华侨联合总会邀请，河南省矿业协会秘书长孔大刚率团前往美国进行参观考察。美国是世界上重要的矿产资源分布、生产、消费和贸易国之一，矿业在国民经济中占有较重要的地位。在美期间，他们考察了美国的矿业管理制度、矿权的出让方式、矿山环境保护及防治措施，参观了科罗拉多大峡谷、大提顿、黄石国家地质公园建设情况，浏览了宾汉峡谷铜矿（远景）、矿山遗址（鬼城）、大盐湖（死海）矿山开发和恢复治理现状，并听取犹他州立大学专业人士对美国部分地质矿产情况的介绍，交流了各自国家的矿业经济形势和特点。这次参观考察，开阔眼界、增长知识、促进交流、收获友谊、拓展思维，很有现实意义。

（八）积极参加省工经联和中矿联的重大活动，进一步提高省矿协的服务能力

作为河南省工业经济联合会和中国矿业联合会的团体会员和理事单位，河南省矿业协会的工作一直得到河南省工业经济联合会、中国矿业联合会领导的关心和支持，省工经联阎济民、钟力生、王明义、赵硕、范保国、郑飞熊、郭根法等和中国矿业联合会朱训、张文驹、郭振西、傅鸣珂、曾绍金、樊志全等领导都对河南省矿业协会的工作给予了指导和帮助。河南省矿业协会积极参加省工经联、中矿联的重大活动，如省工经联组织开展的 100 强企业排序、中国工业大奖评选推荐、中原经济区建设成就展示；中矿联举办的"矿业城市论坛"、"矿业循环经济"、"换届大会"、"国际矿业大会"等，从中获得指导、信息和支持，为其提供了很好的学习机会。不仅增强了相互沟通，也进一步提高了其服务水平。

2014 年 5 月，河南省矿业协会协助中国矿业联合会对河南省第四批国家级绿色矿山试点单位申报矿山企业进行实地核查和对首批绿色矿山试点单位进行调研。深入到河南油田分公司王集油田、河南中原化学股份有限公司安棚碱矿、郑州磴槽集团金岭煤矿和国投新能开发公司王行庄煤矿，重点调研绿色矿山建设规划实施、完成情况以及取得的成效和经验，了解矿山企业在绿色矿山建设中亟须解决的问题及建议。

（九）关注困难群体，反映会员诉求，构建和谐社会

多年来，河南省矿业协会一直以大矿业的视野关注着地矿业的发展，积极反映广大矿业职工的诉求，特别对困难群体尽力表达了同情和支持，为构建和谐社会贡献绵薄之力。

1995 年 7 月，贵州开阳磷矿遭受重大水灾，造成巨大损失，省矿协及时同省地矿厅联合，向全省矿业单位通报了灾情，号召大家开展献爱心活动，同时省矿协向开阳磷矿发电慰问并汇去赈灾款。

1996年5月21日，河南省平煤集团十矿发生瓦斯爆炸事故，造成人员重大伤亡和巨大经济损失，省矿协同省地矿厅及时致电表示慰问；同年8月，嵩县祁雨沟金矿遭受严重的洪灾，造成重大损失，省矿协及时去电慰问并汇去赈灾款。

2002年8月，当得知桐柏县大河铜矿因资源枯竭造成全矿职工近50%下岗，职工住房、看病就医、子女入学困难的情况之后，及时向有关部门汇报反映，进行呼吁。省矿协的报告得到了时任省委副书记、省长李克强等领导的高度重视，使问题很快得到了解决。

2004年10月，郑煤集团大平煤矿发生"10·20"矿难，造成巨大的人员伤亡和经济损失，省矿协及时发去慰问信表示慰问。

2007年7月29日，三门峡支建煤矿东风井发生透水事故，69名矿工被困井下，党中央、国务院、省委、省政府领导高度关怀，亲临现场，全力抢救，省矿协及时发去慰问信表示慰问，所幸，经过76小时的紧张营救，69名矿工兄弟全部获救，创造了河南省矿难营救的奇迹。

近年来，由于金融危机对矿业经济的冲击，加之资源整合，矿业政策调整给部分矿业带来了一些困惑。不少会员单位多有反映，省矿协为了了解真实情况，利用开会等机会，采取问卷形式，广泛征求意见，在此基础上，于2012年2月，向省国土资源厅和中矿联报送了《近期矿业企（事）业单位反映的几个问题》和《河南省矿业界和基层矿业企（事）业的呼声》，引起了省国土资源厅领导的高度重视。

五、履行承诺，任重道远

中原经济区建设已上升为国家发展战略，河南经济社会发展进一步加快，对矿产资源的需求和环境保护的双重压力加大。《国务院关于支持河南省加快建设中原经济区的指导意见》强调，河南"要积极探索不以牺牲粮食和农业、生态和环境为代价的三化协调科学发展的路子"，"着力建设资源节约型和环境友好型社会"，"把加强生态环境保护、节约集约利用资源作为转变经济发展方式的重要着力点"，对河南来讲，具有很强的针对性，对全国来讲，具有典型的示范作用。而对地质矿产行业来说，是挑战和压力，也是机遇和动力。

省矿业协会和全省地矿业广大职工深感责任重大，清醒地认识到对于资源能源问题，既不能盲目乐观，也不能消极悲观。应当坚定信心开源，在找矿难度越来越大，成本越来越高的条件下，加强找矿新理论的研究，加大地质找矿力度，在老矿区外围、深部就矿找矿，在盲区找矿，寻找新的矿产资源和替代资源，在省外、境外寻找矿产资源，不断提高对经济社会发展的支撑力。同时要增强忧患意识，倡导节流，大力发展绿色矿业，创建绿色矿山，积极推进矿业循环经济，加快转变矿业经济发展方式，坚持科学发展，不盲目追求产量和规模，要在合理开发、综合利用、节约集约利用矿产资源上下功夫，绝不能"吃祖宗饭、断子孙路"。

六、附录

1. 大力发展矿业循环经济"灵宝行动"（摘要）
2. 河南省矿业协会民营矿业自律公约
3. 河南省矿业协会地质矿产勘查专业委员会自律公约
4. 河南省矿业协会绿色矿山专业委员会自律公约
5. 河南省矿业协会地矿资源科普专业委员会工作规则（摘要）

附录1：

大力发展矿业循环经济"灵宝行动"（摘要）

（2007年9月29日　河南灵宝）

2007年9月28~29日，由河南省矿业协会、河南省国土资源厅和灵宝市人民政府共同主办，河南省工业经济联合会、河南省经济学会、河南省黄金协会、河南省煤炭协会、河南省有色金属行业协会、河南省环保协会、灵宝市地矿局协办的"河南省矿业循环经济高层论坛"（以下简称"论坛"），在著名的"中国金城——灵宝市"举行。各省辖市国土资源局、省矿协常务理事、地勘单位、矿山企业和有关政府部门以及科研院校的200余名代表出席了会议。《河南日报》、河南电视、河南广播电台、《大河报》、《法制日报》、《经济日报》、《光明日报》、《中国国土资源报》、《中国矿业报》、《三门峡日报》、灵宝电视台等新闻媒体的代表参加了会议。

这次论坛的主题是"节约资源，保护环境，科学发展"。"论坛"收到论文、演讲稿40多篇，会议期间，灵宝市人民政府和20位专家、代表在大会上发表演讲，交流了发展矿业循环经济的做法与经验，深入探讨了推进河南省矿业循环经济发展的对策和措施，参观考察了灵宝市发展矿业循环经济的先进典型。大量事实表明，河南省发展矿业循环经济已经取得了初步成果，积累了一定的经验。与会代表对河南省发展矿业循环经济充满了信心。会议在总结各地特别是灵宝市发展矿业循环经济的基层上，形成了"大力发展矿业循环经济·灵宝行动"（以下简称"灵宝行动"）。

与会领导、专家和矿业界代表一致认为，以胡锦涛为总书记的党中央，坚持改革开放，坚持以人为本，提出树立科学发展观，构建资源节约型、环境友好型的和谐社会，完全符合全国人民的共同愿望，也符合世界经济社会的发展潮流。发展循环经济，是贯彻和落实科学发展观，转变经济发展方式，走新兴工业化道路，实施可持续发展战略的根本举措。河南省虽然矿产资源比较丰富，但人均相对不足，破坏和浪费资源粗放式的经济增长方式尚未根本转变，矿产资源综合利用水平不高。全省近几年国民经济的快速发展，在很大程度上是靠资源的高投入、高消耗拉动的，我们为此付出了巨大代价。单位国内生产总值能耗、水耗等都高于全国平均水平，生态环境污染形势严峻，治理任务十分艰巨。这种局面如不尽快改变，势必严重制约全省国民经济的健康发展。所以我们认为，河南省大力发展矿业循环经济，潜力巨大，任重道远，前景光明。

我们要以资源节约、循环利用和节能减排、清洁生产、安全生产等先进适用技术为基础，进一步调整产业结构，转变经济发展方式，以技术创新为核心，制定推进矿业循环经济发展的规划，加大关键技术攻关的资金投入，提高矿业领域循环经济的自主技术创新能力和水平。发挥矿业企事业在技术研究开发和推广应用方面的主力军作用，鼓励企业把循环经济的理念和方法贯彻到新产品和新工艺的研究开发中，积极支持企业研究开发和推广应用资源节约和循环利用等技术。

"论坛"呼吁，全省国土资源部门、省矿协广大会员单位、全省地勘单位和矿业界的同仁，让我们以党的十六大和即将召开的十七大精神为指导，紧密团结在以胡锦涛为总书记的党中央周围，在省委、省政府的领导下，认真贯彻落实科学发展观，立即行动起来，节约资源、节能减排，保护环境，从我做起，从本单位做起，从现在做起。共同推进河南省矿业循环经济的发展，为建设资源节约型、环境友好型的和谐社会，为实现中原崛起和全面建设小康社会的宏伟目标做出新的贡献！

附录 2:

河南省矿业协会民营矿业自律公约

(2011 年 5 月 20 日)

为深入贯彻落实国务院《关于鼓励和引导个体私营等非公有制经济发展的若干意见》和《关于鼓励和引导民间投资健康发展的若干意见》,坚持科学发展观,规范民营矿业企(事)业行为和加强行业自律,履行企业社会责任,加快河南省民营矿业经济健康可持续发展,为中原经济区建设、河南振兴做出更大贡献,经省矿业协会民营矿业专业委员会成立暨民营矿业经济发展研讨会一致同意,特制定本公约。

一、坚持科学发展观,加快转变经济发展方式,大力推进绿色矿业,建设绿色矿山。民营矿业要树立绿色矿业理念,并把其贯彻于矿山规划、生产建设、采选、深加工及矿山闭坑、土地复垦和生态环境恢复保护的全过程。

二、坚持依法办矿,合法经营。要坚持依法取得矿业权,依法维护矿业权。坚持"在保护中开发,在开发中保护"、"矿产资源开发与环境保护并重"、"节约资源和保护资源,把节约放在首位"等方针政策,严格遵守《矿产资源法》、《矿山安全法》、《环境保护法》、《循环经济促进法》等法律法规,加强综合利用,坚持节能减排,注重环境保护,大力发展矿业循环经济,坚持依法办矿、科学办矿。

三、坚持科学管理。要建立健全并不断创新各项管理制度、保障措施、管理办法,不断提高管理水平,逐步把矿业开发和建设纳入科学化、制度化管理轨道,确保企业安全生产和健康协调发展。

四、坚持以人为本,加强企业文化建设。民营矿业企(事)业单位和民营企业家,要过好政治关、用人关、经济关,树立企业的良好形象,要逐步培育具有特色的企业文化,并把企业文化建设纳入企业发展规划。逐步完善职工教育与生活福利社会保障体系,加强企业的物质文明、精神文明和社会文明建设,加强人才培养,不断提高职工素质和物质文化生活水平,充分保护和激发广大职工的积极性、创造性,不断增强企业的凝聚力。

五、增强社会责任,建设和谐社会。要自立、自强,有思想、有抱负,在追求经济效益的同时，也要追求资源效益、社会效益，不断增强社会责任心和奉献精神。把自己的事业主动融入中原经济区建设，融入当地社会经济发展，处理好同当地政府、矿区周边单位和群众的关系，维护矿区居民的健康和生活质量，力所能及地参与当地支农、支教、抗灾、赈灾活动和慈善事业，支持地方建设与经济发展，不断为中原经济区建设做出新的贡献！

附录3：

河南省矿业协会地质矿产勘查专业委员会自律公约

（2011 年 12 月 10 日）

为深入贯彻落实《国务院关于加强地质工作的决定》（国发〔2006〕4 号）和《河南省人民政府关于进一步加强矿产资源勘查开发管理的若干意见》（豫政〔2008〕49 号）等文件精神，规范地质矿产勘查行业行为，加强行业自律工作，促进河南省地质矿产勘查业健康快速发展，为中原经济区建设、河南振兴做出更大贡献，经省矿业协会地质矿产勘查专业委员会成立大会代表一致同意，特制定本公约。

一、坚持科学发展观，加快转变经济发展方式。大力推进地质矿产勘查工作，全面增强地质矿产勘查的资源保障能力和服务功能，促进地质工作更好地满足经济社会发展需求。

二、坚持依法勘查、信用至上的行业标准。认真执行地质矿产勘查技术规范，保证勘查工作质量，提高勘查成果水平，维护勘查市场秩序和勘查单位信誉。

三、坚持科学管理，健全资质管理制度。认真执行勘查资质申报制度，如实提供相关材料，不弄虚作假；建立完善勘查资质管理制度，不外借勘查资质，不编造假资质承担勘查工作。

四、坚持科技创新，持续推进地质矿产勘查技术发展。积极引进与开发地质矿产勘查先进理论与方法技术，坚持整装勘查、综合勘查，不断提高勘查效益。

五、坚持相互交流、共同发展原则，努力实现勘查技术与成果共享目标。积极支持地质矿产勘查资料集群化工作，热情介绍或提供本单位勘查技术与成果资料，以避免低层次勘查和重复勘查现象。

六、坚持服务意识，增强社会责任，努力为政府和社会提供服务。要以地质找矿为中心，不断拓展地质工作服务领域，围绕政府和社会需求开展地质矿产勘查工作。不断增强社会责任感和奉献精神，坚持地质工作"三光荣"优良传统，积极为国民经济和社会发展做出贡献。

附录4：

河南省矿业协会绿色矿山专业委员会自律公约

（2012年3月16日）

为深入贯彻落实《国土资源部关于贯彻落实全国矿产资源规划发展绿色矿业建设绿色矿山工作的指导意见》（国土资发〔2010〕119号）等文件精神，推进绿色矿山创建工作，促进河南省矿业经济健康、可持续发展，经河南省矿业协会绿色矿山专业委员会成立大会代表一致同意，特制定本公约。

一、坚持科学发展观，大力推进绿色矿山创建活动。把建设绿色矿业贯穿于矿山生产建设的全过程，坚持科学规划、精心设计，采用先进的技术设备，实施严格的科学管理，为实现资源充分合理开发利用、保护环境、安全生产、社区和谐和矿业经济可持续发展的目标而共同努力。

二、坚持依法办矿、依法采矿、依法经营。严格遵守《矿产资源法》等法律法规，贯彻国家和省政府有关方针政策，认真执行《矿产资源开发利用方案》、《矿山地质环境保护与恢复治理方案》、《矿山土地复垦方案》等，自觉履行本单位应尽的各项义务。

三、坚持科学规划与规范管理。按照国家绿色矿山基本条件制定切实可行的绿色矿山建设规划，健全完善矿产资源开发利用、节能减排、环境保护、土地复垦、生态重建、安全生产等规章制度和保障措施，推行企业健康、安全、环保认证和产品质量体系认证，实现矿山管理的科学化、制度化和规范化。

四、坚持科技创新，不断提高矿产资源综合回收利用水平。增加科技投入，创新、引进先进技术，不断改进和优化工艺流程，淘汰落后工艺与产能，提高矿业的社会、经济和环境效益。

五、加强综合利用，实施循环经济。重视和实施清洁生产、节能减排，大力开展低品位、难采选矿产、共伴生资源及尾矿等综合回收利用，并采用无废或少废工艺，实施循环经济集约化生产，不断提高资源开发与合理利用水平。最大限度地实现企业"三废"的资源化、减量化、无害化及矿业废水的循环利用或"零排放"。

六、坚持矿业开发与环境保护并重。将矿区环境保护、环境治理纳入矿产资源开发利用与保护的全过程，建立完善的环境保护管理体系与机制。强化矿山地质灾害的监测与防治，杜绝地质灾害事故发生；重视矿区生态建设，绿化美化矿区环境，建设环境优美的花园式企业。

七、加强土地复垦。把土地复垦和生态建设作为矿产资源开发中的重要任务，按照土地复垦方案，努力做到边开采、边复垦、边恢复，保持矿区生态环境，促进当地经济发展。

八、加强矿业文化建设。建立完善的安全生产管理制度与管理措施，并严格实施科学管理，在职工队伍中强化安全知识、安全文化理念、制度教育，使安全生产成为广大职工的自觉行为。从源头上做好安全防范工作，坚持"安全第一"方针，努力避免和防止安全生产事故的发生。

九、承担社会责任，建设和谐矿区。将承担社会责任放在重要位置，重视和谐社区建设，努力改善社区周边关系，保障矿区周边社区居民的合法权益，保障矿区周边地区环境安全与环境质量，维护居民的健康与生活质量，支农、支教、抗灾、赈灾，支持地方建设与经济发展。

十、坚持以人为本与文明建设。建立完善的职工教育与生活福利社会保障体系、保障制度与保障措施，加强物质文明、精神文明和社会文明建设，提高职工素质，强化人才培养，不断改善职工生产、生活条件，充分保护和激发广大职工的积极性和创造性。

附录5：
河南省矿业协会地矿资源科普专业委员会工作规则（摘要）

第三条 本会性质：本专业委员会是河南省矿业协会的一个分支机构，是由地矿资源科普类场馆以及与地矿资源科普相关的单位或者其他法人单位自愿组成的，是以加强和促进地矿资源科普行业之间的紧密联系，促进相互交流，加强优势互补，打造地矿资源科普服务平台，提高地矿资源科普业务水平为主要目的群众性、非营利性团体。

第五条　本专业委员会的业务主管单位是河南省矿业协会，挂靠河南省地质博物馆，常设办公地址在郑州市金水东路18号。

本专业委员会接受业务主管单位、社团管理机关的业务指导和监督管理。

第六条　本专业委员会工作内容

（一）组织开展地矿资源科普宣传、有关课题研究和学术交流，提高地矿资源科普单位及其工作者的业务和学术技术水平；

（二）开展省际、国际间地矿资源科普界学术交流，增进省内外、国内外地矿资源科普界的联系与了解；

（三）提供符合地矿资源科普专业委员会宗旨的社会服务；

（四）配合上级主管部门开展业务活动，交流工作经验。

第八条　加入地矿资源科普专业委员会团体会员需向地矿资源科普专业委员会申请，经地矿资源科普专业委员会审核批准，并报河南省矿业协会备案，方可成为地矿资源科普专业委员会团体会员。

第九条　地矿资源科普专业委员会团体会员须具备下列条件：

（一）遵守地矿资源科普专业委员会的工作规则；

（二）在地矿资源领域具有一定的影响力；

（三）有藏品及基本陈列并开放的地矿资源博物馆（或陈列馆），或具有地矿资源及其相关领域教学、研究、培训职能的机构或团体。

第十一条　地矿资源科普专业委员会的最高权力机构是会员代表大会。会员代表大会由团体会员代表组成。

会员代表大会的职权是：

（一）筹备召开会员代表大会；

（二）制定和修改工作规则；

（三）制定并通过代表大会的决议；

（四）决定团体会员的吸收和除名；

（五）领导地矿资源科普专业委员会开展工作；

（六）制定地矿资源科普专业委员会内部管理制度；

（七）决定其他重大事项。

第十五条　会员权利

（一）地矿资源科普专业委员会的选举权、被选举权和表决权；

（二）参加地矿资源科普专业委员会举办的活动；

（三）获得本团体服务的优先权；

（四）对本团体工作的批评建议权和监督权；

（五）入会自愿，退会自由；

（六）免费参观地矿资源科普专业委员会成员单位的博物馆（陈列馆）或园区。

第十六条　会员义务

（一）执行地矿资源科普专业委员会的决议；

（二）维护地矿资源科普专业委员会的合法权益；

（三）完成地矿资源科普专业委员会交办的工作；

（四）向专业委员会反映情况，提供会员活动情况、工作总结及有关资料。

企业篇

安阳钢铁股份有限公司 2015 年企业社会责任研究报告

一、安阳钢铁股份有限公司企业概况

（一）安阳钢铁股份有限公司企业简介

安阳钢铁股份有限公司（以下简称"安钢"）前身为安阳钢铁厂，1958 年建厂，是集采矿选矿、炼焦烧结、炼铁炼钢、冷热轧钢、运输建筑、科研开发、国际贸易等于一体的现代化钢铁联合企业，是河南省优质精品钢生产基地。1993年 11 月 18 日，安阳钢铁厂成为全国百家现代企业制度试点单位，进行了股份制改造，成立安阳钢铁股份有限公司。2001 年 8 月，安钢在上交所正式上市。

近年来，安钢适应国内外钢铁工业发展趋势，转变发展方式，加快结构调整，推进产业升级，相继建成了 3# 大高炉、500m² 烧结机、150t 级转炉、炉卷轧机、1780mm 热连轧、1550mm 冷轧等一大批代表钢铁工业发展趋势、国内领先、国际先进的高端装备和高效生产线，实现了 1000 万吨级的工艺现代化布局、装备大型化升级和产品专业化生产。

安钢主要产品有热轧板卷、炉卷板、中厚板、高速线材、型棒材、球墨铸铁管、铸造生铁等 100 多个品种、6000 余个规格，品种钢、品种材比例均超过 70%，产品结构持续优化。其高等级管线钢广泛应用于"西气东输"二线、中亚石油天然气管线等国家重点工程，船板钢通过了九家国际船级社认证。高等级建筑用钢应用于奥运鸟巢、上海 101 层大厦、北京南站、高速铁路等标志性工程，锅炉和压力用钢板、冷镦用盘条等 15 项产品被评为国家冶金产品实物质量"金杯奖"，板材产品形成了由厚到薄、由窄到宽覆盖面全的产品系列，球墨铸管规格涵盖 80 ~ 1200mm。产品广泛应用于国防、航天、交通、装备制造、船舶平台、石油、天然气、高层建筑等行业，远销德、英、日、韩、南非等 30 多个国家和地区，树立了良好的品牌形象。

(二) 安阳钢铁股份有限公司发展历程

1. 第一阶段：创业期 (1958~1979 年)

1958~1979 年，安钢作为国家首批重点建设钢铁骨干企业，是河南省第一个钢铁厂，于 1959 年 4 月 17 日炼出第一炉钢。并先后投资近 2 亿元，拥有焦炉、高炉、顶吹转炉、无缝、薄板、中型轧机等 40 多个建设项目，初步形成了年产材 40 万吨、钢 50 万吨、铁 60 万吨的"四五六"中型钢铁联合企业的基本框架。1979 年前的 21 年，安钢累计建设投资 4.09 亿元，累计钢产量 37 万吨。

2. 第二阶段：改革发展期 (1980~2011 年)

1980 年，安钢率先实行承包经营，以此为标志，走上了发展振兴之路，实现了"四五六"目标。1989 年，在全国 58 家地方骨干钢铁企业中率先突破 100 万吨钢大关，成功地走出了一条"内涵挖潜、自我积累、科学投入、滚动发展"的集约经营之路。

1993 年 11 月 18 日，进行了股份制改造，成立安阳钢铁股份有限公司。1995 年 12 月 28 日，成立安阳钢铁集团有限责任公司。2001 年 8 月，安钢在上交所上市。"十五"以来，安钢坚持以科学发展观为指导，加快转变发展方式，总投资近 300 亿元，推进产业升级，建成了一大批国内先进的工艺装备，成为年产钢能力超过 1000 万吨的现代化钢铁集团，是河南省最大的精品板材和优质建材生产基地。

3. 第三阶段：创新发展期 (2012 年至今)

钢铁工业是国民经济的基础产业，也是产能过剩最严重、影响最大的行业之一。随着世界经济前景看淡，以及我国宏观经济形势下探，钢铁市场需求严重下滑，钢铁的市场价格跨省下滑。2012 年，安钢实现经营收入 209.51 亿元，同比下降 29.62%，归属于上市公司股东的净利润为 -34.98 亿元，上市以来首次亏损。面对新的市场形势，虽然安钢开始大力解放思想，转变观念，打破传统经营理念，对生产经营模式进行调整，加快由"生产型"向"市场型"转变，2013 年和 2014 年安钢基本实现扭亏为盈，但是，2015 年，公司营业收入只有 203.63 亿元，比上年下降 24.16%，归属于上市公司股东的净利润为 -25.51 亿元。

(三) 安阳钢铁股份有限公司企业文化

1. 企业宗旨

安钢以创造财富，为国家、社会、员工带来发展、进步和幸福为宗旨。通过提供优质的钢铁产品和完美的服务，为国家创造和积累财富，为安钢的股东、员工创造财富，为顾客、供应商、社会公众创造财富。在创造社会财富的同时，以自己的产品和服务为国家繁荣富强、社会文明进步、人民生活更加幸福美满做出贡献。

2. 企业目标

安钢的企业目标是鼎立中原，争创一流。安钢的近期目标是加快发展步伐，扩大生产规模，增强企业实力的基础上，把安钢建设成为中原板材和建材基地，努力跻身于世界钢铁强厂之林。

3. 企业文化主体价值观

安钢职工以"同心"和"聚进"为共同的价值取向。安钢人忠诚和谐，团结一心，众志成城，共同前进。同时，安钢与顾客、股东、政府等同心同德，团结协作，共同进步。只有"同心"和"聚进"才能聚集巨大的合力。"同心"是凝聚剂，只有凝聚才能团结、才能和谐。"聚进"是一种品格，是一种精神，是一种境界。

（四）安阳钢铁股份有限公司主要产品

1. 安阳钢铁股份有限公司高线产品市场状况

目前安钢高线已形成了以钢绞线盘条（占35.53%）、冷镦钢盘条（占31.11%）两大系列为主，优碳盘条、胶管/钢帘线盘条、钢丝绳用盘条、弹簧钢盘条、圆环链盘条、高强焊丝盘条系列六个系列并存的局面。2014年高线机组发货量为572860.671吨，其中钢绞线盘条和冷镦钢盘条占比为66.64%，其他品种系列合计占比为33.36%。尤其是高效品种系列合金冷镦钢（占9.4%），胶管、帘线盘条（占7.4%），弹簧钢（占5.1%），圆环链（占5.0%），钢丝绳用钢（5.3%）及高强焊丝（0.4%）共占机组比例的32.6%。

2. 卷板产品市场状况

2014年国内热轧卷板市场总体呈现出震荡下滑的市场走势，产量为1.83亿吨，同比增长11.1%。2015年国内热轧板卷陷入了持续的下跌通道，现货市场一片黯淡，市场供需矛盾尖锐，导致价格持续下降，价格不断刷新历史低点，至2015年9月多数地区市价已经与螺纹价格呈现罕见倒挂，年内累计下跌1000元/吨，几乎成为成品钢材价格垫底的品种，这种情况持续到12月仍未改变。安钢热轧卷板的主要市场河南地区占销售总量的80%，湖北和山西地区是次要市场，占有率分别为6%和4.5%。其余的也零星分布在河南周边。

3. 中厚板产品市场状况

与 2014 年市场状态类似，2015 年我国中厚板市场整体持续下滑（见表1），市场交易规模明显下降，产品价格大幅下降，从 2014 年平均价格为 3323 元吨，到 2015 年均价仅有 2323 元吨。从产量上看，2014 年产量约 7300 万吨，同比增长约 9%，2015 年产量与 2014 年基本持平。受运距影响，安钢中厚板市场主要是在河南省，河南地区占 85%，河南周边省份如陕西、湖北、山东、江苏、河北占有率约为 10%。由此可见，中厚板的主要优势区域在河南和运距较短的河南周边省份。安钢的中厚板产品依托河南市场，在整个河南地区的认可度非常高。

表 1　2014～2015 年钢铁主要产品价格变化表

	2014 年均价 （元/吨）	2015 年均价 （元/吨）	2015 年跌幅 （元/吨）	2014 年与中厚板的 价差（元/吨）	2015 年与中厚板的 价差（元/吨）
HRB400 20mm 螺纹钢	3163	2319	844	-160	-4
Q235 20mm 中厚板	3323	2323	1000	0	0
Q235 4.75mm 热卷	3304	2334	970	-19	11
1.0mm 冷轧	4123	3077	1046	800	754

资料来源：钢联咨询网，http://info.glinfo.com/16/0203/09/FCD81FBC856D3512.html。

4. 型、棒材市场状况

河南及周边市场中小型材的需求在 150 万吨左右，建筑钢材的需求量庞大，河南省内的需求量就达 1000 万吨。安钢型、棒材年产能 240 万吨，产品以 HRB400、HRB400E 螺纹钢、碳结国标角槽钢为主，以四级钢筋、锚杆钢筋、低合金角槽钢为辅。型棒材产品因为生产工艺简单、技术含量低、生产厂家众多、竞争激烈，安钢产品质量稳定、具有品牌优势，但价格相对偏高、政策不够灵活。

（五）安阳钢铁股份有限公司企业组织架构

安钢坚持精简、高效原则，全面开展岗位分析和评价，推行定编定员。本着

"统筹规划、上下结合、分层实施、突出实效"的原则，营造积极、务实的学习氛围，打造高素质的职工队伍和高效的教育培训机制。根据企业经营环境和业务构成，安钢建立了直线职能式的组织结构体系，保障公司的正常经营。第一层是安钢决策层；第二层是各个职能部门；第三层是各个生产业务单位、支撑单位、分公司和子公司（见图1）。

二、2015年安阳钢铁股份有限公司履行社会责任情况

（一）法律道德

1. 严格遵守法律法规

作为国有控股的上市公司，安钢在河南省委、省政府、省国资委的领导下，在经营过程中，严格遵守国家各项法律法规，建立健全各项企业规章制度。①在民主决策方面。根据《公司法》的要求，安钢主要决策机构有股东会、董事会和监事会。股东会是由全体股东组成的公司权力机构，是公司的权力机构和法定必设机关。安钢的董事会是公司的决策机构，并对股东会负责。董事会依法对公司进行经营管理。董事会对外代表公司进行业务活动，对内管理公司的生产和经营。监事会的职责是对董事会和经理的活动实施监督。②在安全生产方面。严格落实《中华人民共和国职业病防治法》等法律法规要求，坚持预防为主、防治结合的方针，先后制定了《安钢职业卫生工作管理规定》、《职业卫生与职业病防治管理程序》等五项规章制度，保护劳动者健康及其相关权益。③安钢在环保方面制定了较为完善的能源环保管理制度，并严格执行，建立了较为完善的环保管理体系，并有长期生产建设发展形成的管理制度支撑。安钢环保管理体系实行总经理负责、副总经理主管的环保责任制度，全年无违反环境保护法律法规的现象。

2. 面对不利形势，努力创造社会经济效益

2015年，我国国民经济增速持续放缓，国家虽然出台了一系列稳增长措施，但经济内生动力明显不足，下行压力不断加大。钢铁行业受经济放缓影响，用钢需求下降，钢材价格屡创新低，行业陷入大面积亏损。国内钢铁需求进入负增长的"新常态"，安钢坚持以股东权益最大化为原则，突出"适应市场、提高效益"为中心，积极进行生产经营模式创新和低成本运行，推进体制机制变革调整和管理模式创新，但是受外在环境的影响，2015年安钢仍然有巨额亏损，面临巨大的压力和挑战。从表2中可以看出，近年来，面对严峻的国内外市场形势，

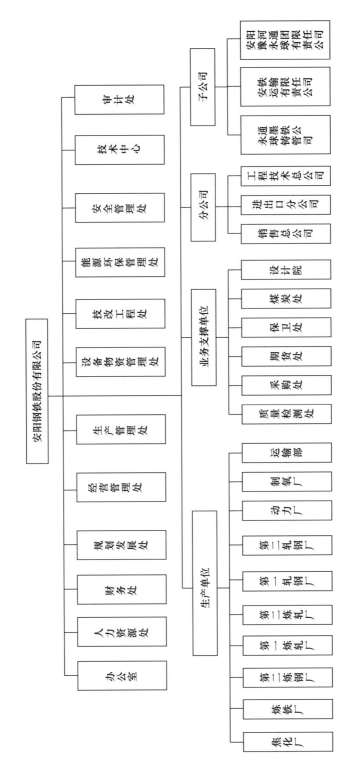

图1 安阳钢铁股份有限公司组织结构图

钢材市场需求持续下滑，钢材价格持续下跌，2012 年安钢亏损高达 35 亿元，2015 年仍然有 25.48 亿元的亏损。

3. 税收贡献

作为国有控股上市公司，虽然面临严峻的经营困难，亏损严重。公司仍然按时偿还银行贷款、上缴国家税收。2015 年上缴国家税费 8.3 亿多元，最近五年累计上缴国家税费 31 亿多元，偿还银行贷款利息 48.8 亿多元。

表 2　安阳钢铁股份有限公司经营状况分析表

	2011 年	2012 年	2013 年	2014 年	2015 年
营业收入（亿元）	297.68	209.51	261.38	268.52	203.63
利润总额（亿元）	3.73	-34.96	0.47	0.40	-25.58
净利润（亿元）	0.34	-35.01	0.40	0.33	-25.48
上缴国家税费（万元）	74955.92	33179.00	57830.00	92439.78.00	83225.93
支付职工薪酬（万元）	172462.52	168420.00	156768.00	164985.17	155038.83
支付借款利息（万元）	60815.14	88952.00	111659.00	121121.75	105491.30
每股收益（元）	0.020	-1.460	0.022	0.012	-1.066
每股社会贡献（元）	1.30	-0.25	1.38	1.59	0.37
对外捐赠（万元）	1.0	——	——	1.1	1.2

资料来源：安阳钢铁股份有限公司历年年报。

（二）质量安全

1. 质量体系建设

安钢于 1997 年 4 月 30 日按 GB/T19002 - ISO 9002：1994 标准首次建立实施了质量体系，并于 1997 年 11 月 28 日取得了认证证书。目前安钢的质量管理体系已按照 GB/T19001 - 2008 标准进行了转换，并于 2010 年 10 月 9 日换发了 2008 版标准的认证证书。安钢坚持"质量第一"、"满足顾客需求"的方针，不断强化生产过程、最终产品及售后服务的质量控制，建立健全质量保证体系。安钢安全生产管理体系，设有安全生产委员会，是安全生产的决策、协调机构，研究、部署、指导公司整体安全生产工作，组织较大生产安全事故的处理工作和完成政府交办的其他安全生产事项。

安钢各二级单位设置职能独立的安全管理部门，目前共配备专兼职安全人员 407 人，所有人员全部通过政府安全教育培训考核，持证上岗。坚持"安全第

一、预防为主、综合治理"的安全方针，安钢建立了以安全生产责任制为核心的安全生产制度37项。建立了重大风险危险源预控体系，140项重大风险危险源受控、在控；建立了危险作业安全管控体系，203处714个有限空间安全检修；建立了相关方风险管控体系，依法依规签订安全管理协议。

2. 产品质量认证情况

2015年，安钢完成了中国船级社（CCS）扩证换证、英国船级社（LR）换证工作。通过了欧盟CE年度监督审核，继续保持证书有效。在国家质检总局和河南省质检局对热轧带肋钢筋监督抽查中，继续保持了省级以上抽查合格率100%优良业绩。创新奖励方面，安钢汽车大梁用钢带510L及胶管钢丝用C72DA热轧盘条获得"金杯奖"；在"品质卓越产品"评比中，安钢的高强度汽车大梁用热轧钢带AG700L及高碳钢盘条SWRH72A获奖。积极配合协同公安、质监等执法部门开展产品专项打假工作，在2016年的打假成效的基础上，针对郑州地区，多次进行市场调查、产品鉴定等工作，并与省市公安部门加强沟通联系，共同维护安钢产品形象声誉，净化市场环境，支撑产品营销工作。

3. 全员参与，提高产品质量

2015年，公司在开展"QC"小组和"质量信得过班组"竞赛活动等方面取得显著成效。全年共注册QC小组177个，注册人数1452人，申报成果70项，获得国优3个、省优14个、市优21个。参加"质量信得过班组"竞赛，获得全国质量信得过班组2个、冶金行业及省级班组5个、公司优秀和先进质量信得过班组18个，被评为"河南省质量管理小组活动优秀企业"。在公司钢后系统开展"质量改进年"专项活动，分产品和产线两条线路进行质量问题倒逼改进，全年质量改进立项55项，达到立项效果27项，其他涉及公司战略投资以及部分项目延续到2016年进行持续改进。确立关键工序控制点33个，并进行监视、测量、分析，确保工序点在控、可控。

2015年，安钢在全公司范围内开展"质量月"活动，以月促年，持续改进产品质量。紧密结合当前技术质量基础管理工作中的薄弱环节，夯实质量基础，提高标准化管理水平。推动全公司着力在质量改进提升上下功夫，做到预知、预控、预防，实现"制度零疏漏、工作零差错、过程零隐患、工序零抱怨、产品零缺陷、把关零漏洞"，切实践行"质量第一、用户第一、服务第一"的质量理念，切实增强公司全员质量意识，强化质量管理，提高质量改进效率与效果，实现产品实物质量稳定提升，形成对营销创效的强力支撑作用。

4. 严控产品质量, 再创品牌辉煌

2015 年面对钢铁行业全面亏损的异常严峻形势, 公司技术中心紧紧围绕"产品研发、工艺研究、技术质量管理"三大职能, 强化技术质量基础管理工作, 突出"稳炼铁、强销售、降成本"的生产经营方针, 重点抓工艺研究和产品研发工作, 稳步推进质量改进年活动, 切实提高工艺标准化水平, 进一步夯实技术质量管理的基础, 提升了品种创效能力和市场竞争力, 立促产品质量的再稳定、再提升, 实现了产品技术质量指标的高位提升, 确保了质量管理体系持续有效运行。

全年焦炭合格率为 93.86%, 铁水合格率为 98.44%; 连铸坯一次合格率为 99.64%, 比考核目标高 0.64 个百分点; 钢材一次合格率为 98.58%, 比考核目标高 0.58 个百分点; 质量损失 3.16 元/吨, 吨钢质量损失继续稳定保持在较低水平; 一、二级质量事故为零, 国家产品监督抽查合格率 100%。

(三) 科技创新

安钢按照"自主创新、重点跨越、支撑发展、引领未来"的技术创新发展的基本思路, 努力提升企业核心竞争力。加强原始创新、集成创新和引进消化吸收再创新, 全面提升企业科技整体水平, 建设高层次、高水平、多学科、多功能、开放型技术创新平台。大力调整产品结构, 淘汰落后工艺装备, 开发具有自主知识产权的高端产品和核心技术。

1. 困难与挑战中的创新体系建设

2015 年, 面对宏观环境的不利形势, 安钢自身也存在许多问题: 生产不够稳定、营销机制不够灵活、高效产品比例偏低、分公司与子公司市场主体意识不强、基础管理工作不扎实、劳动生产率偏低, 等等。面对诸多新矛盾、新挑战, 安钢积极进行改革创新, 坚持问题导向, 瞄准改革发展中的掣肘, 聚焦经营管理中的难题, 从影响企业解危脱困的实际问题出发, 集中力量, 精准发力, 积极提高企业效益。

安钢组建了技术中心, 全面担负起新产品开发、产品质量改进、科技成果转化、对外技术合作、高层次科研人才培养和重大技术决策咨询等职能。经多年的优化调整, 安钢技术中心逐步建立起一个开放型的"市场—科研—生产—销售"一体化的三级技术创新体系。第一个层次是以技术中心为主的技术开发核心管理机构; 第二个层次是面向技术和市场, 开展基础研究、应用研究和新产品开发等专业开发机构, 与高等院校、研究机构建立合作伙伴关系和共同技术开发, 主要

从事前瞻性、共性、关键性技术开发研究；第三个层次是面向企业各生产线，开展新工艺、新技术和新材料的推广应用，组织技术攻关、产品市场推广和群众性合理化建议革新活动。

2. 积极进行研发活动，增强科技创新能力

2015年，公司主要装备有具有国际或国内先进水平的150t级转炉——热连轧、120t级转炉——炉卷轧机、高速线材轧机、中板轧机等。在100吨级顶底复吹转炉等炼钢高效化生产方面积累了丰富经验，开发形成了系列关键技术。公司主要产品生产线均通过ISO9002质量体系认证，60%以上产品质量达到国际先进水平。

2015年公司研发投入5.57亿元（见表3），获得授权核心专利技术23项，其中发明7项，实用新型16项。公司近年来在新材料、新品种和新工艺等前沿技术开发及应用方面开展了多项创新性工作，并逐步形成了成套关键技术和理论，核心竞争力有显著提升。

表3 近年来安阳钢铁股份有限公司研发支出分析 单位：亿元

	2011年	2012年	2013年	2014年	2015年
研发支出	6.37	5.496	5.93	7.35	5.57

资料来源：公司历年年报及公司公布数据。

3. 通过创新优化产品结构

2015年，在考虑品种创效和结构增效的前提下，抓好品种和规格结构优化，确定做强板带材，做精型、棒、线的品种营销策略。①中厚板产线。坚持以高强度钢板和锅炉容器板为主打品种，保持行业第一的市场占有率，努力树立全国性品牌；扩大风力发电板的销量，满足风力发电行业不断增长的需求；改善高级别管线用钢板、桥梁用钢板的产品品质，满足重点工程和大型企业需求，提升安钢板材的品牌形象；加大薄、厚、宽等极限规格产品的销售力度，满足下游顾客对特殊规格的需求。②热卷产线。在稳定原有普通产品，如普碳钢、低碳钢、花纹钢、低合金钢及保障产销衔接平稳的基础上，努力开发新品种。重点打造电工钢、汽车用钢、管线钢等高附加值产品的市场知名度，着力满足机电、汽车、管线等行业需求。③型、棒产线。遵照国家政策，淘汰Ⅱ级钢筋，不断扩大Ⅲ级钢筋销量，积极推广Ⅳ级钢筋和抗震钢筋。深化与煤机行业的合作，满足该行业对

高强度锚杆钢筋的需求。④高速线材产线。针对该产品主要用于深加工的特点，在持续改善产品质量的前提下，主动压缩硬线、82B盘条等档次较低、效益较差的品种产量，根据市场需求，积极开发替代和升级品种，尤其是帘线用钢C72DA/C78DB/C82DA、合金冷镦钢10B21，ML40Cr，SCM435、弹簧钢60Si2Mn/60Si2Cr、高强焊丝等高端高效品种。2015年开展了冷镦用钢、帘线用钢、弹簧用钢三种牌号的TS16949汽车用钢认证工作，以增强市场竞争力。

（四）诚实守信

1. 坚持高质量战略，切实保证公平交易

坚持质量领先、诚信经营，建立完善规范的客户服务体系，从组织、制度、监督、反馈、落实等各个环节持续改进服务水平。重视合同执行的严肃性，实行签订合同、发货、运输、结算联合办公的一站式服务。延伸服务链条，在"银企商"三方合作、配套营销等方面进行探索，提高整体营销服务水平。加强入库外发日常监督检查，避免在发货环节产生异议和顾客投诉。

2. 鼓励创新和发明

安钢明确区分职务发明与非职务发明，在保证公司权益的同时不影响职工个人申报专利的积极性，职务发明的所有费用由公司承担。职务发明专利申请被受理后，公司对发明人所在单位在专业技术竞赛评比中予以加分，对发明人除按规定进行奖励之外，将其申请专利和获得专利授权情况，作为技术职称考核的主要依据之一。严格按照《专利法》的要求进行授权专利奖励和提酬。

3. 按照国家法律法规，积极保护知识产权

首先，公司技术中心充分利用专利信息，每月进行专利检索与国家专利公示等信息检索，组织专利评审委员会有关专家鉴别有损公司权益且不符合授予专利条件的他人专利，及时向中国专利局提出宣告无效请求，排除损害公司权益的他人专利申请。其次，公司依法维护本公司的专利权益。发生专利侵权纠纷或专利权属纠纷时，及时采取措施，必要时提交专利管理机关处理，或向人民法院起诉。公司尊重他人的专利权，并采取积极措施，避免侵犯他人专利权。最后，公司尊重职工的个人自由发明。职工不得将职务发明擅自以个人名义申请专利并持有该专利。对于以个人名义申请职务发明创造专利的，公司将依法处理。

（五）消费者权益

安钢奉行"顾客至上、合作共赢"的经营哲学，围绕客户个性化需求，以产品部为依托，实施产销研一体化，不断提升服务客户水平，积极培育和加强客

户关系，全方位满足顾客需求，提高顾客满意度。

1. 以顾客需求为中心，发展服务型钢铁

安钢根据"您的需求就是我们的追求"，全面发展服务型钢铁，加快由钢铁生产商向综合服务商转变。服务理念——以市场为中心，以用户需求为中心，提供全方位的私人定制服务，共同建立研发平台，延伸产品链条，共同获得增值机会，拓展终端产品的应用空间。以提升用户满意度和忠诚度，为客户提供全员、全方位、全过程的增值服务为主线。具体措施包括：①实施订单生产。开展"量身定做"式服务，为客户提供个性化服务，同时可以和客户一道开发个性化新钢种，提供"私人定制"服务。②实行顾问营销。提供"技术＋服务"的系统解决方案，为客户提供技术支持、专业服务。③产业链营销。推行产业链营销，同时搭建研—产—用联盟平台，开拓新产品，形成价值链条，实现共同进步。④钢材加工配送。利用安钢附属企业公司、工程技术公司、汽运公司等优势资源，在河南省主要地市建立配送中心，为用户提供钢材深加工、仓储、配送一站式、点对点服务。⑤通过"互联网＋现货"，积极发展电子商务。

2. 改善产品结构，不断满足顾客需求

安钢引入技术力量，融合技术营销理念，将顾客需求放在中心位置，各部门工作顺畅衔接。按照产线和产品类别成立市场推广和服务机构，对顾客开展售前、售中和售后全方位、全过程服务。成立管线钢、汽车用钢、高强板等产品室，重点跟踪顾客需求，及时抢抓高效订单。通过加强研产销各环节的协调，进一步提高产品交付的及时性和准确性，改善订单组织形式，尤其对于小批量订单或者用户急需订单，尽可能协同生产部门克服困难，实现整体接单。开展"量身定做"式服务，与下游相关企业共同开发胶管钢丝用盘条、高强度汽车用钢等新产品，满足顾客潜在需求。钢材加工配送中心通过对钢材进行深加工，为顾客提供半成品，提高顾客生产效率。

3. 加强客户服务体系建设，培育战略客户关系

2015 年，公司从渠道、区域、级别等方面对顾客进行细分，区分不同顾客群体特点，有针对性地满足不同顾客需求。对战略合作伙伴，着眼于长期稳定的合作，实现双赢共存。坚持质量领先、诚信经营，建立完善规范的客户服务体系，从组织、制度、监督、反馈、落实等各个环节持续改进服务水平。

增加布局区域驻点，开启客户服务新模式。经过认真细致的市场调查，2015年 10 月，郑州、南阳、平顶山、巩义、武汉、十堰、宁波、胶州、北京九个城

市的驻点人员全部走上工作岗位，开启了终端客户服务与直供用户开发并行的新模式。驻点人员对重点用户采购、使用等环节全程跟踪，掌握了大量的一线资料，及时化解用户产品使用方面问题 20 余项，提升了用户满意度。同时，重视合同执行的严肃性，实行签订合同、发货、运输、结算联合办公的一站式服务。延伸服务链条，在"银企商"三方合作、配套营销等方面进行有益探索，提高公司的整体营销服务水平。

2015 年，安钢设立多种顾客沟通渠道，征集客户对公司产品和服务的需求、建议、偏好及期望，为改进服务提供机会。积极处理客户异议，并将异议进行分类登记，24 小时内转交异议处理部门，确保异议受理及时率 100%；异议处理部门按照异议性质和顾客位置远近，及时到现场认定处理，充分保障顾客利益。强化顾客服务的监督和反馈机制，通过检查、总结、考核，保证服务始终处于受控状态。通过发放《安钢钢材顾客满意度调查表》、《安钢销售公司销售服务检查记录》等收集顾客对安钢产品质量和服务质量的满意信息，全方位征求意见；对征求来的意见和建议，责成有关单位改进和处理，并反馈顾客，持续改进工作质量，实现了管理闭环。

4. 推行产品经理制

按照公司板块运作规划，营销系统遵循"适应市场，提高效益"的原则，2014 年 7 月进行了机构整合，成立了销售总公司。将型材、棒材、板材、热轧卷板、高速线材销售业务进行了整合。新营销体系根据科室职能的规划形成了市场开发、业务支撑、综合管理三个模块，模块间进行了有效的工序衔接。

市场开发模块作为整个销售活动的最前沿，面对的是终端用户。从人员结构看，包含了公司级技术专家、产品工程师、营销工程师等，这是一支技术水平较高、营销业务精干的专业化团队。结合当前服务型钢铁战略的实施和客户个性化需求的日益提高，推行技术营销，根据产线和产品的系列化设立产品室营销团队，实行客户经理负责制。每个团队安排 1~2 名产品经理，负责整个团队的运作，同时在人员结构上保持一定的营销专业人员和技术人员的结构匹配。

（六）股东权益

1. 努力挖掘潜力，提高企业收益

作为上市公司，要维护股东权益首先就是降低成本，提高盈利水平。面对严峻的市场形势，安钢努力降低成本，节约开支，增加企业收益。在优化原料结构方面，坚持"经济料"方针。加大经济资源的寻找与采购力度，全年共采购经济矿 512.9 万吨，采购经济煤 141.6 万吨，节约成本超过 4 亿元，2014 年，基本实现扭亏。

在进口矿采购方面，根据市场变化灵活调整采购策略。适当减少长协矿比例，加大现货矿采购；创新定价模式和定价区间，积极与国外矿山协调，由离岸定价改为到港定价，使采购成本与使用周期内的市场价格更为贴近，控制市场风险。在国内矿采购方面，首创国内矿挂钩普氏指数定价模式，改变过去精矿价格由矿方确定的不利局面，不仅稳定了国内矿的供应，而且还降低了采购成本。

在煤炭采购方面，积极联合煤炭企业，主动与煤炭企业进行价格谈判，降低煤炭采购成本。不断优化产品结构，确保有限资源效益最大化。生产组织部门根据订单制订排产计划，按照产线效益及贡献水平，优化产品结构，提高有限资源的利用率。

2. 适时发布公司经营信息，为股东提供真实有效的信息

首先，重大经营活动公示、公开。根据我国法律、法规对上市公司信息公开的要求，安钢及时对重大经营活动内容进行发布和公开。其次，为了便于中小股东查询经营信息。公司设立了股东沟通咨询热线，设立专人回答股东的咨询。最后，按时召开股东大会，并就经营情况向股东进行通报。

（七）员工权益

1. 严格遵守各项规章制度，维护员工权益

公司认真贯彻《劳动合同法》，劳动合同签订率达 100%，有效维护了员工合法权益。公司严格执行劳动法律法规，充分保障员工享受带薪年休假、探亲假等权益。每年组织员工职业健康体检、女工健康体检等，切实关注职工身体健康。建立了覆盖全体员工的社会保障体系，坚持按时足额缴纳各项社会保险费用，员工能享受养老、医疗、失业、工伤、生育等各项社会保险以及住房公积金，各项权益得到切实保障和落实。

公司采取"不减薪，不减人"的稳定岗位就业措施。2015 年在干部考核、薪酬分配、人力资源评价等方面进行了广泛的改进，实行宏观管控，权利下移，有效激发了各单位内生动力，同时放开二级单位收入分配自主权，在合理制定激励约束政策的前提下，鼓励二次分配激励重点岗位、关键人才，防止和避免人才流失。另外，在生产经营十分困难的情况下，全年接收大学生 219 人、复转军人21 人，共 240 人。

2. 加强员工技能培训，提高员工工作能力

围绕生产经营，积极开展培训工作，满足新形势对干部能力素质的新要求，组织举办了领导干部学习研讨班、科级干部岗位能力提升培训，开启了企业干部学习培训新模式。完善安钢职工培训管理制度，规范培训管理流程，提升管理效率，认真抓好特种作业安全资质取证、复审培训工作，全年举办各类培训班727个，培训人员30177人次。

2015年培训工作贴近需求，立足新形势对干部能力素质的新要求，组织举办了"软件工程"和"MBA工商管理"两个硕士学位研究生学习班；组织近400名专业管理人员开展"子分公司内控建设"培训；举办有98名专业技术人员参加的"ISO/TS16949标准及五大工具"培训；以一炼轧为试点和北京知为先联合对60名车间主任及班组长开展"现场改善"学习班。

抓好特种作业安全资质取证、复审培训。全年共组织各类培训班711个，培训人员33526人次。

3. 关注职工健康，认真开展医疗卫生工作

公司坚持"预防为主"的工作方针，完善疾病预防控制体系和卫生监督工作体系，提升突发公共卫生应急事件处理能力，加强食品卫生安全考核力度，保障公共卫生安全；及时关注疫情发展变化，做到对疫情的早发现、早报告、早控制，确保广大职工以及家属的身体健康。2015年实现了无食品安全事故、没有非法添加与滥用添加剂事件、无突发公共卫生事件。

（八）能源环境

2015年，面对严峻的钢铁市场形势，巨大的节能降本和环保压力，公司多措并举、积极应对。在能源环保工作中，紧紧围绕"节能创效、环保安全"两条主线，围绕"绿色安钢、亮丽安钢、和谐安钢"奋斗目标，严格执行国家能源环保法律、法规和产业政策，响应节能减排要求，加快结构调整步伐，走绿色转型、生态发展道路，做到全过程、全方位减少和控制污染物排放，使厂区及周围区域的环境质量日趋改善，排放污染物持续下降。公司的节能环保工作得到了各级政府的高度认同，先后荣获全国环境保护先进企业、河南省环境保护先进企业、全国综合利用先进企业、河南省"污染减排十大领军企业"、全国节能先进集体、河南省节能减排竞赛先进单位、安阳市节水型企业等荣誉称号，成为国家第一批"资源节约型、环境友好型"企业创建试点单位，河南省循环经济示范企业。

1. 制定能源环保规划，引领工作发展方向

对公司能源和环保系统进行全面的现场调研、问题梳理、改进分析，形成了安钢节能和环保发展规划。立足环保治本和节能增效，按照项目轻重缓急，梳理出能源与环保近、中、远期分步实施计划，近期实施的项目正在有序推进。

2. 设立能源环保管理处，加强组织管理

能源环保处的主要职责是负责贯彻落实国家能源环保法律法规，保证公司生产经营合规合法；负责公司能源环保日常管理工作，保证公司能源环保管理体系正常运行；负责公司节能减排、工业污染防治和资源综合利用等工作。公司各生产单位设有对口科室并配备专职能源环保管理人员负责本单位的能源环保管理工作。能源和环保管理体系实行经理负责、副经理主管的能源和环保责任制度，设有能源环保管理处，负责综合监管公司能源综合利用和全面环境管理工作，在各厂、车间、班组设三级能源和环保管理人员，形成公司完整的三级能源和环境管理体系。

为持续改进并提高环境管理水平和绩效，公司于2005年下半年开始策划建立环境管理体系，2006年10月取得了职业健康安全和环境管理体系认证，标志着安钢在安全环保管理上与国际通用标准接轨，向大型化、规范化的现代化企业迈进。2008年，公司对质量、测量、职业健康安全、环境四个管理体系进行了整合，经过2009年、2010年的运行改进，体系运行进一步规范。2011年，公司将能源、环保两个专业的管理职能进行整合，设立了能源环保管理处，进一步理顺管理流程，提升专业管理水平。2013年，公司启动能源管理体系的建立和认证工作。2014年7月，安钢获得能源管理体系认证，能源管理工作实现制度化、程序化、标准化，进入全员参与节能的新阶段。2015年，结合机构调整和职能改变，修订能源和环保管理规章制度和程序文件，加强对能源和环境体系新标准的培训学习，增强了相关工作人员的业务水平；组织各单位开展重点耗能设备能效测试，确保重点耗能设备优化运行，促进能耗指标持续改进，能源和环境管理体系的运行更加高效。

3. 发展循环经济，推进节能减排

作为大型钢铁上市公司，安钢依托科学发展，严格执行国家能源环保法律、法规和产业政策，响应节能减排要求。具体工作包括：①开展发电攻关，优化煤气、蒸汽平衡和动态调配，抓好工序协同，做好发电的监控、分析、总结与考核，改进影响发电的关键因素，提高发电机组运行效率，实施烧结余热发电补汽

和炼钢余热蒸汽调汽工程，详细制定冬季保生产、保采暖、保发电工作方案，余热余能发电量和创效水平创历史新高，节能创效能力进一步提升。②围绕"错峰用电"攻关，各单位根据各自生产特性，制定相应的错峰用电方案，加强功率因数监控管理；积极利用直购电政策开展高效产线直购电工作，成功签订直购电协议，实现直购电政策的利用，切实降低外购电费。

4. 推进节能项目实施，努力打造绿色安钢

秉承绿色节约发展理念，公司全面抓好能源资源管理。编制节能整体规划方案，梳理节能存在的问题，列出项目清单，系统规划，分步实施。公司积极开展发电节电创效工作，充分发挥各机组的发电能力，提升煤气回收效率，提高自发电比例，通过发电、节电、错峰用电，降低外购电费。提高焦化产品、制氧副产品的回收率，以及固体废弃物综合利用水平，钢渣向有型做实、水渣向无型做细，打造循环经济创效线，全面提升循环经济和节能减排水平。

在环保管理方面，实现关口前移、重心下移，严格制定环保工艺参数和操作标准，坚决杜绝不达标排放。强化环境综合治理，抓好主要污染源点，特别是扬尘点的治理，最大限度减少粉尘、烟尘污染。加强环境保护工作监督力度，硬起手腕严考核，实行一票否决制，努力实现"蓝天工程"目标。

2015 年，3 号高炉汽拖鼓风发电机组项目成功投运，高效水泵改造已完成，65MW 高温超高压煤气发电和 30 万立方米高炉煤气柜、8 万立方米转炉煤气柜、4 号 23500 制氧机项目正在加快建设。7 号、8 号焦炉上升管余热回收，9 号、10 号焦炉烟道气余热回收，空压站节能改造，污水处理厂二期工程，高炉 INBA 水采暖改造等项目均在按期推进，这些项目的实施将实现中低温余热资源回收利用的技术突破，增节能创效的空间。

（九）节能减排

2015 年，安钢与市政府签订责任目标，主动治理污染，当年完成焦炉地面除尘站及装煤、出焦过程集尘设施改造；完善防尘网和自动喷洒设施，有效控制粉尘排放，实现稳定达标运行，保证减排效果。安钢全年没有环境违法和环境违规处罚，未发生应披露而未披露的重大环境事件。在过去的一年中，公司固体废物全部得到综合利用及有效处置。冶炼废渣、含铁尘泥、氧化铁皮等含铁工业废物综合利用率 100%，在钢铁行业处于领先水平；工业固体废弃物处置率 100%；工业用水重复利用率达到 97.59%；危险废物的处置达到国家法规要求。

2015 年实现了重大环境污染事故为零；生产经营符合国家法律法规要求，全年无环境违法事件；污染物排放达到国家和地方排放标准，主要污染物排放量满足政府节能减排要求和总量控制指标；冶金渣、含铁尘泥等工业固体废弃物综合利用率 100%。

（十）责任管理

1. 建设企业文化，促进企业发展

通过企业文化建设，有效地提升企业经营管理水平和企业市场竞争力。具体来说：①提升了战略目标的凝聚力。坚持用先进理念及安钢精神、愿景目标凝聚职工，增强信心，鼓舞斗志，把培育人、塑造人、发展人作为企业发展的依托，依靠职工办企业，坚持让职工共享发展成果，促进企业和谐，增强企业凝聚力。②提升经营管理水平。增强文化管理自觉，促进各级管理人员用"大钢意识"和先进文化审视、反思管理工作，推进制度管理与文化管理相结合，有力提升了企业管理水平。③提升职工的精神风貌。坚持以人为本、文化育人，丰富职工的精神世界，增强广大干部职工对企业的使命、愿景和价值理念的认同感，把个人发展与企业发展有机结合起来，激发职工发展安钢、奉献安钢的良好精神状态。④提升安钢的品牌形象。在"优良立品、诚信树牌"、"创精品、树品牌"的理念指引下，品种质量不断提高，形成了一批代表安钢形象的拳头产品。

2. 突发事故应对情况

安钢应急管理工作按照"以人为本，安全第一；统一领导，属地为主；科学施救，规范管理；预防为主，平战结合"的原则，坚持事故应急与事故预防相结合，做好事故预防、预测、预警和预报工作。①建立了由综合应急预案、主要风险专项应急预案和重点现场应急处置方案组成的事故应急救援预案体系。②建立了由公司领导、各职能部门和所属各单位安全生产事故应急救援组织机构、指挥机构、应急支持保障队伍、救援队伍和基层生产单位构成，由应急救援领导组办公室、抢险救灾组、警戒保卫组、医疗救护组、环境监测组、后勤供应组、善后处置组、技术组为保障的应急救援组织体系。③安钢保卫部门是公司专业应急救援组织，有专业应急救援人员 48 人，配备消防车 5 部，应急通信设备 8 台，大型救援装备 7 台，人员防护装备 45 件等，能够处置火灾、煤气泄漏等生产安全事故，各单位设有兼职应急救援组织。安钢职工总医院是公司专职应急医疗机构，是三级甲等医院，配备救护车 3 台，应急医疗人员 300 余人，可以及时、有效地处理各类人身伤害，派驻各单位保健站配合处置和医治各类病情。

2015 年，落实了《安全生产法》及配套《企业安全生产责任体系五落实五到位规定》等法规要求，重点开展的安全生产工作有：①以"三线两点"为重点，推进重大风险 140 个，按照"管业务必须管安全"的原则，督促各单位落实重大风险预控责任，查改重大风险、一般安全隐患 137 项。②坚持问题导向，开展事故回头管理。各层级领导梳理问题清单 127 个，修改完善两级安全制度 486 项，修改岗位安全规程 820 条，进一步强化了安全基础管理。③党政同责，全面开展隐患排查整改，提升作业安全环境，开展"三查三保"等活动，查改一般安全隐患 7000 余项。④抓好危险作业、相关方风险管控，确保检修、技改项目安全推进，全年 455 项公司级危险作业安全实施。⑤开展"安全之星"劳动竞赛活动，全年表彰岗位"安全之星"901 人次，营造了浓厚的安全文化氛围。⑥依法合规，完成了 723 台套特种设备定期检验、1700 余人次"三项岗位"人员安全资格培训、全员年度安全再培训等，做到安全责任到位、安全投入到位、安全培训到位、安全管理到位、应急救援到位。

三、加强企业社会责任的对策建议

作为国有上市公司，既要对股东收益负责，又要对员工及相关利益者和社会负责。经济效益是承担社会责任的坚实基础，面对巨额亏损，如何加强和提高公司的社会责任，成为安钢要面临的问题和挑战。因此，在未来的经营管理过程中，为了更好地履行企业社会责任，安钢应该从以下几个方面着手。

（一）深入挖掘潜力，提高公司效益

企业作为以营利为目的的社会经济组织，营利性是其重要属性。安钢作为国有上市公司，减少亏损，增加利润，既是对股东负责，也是对社会负责。

1. 积极改革创新，提高企业整体运营效率

创新是一种精神，一种能力，更是可持续发展的一种动力。企业要想实现可持续健康发展，就必须进行管理创新、机制创新、技术创新和文化创新。面对巨大的经营压力，安钢必须树立创新求生的经营思想，以创新寻求突破，提高企业整体运营效率。在创新的过程中，要树立精益理念。

以精益理念为指导，以规范管理、堵塞漏洞、消除浪费、提升效能为抓手，系统实施精益管理，开展"6S"管理，全面推进基础管理上台阶。①要以精益生产带动基础管理，修订完善各项规章制度，建立标准化、规范化管理体系，提升生产经营管理水平；②要突出重点单位和重点环节，围绕制约降本增效的突出问题,组织实施精益管理改进项目,明确改进目标措施,做好项目实施及成果推广;③要组织开展精益产线、精益车间、精益班组创建活动,树立标杆和样板,促进精益管理的全面开展。④要以"6S"管理带动清洁生产,按照整理、整治、清扫、清洁、素养、自检六个要求,提高工作效率,提升职工素养,改进工作品质。

2. 克服和弥补公司劣势和不足,降低企业经营成本

随着中原经济区建设全面推进,新型工业化、城镇化进程不断加快,河南正处于投资拉动上升期,钢铁需求仍然很大。安钢地处中原内陆,既有离消费地近的优势,也有距离铁矿石较远的劣势,相对较高的运输成本始终对安钢造成巨大的压力,一旦钢铁市场需求下滑,这种物流劣势就更加明显。降低成本已经成为安钢企业经营的重要组成部分。2014年,安钢积极推进低成本战略,以降本创效为主线,深化体制机制改革,2014年基本实现盈亏平衡。

在经营管理中,要把降低生铁成本作为铁前系统的中心任务,着力强化基础管理、加强工艺研究、提高操作水平。着力构建保障高炉长期稳定、顺行、低成本的管理机制,坚持一体化运作,坚持"经济料方针",不断优化价效评价体系,强化采购、生产、技术、操作与管理的有机融合,实现系统联动、工序协同,持续优化配料、配煤、炉料结构降成本。要主动适应市场价格变化,加大物流降本、库存降本工作力度,合理控制采购节奏,严控铁矿石、煤炭、备品备件等各类物资库存,减少资金占用,规避经营风险。通过降成本,企业经营效益已经有所回升,2016年上半年,已经初步扭亏。

此外,人员负担是安钢的一项重要开支,安钢有在岗职工2.56万人,第三产业员工8000人,内退和退休职工达2.4万余人。而与安钢同样生产规模的台湾中钢,仅有5000~6000名员工。安钢每年需要支付的工资和社保金共计20多亿元。在钢铁行业去产能的背景下,降低人员开支已经成为钢铁企业提高竞争力的有效手段。

3. 加快项目建设,提高投入产出效率

在项目建设方面,安钢有历史的经验和教训。因此要坚持"量力而行、量入为出"的原则,把握好项目投资的时间和进度,提高项目产出效率。坚持走合作发展的路子,加大引资力度,重点推进节能环保、转型升级和产业链延伸项目的建设。要加强能源环保管理,加大厂区环境综合治理,加强环保设备的点检、维护和运行管理,提升环保设施运行质量,持续优化能源结构,充分挖掘节能降本潜力。

4. 尝试探索重组机遇和可能性

在过去的一年中，我国钢铁生产消费量均呈下降趋势。2015年，全国粗钢产量8.04亿吨，同比下降2.3%，近30年来首次下降。国内粗钢消费7亿吨，同比下降5.4%，连续两年下降，降幅扩大1.4个百分点。钢材价格已连续四年下降，2015年跌幅加大，固定资产投资持续下降。而且，随着我国压缩过剩产能的深入，市场竞争将更加激烈。安阳钢铁的经营环境仍将不断恶化。虽然安钢根据市场情况，2015年6月停止重组方案，但是在未来发展中，安钢仍要积极寻求重组机会，从战略层面切实降低经营成本，提高整体运营效率。

（二）加强基础管理，降低风险

钢铁企业生产工序复杂，使用的原燃料及各工序产生的副产品也较多，基础管理就成了辨识企业重大危险源，降低风险事故发生，减少事故对场界外人群伤害、环境质量恶化的有效手段。安钢要尽快建立完善规范有序、科学长效、符合公司实际的专业管理体系，不断增强各项工作的"预知、预测、预防、预控"能力。要加强设备管理，严格落实"三级点检"制度，完善关键设备寿命周期管理，加大对重点设备、重要设施的点检维护，提高设备运行质量。要加强安全管理，深入开展隐患排查治理，强化对重大危险源点的风险管控。

（三）积极开拓市场，提高市场竞争力

1. 通过营销创新加强和维护市场地位

2015年安钢营业收入203亿元，比2014年下降60多亿元。安钢要积极进行营销创新，扩大市场份额，既是维护股东权益的保证，也是提高企业市场竞争力的有效方式。安钢要调整优化市场布局。加强省内重点区域市场、周边省份重点高效品种市场战略布局，加大直供直销力度；扩大与重点用户、重点工程的战略合作，不断拓展销售渠道，扩大市场份额，提升销售创效水平。此外，要大力发展服务型钢铁。建立完善客户服务中心平台，推进实施大客户经理、区域经理模式，建立对重点客户、重点区域市场定期走访制度，培育用户忠诚度和品牌影响力。继续深入推行EVI机制，建立技术型服务团队，实现产业链条延伸，实现与用户共享市场、共赢发展。不断完善产品定价机制、资源分配机制，着力打造以市场为导向、以用户为中心的高效营销体系。

2. 继续产品创新，提升产品质量水平

第一，要大力开拓高强焊丝（AGER60/69）市场，目前特别是要做好产业

链销售，以争取更大的市场份额和更好的效益。第二，弹簧钢系列重点开发铁路扣件钢材、加大力度开发汽车悬架簧用，争取更大的市场份额和更好的效益。第三，重点做好胶管、帘线钢的配套研发和质量稳定工作，在稳定 C72DA/C78DB 质量的前提下，抓紧开发配套品种 LX70A 和 C82DA，争取更大的市场份额和更好的效益。第四，合金冷镦钢系列重点开发高级别的合金冷镦钢市场。第五，圆环链系列重点开发高级别 AG70L/AG90L/AG100L 等高效品种，以质量稳定为前提，以效益最大化为目的，等等。

3. 加强整合营销传播，努力塑造"安钢"品牌

安钢正在努力打造"**安钢**ANGANG"、"🅐"、"YA"等若干具有安钢特色的钢铁和服务品牌。在这个过程中：①既要建设品牌，又要加强品牌管理。在品牌建设的过程中，要通过各种质量认证，提高企业产品质量的社会认可度，拿到进入市场的通行证。②积极参与各种产业内评比活动，提高产业认知度。③要运用各种社会资源维护产品和品牌的市场秩序。企业在配合协同公安、质监等执法部门开展产品专项打假工作和专项行动的同时，可以采用"大市场营销"的思想，通过行政权力，推行优质化工程。比如，在建设领域，通过优质化工程检查或建设，倒逼建设企业不再购买假冒"安钢"牌钢材。

（四）加强环保建设，推进绿色循环发展

中国钢铁业协会提出了钢铁工业"十三五"绿色发展路线图，就是系统集成烧结生产工序节能减排技术，系统集成烟气干法净化与余热余压综合利用技术，系统集成冶金渣处理利用与过程中余热利用技术，通过干熄焦、高炉干法除尘、转炉干法除尘"三干"技术，实现能源高效转移和利用、水资源高效与循环利用、铁资源高效与循环利用的"三利用"，对污染进行高效处理与无害化处理，实现废渣脱锌、废水脱盐、废气脱硫。自环保部华北督察中心对安阳钢铁集团公司提出整改要求以来，安钢提出牢固树立"环保优先、清洁生产"的理念，向污染宣战，坚决做到不环保不生产，全面提升安钢环保水平，打造绿色企业。为此，安钢多措并举，源头控制，遏制烟粉尘污染，取消了露天煤场。但是"清洁生产"仍然任重道远。2016 年 4 月，河南公布省辖市城市环境空气质量排名，安阳倒数第一。

因此，安钢要继续加强绿色环保投入，淘汰落后产能，提高能源和水资源利用效率，加大研发投入，提高自主创新，以实际行动践行"环保优先、清洁生

产"，提高企业自身市场竞争力。

（五）适时增加企业社会慈善支出

慈善是企业社会责任的一部分，企业做慈善不分体制和大小，践行社会责任、开展社会公益慈善活动应成为企业的一种习惯和常态。"一个企业就是一个放大的个人，我们每个人对社会的责任就是修德，以善德回报。"具体包括：一是合法经营，二是善待员工，三是慈善义举。安钢严格遵守国家法律法规，维护职工合法权益，但是近几年慈善公益支出一直较小，2014 年仅有 1.1 万元，2015年对外捐赠 1.2 万元。企业应在企业盈利水平好转的过程中，不断加大公益支出，尽力参与慈善和公益活动。

河南神火煤电股份有限公司2015年 企业社会责任研究报告

一、企业概况

河南神火煤电股份有限公司（以下简称"神火股份"）一直坚持"为股东创造价值、为员工提供平台、与合作者互利双赢、为社会承担责任"的共赢理念，认真贯彻落实科学发展观，努力实现企业与社会、环境的全面协调可持续发展。公司在提升自身竞争力、追求经济效益的同时，诚信对待和保护其他利益相关者，尤其是股东、债权人、员工、客户等的合法权益，注重企业社会责任的履行以及企业社会价值的实现，不断提高产品质量和服务效率，努力推进环境保护、资源节约建设，积极参与社会公益事业，以自身发展影响和带动地方经济的振兴。2015年，面对复杂严峻的经济形势，公司董事会带领全体员工深化变革，积极进取，各项工作扎实推进，公司发展态势健康稳定。

神火股份是经河南省人民政府豫股批字［1998］第28号文件批准，由河南神火集团有限公司等五家企业共同发起设立，于1998年8月31日在河南省工商行政管理局依法登记注册的股份有限公司。经中国证券监督管理委员会证监发行字［1999］78号文件批准，公司于1999年8月公开发行人民币普通股7000万股股票，并在深圳证券交易所上市。

公司自成立以来，始终做到依法经营，积极履行社会责任，使企业获得了无形而有力的竞争资源和品牌优势，公司规模得以快速扩张。目前，公司已由成立之初单一的煤炭业务发展成为煤电铝材贸一体化经营的综合性公司，控股子公司由上市之初的一家增加到目前的78家，总资产由上市之初的10.33亿元增加到2015年底的504.37亿元，年均增长27.51%。公司逐步建立和完善了产权清晰、权责明确、政企分开、管理科学的现代企业制度，在规范运作、安全生产、经营管理、诚信建设等方面取得了长足的进步。

二、公司履行社会责任情况

(一) 法律道德

2015 年，公司在生产经营活动中，认真遵守国家法律、法规，依法经营，未发生违法乱纪行为。公司的发展战略已考虑应尽的社会责任。

1. 公司的核心经营战略充分考虑了应尽的社会责任

公司目前的发展战略：巩固煤炭产业，夯实铝电产业，大力发展铝精深加工，积极探索通过股权、资产结构的优化调整实现产业转型升级的有效路径，寻求新能源、煤炭清洁利用、环保、高端智能制造、金融投资等新的投资机会，加快培育新的效益增长点，努力通过产业升级、业务转型和资产整合等措施，提高发展质量和效益，提升整体竞争能力，实现企业的持续、健康发展。为保证经营战略符合有关法律、法规要求，并能够得到有效执行，公司会根据经营外部环境的变化合理制定战略规划的调整。2015 年，公司遇到成立以来前所未有的困难，两大主营产业煤炭和电解铝均出现严重亏损。面对异常严峻的经营形势，公司果断采取"战危机、渡难关"系列举措，保持了公司正常生产运营。

2. 积极预防腐败

公司反对腐败，倡导并践行健康的商业价值伦理，公司的发展规划和行动始终与社会的主流方向一致。为保证公司长期、健康、有序发展，公司设有监察部门，建立了良好的控制环境，反舞弊机制健全，以防止舞弊现象发生。

3. 大力发展循环经济

公司正在积极打造煤电铝材一体化产业链，大力发展循环经济，在形成协同效应的同时，实现资源节约，减少环境污染。

4. 税收贡献

公司秉承诚信经营与稳健发展并行，积极履行依法纳税的责任和义务。连续多年被评为诚信纳税大户，为河南省特别是商丘市、永城市、许昌市的经济发展做出了较大贡献。2015 年，受整体宏观经济疲软、产能严重过剩等因素影响，公司遇到成立以来前所未有的困难，两大主营产业煤炭和电解铝均出现严重亏损，在经营形势十分严峻的形势下，公司上缴各类税费达 10.24 亿元，比 2014 年的 15.71 亿元减少 34.82%。

(二) 质量安全

公司重视产品质量和生产安全管理，建立了相应的制度，始终坚持提供合格产品。通过了相关的产品质量认证。

1. 重视产品质量和服务

公司视产品质量为生命。报告期内,公司没有出现过严重的产品质量事件。在激烈的市场竞争中,公司始终按照 ISO9001 质量标准对产品质量进行严格把关,对售后发现存在质量缺陷的产品,公司及时进行召回。依靠过硬的产品质量和良好的企业信誉,公司煤炭产品和铝产品在用户中保持了良好的信誉度和美誉度,巩固了公司的"永成"和"如固"品牌。

2. 严抓安全生产

2015 年,全年实现了零工亡目标,特别是煤炭业务板块在开采条件日益恶化的情况下,实现了无重伤及以上安全事故发生。铝电业务板块安全形势持续向好,连续四年轻伤以上事故为零。新疆神火煤电有限公司克服新单位、新人员、新设备等不利因素,实现了安全无事故。在公司经营形势异常严峻和减员降薪职工思想波动的情况下,各子分公司高度重视安全生产,始终坚持"零容忍、零工亡、零伤害"的安全理念,牢固树立"安全就是效益"、"保安全就是保生存"的思想,坚持把安全生产作为做好一切工作的前提和基础。

2015 年初,在充分调研的基础上,结合产业结构特点,制定下发了安全一号文件《公司 2015 年安全工作意见》,对全年安全管理工作的指导思想、工作目标、主要措施及考核办法等进行了详细的规定。依据新《安全生产法》的有关要求以及公司安全生产工作面临的新形势、新要求,组织各子分公司对各自现行的安全生产规章制度、应急预案等进行一次认真梳理,健全完善了与新《安全生产法》相适应的企业安全管理制度,确保各项制度科学合理,做到安全生产有章可循。

通过深入开展"零三违"区队班组创建活动,大力推进安全质量标准化建设和安全风险预控管理体系建设,实施"两述一检"等有效的安全管理方式方法,夯实了安全管理基础。强化了责任落实,实行月度安全生产风险抵押,加大了安全事故惩处力度。以"抓好大系统、治理大隐患、防范大事故"为重点,持续深入开展了隐患排查治理和安全生产攻坚,消除了安全隐患,切断了事故根源。

3. 通过了相关的产品质量认证

公司主要产业的生产经营管理均通过了 ISO9001 质量管理体系认证。

4. 明确了安全生产事故（险情）处理的程序与责任人

公司立足科学发展、安全发展，坚持"零容忍、零工亡"的安全理念，为应对突发事故或危及，根据《安全生产法》、《安全生产许可条例》等法律、法规的有关规定，公司编制了《安全生产事故（险情）应急救援预案》，加强安全生产事故（险情）应急救援工作，并成立了以董事长为组长的安全生产事故（险情）应急救援工作领导组，确立了应对突发事故或危机处理的责任人。

（三）科技创新

1. 高度重视科技与管理创新，加大研发的投入

公司加大了科技创新的力度，2015 年公司科技创新成果丰硕。公司成立了学习创新工作室，其作用凸显，全年有 416 项创新成果及八项国家发明专利，新庄矿"张平创新工作室"和薛湖矿"员工创新工作室"被河南省总工会命名为河南省示范性劳模（技能人才）创新工作室。

煤炭业务板块全年共完成各类大小创新项目 800 余个。其中，新庄矿完成的"极近距离煤层采空区下沿空留巷新工艺"项目，解决了采空区下沿空留巷操作困难等诸多问题，具有重大的经济效益和安全效益，是国内行业首个极近距离煤层采空区下沿空留巷的成功范例；梁北矿进一步创新完善大采高开采技术，实现了 330 米的 11071 工作面的安全回采、回撤，在省内行业中首次成功安装使用了工作高度达 6.2 米的大采高支架，在 241 米长的 11101 采面实现了不留底煤回采，多回收煤炭资源 6.81 万吨，这一大采高开采技术，走在了全国同行业的前列；泉店矿大倾角仰采技术成功实施，填补了国内同行业在该技术领域的空白。铝电业务板块完成科技创新项目 680 余个，特别是"铝电解槽低电压高效节能技术改造"项目，已通过国家发改委项目清算。

2. 创新成果及发明专利情况

2015 年，公司刘河选煤厂"可实现连续给料的块煤防破碎装置"获得国家专利等。公司现有专利情况如表 1 所示。

表 1　公司现有专利情况

序号	专利名称	专利号	拥有单位
1	自动精炼装置	ZL 2011 2 0240639.9	河南神火铝材有限公司
2	铝合金铸轧机用铸嘴	ZL 2011 2 0421946.7	河南神火铝材有限公司

续表

序号	专利名称	专利号	拥有单位
3	铸轧生产铝液双级自动控流装置	ZL 2012 2 0745069.3	商丘阳光铝材有限公司
4	人工助卷器	ZL 2012 2 0745349.4	商丘阳光铝材有限公司
5	冷轧机换辊小车传动装置	ZL 2012 2 0745307.0	商丘阳光铝材有限公司
6	测氢仪便携保管箱	ZL 2012 2 0744800.0	商丘阳光铝材有限公司
7	一种新型搅拌叶	ZL 2012 2 0662148.8	河南神火新材料有限公司
8	一种氢氧化铝生产用碳分蒸发母液化碱装置	ZL 2012 20655869.6	河南神火新材料有限公司
9	斜板式块煤入仓防破碎装置	ZL 2012 1 0000303.4	河南神火煤电股份有限公司
10	粗煤泥分选溢流矿浆高效精确脱泥工艺方法	ZL 2012 1 0111222	河南神火煤电股份有限公司
11	可实现连续给料的块煤防破碎装置	ZL 2015 2 0074889.8	河南神火煤电股份有限公司

3. 公司重视技术成果的转化和推广应用

公司将先进研发成果积极转化为生产力，带动行业健康发展并有利于其他企业研发水平的提升。薛湖矿薛金华技术工作室，连续四年创新达52项，其中48项被推广应用，一项技术成果获得国家发明专利，年创效近千万元。产生了显著的经济、社会效益和广阔的推广应用前景。

（四）诚实守信

1. 认真履行信息披露义务

首先，公司在运营活动中始终为利益相关方提供真实合法的产品和信息。公司一贯坚持公开、公平、公正的披露原则和高质量的信息披露理念，严格按照有关法律法规，积极履行信息披露义务，确保信息披露的真实性、准确性、完整性、及时性和公平性，不断提高信息披露标准和质量。

其次，公司具有完善的信息沟通和披露机制。能够及时向利益相关方披露公司运营相关的、对利益相关方的决策具有重要影响的信息，主动与利益相关方进行多种形式的沟通。公司认真按照深圳证券交易所的要求和有关法律法规，对应该披露的重大事项及时发布临时公告，使广大投资者能够及时、准确地获得重要信息，从而降低投资风险。2015年，公司严格按照相关要求编制并在指定媒体上详细披露了2014年报告，2015年第一季度报告、半年度报告和第三季度报告等定期报告及其他临时公告，全年共发布公告55次，涉及定期报告、"三会"决议、对外担保等重大事项，充分保障了社会公众和大中小股东的知情权，不存在选择性信息披露情况。

2. 坚持诚信经营与公平交易

公司自成立以来，一直秉承诚信经营与稳健发展并行，在商业活动中坚持公平交易，抵制欺诈行为。

3. 尊重和保护知识产权

公司注重知识产权管理和保护，与公司员工签订了《保密协议》，采取有效措施加强企业商业秘密、专利等知识产权管理和保护。

4. 主动签署诚信公约

公司以身作则，主动签署河南上市公司协会倡导的诚信公约，并积极参加每年的诚信公约阳光行活动，为社会诚信经营环境的提升而不断努力。

5. 倡导健康的商业道德价值并提供公平交易机会

公司自成立以来，一直秉承诚信经营与稳健发展并行，能够在供应链中倡导健康的商业道德价值，为供应链的上、下游企业提供公平交易机会。

（五）消费者权益

1. 始终坚持为消费者提供优质、合格的产品

公司在生产经营过程中，始终坚持质量第一、用户满意第一的宗旨，从严从细制定产品质量管理制度，建立了完善的质量管理体系，并狠抓制度的落实到位，将质量意识化为全体员工的自觉行动。

公司本部生产的煤炭属于特低硫、特低磷、中低灰分、高发热量的优质无烟煤，是冶金、电力、化工的首选洁净燃料。禹州地区梁北煤矿生产的贫瘦煤粘结指数比较高，可以作为主焦煤的配煤使用，具有良好的市场需求。公司"永成"牌无烟煤市场销售旺盛，是国内冶金企业高炉喷吹用精煤的主要供应商之一。近年来公司注重调整煤炭产品结构，延长产品结构链条，实现产品的不断升级，提高产品的附加值。公司利用自产洗精煤生产的铸造型焦可取代铸造行业广泛应用的冶金焦炭，能提高炉温200℃~300℃，增加铁水流畅性，减少铸件的残次率，提高铸件质量，具有巨大的市场潜力。公司铝锭/铝液产品质量较好，纯度达99.7%以上，产品合格率一直保持100%。2003年公司"如固"牌铝锭在伦敦金属交易所（LME）注册成功。优良的产品质量和品牌影响力为公司产品保持市场竞争地位奠定了基础。

2. 坚持公平营销和积极履行合同义务

公司制定了《合同管理规定》，规定公司订立经济合同，必须遵守国家法律

法规，贯彻平等互利、协商一致、等价有偿原则。公司积极强化市场维护和开发措施，坚持紧跟市场、优化市场的原则，努力把握市场规律，全方位提升营销水平。

3. 建立完善的售后服务体系，优化客户关系

公司主要产品煤炭、电解铝为大宗商品，属于基础原材料产业，消费者主要为大型工业加工企业。公司与客户发生业务往来时，均按照销售合同约定及时交付产品或支付款项，未发生过违约行为。当客户对产品质量提出异议时，公司销售部门及时将客户投诉书传递至生产单位，生产单位质量管理人员根据客户提供的资料判断，并以《业务联系单》形式对问题进行分析，提出整改措施，返回给销售部门，由销售人员与客户协商解决。

为提高客户服务质量，公司销售部门定期以电话、信函、传真等方式对客户开展满意度调查，出具《客户服务调查报告》。公司销售部门根据需要对客户进行回访，并形成回访记录，以了解产品使用情况，征求客户意见或建议，通过了解客户对公司产品和销售服务的要求，预测客户未来需求，加强与客户的合作伙伴关系建设。

针对市场低迷、产品价格大幅下降等不利因素，公司科学研判市场，坚持适当让利，强化市场维护和市场开发，采取阶段性激励措施，以稳定大客户、巩固老客户并拓展新市场，进一步提高了营销工作水平。同时，优化客户结构，实行区域化管理，加大经济半径内销量，节约了运输费用，提高了经济效益。物资供应坚持阳光采购，规范采购渠道，优化供应商结构，做到货比多家、比质比价、集中采购、清理了中间商和代理商，减少了中间环节。通过科学预测价格走势，创新采购模式，低价位时增量采购，有效降低了物资采购成本。

（六）股东权益

1. 积极维护股东和债权人利益

首先，公司在取得自身发展的同时，十分重视对投资者的合理回报，牢固树立了回报股东的理念，与投资者共享成长收益。上市以来，公司累计向股东派送现金股息20.29亿元，实实在在地给股东以厚报。公司一贯认为，广大投资者看好企业，给予投资，支持了企业的快速发展；企业发展了，不忘投资者，给投资者回报是企业责无旁贷的义务和责任。只有实实在在地回报股东，才能得到股东的再投资，把企业做优做强。由于公司所属煤炭、电解铝行业均属于产能过剩行业，公司出现了成立以来的最严重亏损，根据《公司法》、《公司章程》规定的

利润分配政策，综合考虑公司资金状况和长远发展需要等因素，公司董事会拟定的利润分配预案为 2015 年不进行现金分红。

其次，公司注重对小股东权益的保护与救济。公司是深圳证券交易所第一家采取网络投票与现场投票相结合方式召开股东大会的上市公司，此后的历次股东大会均采取了网络投票与现场投票相结合的方式。公司坚持从股东角度出发，严格按照相关规定，选择合适的时间、地点召开股东大会，并按照相关规定要求及时通知股东，切实有效地保护了中小股东的合法权益。2015 年公司以现场会议投票与网络投票相结合的方式召开了 2014 年股东大会、2015 年第一次临时股东大会、2015 年第二次临时股东大会。

最后，公司一贯坚持诚信、稳健的经营原则，通过建立健全资产管理和资金使用制度，保障资产和资金安全，加强资金预算管理和财务风险控制，充分遵守信贷合作商业规则，最大化降低和化解经营风险，确保公司资金、资产安全，从而切实保障债权人合法权益。为保护债权人的合法权益不受侵害，在不违反信息披露原则的前提下，公司及时向债权人通报与其债权相关的公司重大信息，并在必要时配合债权人了解公司有关财务、经营、管理等情况。公司实施积极稳健的财务政策，与各存贷款银行及金融机构保持着良好的合作关系，诚实守信、合法合规。报告期内，公司未发生任何损害债权人利益的情形。

2. 进一步完善公司法人治理结构

按照《公司法》、《证券法》及中国证监会等证券监管部门的相关要求，结合公司实际，不断完善公司治理结构，提升公司治理水平。公司建立了符合现代企业制度要求的治理结构，建立健全了各项规章制度，明确了股东大会、董事会、监事会和经理层在决策、执行、监督等各个方面的职责权限、程序以及应履行的义务，形成了权力机构、决策机构、监督机构和经营机构科学分工、各尽其责、有效制衡的治理结构，确保充分履行各自职责，有效地发挥作用，保证了公司治理的合法和高效运行，有利于保障股东和债权人的合法权益。

报告期内，公司股东大会、董事会及监事会的召开、审议均严格履行相关程序，没有出现违规担保、关联方非经营性资金占用等情况，公司及公司相关人员没有因违规运作遭受监管部门处罚的情况。

3. 加强投资者关系管理

公司一贯重视投资者关系管理工作，为促进投资者和潜在投资者对公司的了解，维护公司良好的市场形象，除日常接听投资者电话咨询外，2015 年通过投资者关系互动平台实时解答投资者咨询149条，接待机构投资者实地来访调研七次。2015年5月14日，通过深圳证券信息有限公司提供的网上平台采取网络远程的方式举行了2014年业绩说明会暨投资者网上集体接待日活动。2015年5月23～24日配合财达证券商丘营业部、中原证券永城营业部分别在商丘帝景北苑小区、永城时代广场小区成功举办了由河南证监局主办和河南上市公司协会承办的2015年第三期"投资者教育进社区活动"。2015年11月19日，组织参加了河南上市公司协会"河南上市公司诚信公约煤电钢铁企业阳光行"活动。通过以上措施，使投资者更全面地了解公司经营状况，提高了公司透明度，加深了投资者对公司的了解和认同。

（七）员工权益

1. 依法保护员工的合法权益

首先，公司按照《劳动法》、《劳动合同法》等法律法规，依法保护员工的合法权益，建立了完善的员工权益保障体系，保障员工各方面的合法权益。

其次，公司制定健全的反对歧视制度，生育期间享有福利保障，薪酬公平，休假制度健全。公司坚持按劳分配原则，实行就业机会平等和同工同酬制度，对性别、年龄、疾病、种族、宗教信仰等没有歧视政策。员工依法享有带薪年休假、探亲假、婚丧假、产假等假期，员工加班和假期工资待遇按照国家有关政策和公司制度执行。

最后，公司与所有在册员工均签署了劳动合同书，各分、子公司在员工培训、劳动保护、请假、休假等方面均制定了适合其自身实际的管理办法。2015年，公司不存在拖欠、克扣工资等损害员工权益的现象。

2. 积极开展工会活动，实施员工素质教育工程

公司依托各级工会，始终将维护员工合法权益作为公司的重点工作，积极完善服务手段，创造有利条件，想职工所想，帮职工所需，解职工所难，关心、爱护、体贴职工的冷暖，真心实意为员工办好事。工会围绕企业发展主题，继续开展"创建学习型企业，争当知识型职工"、"四争二创"、"五小创新"等活动，鼓励职工读书自学、岗位成才。通过技术比武、首席员工评选活动，激发广大员工学技练兵的积极性。

3. 强化专项培训，锤炼专业人才队伍

为提高员工队伍的整体素质，公司培训中心在充分调查研究的基础上，科学制定了员工培训计划，切实增强了培训工作的针对性、前瞻性和实效性。2015

年，公司组织煤矿主要负责人、安全生产管理人员共 350 人次到河南工程学院、河南理工大学参加安全资格证培训复训；按计划组织科队级安管人员培训班 11 期，810 人次参培；举办特种作业人员、班组长培、复训班 64 期，培、复训特种作业人员 2152 人次、班组长 719 人次。指导各矿厂进行一般工种培训工作，统一培训档案格式，共组织 8000 余人次，并办理了一般工种证书。另外，做好各类专项培训工作，同时做好对各区域公司安全培训工作的监督指导工作，实现持证上岗率 100%。在 2014 年工作的基础上，明确要求科级管理人员也要走上讲台，2015 年 1～10 月，公司各矿厂累计组织干部上讲台活动 200 余次，培训员工近万人次，形成了"人人都是培训师，干部都要上讲台"的工作理念，广大管理干部通过上讲台活动，既当"管理员"又当"教练员"，在培训职工的同时，自身能力也得到明显提升。为提高活动效果，系统组织了对各子、分公司培训管理人员和内训师的专项培训，聘请经验丰富的国内资深培训专家来公司授课；举办内训师讲课大赛活动，120 余名选手经五轮选拔决出了一等奖三人，旁听人员 600 余人次。组织培训经验交流报告会 12 场次，与会人员 2100 人次。2015 年 4 月 17 日、29 日邀请国家级"智囊"举办经济形势报告会，参培 330 余人次，提高了各级管理人员对于经济形势的认识水平。

4. 注重保护员工的职业健康

公司注重保护员工的职业健康，主要产业的生产经营管理通过了 OHSMS18001 职业安全健康管理体系认证。公司严格执行《女职工劳动保护特别规定》等有关女职工劳动保护管理办法的各项条款，关心爱护女职工身心健康，积极开展了纪念"三八"国际妇女节活动，丰富女职工文化生活。

5. 抓创建塑文化，注重维护和谐劳动关系

首先，公司注重维护和谐劳动关系，不存在各种形式的强迫劳动、童工劳动现象。其次，抓创建塑文化，惠及民生，促进和谐。顺利通过了全国文明单位验收，连续九年保持这一殊荣，企业文化建设也走在了全省和全国煤炭系统前列。开展了道德模范评选表彰，开通了文明创建微信视窗，举办了"道德讲堂"、"最美神火人"评选等系列活动。新庄矿被全国总工会授予全国"模范职工小家"和"全国职工书屋示范点"荣誉。在全国、全省煤炭行业职业技能竞赛中都取得了好的名次，树立了"神火好形象"。

6. 积极创造就业机会

公司主营业务为煤炭、发电（自发自用）、氧化铝、铝产品的生产、加工和

销售。作为劳动密集型行业，公司积极创造就业机会，截至 2015 年底，公司在职员工为 29512 人，其中，大学本科及以上学历 2798 人，占公司员工总数的 9.48%。

（八）能源环境

1. 高度重视环境保护工作

首先，公司在 2015 年的生产经营中，严格执行国家环境保护法律法规，不断强化环境保护宣传和教育，深入持续开展清洁生产和循环经济工作，扎实推进生产经营活动绿色低碳和可持续发展，认真履行企业的社会责任，积极主动减少废物排放，从生产源头狠抓污染预防和控制措施，引进高效、节能、环保的设备和生产线，坚持使用清洁的能源和洁净的原辅材料，"绿色生产，绿色营销，倡导绿色消费"成为公司发展的主线。引导并创造可持续性消费。平时重视加强对环保设施的管理和维护，保证环保设施的正常运转。2016 年，未发生环保方面的违法、违规行为，未发生环境损害责任事故，未受到环境保护损害责任行政处罚。公司所属各分、子公司环保设施运行情况良好，按要求有计划地完成了公司废水、废气及噪声的环境保护监测工作。污染物达标排放，无非法排污现象。

其次，公司高度重视环境保护工作，2015 年，公司完善了环保管理机构与人员，同时，按照新修订的《环境保护法》要求，完善各项规章制度，逐步建立环保管理正常运行的机制，注重对公司生产过程中有毒、有害排放物的治理，避免造成环境污染。2016 年，注重做好环保设施操作人员业务培训工作。公司环保设施配备完善，运行正常，没有发生任何环境污染事件。

再次，公司坚持环保预防性原则，制定了环境保护的具体措施，并切实履行环境保护职责。为了在环境污染事故发生后能及时予以控制，预防事故蔓延，有效地组织抢险和救助，公司建立了环境应急工作组，制定了环境污染事故应急预案，通过对突发环境事件及其预警、应急响应进行分级，制定应急程序、应急处置措施和后期处置措施。

最后，公司积极培养和倡导员工的环境保护意识，致力于生产环保型产品或服务。公司积极对员工进行环保法律、法规教育和宣传，提高员工的环保意识，加强对环保设施的管理和维护，保证环保设施的正常运转，做好环保设施操作人员业务培训工作。同时，公司正在积极打造煤电铝材贸运一体化产业链，大力发展循环经济，积极开发利用可再生资源，实现清洁生产，使公司经济活动尽量减少对周围环境的污染。

2. 节能减排

（1）注重节能降耗减排，积极发展循环经济。为了使能源管理工作具有科学性、经常性及可操作性，根据国家的有关能源政策法规和公司实际用能情况，通过精巧的制度设计，完善企业各项管理制度，制定了有关节能降耗目标和指标制度管理体系，完善了企业经济运行考核制度，增加资源存量、资源能源消耗量、单位资源产出率、清洁生产水平等考核指标，把节能降耗纳入干部政绩考核体系；完善了企业科技管理制度和科技创新奖励制度，把开展节能降耗核心技术研究放在了优先位置，鼓励进行节能、节水、节电技术和装备研究，形成了有利于发展节能降耗的自主创新能力的激励机制；还进一步完善了能源管理规章制度，主要包括能源计量管理实施细则、计量检查制度、计量记录制度、设备的管理和检修制度、能源统计报表制度、能源管理岗位责任制及考核评比与奖惩制度等。

（2）积极采取措施提高资源利用率。公司各分、子公司积极采取措施提高资源利用率，加大超标废水的治理力度，安装废水处理系统，使污水达标排放。矿井水根据使用功能进行处理并在家里利用，使之资源化；洗煤厂用水实现闭路循环；使用环保节能型锅炉，利用余热采暖，减少二氧化硫排量；使用和配置高效除尘设备，加强炉渣回收利用率，回收的炉渣供给砖厂再利用。

（3）提升全员的节能减排和环保意识。公司通过举办节能宣传周、节能政策专题会、悬挂标语、组织观看节能知识专题片等活动，大力开展节能减排宣传，深入宣传贯彻节能减排的法律、法规、政策以及上级的相关文件精神，紧紧围绕企业节能减排的重点、难点，广泛开展群众性的节能减排合理化建议活动，提高了全体员工的能源忧患意识、节约意识和环境意识，调动了全体员工参与节能减排工作的积极性、主动性，增强了建设资源节约型和环境友好型企业的责任感、紧迫感、使命感，在全公司范围内营造了浓厚的节能减排氛围。

（4）重视节能减排工作。公司所属各单位根据年度节能技术升级改造情况，安排了专门资金用于节能技术进步工作。全公司完成1530余项科技创新项目，其中包括极近距离煤层采空区下沿空留巷新工艺、大采高开采技术、大倾角仰采技术、可实现连续给料的块煤防破碎装置、铝电解槽低电压高效节能技术改造等重点项目。公司每年定期组织对科技创新项目进行评审，并对评出项目按照规定进行奖励；同时，鼓励进行节能技术研发，组织人员进行科技攻关。煤炭业务板块强化机电设备购置、工程项目管控及用电环节管控，节约资金近7700万元。

新疆业务板块加大对外协调力度，免交并网力调费 2183 万元，免交高可靠性供电费 6300 万元。

（5）节能减排有较显著的成效。2015 年作为"十二五"节能减排工作的收官之年，公司以中共十八大及十八届三中全会精神为指导，全面贯彻科学发展观和资源节约的基本国策，积极响应国家节能减排号召，严格落实省、市节能减排工作要求，转变经济增长方式、调整经济结构、加快技术进步，大力推进重点节能项目实施，强化节能目标管理，提高终端用能效率，节能减排工作取得了明显的成效，单位产品单耗及产值能耗明显下降。2015 年实现节能量 20874.48 吨标准煤，完成了年度节能目标。

3. 可持续发展

为了保持公司的持续健康发展，公司制定了发展战略。近年来，随着公司的不断发展，在河南具有一定的行业地位和竞争优势。①煤炭行业：公司本部位于我国六大无烟煤生产基地之一的永城矿区，主要生产低硫、低磷、中低灰分、高发热量的优质无烟煤。公司 2015 年生产煤炭 776.95 万吨，位列河南省第四位，是我国无烟煤主要生产企业之一。②电解铝行业：公司为河南电解铝五大骨干企业之一，2015 年生产铝产品 117.11 万吨，位列河南省第一位。

公司的竞争优势体现在：第一，政策支持优势。河南省政府明确公司控股股东神火集团为河南省重点支持发展的煤炭和铝加工企业集团，具备对外兼并重组，快速发展壮大的平台。第二，煤电铝材一体化经营优势。公司已形成比较完善的煤电铝材产业链，用低热值的混煤矸石及洗选出来的煤泥、洗中煤等劣质煤炭发电，把廉价的劣质煤炭资源转化为电能，并供给公司铝产业生产原铝，再通过对原铝的深加工生产铝合金及铝材产品，可以有效降低主导产品的生产成本，实现资源的充分利用和优势互补。第三，产品优势。公司永城矿区生产的煤炭属于低硫、低磷、中低灰分、高发热量的优质无烟煤，是冶金、电力、化工的首选洁净燃料，公司"永成"牌无烟煤有较好的市场基础，是国内冶金企业高炉喷吹用精煤的主要供应商之一。许昌矿区梁北煤矿生产的贫瘦煤粘结指数比较高，可以作为主焦煤的配煤使用，具有良好的市场需求。近年来公司注重调整煤炭产品结构，延长产品结构链条，实现产品的不断升级，提高产品的附加值。公司利用自产洗精煤生产的铸造型焦可取代铸造行业广泛应用的冶金焦炭，能提高炉温 200℃~300℃，增加铁水流畅性，减少铸件的残次率，提高铸件质量，具有巨大的市场潜力。公司铝锭产品质量较好，纯度达 99.7% 以上。第四，区位优势。公司地处苏、鲁、豫、皖四省交界的永城市，地下矿藏丰富，绝大部分为低硫、低磷、中低灰分、高发热量的优质无烟煤。同时，公司紧邻工业发达且严重缺煤的华东地区，煤炭市场需求空间广阔。公司在产煤矿主要位于河南省永城市、禹州市、许昌市和新密市。河南地处中原，交通便利，铁路、公路线四通八达。其中，永城市毗邻商丘市，商丘市是京九铁路和陇海铁路的交会处；禹州市紧邻郑州市，新郑市和新密市属郑州市管辖，郑州市是京广铁路和陇海铁路的交会处；许昌市往东与永登高速、107国道及京珠高速公路相连，往西与郑尧高速相连；公司有铁路专用线与京沪线相连。优越的地理位置、发达的铁路线路，使得公司煤炭运输成本低于其他内陆省份。便利的交通运输条件可以降低公司煤炭产品和铝产品的总成本，增加公司的经济效益。

公司形成了较强的可持续发展意识。公司在战略的可持续、生产的可持续、盈利的可持续及环保的可持续等方面的表现如下：

（1）积极参与行业兼并重组。整合优势资源，增强企业发展后劲。国家未来要进一步推动煤炭、电解铝等行业的兼并重组，对跨行业、跨地区兼并重组的企业，优先考虑能源供应和运力保障，并在项目核准、土地、信贷等方面予以支持。河南省政府明确发行人控股股东神火集团为河南省重点支持发展的煤炭和铝加工企业集团，神火集团煤炭、铝加工业务均已注入公司，因此公司成为对外兼并重组的实施主体，具备对外兼并重组，快速发展壮大的平台。有关行业政策和宏观环境有利于公司参与国内煤炭、电解铝产业整合重组，增加煤炭资源和铝土矿资源，迅速扩大企业规模，增强企业发展后劲。

（2）打造煤电铝材一体化产业链，形成协同效应。公司已初步形成煤电铝材业务一体化产业链：用低热值的混煤矸石及洗选出来的煤泥、洗中煤等劣质煤炭内供发电，把劣质煤炭资源转化为电能，并供给铝产业生产，再通过对电解铝的深加工生产铝硅钛合金等产品，可以有效降低主导产品的生产成本，形成协同效应。

（3）积极实施产业战略西移，优化产业区域布局。加快煤电铝产业战略西移步伐，公司新疆项目已建成投产，充分利用新疆地区的能源优势，把公司的项目优势转换为经济优势、发展优势。

（4）在对环境和资源的利用上强调并实施可持续发展的战略。公司致力于实现煤炭绿色开采和电力、冶金等低碳生产，为创建资源节约型、环境友好型社会做贡献；打造煤、电、铝、材一体化经营，产业特色鲜明、效益突出、国内一流的大型企业集团。

（九）和谐社会

1. 构建和谐社会

（1）同政府机构、行业协会保持良好的关系。随着公司经营规模不断扩大，分、子公司分布在永城、商丘、许昌、郑州、鲁山、汝州、沁阳及新疆昌吉、吉木萨尔等地。作为地方国资控股的上市公司，公司与商丘市政府、企业所在地政府及监管部门、行业协会均保持着良好关系。

（2）公平竞争，自觉履行社会责任。公司在经营活动中牢固树立信用意识，能够自觉遵守诚实信用和公平竞争原则，塑造企业社会信誉，自觉履行社会责任。

（3）积极发挥辐射作用。作为上市公司和地方龙头企业，公司的一举一动备受市场各方和地方关注，公司积极履行社会责任，能够有效带动更多成员积极履行社会责任，发挥辐射作用。

2. 积极从事慈善活动

2015年，公司力所能及地开展慈善捐赠，并有科学安排，具有持续性。深入开展"送健康送温暖"活动，春节期间对851户工伤及困难职工进行了慰问，为他们送去了米、面、油等生活用品，发放慰问金80余万元。为566名困难职工发放困难救助金108万元。继续开展金秋助学活动，为236户困难职工子女发放助学金90万元；2015年将94名患大病的困难职工情况上报商丘市总工会，获得救助金24.6万元，2014年底上级工会又为公司235名困难职工送去了每人400元共计9.4万元的补助金。

3. 积极传播慈善理念和公益文化

公司在持续较快发展的同时，始终不忘回报社会。在维护公司和股东利益的同时，积极参加各类社会公益活动，2015年，公司继续组织开展"学雷锋、树新风"、"情暖三月、情系基层"青年志愿者服务、"我身边的雷锋"主题教育实践等活动，公司上下形成了学雷锋、做好事、讲奉献的浓厚氛围。公司团委经常组织青年志愿者走进社区，为社区人员送图书、送娱乐设施、义务修电器，春节期间义务写春联，受到社会各界好评。

4. 通过教育提升等方式改善职工和当地居民生活条件

公司在加强培训、提高职工技能、开展慈善捐赠、改善困难职工生活的同时，通过子公司河南神火光明房地产有限公司在永城本部开发建设神火城市花园、神火雅苑、神火城市春天项目，在商丘开发建设铭锦天下项目、在禹州开发建设新龙华庭项目、在新疆吉木萨尔县开发建设永乐项目、在新疆阜康市开发建设神火豫苑项目，大力改善公司职工和当地居民生活条件。

（十）责任管理

1. 构建了具有社会责任感的企业文化

公司的企业文化理念包括企业精神、核心理念、管理理念、市场理念、质量理念、环境理念、安全理念等。

（1）企业精神：团结奋进、光大神火。

（2）核心理念：以人为本、持续发展。

（3）管理理念：诚信、卓越、严谨、创新。

（4）市场理念：抢抓机遇、占领市场。

（5）质量理念：质量是企业的生命。

（6）环境理念：创建好环境、生活在其中。

（7）安全理念：零容忍、零工亡。

2. 建立了针对突发事件的积极有效的应急处置机制

为加强突发事件应急管理，建立快速反应和应急处置机制，最大限度地降低突发事件造成的影响和损失，维护公司正常的生产经营秩序和企业稳定，保护投资者的合法权益，促进和谐企业建设，根据《中华人民共和国安全生产法》、《中华人民共和国公司法》、《国家安全生产事故灾难应急预案》、《生产经营单位安全生产事故应急预案编制导则》等有关法律、法规规定，公司制定了《突发事件应急预案》。

3. 维护良好的公众形象

公司目前尚无社会责任缺失事件。

三、建议

近年来，公司在履行社会责任方面做了一系列积极的工作，也取得了一定成绩，但是社会责任履行状况与《深圳证券交易所上市公司社会责任指引》等法规的相关要求仍存在一定的差距，尚待进一步改进，主要有以下几个方面：

第一，公司还需长期自觉坚持履行社会责任的理念和义务，在生产经营过程中不断加强和创新社会责任的履行方式，更好地履行社会责任。

第二，虽然公司已经构建了具有社会责任感的企业文化，但企业文化理念尚

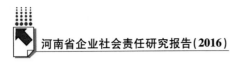
需进一步使公司职工"内化于心、外化于行"，即应努力做到让"企业文化理念落地生根"。

第三，公司目前未设置独立的社会责任管理机构，也没有专职人员负责具体的企业社会责任实施工作。

第四，企业社会责任监督管理体系尚需进一步完善。未来尚需加大对股东（特别是中小股东）、债权人、消费者和职工合法权益的保护，需要更为积极地保护环境和积极参与社会公益事业。

神马实业股份有限公司2015年企业社会责任研究报告

一、公司概况

神马实业股份有限公司（以下简称"神马股份"）成立于1993年，原为中国神马集团有限责任公司，前身为1981年成立的平顶山锦纶帘子布厂，是河南省首家在上交所挂牌交易的上市公司，总部坐落在河南省平顶山市建设路63号，现有资产总额81.98亿元，员工6630人，是中国首家生产尼龙66工业丝、帘子布的现代化企业，主营业务是制造橡胶轮胎的优质骨架材料，主导产品为尼龙66工业丝、帘子布、切片的生产与销售，其中，尼龙66工业丝为中国名牌产品。尼龙66工业丝及帘子布行业已经进入了成熟期，主要受国内外宏观经济波动的影响，下游主要受轮胎、汽车以及采矿业等行业影响较大，近年来仍保持增长的态势。公司尼龙66工业丝、帘子布产能规模全球第一。随着我国化纤、机械、电子、仪器、仪表等领域的发展，为尼龙66切片的发展提供了很好的空间。根据中国工程塑料工业协会的市场调研报告，我国的工程塑料正以年均增长率为25%的速度迅速增长。公司尼龙66切片产品在国内市场广受好评，畅销东南亚及欧美十几个国家和地区，成为中国聚酰胺行业的领军企业，居亚洲第一、世界第四位。公司于1994年在上海证券交易所挂牌上市，是河南省首家在上交所挂牌交易的上市公司。神马股份主要参股公司有：平顶山神马帘子布发展有限公司、神马博列麦（平顶山）气囊丝制造有限公司、平顶山神马工程塑料有限责任公司、博列麦神马气囊丝贸易（上海）有限公司以及河南神马尼龙化工有限公司。①

---

① 该组织架构参照神马实业股份有限公司2015年报告中披露的关于公司报告期内主营业务及子公司变更情况。

神马股份主要生产技术和装备从国外引进，拥有世界一流的先进生产工艺、一流的质检和实验设备。神马牌工业丝先后荣获"中国名牌"、"河南省出口名牌"产品称号，"神马"牌帘子布荣获全国"质量万里行荣誉奖牌"，神马牌纤维级聚酰胺切片获"河南省名牌产品"称号。公司先后获得"国家一级企业"、"全国企业管理优秀奖——金马奖"、"全国科技进步奖"等50多项荣誉称号。与此同时，公司始终坚持科技创新和自主研发。为实现企业的可持续发展，提升企业的核心竞争力，公司先后建立了国家级技术中心、博士后科研工作站，并与国内著名的一流高校和科研院所建立战略合作关系，承担了国家863等重要研发项目10余项，负责六项产品的国家、行业标准制定；其中，神马自主研发的尼龙66高强超低收缩中低旦丝填补了国内空白。在以"质量"和"创新"为导向的发展战略下，神马尼龙66工业丝在全球同类产品中所占市场份额，以及国内同类产品总供应量占比，均处于行业领先水平。神马股份已成为世界轮胎巨头米其林、普列司通、固特异等公司的全球战略供应商，产品行销全球30多个国家和地区，并与40余家世界500强企业建立了合作、贸易关系，在世界相关行业中享有较高声誉。截至2015年底，公司是全球规模最大的尼龙66工业丝及帘子布生产厂家，占据了全球近25%、国内80%的市场份额；公司拥有总资产约81亿元，净资产约23亿元，2015年营业收入808899万元；实现利润总额7113万元；实现归属于上市公司股东的净利润6313万元。[①]

二、公司履行社会责任情况

企业的成立、利润的获得乃至自身的发展，除了股东投资这一必不可少的要素之外，同样离不开政治局势的稳定、社会良好的治安、员工辛勤的工作、对自然资源的利用等其他因素。这些其他因素是企业得以发展的重要环节，它们的形成，同样需要付出社会成本。企业作为社会发展的主体之一，必须通过透明的、有道德的行为对其决策及活动给社会、环境带来的影响承担起相应的责任，这包括与可持续发展和社会福祉相一致；考虑利益相关方的期望；符合相关法律并与国际行为准则相一致；融入整个社会组织活动。企业社会责任观念的发生和逐渐成为有远见企业的自觉意识，反映出竞争观念的变化，也反映出企业作为社会一员的事实逐渐被意识到，由此衍生出思考作为社会的一员该怎样与社会和谐，从

---

① 资料来源：神马实业股份有限公司2015年报告。

而更好地生存和发展。因此，履行社会责任是企业发展的应有之义。

　　神马股份作为行业骨干企业，始终秉持"忠诚事业、追求更好"的社会责任理念，将承担社会责任作为立身之本，长期致力于企业与社会的和谐发展，坚持创立一个企业、带动一方经济、服务一方人民、融入一种文化。2015年，神马股份在进一步健全社会责任领导机构的基础上，围绕实施节能减排和实现绿色循环低碳发展两大主线，大力发展循环经济和生态经济，努力建设资源节约型、环境友好型企业，促进经济效益、环境效益和社会效益的协调统一，积极构建符合行业特征且具有本企业特色的社会责任体系。

　　神马股份根据自身现状及企业社会责任理念制定了2016~2018年的三年社会责任战略规划的阶段目标，如表1所示。

表1　神马股份2016~2018年社会责任战略规划的阶段目标

	目标
2016年 企业社会责任 突破年	确立体系，重点突破 在2015年明确社会责任战略、建立社会责任框架的基础上，将全面社会责任管理理念融入公司运营的每一个环节。重点突破在化学纤维制造业的优秀地位，成为国内化学纤维制造业社会责任建设优秀企业
2017年 企业社会责任 提升年	总结经验，全面提升 总结公司企业社会责任建设经验，全面提升公司的履责能力，积极参与国内外的社会责任活动，成为国内社会责任建设的优秀企业
2018年 企业社会责任 示范年	责任传播，创建示范 公司将在价值链上传播和推动社会责任，与利益相关方形成共同治理机制，成为社会责任建设示范基地，树立中国化学纤维制造业企业社会责任标杆形象

　　神马股份将在以后严格执行本战略规划，本规划是公司未来三年社会责任建设工作的纲领性文件和前进蓝图。将社会责任目标、建设方针以及三年发展规划转化为可执行、可衡量的具体行动。通过落实三年规划措施，把"责任与幸福同行"的社会责任理念传达下去，使社会责任工作与公司各部门的业务有机结合起来，达到规范公司社会责任行为，提升公司社会责任管理水平的目的。

（一）法律道德

　　神马股份高度重视公司经营管理的合法合规性，在"遵纪守法、诚信经营"

的理念下，公司积极构建内部管理与外部监督有效互动的企业守法合规体系，致力于将公司的每一位员工都纳入企业守法合规的内部管控体系中。

公司的核心经营战略也充分考虑了应尽的社会责任，并将社会责任纳入核心经营战略规划中：一是公司自 2015 年起，逐步按照 ISO26000 社会责任指南，建立社会责任管理制度，旨在把社会责任议题与公司各项专业制度相融合，并通过责任讲解、数据搜集、指标填报等培训，带动管理层和员工共同学习和理解企业社会责任的理念和要求，在实践中进一步完善和落实具体规划和管理办法；二是将社会责任工作融入企业发展战略和日常生产经营中，在下属子公司同时启动社会责任报告发布工作，通过宣传、教育、培训、考核等方式，培养下属子公司的社会责任意识，将神马股份的社会责任观普及到每一个子公司，真正落实到每一个人；三是建立 CSR 管理指标体系，该体系涉及 3 级、6 项、124 个指标，其中包括 13 个具有本企业特色的指标，27 个具有行业特色的指标，84 个通用指标。该指标体系既是神马股份实施社会责任工作的初步成果，也是衡量社会责任实施进展的重要参数。通过对指标的采集、分类和分析，及时了解企业在履行社会责任方面的具体体现，为未来企业社会责任的规划和发展奠定基础。

此外，神马股份高度重视和倡导践行健康的商业价值伦理，确保公司的发展规划和行动始终与社会的主流方向保持一致。2015 年，公司认真贯彻落实中央纪委对国有企业领导人提出的廉洁自律要求，把反腐倡廉纳入公司党委学习、培训之中，多次开展领导人员廉洁从业教育，并设立公司综合处，全面负责对公司及分支机构的经营管理行为进行实时监控、风险评估和合规性检查；通过完善制度建设，坚持标本兼治，对特殊岗位、特殊人员的从业情况进行真实记录，设置预防商业贿赂工作举报箱、公布举报电话等具体措施，从源头和系统上加强预防和治理腐败，对在检查过程中发现的问题及时进行反馈和整改。

（二）质量安全

神马股份一直重视产品质量和产品质量管理体系的建设，致力于不断提高产品质量和管理水平。2015 年，面对严峻的市场形势和日益激烈的竞争态势，公司坚持市场导向，量化、细化基础管理，加大管控考核力度，生产经营各项工作扎实有序推进，科技研发和项目建设进展顺利，主导产品基本实现满产满销，实现归属于上市公司股东的净利润 6313 万元，与上年同期相比增加 4.29%。[①]

---

① 资料来源：神马实业股份有限公司 2015 年度报告。

2015 年公司主要做了以下工作：

1. 夯实安全基础，实现稳定运行

加强安全教育，尤其是加大对新建项目、关键岗位、重要岗位"应知应会基础知识"的培训力度，将培训结果纳入月度安全考核。加大安全警示教育力度，深刻吸取漳州 PX 项目"4·6"爆炸重大事故、天津港"8·12"火灾事故等教训，各单位做到了引以为戒、举一反三，事故防范能力进一步提升。全面加强设备、工艺、操作、应急演练等方面的安全基础管理工作，确保了生产运行各环节始终处于良好状态。开展事故应急演练等活动，加大专业化安全检查力度，对电器仪表、压力容器、消防和危化品存储等进行专项检查，找准病因，严抓整改。

2. 及时统筹产供销，充分发挥产能

根据主导产品的市场需求差异，充分利用每天的生产经营例会，统筹协调产供销方面的各种问题，科学安排组织生产，降低了生产运营成本，提升了市场竞争力。在主导产品市场形势不断恶化的情况下，实施"保订单、保市场、保客户、保资金、保运营"的营销策略，千方百计稳定主导产品的产销规模。

3. 推进精益化管理，持续节能降耗

将精益理念贯穿到采购、生产、物流等各个领域，从产量、质量、安全、工艺、新产品研发、设备技改等方面入手，全面推进精益化管理。加强库存管理，各单位对备品备件、产成品等库存物资进行科学分类，及时处理无效库存，有效地降低了库存资金占压风险。加大技术改造力度，持续节能降耗。公司将汽暖改为水暖，2015 年节约蒸汽 2.92 万吨，节约费用 526 万元。工程塑料公司用自有热油富余热量代替外购中压蒸汽对三厂浓缩槽进行加热，同时将生产排出蒸汽回收，再次用于生产加热；对塑料一厂进行蒸汽发生器改造，改变了热源外购的局面，实现了蒸汽自给。

4. 加强成本管理，全力降本增效

强化"过紧日子"思想，将成本管理从生产耗费环节向前向后延伸，扩展到工艺优化、装置开停车、原材料优化、人力分配、考核激励等各个环节，实施全系统、全过程成本控制，主导产品的加工成本明显下降。

5. 加强质量管理，提升质量水平

牢固树立"质量就是生命"的意识，强化质量和工艺管理，加强质量改进和质量攻关，不断提高产品质量，主导产品质量指标均达到并保持了历史最好水平。公司积极开展产品危害风险评估和预防工作，开展安全现状评价，100% 对

公司生产的产品健康和安全风险进行评估，并针对每一样产品制作化学品安全技术说明书（MSDS）。除了公司内部严格的质量管理和检测外，公司定期委外进行产品检测，确保产品安全合规。

6. 设计绿色产品保健康

公司注重在产品设计过程中充分考虑环境保护，减少资源能源消耗，关注可持续发展；产品生产过程中从源头把握原材料采购，使用更环保的原材料，注重产品安全性，产品成分中不含对人体有害物质，尽可能使产品具有重复使用性能和循环再生性能。在产品成分、结构、性能等设计上融入绿色概念，提高企业的管理水平和技术创新水平，节约资源能源，减少污染物排放，提高产品质量，降低对环境和人体的负面影响。

7. 注重科技研发，确保各种工作取得进展

尼龙 66 纤维用高分子聚合新型添加剂开发，2015 年进行了两次在线试验。该项目已完成捻织、浸胶试验，捻织、浸胶过程稳定，浸胶布检测结果达到优等产品标准。尼龙 66 工业丝多头纺项目已取得突破性进展，大部分指标已达到客户要求。注塑级尼龙 66 树脂质量持续改进的研究与应用，制定了工艺优化配方试验方案。

（三）科技创新

面对严峻的市场形势和日益激烈的竞争态势，神马股份从改善产品品质、提升竞争力入手，加快产品结构调整，努力打造高品质差异化产品，积极应对激烈的市场竞争。2015 年，公司的研发投入为 6089 万元，比 2014 年增长 1647 万元，保持逐年增长趋势。[①] 与此同时，公司十分重视技术服务创新，先后下发了《关于印发〈神马股份所属及托管公司科研项目工资补助及考核办法〉的通知》、《关于发布工艺技术、装备和管理升级项目的通知》等文件，对科技创新工资做出具体部署，从制度上予以保障，并且每年都针对技术服务创新项目进行评级和奖励。2015 年，公司完成的主要研发项目包括：

1. 渐变筘开发与应用研究

（1）目标：通过使用合适的渐变筘使不同规格浸胶帘子布布边、布中经密达到均匀一致，提高帘布经密一致性和浸胶布外观质量。

（2）进展：开发出中间密、两边稀的分段式渐变筘，使织造出的帘子布布

---

① 资料来源：神马实业股份有限公司 2015 年度报告。

边、布中经密达到均匀一致状态，提高浸胶布外观质量，满足高端客户的要求；解决了困扰浸胶帘子布生产的边密问题，实现了浸胶布因边密原因的零投诉、零抱怨。

2. 新型纺丝箱技术的开发及应用

（1）目标：开发应用新型纺丝箱，解决因设计原因造成的尼龙 66 工业丝生产线使用的纺丝箱因供料不足造成的原丝纤度低的问题。

（2）进展：新型纺丝箱密闭性好，清洗方便无死角，更换更加方便。新结构的细旦丝纺丝箱已经成功应用，使用效果良好，完全满足工艺生产的需要。

3. 橡胶基国产芳纶 II 复合材料成型关键技术研究

（1）目标：以突破国产芳纶 II 复合材料制备关键技术为重点，实现国产芳纶 II 及其复合材料在交通、能源、国防领域的规模化应用。

（2）进展：项目组通过一系列试验，研究了国产芳纶 II 织物制备技术以及国产芳纶 II 织物与橡胶复合材料结构优化技术、界面黏合技术。基于上述研究，成功试制出 1250 型国产芳纶帆布带芯，开发出大型输送带用国产芳纶 II 帆布/橡胶复合材料，实现在大型强力输送带、耐高温输送带等典型制件中的应用示范。

4. 原丝质量一致性攻关

（1）目标：减小原丝厂不同系列之间的原丝物性、质量差异，提高一致性。

（2）进展：本项目 2015 年已完成。通过对不同系列的卷绕工艺进行优化，各系列聚合物黏度 CPK、工业丝物性 CPK 均达到 1.33 的目标值。系列间工业丝差异减小，提高了原丝厂不同系列之间的原丝物性、质量的一致性。

2015 年，公司共开发高附加值特制新产品 26 个品种，其中四个品种已实现批量化生产，客户认可率 100%；研发新型聚合添加剂配方及添加工艺技术，工业丝吨丝成本可降低近 200 元；纺丝增速实验取得新进展，单锭产能可提高 18%；科技创新成效显著，全年获得两项发明专利和七项实用新型专利授权；《超高强工业丝、浸胶帘子布技术装备和工艺开发》及《无疵点浸胶帘子布生产技术研究与应用》两个研发课题填补了国内同行业技术空白，并通过省级成果鉴定。[①]

（四）诚实守信

神马股份注重建立和完善信息沟通和披露机制，除严格遵循《上市公司信息

---

① 资料来源：神马实业股份有限公司 2015 年度报告。

披露管理办法》及时发布定期报告和临时报告外，公司还结合本公司的实际情况，专门制定了《神马实业股份有限公司信息披露管理办法》，及时向利益相关方披露公司运营相关的、对利益相关方的决策具有重要影响的信息，主动与利益相关方进行多种形式的沟通。神马股份秉持诚信和道德的经营态度对待公司所有客户、供应商、竞争对手、员工及其他利益相关方，禁止任何形式的不诚信原则和行为。公司制定了规范商业道德的行为准则，禁止回扣、贿赂、贪污、非法支付等行为；并成立了道德委员会，对市场营销的监督、监察实施透明化工作。

此外，神马股份也十分重视对供应链进行社会责任评估和调查，具体表现在四个方面：一是供应链安全稳定性评价、对 A 类物资年度质量体系审核，实现供应链的安全稳定，排除政治因素、自然灾害、运输风险等原材料暴涨能力的影响，确保生产质量的连续稳定。二是对供应商进行年度资质评定时，在评定过程中对供应商施加影响，确保其在环境保护方面达到有效运行，敦促其建立 ISO14001 和 OHSAS18001 体系，并结合自身条件及能力认真执行。三是在供货合同的条款里，除对物资名称、规格型号、质量标准、质量纠纷、交货期等做明文规定外，还对其执行国家法律、法规、安全、环保方面进行明确规定，只与经过相关部门鉴定有资质的供应商签订合同。四是在责任采购方面，神马股份分国产和进口两种采购途径：进口物资由国际贸易有限公司负责采购；国产物资由神马帘子布公司负责，其中，一般性物资（B、C 类物资）严格按照《国内物资采购程序》（Q/ZSS. G12. 001 - 2013）执行。

（五）消费者权益

长期以来，神马股份秉承以客户为中心的服务理念，把改善与客户的关系，提升客户满意度作为提高企业竞争力的出发点和落脚点。一方面，积极培育以客户为中心的经营行为，实施以客户为中心的服务流程，通过提高产品性能、建立客户数据库、增强客户服务、提升客户满意度，与客户建立起长期、稳定、相互信任的亲密关系；另一方面，采取经营管理业绩报告、公司网站、客户见面会、客户满意度调查、客户投诉专线、客户走访等多种渠道，倾听客户需求，与客户沟通，对客户进行产品和服务知识的普及，做好售后服务。

为准确和充分掌握顾客的需求，特别是客户对产品的满意度，神马股份建立并实施了《顾客满意的测量、分析、评价程序》（Q/ZSS. G11. 005 - 2013），严格依据程序进行调查，确定影响客户满意度的关键因素，测量顾客满意度水平，对存在的问题及时分析和解决；同时，进一步发掘客户的潜在需求，发现提升服务质量的机会，坚持为客户提供优质、合格的产品，提升客户满意度和忠诚度。2015 年，公司的产品合格率达 99% 以上，且连续四年保持在这一水平。

在保护消费者权益方面，神马股份始终坚持公平营销，致力于为客户提供真正公正的信息和公平的合同行为。公司反对任何形式的不正当竞争，严格遵守国家反不正当竞争、反垄断相关法规和商业道德，鼓励公平竞争，自觉维护公平市场竞争环境，不采取掠夺性定价、不正当交叉补贴、诋毁同行业、倾销和垄断等经营策略，积极促进市场经济的健康发展。神马股份连续多年被评为 AAA 级信用单位，合同履约率一直保持在 100% 的水平上。

（六）股东权益

神马股份严格按照《公司法》、《证券法》、《上市公司治理准则》等有关法律、法规的规定运作。公司制定了《股东大会议事规则》、《董事会议事规则》、《监事会议事规则》、《经营班子规则细则》等制度，三会运作比较规范。公司独立董事严格按照《关于在上市公司建立独立董事制度的指导意见》等有关规定，充分认真履行自己的职责。依据证监会的"三分开、五独立"的要求，公司已实现了独立运作，并及时、准确、公平地披露公司经营业绩及其他相关信息，确保所有股东平等地获取信息，且决策最大限度地体现股东意志。

公司十分重视投资者关系管理工作。一方面，为保证投资者关系管理工作的规范化、程序化和科学化，公司专门制定了《神马实业股份有限公司投资者关系管理办法》，以确保公司投资者关系管理工作的开展有据可依；另一方面，为切实加强投资者关系管理工作，公司成立了证券与投资者关系管理部，任命董事会秘书为部门的主要负责人，董事长为第一责任人。公司委派专人通过电话咨询、信函回复、网上交流、券商基金机构实地调研等方式，与各类投资者进行沟通和交流，在严格遵守信息披露制度的前提下，与各类投资者保持良性互动，并积极处理来自监管部门、新闻媒体和广大股东对于公司的关注和质询，及时、客观地回复来自资本市场的问询，妥善处理公共关系。

公司根据《企业内部控制基本规范》和《企业内部控制配套指引》等相关要求，建立了一整套内部控制管理制度与风险组织管理体系，纵深开展风险评估工作。同时，根据外部环境变化及业务发展的需求，公司不断补充、修订并完善相关的内部控制制度，理顺并优化相关业务及管理流程。2015 年，公司严格按照企业内部控制规范体系和相关规定的要求，在所有重大方面保持了有效的财务报告内部控制。根据公司非财务报告内部控制重大缺陷认定情况，于内部控制评价报告基准日，公司不存在财务报告内部控制重大缺陷。

（七）员工权益

员工是企业发展的原动力，神马股份视员工为宝贵的财富，极其重视保障员工的权益。公司不仅为员工提供了基本的社会保障和完善的薪酬福利，还致力于加强员工技能和安全方面的培训。同时，公司注重员工民主管理，并通过多种途径关爱员工身心健康，打造良好的工作环境和工作氛围，努力为每位员工的发展提供广阔的舞台，以实现公司和个人的双赢发展。

神马股份坚持"企业发展、职工富裕"的核心理念，积极提供就业岗位，承担起作为国企应承担的责任。2015年职工安全培训3853人次、技能培训4966人次、继续教育546人次、政治理论培训1056人次。全年共开展各类培训班403个，职工培训率达97.6%，一线员工持证上岗率达100%，逐步完善了各种培训工作制度，职工培训效果明显提高。①在用人方面，公司坚持平等雇佣和"公开、公平、公正"的原则，严格按照国家法律法规，开展信息发布、人员甄选、录用审批、入职管理等环节。员工入职后，公司组织人力资源管理部门进行入职培训，宣讲《劳动合同法》、《公司集体合同》等的相关内容，并在"厂务公开栏"、"班组园地"等宣传阵地进行宣传，使广大员工对有关劳动法律获得深入全面的了解。同时，公司通过职工代表大会、员工恳谈会、员工调查表、定期例会、生产调度会、不定期座谈会、OA系统等多种方式，为员工提供表达自己意见或建议的渠道，对于员工提出的劳动争议和建设性建议，予以认真处理和解决，对违反国家劳动法律法规的行为坚决予以纠正。

公司始终坚持将员工的利益放在第一位，严格按照《劳动合同法》、《带薪休假制度》等政策法规，对所有员工缴纳五险一金，包括基本养老保险、基本医疗保险、失业保险、工伤保险、生育保险和住房公积金，并结合公司实际情况，为员工办理其他补充保险，实施员工健康计划，提供工作餐、体检、劳保用品、带薪年休假等福利，并落实员工带薪休假制度，其中，累计工作满1年不满10年的员工，年休假5天；已满10年不满20年的，年休假10天；满20年以上的，年休假15天。神马股份尊重员工的劳动和智力付出，为人才提供有行业竞争力的薪酬。公司根据不同岗位的工作性质，制定了一套专业规范的薪酬体系。员工在入职之初的薪金高于当年当地的最低工资标准，并有完善的职业发展路径，保

---

① 资料来源：神马实业股份有限公司2015年度报告。

持了员工队伍的稳定。其中，员工的经济薪酬与工作表现、资历水平、工作技能、工作年限、工作量、岗位与职务等挂钩；非经济报酬包括为员工创造各种培训机会、职业发展生涯规划、成就感等，旨在提升员工的安全感和归属感；同时，结合员工个人需求，建立了灵活多样的福利制度，在确保内部公平性的前提下，参照外部市场人才价值标准，按照多劳多得的原则，构建公平透明的薪酬制度。

与此同时，公司特别注重保护员工的职业健康和安全，具体做法：一是提供安全的作业环境，保障作业人员人身安全；二是对岗位操作进行全程的安全督导，预防各种事故发生；三是严格配备劳动防护用品，全方位加强劳动防护；四是制定职业病防治制度和职业病防治责任制，每年向职代会报告企业职业病防治规划和落实情况，每季度召开一次职业卫生领导小组工作会议，研究和制定职业病防治规划和方案，落实职业病防治经费及各项防范措施；五是重视员工心理健康，设立员工心理辅导室，将人文关怀和心理疏导有机结合，对员工的压力水平进行即时性监控和干预。此外，公司还积极实施"员工支持计划"，如为员工解决住宿及子女就学等问题提供便利条件，以解决员工的后顾之忧；关心员工身体健康，对员工进行健康投资，采取定期开展体检、组织体育活动、购买商业保险等多项措施。2015 年，公司共筹措专项资金 2000 多万元，慰问职工 4.5 万人次（含节日慰问）；为 210 名患大病的困难职工发放慰问救助金 52 万元；为 92 名特贫职工申请特贫金 22 万元；为 1365 名困难职工子女发放助学金 43 万元。

为保障员工人身自由，公司禁止且不支持任何形式的劳逸或强迫性劳动，确保员工在自愿的基础上参加工作或劳动，并定期调查评估相关规定的实施成效。工会负责"强迫劳动事件"的调查处理工作，确保公司在生产经营过程中的每一个环节合法用工。公司按时、按月、足额支付员工工资，及时支付加班费及各种福利，并规定所有员工均有权利自由建立和解除（终止）劳动关系，保证双方在协商一致、平等自愿的基础上实施上述行为。

神马股份维护女职工的合法权益和特殊权益，认真落实《女职工特殊保护专项集体合同》、《妇女权益保障法》、《女职工劳动保护规定》，落实女职工禁忌劳动和"三期"保护规定。公司关注女职工的身心健康，不仅安排 2400 余名女职工进行了健康体检，并为每名女职工建立了健康档案，还积极开展丰富多彩的活动，如在"三八"妇女节，开展"我感恩、我出彩、我快乐"感恩征文活动，展现出了女职工们的良好精神风貌。同时，公司教育和引导广大女职工积极投身生产实践，不断提高女职工的学习能力、创新能力，不断提高广大女职工的综合素质和竞争力。此外，公司深入实践对女职工的爱心帮扶工程，组织全厂2400多名女职工参加了"女职工特病保险"；开展"六一特别关爱活动"，组织职工为退管中心患大病的女工李静、动力厂职工冯继军女儿焦玉清捐款4万余元；慰问救助11名困难女职工子女，发放救助金2.1万元。

为切实保护员工个人隐私，维护员工信息的主体权益，公司遵循合法、正当、必要的原则，专门建立了员工信息安全管理系统，并制定了"三受限"的要求，即内部接触人员范围受限、保存期限受限、信息披露范围及目的受限，来对员工信息进行分类管理，确保员工在受聘前、受聘中、解聘后个人信息的安全。

（八）能源环境

公司坚持可持续发展战略，实施清洁生产，发展绿色制造，合理利用能源资源，积极节能降耗，促进达标排放，追求与自然、社会的和谐发展，用行动创造更加清洁的环境。

1. 防止污染，严格环保体系

环保是神马股份生存和发展之本，发展绿色循环经济，实现清洁生产是公司实现跨越式发展的根基和方向。神马股份通过推行ISO14001环境管理体系，建立起了公司的综合管理体系，并在公司全面实施。按照综合管理体系的标准和要求，公司决策、经营的各个环节都严格遵循管理体系的程序，同时公司通过"三标一体"建设，即ISO9001质量管理体系认证、ISO14001环境体系认证和OHSAS18001职业健康安全管理体系认证，提高对质量、环境和健康安全的管理水平。

公司建立并完善《质量、环境、职业健康安全管理手册》，对公司质量、环境、职业健康安全程序文件进行汇编，规范公司管理措施和执行措施，对各部门工作下发作业指导书，不断夯实质量、环境和安全生产基础，提高安全管理水平，全力控制各类事故发生，努力创建本质安全型企业，大力推进公司安全生产持续、稳定、健康发展。神马股份定期在国家重点监控企业自行监测及信息公开系统上公布废水、废气和噪声监测结果。2014年和2015年的环保投入基本持平，平均771.44万元，显示出了公司对环保工作的重视。

公司在生产、服务过程中优先考虑采用无污染、少污染、无危害、少危害的生产工艺、生产设备和先进的生产方法等，对照国家淘汰高耗能机电设备目录，有计划逐步淘汰落后高能耗机电设备，大力推进废水循环利用技术。

公司制定了道路扬尘污染防治方案、废气及噪声粉尘控制程序、公司道路交通管理规定、环境污染防治设施监督管理办法等，采用行之有效和积极的措施，严格控制运营生产废水、废气、噪声、废渣的管理和防控，定期检查并填制现场环境检查表，对不符合项定期整改，保证了公司"三废一噪"按国家要求排放。同时委托有资质的机构定期对工厂大气、噪声、周边土壤和地下水进行检测，检测结果合格。

2. 节能降耗，推进绿色制造

公司高度重视发展的环境绩效，注重管理体系建设，积极推进绿色管理，认真贯彻各项标准，在企业的生产经营与服务活动全过程中，进一步落实节约能源和资源、降低消耗、推行清洁生产的措施。在精细化生产的基础上，实现低碳发展，使企业的环境、职业健康安全绩效与经济效益完美结合，为员工谋利益，为社会做贡献。

（1）开展清洁工作。神马股份开展清洁生产，节能、降耗、减污、增效，将节能减排的压力消解在生产全过程中，控制环境污染。神马股份通过创新技术优化流程减少能源消耗，制定了一系列节能减排制度，降低能源资源消耗，同时采取技术创新，减少废物排放，有效提高了生产效率。

根据国家能源工作方针政策和能源管理标准，结合公司生产和物资消耗实际情况，制定了能源、水电管理制度和节水节能绩效考核办法及经济目标责任制等，有效杜绝了浪费现象，提高了能源利用率，实现了废物零排放，促进公司经济、环境的可持续发展。

（2）中水回收利用。公司制定《污水排放管理规定》、《大气污染物排放管理规定》等规章制度，严格控制生产经营过程中产生的废水、废气及固体废弃物。在尼龙66工业丝、帘子布、气囊丝生产中大胆尝试新工艺，采用国内最先进的水处理工艺技术，使二次筛分产生的大量废水经过预沉池、清水池、污水池、净水系统、加药间、干化车间等进行有效处理后循环再利用，真正做到污水零排放。

公司自2009年起实施曝气生物滤池污水处理工艺，该项目于2010年实施完成，每年可减少COD排放量164.25吨，SS排放量114.97吨，氨氮排放量24.63吨，减轻了淮河流域内污染物排放量。

神马股份为合理利用水资源，节约用水，使公司水循环率达到最大化，公司每年对各生产厂单位水耗及环保指标考核，创新水循环利用，平衡管理。公司采用包括中水回用工程，冷凝水回收，水洗水解工段循环冷却水经过动力厂软化水工艺处理后用于生产。

（3）持续节能降耗。神马股份推动高效低排的可持续发展模式，采取多项综合利用措施，从源头削减污染，减少生产过程中污染物的产生和排放，提高资源利用效率。

（4）采用绿色包装。神马股份在包装材料的选择、制造、使用和废弃等生命周期的各个环节都严格遵守环保要求，使用对生态环境和人类健康无害、能重复使用和再生、符合可持续发展要求的包装。神马股份通过开展绿色包装实践不仅减少包装材料的使用，节约资源，也有助于减少二氧化碳排放。公司包装首选纸质可降解可回收的包装材料，采购的可回收包装材料占比达100%；通过适度包装、合理化设计、减量化、可反复周转、材料循环回收再利用和可降解等措施，实现二氧化碳减排。

（5）开展绿色运输。绿色运输不仅可以降低运营成本，更重要的是可以减少能源消耗和降低对环境的污染，是神马股份绿色发展战略的重要一环。神马股份在生产和运输的过程中积极减少碳排放，优化运输方式，实施绿色物流。

在车间内公司采用管道运输和皮带运输作为运输工具，通过直接管道运输；在厂区内逐步淘汰柴油、汽油插车，用电瓶车运输，减少车辆使用和尾气排放，实现厂内清洁运输，减少温室气体排放。神马股份定期对运输方式进行审视，在数据分析基础上合理选择运输工具和运输路线。2015年，公司实施铁路—水运—铁路绿色运输方案，转移部分运输到水运方式，从而减少碳排放，实现绿色物流。

3. 排查温室气体，减缓气候变化

（1）温室气体排查。神马股份将温室气体管理作为企业运营活动的一部分，基于ISO14064国际标准来识别温室气体排放，并采取有效的节能减排行动。持续监测和改进温室气体管理绩效，并通过建立能源管理体系、开展节能项目、引入清洁能源等方式，降低自身碳足迹。

（2）发展绿色办公。公司在所有办公领域开展绿色办公，减少油、电、纸张使用，对可回收的办公用品指定相关公司进行回收，例如，办公过程中产生的各种型号的打印机废旧墨盒、硒鼓。公司公务出行优先选择公用交通工具，低碳出行。增加电话会议、视频会议次数，从而减少出行。会议倡导自带水杯，只提供消毒后反复使用的水杯。公司下发《均衡用电通知》，办公区尽量做到人走灯灭；空调温度设置适中，从而实现办公绿色化。

（3）高效绿色IT。神马股份采取一系列措施减少碳排放，以积极应对和减缓气候变化。公司及各子公司建立信息网络，采用绿色IT措施，减少二氧化碳排放。公司采买具备节能、安全、低污染、低辐射、有利于分解和回收、符合人体工学等多种条件的产品和技术，实现数据中心和办公室硬件的高效管理。

（九）和谐社会

神马股份高度重视厂区附近社区居民的健康和安全，不仅在厂区内外大量种植各种绿色植物，稀释粉尘和气体排放量，而且与地方环保部门等第三方机构联合检测污染物的排放浓度，并将检测结果及时通过有效途径对外披露。同时，不定期邀请附近居民到厂区和生产车间参观，零距离感受公司的降污减排措施，消除居民担忧。公司连续多年实现环境污染零事故，废水、废气、废渣排放符合达标要求。近年来，公司先后对小区投入100多万元，加大小区硬件设施建设力度，不仅加强了小区的绿化、硬化、美化建设，而且成立了社区医疗服务中心。

作为地方龙头企业，神马股份充分发挥辐射作用，带动地方经济发展，积极履行企业社会责任。公司在实施人才多元化战略的前提下，规定招聘时应遵循属地化管理原则，实现当地用人需求优先考虑当地聘用。2015年公司员工本地化雇佣率达100%。与此同时，公司还坚持执行本地化采购政策，从而营造地方良性生态环境，对地方经济发展发挥辐射带动作用。

此外，公司还大力发展志愿者服务活动。对此，公司不仅制定了青年志愿者管理制度，而且还重视加强对青年志愿者进行培训和指导。2014年公司成立的青年志愿者服务队发展到了16支、168人，并成立了爱心志愿者协会。爱心志愿者协会除在学雷锋日、春节等节假日积极组织各项服务活动外，更加注重日常活动的开展，如开展夏季"送清凉，嘱平安"志愿者服务，针对困难职工开展亲情陪伴志愿服务，走进孤儿寄养点、养老院、山区学校，开展扶老助残、帮困解难、便民利民等志愿服务活动。此外，爱心志愿者协会还坚持每周六开展"绿色使者，传递文明"活动，组织志愿者到公园、社区等公共场所"捡拾垃圾"、"倡导绿色环保出行"，或在厂区举办"有奖安全知识问答"、"节约用水用电"等宣传活动。爱心志愿者协会旨在通过引导广大志愿者传播"感恩、善念、包容、快乐"理念，带动神马股份的每一个人自觉遵守法律法规、倡导社会道德风尚，通过开展爱心志愿服务活动，推动社会主义精神文明建设，提高广大职工的整体素质。

（十）责任管理

公司积极履行社会责任意愿结合中国的传统文化，把神马股份社会责任理念形象地提炼为"责任与幸福同行"，希望通过自身积极履行社会责任的实践，为社会创造幸福的生活。

公司内部由纪委负责建立反腐败和反贿赂、反舞弊与举报制度、关联交易决策、资金支付授权审批等制度，形成了公司反腐败反贿赂内部审计工作汇报制度，加强了公司治理和内部控制。作为国有控股上市公司，外部接受国资委、证监会及各级监管机构的领导和监督。公司畅通监督渠道，设置监督举报热线：0375－3921929，维护了公司、股东和员工的合法权益。公司注重诚信宣传，信息披露坚持实质性、平衡性和完整性原则，客观地反映公司正面与负面的表现，让各方对公司的整体业绩做出合理评估。2015 年，神马股份及各子公司全部员工接受了商业道德培训，培训覆盖率达到 100%，通过告密程序报告的事件数量为零。

与此同时，公司高度重视责任沟通，积极就社会责任工作与利益相关方保持交流，进行信息双向传递、接收、分析和反馈。一方面，积极构建公司内部社会责任沟通机制，具体途径包括：在公司网站建立社会责任专栏；定期在公司内部发行《社会责任通讯》；开展社会责任知识交流大会等。另一方面，为了让利益相关方及时了解公司的经营状况和履责能力，同时也为了深入了解利益相关方的诉求，公司制定了外部社会责任沟通机制，主要途径包括：定期发布社会责任报告；召开座谈会，邀请利益相关方参加，积极搜集各方意见建议；邀请利益相关方实地参观考察；公司针对重大项目，征集利益相关方的意见；围绕社会责任指标体系涵盖的内容，开展培训，加强利益相关方对社会责任的理解和落实；通过公司网站发布社会责任报告等。

三、未来推进企业社会责任工作的若干建议

对于正在成长阶段的中国企业而言，企业社会责任的发展与企业自觉履行企业社会责任是一个长期努力的过程。在现实经济生活中，可以说企业是除政府以外当今社会最有力量的组织。那么在落实科学发展观，构建社会主义和谐社会的历史进程，就必须充分重视和发挥企业的重要作用，明确构建和谐社会与企业社会责任的关系，通过强化企业的社会责任，发挥企业在构建和谐社会中的基础作用。这个过程不能仅靠企业自身的觉醒，还需要社会力量不断启发、不断培育以

及社会各种力量的积极参与。对此，针对神马股份 2015 年企业社会责任的履行情况，本部分尝试对其未来可改进的方面提出相关建议。

（一）认清企业社会责任的重要意义

企业必须认识到企业履行社会责任是企业可持续发展的基础，是适应社会发展和经济全球化的需要。从长期来看企业承担社会责任，及时转变企业行为、保护环境、重视劳工和其他利益相关者的权益，坚持履行企业社会责任，有利于为自身提供和谐的外部环境，树立良好的企业形象，吸引优秀的人才，并通过社会的监督来规范自己，改善内部管理，从而提高经济效益，为企业做大、做强打下坚实的社会基础。

首先，企业要加强对企业社会责任的认识和理解，树立长远的发展观，不仅要认识到履行社会责任对企业的长远发展有利，企业履行社会责任是企业可持续发展的基础，是适应社会发展和经济全球化的需要，还要认识到社会责任是企业应尽的义务和责任，是企业必须要做的事情。其次，企业应该认识到，企业社会形象的好坏对企业的发展和经营有着直接的影响。一个不履行社会责任的企业，如制假造假、污染环境和恶性消耗资源等，在经营过程中必然会受到法律和社会的限制和制约。一个有社会责任感的企业其经营活动必然会得到更为有利的市场环境，如消费者的认同、政府和社会组织的支持等，这些都有可能转化为企业发展的资源。最后，要从《公司法》的总则中突出强调企业必须承担的基本社会责任，将企业社会责任纳入法制化、规范化的管理体系中。强化企业社会责任实际上是强化企业的守法行为，使企业在生产经营的过程中严格遵守环境保护、安全生产、职工劳动保障、消费者权益以及市场经济秩序等方面的法律、法规，在遵守国家各项法律的前提下创造利润，为社会做贡献。

（二）利益相关者共同治理

在企业层次上，一方面，要提供使各利益相关者参与公司治理的有效途径；另一方面，面对竞争，企业自身也应从战略层次考虑主动承担社会责任，以获取社会资本。相对于以政府和信息披露、行业协会为主的外部治理，利益相关者参与公司治理以保障自身权益，则是一种内部治理，该方式被赞同是一种立意颇佳的设想。改变企业承担社会责任的现状，必须从企业的治理结构入手，将企业社会责任理念融入企业的治理结构中去。解决问题的关键在于如何实现决策信息的对称，即企业在做出决策时能够充分考虑不同利益相关者的利益要求。

企业可以在决策机构（董事会）和执行机构（管理层）之间设立一个"利

益相关者委员会"作为企业决策的"智囊团"，它由企业众多利益相关者的代表组成。"利益相关者委员会"的主要职能有三个：第一，收集信息，负责收集整理不同利益相关者对企业的要求并将其传达给企业的董事会；第二，传递信息，负责将企业的决策及时地传达给企业的利益相关者；第三，监督执行，通过企业的利益相关者监督企业管理层执行决策的情况，并将其反馈给董事会。因此，在企业治理结构中设立一个"利益相关者委员会"，能够有效地监督企业的决策，保证企业的决策符合大部分利益相关者的利益要求，从而促进企业对社会责任的承担。

（三）加强对履行企业社会责任的信息披露

神马股份应秉持国际标准，根据国家颁布的《中国企业社会责任评价准则》来规范自身的生产经营与管理活动，由专业部门和技术人员监督企业社会责任的实施情况，逐步规范社会责任信息披露的内容与形式，提供统一标准的企业社会责任披露模式。企业可对负责社会责任信息披露的人员进行专业技能培训，一是邀请社会责任信息披露方面的国内外著名专家学者做客企业，对员工工作进行指导；二是对员工进行定期考核，选拔和任用优秀的人才，用知识和文化武装企业人员，提高社会责任信息披露人员的专业技能，因此企业的社会责任信息就能很好地靠社会责任报告来说明，企业也就做到了相对透明，这无论是对企业自身还是外部利益相关者来说都是有利的。

企业有着自身经营的特点，也有着把社会责任融入自身经营活动中的任务，企业的社会责任行为与长远战略规划是紧密相连的。有实践表明，企业社会责任与企业经济利益之间存在着正比关系，企业的信息披露在以后将有利于改善企业社会形象，提高企业竞争优势，也可使企业持续健康地发展。

河南汉威电子股份有限公司 2015 年企业社会责任研究报告

一、公司概况

河南汉威电子股份有限公司（以下简称"汉威电子"）创立于 1998 年，位于郑州国家高新技术产业开发区，是国内最大的气体传感器及仪表制造商，创业板首批上市公司，致力于创造安全、环保、健康、智慧的工作、生活环境，是国家火炬计划重点高新技术企业、河南省百家高成长民营企业、信息化示范企业。公司围绕在北京、上海、广州、深圳、郑州、西安、重庆、沈阳、石家庄、哈尔滨、鞍山、苏州、济南、南京、福州、乌鲁木齐等 30 余个城市设立客户服务中心或分、子公司，构建了全面的网格化客户服务网络。

汉威电子以成为"领先的物联网（IOT）解决方案提供商"为产业愿景，通过多年的内生外延发展，构建了相对完整的物联网（IOT）生态圈，围绕物联网产业，将感知传感器、智能终端、通信技术、云计算和地理信息等物联网技术紧密结合，打造汉威云，建立完整的物联网产业链，结合环保治理、节能技术，以客户价值为导向，为智慧城市、安全生产、环境保护、民生健康提供完善的解决方案。

汉威电子崇尚科技创新，建设了以汉威研究院为核心，涵盖北京、上海、深圳、郑州等地域的研发创新体系，目前已取得国家专利 200 余项，产品通过科技成果鉴定 30 余项，其中多项达到国际国内领先水平。

汉威电子通过多年的努力，截至 2015 年，形成了"传感器＋监测终端＋数据采集＋GIS＋云应用"的系统解决方案，构筑了传感器、智慧城市、智慧环保、智慧安全、智慧消防、智慧公用、健康家居、汉威国际八大核心业务，在所涉及的产业领域里形成了领先的优势。在报告期内，公司实现营业收入 74671.86 万元，较上年同期增长 87.00%；实现利润总额 11948.78 万元，较上年同期增长

79.80%；实现归属于上市公司股东的净利润7864.65万元，较上年同期增长37.15%。

2015年11月27日，被誉为"上市公司琅琊阁"的中国上市公司协会发布"2015中国最受投资者尊重的上市公司评选"榜单，汉威电子凭借在业绩表现、公司治理、市值管理、投资者关系管理及回报等方面的不俗表现，最终从近2800家上市公司中脱颖而出，荣获"2015中国最受投资者尊重的上市公司入围奖"奖项。

二、公司履行企业社会责任情况

汉威电子在为人们创造安全、环保、健康、智能的工作、生活环境的过程中，不仅注重企业自身发展和企业人文素质的提高，作为社会公民，汉威电子也积极参与到人文教育方面的社会活动，通过"汉威创新基金"、"研究生创新实践基地"、"卓越工程师教育培养计划"、"中小学校外教育基地建设"、"支持中国大学生物联网创新创业大赛"等活动，积极贯彻"尽责、创新、快乐"汉威电子的核心价值观，为社会人文教育的发展尽一份公民的责任和义务。

(一) 法律道德

汉威电子严格按照《公司法》、《证券法》、《上市公司治理准则》、《深圳证券交易所创业板股票上市规则》、《深圳证券交易所创业板上市公司规范运作指引》等法律、法规的要求，持续完善公司法人治理结构，建立健全公司内部管理和控制制度，促进公司规范运作，有效提升了公司治理水平。为了完善内部控制制度，加强审计监督，汉威电子设立了独立的内部审计部门，按照《内部审计制度》进行内部审计工作，建立了内部控制风险管理体系，内部控制活动已涵盖经营管理的各个环节，包括但不限于资金活动、采购业务、资产管理、销售业务、财务报告与信息披露、信息系统、合同管理、人力资源管理等环节。该公司运用各种措施保障以上各环节制度均得到有效的贯彻执行，对公司的经营起到持续指导、规范、控制和监督作用。

汉威电子严格按照《公司法》、《证券法》、《深圳证券交易所创业板股票上市规则》法律法规及公司《信息披露管理制度》、《投资者关系管理制度》、《重大信息内部报告制度》等规章制度的要求，切实履行信息披露义务。公司严格执行信息披露和内部信息传递的相关管理制度，规范信息披露工作程序，确保公司信息披露的真实、准确、完整，公平对待所有投资者，不存在选择性信息披露的问题。公司高度重视加强与监管部门的沟通、汇报，对各类信息的披露均做到了及时、准确、完整、公平和公开。2015年5月，在深圳证券交易所创业板上市公司2014年信息披露考核中，公司连续五次获得信息披露考核A评级，这也是监管部门对公司信息披露工作的肯定。

依法纳税是每个企业应尽的责任。2015年是机遇与挑战并存的一年。一方面，宏观经济下行对公司经营发展造成了一定的不利影响；另一方面，汉威电子紧密关注社会发展趋势，深化落实"以传感器为核心，做领先的物联网解决方案提供商"的发展思路，加强大数据、云平台在各个业务领域的应用，从顶层设计维度加快产业生态圈的构建与完善，总体上取得了良好的经营成果，纳税额也大幅上涨，2015年支付的所得税2032.5万元，较2014年度增加了151.49%（见表1）。

表1　河南汉威电子股份有限公司2013～2015年支付的所得税

年份	2013	2014	2015
支付的所得税（元）	6786213.43	8081809.44	20325000.00

资料来源：河南汉威电子股份有限公司2013年、2014年、2015年报告。

汉威电子强调创造安全、环保、健康、智慧的工作和生活环境，把企业的社会责任纳入企业的核心经营战略，将广大客户、合作伙伴投资者、投资者、员工及其家人、公司所在社区作为企业长期履行企业责任的核心对象，在为客户提供产品和服务的同时，积极履行对利益相关者、环境和社会的责任，自2012年起持续发布企业社会责任报告，推动企业自身在可持续发展领域取得更大进展。

汉威电子遵守商业道德，将道德地开展业务互动作为企业管理的重要内容，将"义利兼顾、以义为先"、"诚实守信、廉洁经营"作为企业文化建设的重要内容，并联合多家企业上市公司发起"反对贿赂、公平竞争"倡议书，坚决反对商业贿赂，自觉接受社会监督，树立良好的企业形象。

（二）质量安全

产品质量是企业成长的生命线，汉威电子一直遵循"用户至上"的原则，专门成立了"产品技术管理委员会"，严把质量关，坚持每个环节、每道工序高标准、严要求，保证为客户提供优质、高效的产品及解决方案，确保产品和服务满足并超越客户的需求。自导入ISO9001质量管理体系以来，公司始终坚持八项原则，采用 PDCA 的改进方法，强调通过执行严格的质量标准，采取细致的质量控制措施，从生产原料采购、生产过程控制、销售环节控制、售后服务等各环节加强质量控制与保证，提升产品品质和服务质量，为客户提供安全产品。该公司的气体探测产品均已获得了消防产品形式认可、计量器具制造许可证和防爆合格证，数十个产品获得了 CE、TUV 等国际认证。

汉威电子注重企业安全生产的产品和服务的开发，按照《国家应急平台体系技术要求》和《安全生产应急智慧平台体系建设要求》，建立企业安全生产综合监管信息平台，有助于提高相关企业加强日常安全监管监察工作，提高防范和应对安全生产事故的能力。公司制定了《突发事件危机处理应急制度》，设置处置突发事故和危机处理的快速反应和应急管理机制，成立突发事件处置工作领导小组，明确公司各部门责任人作为突发事件的预警、预防工作第一负责人，对突发事件按性质进行分类，完善预警信息的传递程序和应急事件的处置策略。

2015 年以来，汉威电子狠抓质量工作，将产品和服务质量作为研发创新之外的又一条生命线，一方面牢固树立全员质量管理理念，完善质量管理体系；另一方面从产品设计到原料采购再到生产过程，严格把关产品质量控制全流程。同时，还通过提高生产设备自动化率，以装备保工艺，以工艺保质量，尽量杜绝和避免人为差错。通过一系列措施的实施，成效显著。在 2016 年 5 月的郑州高新区质量工作大会上，汉威电子荣获了 2015 年 "主任质量奖" 和 "主持制修订国家标准先进企业" 两项荣誉称号，并获奖金 80 万元。高新区年度质量工作大会旨在通过表彰先进，动员全区各部门、各行业进一步重视质量、提升质量，开创质量工作新局面。截至 2016 年，高新区共有五家单位获得 "主任质量奖"。

（三）科技创新责任

汉威电子崇尚创新和改进，公司设立了汉威研究院，整合了汉威电子及各个子公司的研发资源（见图1），以汉威研究院为核心，建设了北京、上海、深圳国内研发中心，并积极打造涵盖美国、德国、韩国、新加坡海外研发中心在内的全球研发创新体系。汉威研究院共有 200 余名专业技术人员，占公司员工总人数的 20%，涉及的专业技术领域从材料科学、器件工艺、仪表技术，到应用软件及系统集成，围绕传感器、智能仪表、地理信息、云计算、大数据、移动互联等物联网技术，水、气、固废净化治理技术，节能技术等方面全面创新，并在智慧城市、安全防护、测量控制、环境保护、家居健康舒适领域开展应用模式创新，为客户提供安全、可靠、经济、便捷的产品和服务。汉威电子拥有锐意创新的研

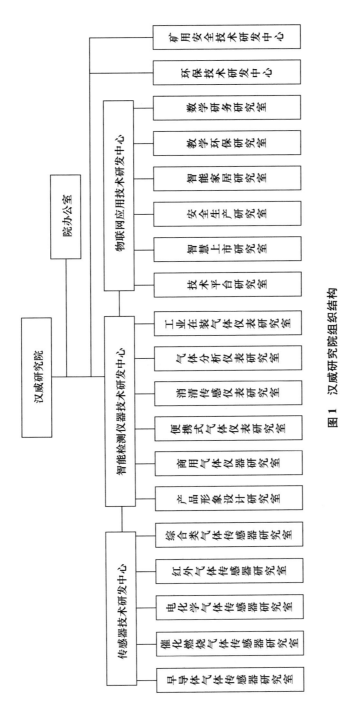

图 1 汉威研究院组织结构

资料来源：河南汉威电子股份有限公司官网，http://www.hanwei.cn/Tech-Center.html。

发团队，具有独立的设计和开发能力，研发中心获得了"国家级企业技术中心"认证。

多年来，技术中心始终坚持团结协作、共同发展、诚信至上的合作理念，大力推进产学研合作开发力度，其模式已成功实现了由最初的短期、单一技术转让型向合作开发、人才培训、共建研发实体等多种合作模式并举的转型。"优势互补，互利互惠"的产学研合作机制促进了公司科学技术水平的快速提高，同时也推动了国内科研所和高等院校科技成果的产业化进程，建立了全面互动的科技创新生态圈。

持续创新是企业发展的永动机。为巩固领先的竞争实力，汉威电子在产品服务、团队、行业标准等多维度取得了丰富成果。报告期内，公司继续加大科研投入（见表2），比2014年增加30.22%，公司及子公司新增专利证书46项，其中发明专利15项，实用新型专利26项，外观设计5项；新增计算机软件著作权17项。在产品研发方面，研发部门相继开发完成了甲醛、VOC、PM2.5等环境传感器以及"分布式大气环境监测系统平台"、"气相色谱仪"、"激光巡检仪"、"汉威安全云平台"等十多项创新产品与技术，达到了行业领先或者国际领先水准，取得了良好的市场反馈；在团队方面，公司企业研发中心获得了"国家级企业技术中心"认定，研发实力获得官方认可；在行业标准方面，公司负责起草的《多组分有害气体检测报警器》（GB/T32209－2015）已经获得国家质量监督检验检疫总局、国家标准化管理委员会批准发布，将于2016年7月1日实施，这将对公司部分储备产品和技术构成市场先发优势。

表2　河南汉威电子股份有限公司 2013～2015 年研发投入金额

年份	2015	2014	2013
研发投入金额（元）	4791480.00	36795231.27	27798980.37

资料来源：河南汉威电子股份有限公司 2013 年、2014 年、2015 年报告。

信息化是21世纪全球经济发展和社会进步的基本趋势，汉威电子基于当今世界最先进的 GIS 平台与数据库系统，凭借雄厚的技术实力与丰富的行业经验，推出了具有自主知识产权的"燃气管网地理信息系统"、"供水管网地理信息系统"、"供热管网地理信息系统"、"综合管网地理信息系统"、"环保地理信息系统"、"管网运维管理系统"等十余项国家专利软件产品，并已广泛应用于沈阳、北京、南京、上海、广州、武汉、大连等数百个大中型企业。其中"燃气管网地理信息系统"、"供水管网地理信息系统"、"供热管网地理信息系统"、"综合管网地理信息系统"经国家级专家鉴定委员会鉴定整体达到国内领先、国际先进水平。2016 年 1 月 16 日下午，郑州市信息化促进会第四次会员大会暨 2016 年信息化发展论坛在豫沙龙隆重召开，会上评选出了郑州信息化十大领军企业，汉威电子获得了这项殊荣，这是对该公司在 2015 年所开展的信息化工作的肯定。汉威电子旗下控股子公司河南雪城软件有限公司也在此次会议上荣获了郑州市信息化十大优秀企业荣誉称号。

（四）诚实守信

汉威电子具有完善的信息沟通和披露机制。为维护上市公司信息披露的公开、公平、公正原则，汉威电子加强规范公司内幕信息管理、保密以及信息披露工作。严格按照《公司法》、《证券法》、《深圳证券交易所创业板股票上市规则》法律法规及公司《信息披露管理制度》、《投资者关系管理制度》、《重大信息内部报告制度》等规章制度的要求，切实履行信息披露义务。截至报告前夕，公司治理结构的实际情况符合中国证监会发布的有关上市公司治理的规范性文件的要求。

汉威电子严格执行信息披露和内部信息传递的相关管理制度，规范信息披露工作程序，确保公司信息披露的真实、准确、完整，公平对待所有投资者，不存在选择性信息披露的问题。公司高度重视加强与监管部门的沟通、汇报，对各类信息的披露均做到了及时、准确、完整、公平和公开。2015 年 5 月，在深圳证券交易所创业板上市公司 2014 年度信息披露考核中，公司连续五次获得信息披露考核 A 评级，这也是监管部门对公司信息披露工作的肯定。

汉威电子制定标准化采购管理制度，加强对供应商的管理与业务合作，保护供应商的合法权益。公司建立公平诚信的采购供应体系，定期召开供应商大会，加强与供应商的交流与合作，实现合作关系的稳定和发展。通过建立健全相关制度，加强资金管理和财务风险控制，保障资产和资金安全，从而确实保障供应商的合法权益，保持良好合作关系，实现风险共担、合作双赢的目标。依照公司采购管理制度，所有采购人员严格按照"公开、透明、廉洁、高效"的原则开展采购业务，树立清风正气，推行公开招标，实行阳光采购，杜绝徇私舞弊、暗箱操作、商业贿赂等不正当交易，切实保障公司和供应商的合法利益，维护良好的交易环境。公司内部审计部门定期对采购工作进行内部审计，保证业务操作公平和规范。

（五）消费者权益

汉威电子提出"为客户求价值"的使命，为客户提供优质产品和服务。公司坚持"聚焦专业细分市场"的发展战略，产品和系统解决方案已应用于全球近百个国家，建立了以传感器为核心，覆盖多门类检测仪表及行业物联网应用的整体布局；应用行业分布广泛，涵盖石油、化工、冶金、环保、采矿、电子、电力、制药、食品、医疗卫生、农业、燃气、市政工程、家庭安全与健康、公用场所、道路安全管理、污水处理、生物科学、航天航空、军事反恐等领域，用于防火防爆、环境检测、预防中毒、污染监测、环境治理、改善人居环境，为行业客户 HSE 管理体系的建立、工业、民用和个人安全防护提供适合、优质、高性价比的产品与方案。为环境检测与治理、健康家居生活提供完善的解决方案和服务。

汉威电子遵循"规模化＋个性定制"模式向不同客户提供满足其差异化需求的物联网解决方案，通过与客户进行充分的沟通和交流，深度挖掘和掌握客户的特定需求和潜在需求，以需求为导向进行产品的研发和生产。报告期内，该公司已经在全国 30 余个城市设立客户服务中心，实现了技术服务本地化，能够为客户提供 24 小时咨询服务；为加强客户资源管理，更好地服务客户，汉威电子成功导入了"CRM 客户信息管理系统"，运用信息化手段为客户提供更便捷的服务。截至目前，汉威电子售后服务团队足迹遍布大江南北，行程近 50 万公里，拜访客户数千家，组织现场培训数百场；他们热情的服务、娴熟的技巧、敬业的态度赢得了客户的信任和赞许，在客户心目中树立了良好的企业形象。

（六）股东权益

汉威电子以《公司章程》为基础，以《股东大会议事规则》、《董事会议事规则》、《监事会议事规则》等为主要架构的规章体系，形成了股东大会、董事会和监事会协调运行的治理体系，与公司管理层之间权责分明、各司其职、有效制衡的法人治理结构，切实保障全体股东和债权人的合法权益。该公司严格按照《创业板上市公司规范运作指引》、《上市公司股东大会规则》等规定的要求召集、召开股东大会，平等对待所有股东，特别是保证中小股东享有平等地位，并尽可能为股东参加股东大会提供便利。在《公司章程》、《股东大会议事规则》中明确规定了股东大会的召集、召开及表决程序、股东的参会资格和对董事会的授权原则等，董事会在报告期内做到认真审议并安排股东大会的审议事项等。

汉威电子控股股东严格按照《上市公司治理准则》、《深圳证券交易所创业板股票上市规则》、《公司章程》规范自己的行为，通过股东大会依法行使出资人的权利，没有采取任何其他方式直接或间接地干预公司的决策及依法开展的生产经营活动，没有损害公司及其他股东的利益；公司与控股股东在业务、人员、资产、机构和财务方面做到相互独立；公司的重大决策能按照规范的程序由股东大会和董事会做出。控股股东与公司之间无非经营性关联交易，公司没有为控股股东及其下属企业提供担保。

汉威电子在《公司章程》、《董事会议事规则》中规定规范、透明的董事选聘程序，并严格执行。公司董事会设董事九名，其中独立董事三名，董事会的人数及人员构成符合法律、法规和《公司章程》的要求。各位董事能够依据规定开展工作，勤勉尽责地履行职责和义务，同时积极参加相关培训。独立董事能够不受公司主要股东、实际控制人以及其他与公司存在利害关系的单位或个人的影响，独立履行职责，对公司的重大事项均能发表独立意见。

汉威电子监事会严格按照《公司法》、《公司章程》和《监事会议事规则》的有关规定，认真履行职责，对公司财务状况、重大事项以及公司董事、经理和其他高级管理人员履行职责的合法合规性进行监督。公司监事会设监事三名，其中职工监事一名，公司监事会的人数、成员构成及监事的任职资格符合相关法律、法规的要求。监事会能够严格按照《监事会议事规则》的要求召集、召开监事会，表决程序符合法律、法规的要求。

汉威电子证券投资部负责投资者的来访接待工作，积极做好投资者关系管理工作档案的建立和保管，合理、妥善地安排个人投资者、机构投资者、行业分析师等相关人员到公司进行调研，并切实做好相关信息的保密工作。2015 年，公司共接待投资者调研九次，并在投资者关系互动平台上对调研记录进行充分披露。公司及时接听投资的电话咨询，关注投资者来信并回复有效邮件，同时，积极通过深圳证券交易所"互动易"与投资者进行互动，聆听广大中小股东的意见和建议，积极传递公司的相关信息，切实保护中小投资者的合法权益。

2015 年 4 月 8 日，汉威电子通过投资者关系互动平台举行了 2014 年业绩说明会，公司董事长、财务总监、董事会秘书等与股东开展了坦诚的互动交流。交流会期间共收到投资者有效提问 64 条，回复率100%。本次活动借助互联网的交流平台，加强了公司与投资者的沟通。2015 年 5 月 14 日，汉威电子参加河南省上市公司 2014 年集体业绩说明会，公司董事会秘书、副总经理通过投资者关系互动平台，与投资者就公司治理、发展战略、经营状况、可持续发展等问题进行了深度沟通。通过以上机制和活动，公司建立了与投资者有效的沟通渠道，更好地保护了中小投资者的合法权益，促进公司与投资者之间的良性沟通。

为充分保障广大中小投资者的利益，汉威电子按照《公司法》、《上市公司股东大会议事规则》及《公司章程》等有关规定，严格规范股东大会的召开程序和会议内容。该公司目前的股东大会同时提供现场会议和网络投票两种参会渠道，并对中小投资者单独计票，确保全体投资者均可以平等有效地参与到公司的治理中，从而切实维护了广大投资者的合法权益和正当诉求。

在严格落实各项法规政策保护广大股东权益的同时，汉威电子稳健发展，落实现金分红政策，为股东提供持续稳定的投资回报。经大信会计师事务所（特殊普通合伙）审计，公司 2015 年实现归属于上市公司股东的净利润为 78646513.40元，其中，母公司实现净利润 22586652.61 元。根据《公司法》和《公司章程》的有关规定，按 2015 年母公司实现净利润的 10% 提取法定盈余公积金2258665.26 元，加上年初未分配利润 152617071.94 元，减去派发 2014 年现金红利 7325570.15 元，本次可供股东分配的利润为 165619489.14 元。为与全体股东分享公司成长的经营成果，同时结合公司实际情况，根据《公司法》和《公司章程》的规定，公司 2015 年的利润分配预案为：公司以 2015 年 12 月 31 日总股本 293022806 股为基数，向全体股东每 10 股派发现金红利 0.2 元（含税），合计派发现金 5860456.12 元（见表 3），剩余未分配利润结转以后年度。

表 3　河南汉威电子股份有限公司 2013～2015 年现金分红情况

分红年度	现金分红金额（元）	分红年度合并报表中归属于上市公司普通股股东的净利润（元）	占归属于上市公司普通股股东的净利润比率（%）
2013	5900000.00	39770218.64	14.84
2014	7325570.15	57341790.34	12.78
2015	5860456.12	78646513.40	7.45

资料来源：河南汉威电子股份有限公司 2015 年报告。

在面对股市突发情况时，汉威电子采取积极措施维护股价稳定。2015 年 6 月中旬以来，资本市场出现了非理性剧烈波动。为响应中国证监会《关于上市公司大股东及董事、监事、高级管理人员增持本公司股票相关事项的通知》（证监发〔2015〕51 号）文件精神，切实维护广大投资者权益；同时，基于对公司未来发展和长期投资价值的信心，以实际行动参与维护资本市场稳定，汉威电子部分董事、监事、高管发布了增持计划公告，并承诺在增持完成后六个月内不减持公司股份，相关人员已经在2015年11月完成了增持计划。公司控股股东任红军先生于2016年1月14日积极参与了《创业板C28俱乐部关于各成员公司以实际行动稳定资本市场的倡议》的活动，并承诺自2016年1月15日起，半年内不减持所持有的公司股份。公司及相关人员的上述举措，对稳定公司股价起到了积极作用，有效维护了广大投资者的利益。

汉威电子在注重对股东权益保护的同时，高度重视对银行、供应商、经销商等债权人合法权益的保护。公司建立了完善的融资管理规范，确保融资的合法合规；公司有良好的信誉，取得了多家银行授信，并严格按照贷款协议使用资金，确保资金使用合法，无不良信用记录；公司建立了资金审批流程，收付款及时顺畅，公司与供应商、经销商签订购销协议，严格按照协议约定，及时支付货款、按订单发货，确保资金安全，有效维护公司和客户的利益。

（七）员工权益

汉威电子遵守国家劳动法律制度，员工社会保障、保险齐全。公司严格遵循《中华人民共和国劳动法》、《中华人民共和国劳动合同法》等法律法规的要求与员工签订合同，明确双方权利与义务，依法为员工办理各项社会保险，依法维护员工的合法权益，尊重员工个性绽放，加强对员工的人文关怀，为员工创造"安全、健康、快乐"的工作和生活环境，最大限度地提供发挥潜能的便利条件。

汉威电子坚持和完善公司职工代表大会制度。按照法定程序认真组织和召开职代会，审议涉及职工切身利益的集体合同条款、工时制度、社保缴纳办法等，并对职工代表提出的提案认真解答和跟踪落实。公司在人力资源管理以及雇主品牌建设方面成绩显著。2015年12月29日下午，由中国中西部领先的人力资源招聘求职网站天基人才网联合河南省人才交流协会等共同发起的"2015年度（第十一届）中原最佳雇主评选"颁奖盛典隆重举行。此次中原最佳雇主评选活动历时三个多月，经过企业报名、企业问卷填写、员工意见调查、专家团实地走访调研、综合评定等环节科学评定，汉威电子从2275家实力参评企业中脱颖而出，荣获2015年度中原最佳职业发展雇主和最佳雇主综合实力30强，实现蝉联七届中原最佳雇主和连续三届摘得最具含金量的最佳雇主单项大奖。在接受采访时任红军董事长说，汉威电子留住人才的秘诀有两点：一是理想和梦想，有好的事业前景，事业的发展空间是留人的最好法宝；二是人性的光辉，汉威电子的文化是尽责、创新、快乐。做一番开心的事业，把我们的人生变得更精彩。能够连续得奖，充分证明了人力资源届对汉威电子的平台优势和未来巨大的发展机遇的肯定，充分证明了汉威电子的雇主品牌优势和企业文化对优秀人才的巨大吸引力。汉威电子人力资源战略如图2所示。

汉威电子逐步推进各项薪酬、福利和社会保险制度的改革，不断完善薪酬福利体系和绩效考核体系，为员工提供全面的、有竞争力的薪酬福利体系（见图3），让每一位职工的价值最大限度地得到回报，增加员工对企业的认同感和归属感。在薪酬政策方面，汉威电子追求薪酬系统的简明化和科学化，同时在设计及实施的过程中始终遵从以下原则：公平公正原则、激励性原则、竞争性原则、市场化原则；公司参照实行薪酬总额管理，坚持通过提高公司业绩、劳动生产率以获取薪酬提升的原则。在薪酬激励方面，汉威电子提供具有外部竞争力和内部公平性的薪酬激励，建立工作绩效评价体系，使员工的收入与工作绩效挂钩；高级管理人员的聘任能够做到公开、透明，符合法律、法规的规定；经理人员的薪酬与公司业绩和个人业绩相挂钩的激励机制，突出岗位价值、工作业绩，以短期、中期和长期激励组合实现个人价值和企业价值的统一，并通过人单合一机制实现企业与员工的双赢。

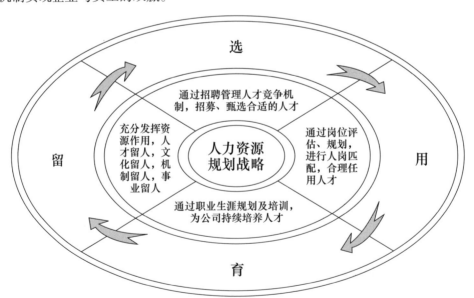

图2　汉威电子人力资源战略

资料来源：河南汉威电子股份有限公司官网，http://www.hanwei.cn/Hr.html。

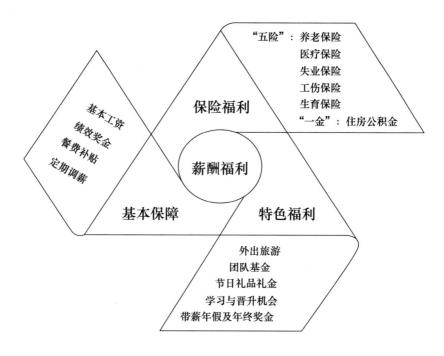

图3 具有竞争力的薪酬体系

资料来源：河南汉威电子股份有限公司官网，http：//www.hanwei.cn/Salary.html。

2015 年，汉威电子一如既往地开展对基层员工的培训，除了固有的新员工培训和内部日常培训外，公司还通过微信群、内刊及公众号、OA 知识管理系统多渠道、多形式地开展培训工作，培养公司的技术及管理人才。公司提出"培养加锻炼，人人可成才"的人才观，制定了《后备人才管理办法》用以推动公司"在工作中学习，在学习中成长"、"量才适用，人尽其能"的人才理念，建立了符合公司战略和人力资源发展方向的培训体系，保障员工的能力提升和职业发展，推动公司与员工共同发展。在员工的教育、培训制度的执行方面，公司设计了四步流程，即确定培训需求、制定培训计划、组织实施培训、培训效果评价，要求公司各部门、子公司负责人填写《员工个人培训需求调查表》，人力资源部通过年度《部门年度培训需求调查表》，结合培训需求和绩效考核结果，根据公司及年度经营计划，制定年度培训计划并开展三级培训网络，组织实施各层次、类别培训，并通过培训目标管理、企业内部培训师的培养、培训考核与激励机制等，调动教师、学员的积极性，保证有效实施培训，最终的有效性评估按照分阶段培训评估模型实施。

汉威电子为员工提供多通道的职业发展空间，促进员工成长和自我价值的实现。通过对营销、管理、技术和技能四大序列通道的建设，为每一序列的员工提供了横向和纵向的晋升机会，并辅之以相应的培训计划，选拔、任用及淘汰机制，薪酬激励和绩效评价机制四大体系与其对应。

汉威电子高度关注员工的健康与安全，在日常生产经营中全面推行安全生产管理，强化专项检查考核，优先选用安全先进的工艺及设备，加大安全生产隐患排查，提高事故预防水平，促进安全生产水平的提高，创造安全、环保、健康的工作环境。汉威电子高度关注员工的职业健康，依据《中华人民共和国安全生产法》等有关法律法规，制定了安全生产管理规章制度，内含安全生产责任制、安全生产费用保障制度、安全生产考核制度、安全作业管理制度、职业卫生管理制度、安全检查管理制度、应急救援管理制度、工艺安全管理制度等各项制度；建立了职业健康安全管理体系，并不定期举行医疗健康检查及职业健康体检活动。

汉威电子非常重视人文关怀，积极与员工建立良好的沟通、交流平台，同时积极开展各项文化娱乐活动，促进员工之间的了解与情感交流，构建了和谐稳定的员工关系。公司举办了 2015 年度篮球比赛，组建了汉威篮球队，不定期与区内企业篮球队开展友谊赛，增强了企业间的交流和互动，此外，公司还举办了羽毛球、乒乓球、摄影等其他多种多样的员工活动，展示了当代汉威员工们朝气蓬勃的精神面貌，使员工在工作的同时享受到更多的快乐。

（八）能源环境

汉威电子把生产和推广环保产品，发展循环经济作为公司的重大发展战略。2015 年，汉威电子根据市场需求，研发了"双光路红外探测器"，该产品从原理上抑制红外光源发光率及驱动电路衰减、敏感体灵敏度漂移、少量水汽和灰尘、光路污染等不稳定因素的影响，具有性能稳定、测量准确、响应快速、环境适应性强、生命周期长、零维护等特点，可广泛应用于石油炼化、冶金化工、燃气现场等气体检测领域。公司是目前国内唯一一家突破该项技术并成功产业化的企业，处于国内领先地位，为环境治理进一步打下了坚实的基础。

汉威电子以传感器为核心，在智慧城市、环境监治和健康家居领域精耕细作，推动着物联网应用朝着更落地、更接近政府商务、公共设施和民生建设的方向发展，推动中国城市的智慧化进程。就当前的空气环境状况，汉威电子物联网提供了三大系统解决方案：智能交通管理系统、大气环境监测系统和智慧生活生态系统。

汉威电子通过运用领先的数据通信技术、传感器技术、电子控制技术、自动控制理论和人工智能，有效地综合运用于交通运输、服务控制和车辆制造，加强车辆、道路、使用者三者之间的联系，从而形成一种保障安全、提高效率、改善环境、节约能源的综合运输系统。通过遍布全城的传感器进行交通信息采集，GIS 信息处理分析，信息的处理、预警和发布，提高交通运输效率，缓解交通阻塞，提高路网通过能力，减少交通事故，降低能源消耗，减轻环境污染；从而确保城市交通智能调度目标的实现。据样本地区应用数据显示，智能交通系统的实施，可以减少交通阻塞 10%～50%、节省能源 5%～15%、减少空气污染 25%以上。

汉威电子作为全国首家创业板上市的物联网企业，开发出完善的分布式大气环境在线监测与预测预警平台，为空气质量监测和执法提供技术支撑。分布式大气环境监测系统通过固定的分布式大气监测仪，对建筑或爆破地的粉尘检测；建筑工地、施工现场粉尘暴露监测。通过对系统设置域阈值，超过该值就能第一时间发现粉尘超标的不当行为，实时地通过邮件、视频抓拍、APP 推送或短信等形式通知行政执法人员，从而方便环境执法。该系统不仅可以为政府提供扬尘在线监控服务，还可以为制定空气质量改善行动政策提供科学依据。除此之外，企业和市民也可以自查、自纠和监督，共同推动城市空气治理向好发展。

汉威电子除了在室外建立起分布式大气监测整体解决方案外，在室内也构建出基于空气电台系列产品形成的"空气监测＋治理"家居健康舒适生态体系。空气电台系列产品作为汉威电子家居健康舒适事业群重要支柱企业威果智能开发的重要产品，感知设备（智能空气质量检测仪）可以检测到空气中污染物的浓度，不仅可以通过 APP 进行数据信息通知提醒，还可以启动相关的联动环境设备（如新风机、空气净化器、空调暖通设备、加除湿设备、增氧机、负离子发生器等）；通过室内外环境监测数据对比，对室内环境（包括光照、噪声、气压等环境数据）进行智能化改善，从而使家庭成员享受到智能、舒适、健康的呼吸环境。

从大气到交通到室内，有监测、有方案、有联动形成有效的闭环生态系统，汉威电子为创造安全、环保、健康、智慧的工作生活环境保驾护航。

随着我国节能减排工作的稳步推进，节能减排带来的市场经济价值迅速扩大，大型集团和资本进入市场，竞争日趋激烈。汉威电子作为国内有一定影响力的上市企业，对节能减排行业进行了深入挖掘，同时依托公司强大的综合实力，以 2014 年国家重点用能企业在线监测系统试点建设为契机，完成了项目中最基础、最关键的企业端数据采集的软硬件研发工作，并经过在企业的实际运行，完全能够满足企业能耗数据的采集、整合、分析、上传等功能，向构建能源物联网迈出了重要一步。在 2014 年的试点项目中，国家发改委选定北京、陕西、河南三地区的钢铁、电力、石化三个行业的 195 家企业作为试点，其中河南省 95 家。汉威电子作为 11 家承建单位之一，也全程参与了项目的建设。通过对国家规范、企业要求的深入理解，研发了自己的企业能耗数据采集设备，该设备可以满足企业对分散的 DCS、SIS/MIS、仪器仪表、数据库等数据源进行数据采集、存储、上传、转发、展示以及分析的要求，同时也提供结合企业具体需求的应用展示。

作为深具责任感的企业，汉威电子积极履行应尽的环保责任和义务，将环境保护作为企业可持续发展的重要内容。在日常的经营活动中，公司呼吁广大员工积极开展节能降耗工作，节约用水、用电，合理、高效使用公司各类电子设备，充分利用现代信息技术手段，大大降低了对纸张、墨盒等办公用品的消耗，同时提醒大家做到垃圾分类，通过种植树木、花卉和草坪，绿化厂区、美化厂区、净化空气、调节温度，改善厂区小气候。增强全体员工的环保意识，形成爱护环境、保护环境的良好风尚。

（九）和谐社会

汉威电子在学术、技术领域开展对外交流与合作，推动行业健康发展。汉威研究院是全国气湿敏传感技术专业委员会团体会员和副主任委员单位、全国敏感元器件行业协会会员、中电元协敏感元件与传感器分会副理事长单位、中国仪器仪表行业协会理事单位、全国信息技术标准化技术委员会传感器网络工作组成员单位、河南省物联网产业联盟常务理事单位、河南省物联网行业协会常务理事单位。汉威电子与清华大学、中国科学技术大学、西安交通大学、吉林大学、北京理工大学、北京航空航天大学、上海大学、武汉理工大学、郑州大学、河南工业大学以及中国科学院等科研院校保持着长期合作的关系，"优势互补，互利互惠"的产学研合作机制不仅促进了公司科学技术水平的快速提高，同时也推动了国内科研院所和高等院校科技成果的产业化进程，建立了全面互动的创新生态圈。

汉威电子持续参与人文教育活动，设立"汉威创新基金"、"研究生创新实践基地"、"卓越工程师教育培养计划"、中小学校外教育基地建设、支持中国大学生物联网创新创业大赛等活动，推动公司所在社区内外的教育文化发展及技术开发，服务社区生活。

2015年9月25日，由河南证监局指导、河南上市公司协会主办的"诚信公约阳光行"走进汉威电子，监管机构、投资机构和个人投资者、新闻媒体及其他上市公司代表等40余人出席了活动，并进行了积极的互动。作为社会公民，汉威电子通过建立自己的品牌提升企业影响力，积极与各级政府保持紧密联系，接受各级政府的监督检查，开展各类校企合作，迎接各地客户的参观调研，同时积极参与社会活动，如郑州市质量技术监督局"520世界计量日"、高新区管委会"2015年食品安全宣传周"等线下活动。

在媒体关系方面，汉威电子积极参与《河南日报》、河南电视台、《世界经理人》、网易河南、天基人才网等媒体的广告投放、评选、颁奖典礼等活动，通过各种渠道与媒体建立沟通和联系，大大提高了公司的宣传面与曝光度。

2015年，汉威电子荣获"郑州市五一劳动奖状"等荣誉称号，任红军董事长被评为"2015年河南经济年度人物"，并荣获"《世界经理人》2015中国十大管理实践代表人物"称号，这些荣誉不仅使公司的公众形象得到充分提升，也是对公司公共关系的极大认可。

（十）责任管理

汉威电子将社会责任理念融入企业经营理念、发展战略、企业文化、责任管理，努力建构企业与政府、投资者、用户、合作伙伴、员工、社区及环境的和谐关系，为利益相关方创造价值，实现企业和社会的可持续发展。公司的使命是：创造安全、环保、健康、智慧的工作和生活环境，为客户求价值，为员工求富足，为企业求长远，为股东求回报，为企业求长远，为社会求和谐，为民族求复兴。公司以"以传感器为核心，做中国领先的物联网企业"为愿景，努力塑造"尽责、创新、快乐"的企业价值观。

三、对河南汉威电子股份有限公司履行企业社会责任的建议

整体来看，汉威电子在履行社会责任方面做了大量工作，在遵循国家政策法律、保护投资者权益、科技创新、环境保护等方面为其他企业树立了典范，但是在社会公益、企业社会责任管理等方面，存在明显的欠缺。为了更好地履行社会责任，建议做出以下改进：

第一，完善企业文化建设。企业文化是企业的软实力，对硬实力会产生深远的影响，能帮助企业创造越来越大的社会效益。尽管汉威电子提出了核心价值观和基本理念，但并没有提供任何理据，也没有澄清各项价值、理念的相互关系，

更没有建立落实机制，从而无法成为完整的体系，容易流于形式，因此无法深入到企业的各个层次，也无法有效凝聚向心力。建议公司宣传部门设置专门的文化建设机构，打造适合企业特质的文化体系，凝练核心价值，构造完备的价值体系，在对外进行积极宣传塑造企业形象的同时，对内开展定期学习培训使之贯彻到职员的言行之中。

第二，积极参与社会公益事业。根据研究，企业的资产回报率与其社会公益效果存在非常明显的正相关关系，因此增加企业的公益事业开支能有效提高企业的经济效益。汉威电子尽管也参与了公益事业，但是参与形式比较单一，主要以捐赠的方式开展；活动没有持续性，一般是在大型自然灾害（如汶川地震等）时有明显的公益行为；缺乏相应的规划，没有基本的建制。建议公司制定社会公益事业的基本制度和行动方案，适当增加公益事业开支，定期开展形式多样的慈善活动，塑造良好的企业形象。

第三，组建社会责任管理部门。汉威电子应设立落实社会责任管理的高层机制，明确具体职责和工作机制，因此我们建议汉威电子组建专门的社会责任管理部门。该部门的职责主要包括：①根据相关的政策法规以及自身的实际，编写企业社会责任报告时所参考的标准体系，每年撰写企业社会责任规划；②根据编写的社会责任规划，定期考察落实情况，并对调查结果进行分析，在此基础上修正规划；③每年应该编纂和对外发布社会责任报告，并在报告中尽可能披露关键的指标；同时，对近几年的指标进行对比，纵向考察企业在履行社会责任方面的表现。

华兰生物工程股份有限公司 2015 年企业社会责任研究报告

一、公司概况

（一）企业简介

华兰生物工程股份有限公司（以下简称"华兰生物"）前身为华兰生物工程有限公司，成立于1992年，位于新乡市，是从事血液制品研发和生产的国家级重点高新技术企业，注册资本58130.48万元，员工1200多人，拥有30家全资控股子公司，总市值超过280亿元，并首家通过血液制品行业的GMP认证。

作为国家定点大型生物制品生产企业，经过多年的迅猛发展，华兰生物已经成为我国最大的血液制品、疫苗产品生产基地之一。公司以雄厚的技术开发实力、领先的技术水平、一流的生产检测设备、科学规范的经营管理和完善的质量保证体系，在全国同行业企业中处于领先地位。公司先后承担了多项国家、省、市级科技攻关项目，其中外科用冻干人纤维蛋白胶被列入国家863项目。华兰博士后科研工作站、河南省生物医药工程技术中心和中国科学院生物技术创新与产业化共同基金及中国科学院的多个联合实验室的成立，为企业的高成长性和核心竞争力奠定了坚实的基础。目前华兰生物拥有20余家全资控股子公司，是国内拥有产品品种最多、规格最全的血液制品生产企业，血浆处理能力居国内乃至亚洲首位，主要财务指标连续多年高速增长，2003年进入国家医药行业30强，2009年被评为"中国20家最具持续成长能力的上市公司"，2010年中国上市公司市值管理百佳榜第一名，创造了生物制药企业高速发展的奇迹。

（二）企业文化

伴随着关爱生命和以人为本的文明进程，华兰生物拥有人血白蛋白等以"华兰"为品牌的血液制品，这些制品的"华兰"商标已成为中国血浆制品行业的著名名牌，并于1996年被评为AAA级信用企业。近年来多品种疫苗的陆续上市，使华兰生物成为中国疫苗业的后起之秀，1998 年被评为国家"火炬先进高新技术企业"，2000 年国家科技部认定华兰生物为"国家重点高新技术企业"。其中季节性流感疫苗的生产能力为中国和亚洲之首。在 2009 年甲型 H1N1 流感疫情袭击世界各国时，华兰生物以最快的速度和最优的质量研制生产出全球首家甲型 H1N1 流感病毒裂解疫苗，并承担了 5224 万剂的甲型 H1N1 流感疫苗生产任务，为我国防控甲型 H1N1 流感疫情做出了较大的贡献。华兰生物始终坚持以服务社会、造福大众为己任，多年来承担了诸如我国奥运会、国庆阅兵等大型活动及非典、汶川地震等突发性事件中药品的应急储备、供应工作。在紧急情况下挺身而出，为全国人民排忧解难。

华兰生物心怀人民健康，依靠技术进步与管理进步，将产品的质量视为企业的生命，坚持不懈地研发和生产安全、高效、可靠的制品。公司履行社会责任的宗旨是"用良好的业绩回馈广大股东，用优质的生物制品回馈社会，为员工创造美好生活"，实现公司经济效益、社会效益相统一，公司的发展与社会的发展相和谐，以良好的业绩回报股东、回报社会。公司生产用于危重患者、特殊患者治疗的血液制品和传染性预防的疫苗制品，为人类健康保驾护航。公司一直致力于公司和社会的和谐发展，把社会责任融入公司的发展战略和经营管理中，公司热心参与公益事业，在重视经济发展的同时，将企业、社会、环境的发展和谐统一，坚持可持续发展战略，坚持以人为本的理念，履行社会责任，为创建和谐社会贡献自己的力量，实现公司经济效益与社会效益相统一，公司发展与社会发展相和谐，在保证公司健康持续发展、实现企业价值最大化的同时，积极促进行业和社会经济的发展。

经营宗旨：以质量安全保证信誉。

质量方针：生物制品安全无极限。

企业精神：团结、开拓、敬业、奋进。

企业理念：关爱生命、以人为本。

二、公司履行社会责任情况

关于企业社会责任的主要内容，世界各国学者以及组织机构分别提出了各自的观点。依照中国企业评价协会、清华大学社会科学学院联合成立课题组研究提出的《中国企业社会责任评价准则》，客观地分析公司在经济责任、环境责任、安全责任、员工责任等方面的活动及表现，真实地记录公司报告期内履行社会责任方面的重要信息。该评价准则的"评价内容"包括法律道德、质量安全、科技创新、诚实守信、债权人权益、利益相关者权益、消费者权益、股东权益、员工权益、能源环境、和谐社会、责任管理12个一级指标，从不同的方面对企业履行社会责任的内容进行了界定。2015年，华兰生物强化社会责任意识，认真践行可持续发展理念，建立健全内控体系，强化药品质量安全意识，切实保障股东权益，坚决维护员工利益，努力实现企业与股东、债权人、员工的和谐发展，促进企业与社会的和谐进步，积极履行社会责任，取得了较好成效。现依据华兰生物企业社会责任履行的实际情况，对照指标进行详述：

（一）法律道德

公司自成立以来，做到了认真遵守国家制定的各项法律法规，无违法乱纪行为，严格按照相关规定进行生产经营活动。在报告期内公司在生产经营过程中认真遵守法律法规。不断完善公司法人治理结构，加强信息披露，规范公司运作。督促相关人员严格遵守法律法规、行业准则、职业道德及公司规章制度，树立廉洁、勤勉的良好风气，防止损害公司及股东利益的行为发生。

公司严格遵守《中华人民共和国劳动法》和《中华人民共和国劳动合同法》等法律法规和用工标准，切实保障员工合法权利。公司建立工会组织，公司与工会签订《集体劳动合同》，切实维护公司和员工双方的合法权益；公司依法同所有员工签订劳动合同，按时发放员工工资，足额为员工缴纳各项社会保险和住房公积金。

（二）质量安全

公司高度重视产品质量和生产安全管理，自上而下建立了一整套安全生产管理体系和制度。

1. 质量意识

质量意识对质量行为起着极其重要的影响和制约作用，通过企业质量管理、质量教育和质量责任等来建立和施加影响，并且通过质量激励机制使之自我调节而一步步地、缓慢地形成起来。企业要想在全体职工中进行有针对性的质量意识教育，就必须首先让全体员工在思想上牢牢确立高品质、高质量的意识，这会使员工在生产经营过程中，自觉遵守操作规程，不会因为"没有人监督，没有人看见，大家都这么干"等外在因素的影响而放弃本来的职责，这已经不仅是一种客观上的要求和约束，而是比职业道德更高一层的追求。具体来说是从以下几方面提高员工的质量意识的：①今天的质量好坏，决定明天的市场占有。②抓质量要从现在抓起，从我抓起。③要比其他竞争对手做得更好，最重要的是产品质量比别人更高。④质量由标准衡量，但反映的是企业的信用和诚信。⑤抓质量是对企业、社会乃至员工自己负责。⑥质量不仅仅是技术问题，最终反映的是员工和企业的素质问题。企业以创品牌为目标，加强品牌意识教育。宣扬品牌领先、冲击未来的理念，在企业内形成了人人关心质量，创品牌人人有责的良好氛围。企业还通过广泛开展生动活泼的质量意识活动，加速转变全体员工的陈旧质量观念，增强员工的竞争意识和责任感，在职工中牢牢树立爱岗敬业精神，追求顾客满意度100%。

企业只有在质量意识的教育和活动中，培养职工的团队精神，才能真正把全面质量管理落到实处，才能让企业质量意识得到贯穿和提高。

2. 质量管理机构

华兰生物质量管理组织机构由副总经理领导，下设质保部、质控部。由总经理统一抓，质保部负责实施，保证全过程质量统一管理、统一规划、统一安排。这种统一管理的模式有利于全员技术水平和人员素质的提高，有利于实现科学管理，达到提高产品质量的目的。组织机构由专职质量工程师、各工序质量员和具有中级以上技能的人员组成，各自都有职责权。在这个体系中每一级人员（实验室、巡检、成品检验）的思想素质与技术素质是至关重要的。为了提高检验人员的素质，采取了思想素质与技术素质一起抓，高中低级人员培训一起抓的方针。另外，对全员进行质量检验职业教育，外聘质量检验工程师进行业余培训，并举办各种类型的技术考核、竞赛等。把岗位竞争和技术考核直接与个人经济效益挂钩，大大激发了职工学技术的热情。期间，企业涌现出一大批优秀的质量管理工作者，全员的质量管理水平和技术素质得到了大幅度的提高。

3. 内部质量管理

华兰生物提出"生物制品安全无极限"的方针，把品牌建设作为企业生产经营的大事来抓，提出了"技术是品牌的核心、质量是品牌的生命、人才是品牌的保证、文化是品牌的灵魂、创新是品牌的动力"的工作思路。

（1）质量管理体系建立。公司早在1998年就首家通过了血液制品行业GMP认证，2011年又通过质量管理体系认证（GB/T19001-20080）。公司建立了一套全面的、完整的、详尽的、严格的质量管理和质量保障体系，实现了"全面、全员、全过程的"质量管理，做到一切用数据说话，一切工作都有章可循，真正体现了质量管理的科学化、系统化、规范化，使华兰生物的产品质量和管理水平都有了质的提升。

为监视和测量质量体系的有效运行,人力资源部除按计划每年组织一次内部审核和一次管理评审外,还采用滚动式的方法每个月对各个部门进行监督检查,对审核中发现的问题及时制定纠正措施进行改进,同时按企业的《绩效考核办法》进行处罚和考核。在历次的外部审核中均未出现严重不符合项。在监视质量体系有效运行的同时,企业管理部门加强对实物质量的监督抽查力度。除每季度对各部门抽查一次,还增加了每月对各生产工序的抽查,发现问题及时责令限期整改,并作为下次抽查的重点。在采购、生产过程、质量检验、用户反馈等方面应用统计技术,每季度将出现或隐含的质量问题,制定纠正或预防措施进行整改。

(2)加强质量检验和计量工作管理。为保证质量管理体系持续有效运行,确保产品质量稳步提高,企业确定了质量管理的主题是"加强科学管理,纠正不良习惯,强化过程控制,提高工作质量和效益"。为巩固质量管理的成果,企业又确定了质量效益的主题是"效益就是企业的生命,要向产品质量要效益,严格控制产品成本,向采购质量要效益,大幅度降低采购成本,向制造质量要效益,提高效率,减少损失,向工作质量要效益,全面提高管理工作水平"。在质量和效益两大主题的运行中公司重新制定和完善了企业的各项管理规章制度,规范产品生产程序,有效控制了产品质量,相继出台了《质量奖惩条例》、《质量指标统计规定》、《绩效考核办法》、《售后服务管理办法》等十余种管理标准,建立了一整套内部质量控制管理体系,把企业的各项质量管理工作提升到一个新的水平。

切实加强供应商供货的质量检查验收,督促供应商依法履行质量责任,严把原材料入库质量关,严格工艺纪律,严格生产全过程的质量控制,加强质量监督队伍建设。自 2000 年以来,为加强计量管理,从原材料采购、过程管理、生产设备、检验设备、工序检验、成品检验等方面进行检定、校验、使用监督、流转管理,建立了一整套管理文件和控制方法,购置了显微镜、燃烧试验等一批精密的计量检测设备,大幅提高了产品的检验能力。卓有成效的计量管理为产品质量的稳定提高提供了有效的保证手段。同时,实验室建立了检测设备档案,并整理分类,将重要的精密仪器以及重要项目、关键参数的检测设备进行重点管理。管理的关键内容是:进行校准或检查,以便检测数据的有效溯源,持续维持设备的良好运行和准确度。针对不同种类、型号的检测仪器、设备,实验室的管理者还制定了相应的保养计划，并落实到人以保持该设备应有的技术状态。内容包括润滑、清洁、紧固、线路、调整水平、校准数据等，定期对维护情况进行监督检查，重要的设备应对其运行情况进行记录，以便定期对其工作状态作整体评价。建立了完善的样品留存制度，每次检测完毕后将检样及复样做好标识存放于样品库中，并由专人负责保管，至少留存一年，以便出现问题及时复检及查找原因。提高实验室管理水平及工作质量，达到企业质量零缺陷的目标要求，并张贴各种制度、岗位职责、仪器操作规程、安全常识、注意事项等，以便执行。

（3）定期召开质量例会，做好产品的售后服务工作。公司定期召开质量会议，发现质量问题时，要积极受理并提高办事效率。建立质量审核制度，财务部门把产品的制造和销售过程中所发生的直接质量成本以及间接质量成本列入统计项目。在例会中有惩罚也有奖励，建立了质量激励机制，明确各岗位的质量规范、质量责任，实行"质量否决权"并认真考核，把考核结果作为对职工调动、晋级、提升、奖励或处罚的重要依据，发送职工积极参加质量管理活动。

总之，华兰生物牢固树立"质量第一"的观念，把质量作为企业和产品的生命，将"以质取胜"的发展战略落实到车间的生产经营活动的全过程，鼓励技术创新，加强技术改造，不断提高产品的质量和档次。

（三）科技创新

华兰生物是以科技为先导的高新技术企业，拥有产品品种最多、规格最全的血液制品。集团公司坚持每年将收入的 5% ~ 10% 投入新产品研究开发，已取得一系列丰硕的成果。华兰生物注重产品的原始性科技创新工作，先后承担国家863 计划项目三项，国家中小企业创新基金试点项目一项，国家高技术产业化项目一项，省攻关计划五项，省重大科技专项一项，火炬计划两项，产业化项目六项。其中，多项产品具有国家发明专利证书或正在申请专利中。2015 年申报国家技术发明奖一项，相关论文在多个国际国内著名学术期刊上发表，相关产品陆续投入市场。疫苗公司流感病毒裂解疫苗通过世界卫生组织预认证，成为我国首家、全球第五家通过流感疫苗 WHO 预认证的企业，公司流感病毒裂解疫苗有望走出国门，参与国际竞争。加快产品研发和注册进度，H7N9 流感病毒裂解疫苗、四价流感病毒裂解疫苗、破伤风疫苗取得药物临床试验批件，A 群 C 群脑膜炎球菌多糖疫苗已经完成临床研究并申报生产批件。

华兰生物研发体系包括专业的研发部门、河南省生物医药制剂工程技术研究中心和博士后科研工作站等诸多研发平台，并与中国科学院、中国科学院上海巴斯德研究所等机构建立合作研发实验室，对各项产品和技术进行系列化的深度研究开发，并在世界范围内选聘技术人才，拥有一支朝气蓬勃的研发队伍，科研布局着眼全国，与国际接轨。目前公司研发部直接从事新产品及技术研究开发的科技人员超过50人，其中50%具有研究生及以上学历。华兰生物拥有多种国际先进的研发设备，同时建设了多个大型技术平台。其子公司华兰生物疫苗有限公司承担多项国际领先的疫苗项目，2009年甲型H1N1流感疫情爆发后，华兰生物疫苗公司研制生产出世界上第一支甲型H1N1流感病毒裂解疫苗，成为华兰生物快速反应和强大科研体系的标志。2015年，公司通过对血液制品的研发和生产工艺的改进，血浆综合利用率得到进一步提升。重点加强疫苗新产品及单克隆抗体的研发，获得三项国家发明专利授权，H7N9流感病毒裂解疫苗、四价流感病毒裂解疫苗、破伤风疫苗取得药物临床试验批件，"流感疫苗应急研发体系能力建设及产品开发"项目获得国家"新药创制"重大专项立项。研发项目的顺利进展为进一步提高公司的品牌美誉度、优化产品结构、丰富产品线以及经营业绩的持续增长奠定了基础，也将成为公司新的利润增长点。

（四）诚实守信

公司致力于对"华兰"品牌的建设与管理，创建了以质量为基石、以诚信为根本、以品牌为依托、以市场为导向的良性的自主品牌发展之路。凭借20多年来安全、稳定、高效的产品质量赢得了广大用户的信任，现已发展成为国内品牌影响力最强、最具竞争力的大型生物医药企业之一。在国内血液制品、疫苗行业起到引导市场、带动产业发展和科技创新的龙头作用，"华兰"商标被认定为中国驰名商标，并荣获"国家高技术产业化示范工程企业"、"河南省先进高新技术企业"、"河南省高新技术产业化项目实施先进单位"等称号。多年来，公司模范遵守法律法规和社会公德、商业道德以及行业规则，及时足额纳税，维护投资者和债权人权益，保护知识产权，忠实履行合同，恪守商业信用，反对不正当竞争，坚持诚实守信、依法经营，未发生诚信缺失和违法违规行为。

"诚信"是个人立足之本、企业发展之基，对于华兰生物这样一家从事血液制品这个"生命攸关"的行业的上市公司来讲，"诚信"更是重中之重。华兰生物2004年上市之后诚信经营，努力提升公司经营业绩和实力，作为"河南上市公司诚信公约"的签署单位，华兰生物积极践行诚信经营承诺，提升产品和服务质量，以良好的经营业绩回报股东和社会。公司具有完善的信息沟通和披露机制，及时向利益相关方披露公司运营相关的、对利益相关方的决策具有重要影响的信息。2015 年，华兰生物依据《公司法》、《证券法》以及《深圳证券交易所中小企业板上市公司规范运作指引》、《中小企业板信息披露业务备忘录第 4 号：定期报告披露相关事项》等相关法律法规及规范性文件，以投资者需求为导向，在指定信息披露网站、报纸，真实、准确、完整、及时地披露公司相关信息，增强信息披露的有效性和针对性，切实履行自律监管职责，更好地服务、回应投资者，得到了投资者的广泛认可。

（五）债权人、利益相关者和消费者权益

1. 债权人权益

公司作为社会经济发展大圈子中的一员，始终坚持与供应商、客户精诚合作、相互信任、互惠互利、共同发展的原则，充分尊重并保护供应商、客户和消费者的合法权益，做到让供应商满意，让客户满意，让消费者满意，建设一个诚信的上市公司，推动公司持续、稳定、健康地发展。为确保公司财务稳健与公司资产、资金的安全，建立了《财务管理制度》、《内部审计制度》、《董事会审计委员会议事规则》、《资金费用审批办法》等一系列内部控制制度。公司在追求股东利益最大化的同时，也兼顾债权人的利益，公司的各项重大经营决策过程，均充分考虑了债权人的合法权益，及时向债权人回馈与其债权权益相关的重大信息，按照与债权人签订的合同履行债务。

2. 利益相关者权益

利益相关者的意见不仅对企业的成功有重大影响，还能推动企业的可持续发展，减少企业活动的风险。公司一直维护自然和社会生态资源的和谐共荣，真诚善待给企业带来业绩增长和未来价值的核心资源、持续创造价值，从而奠定企业存在的价值根基，成为员工爱戴、社会尊重、客户信赖、投资者受益的长久企业。

2015 年，公司通过为社会持续提供优质的产品和良好的服务，在市场中公平地交换价值，承担纳税和公益等社会责任，从而和利益相关者建立了相互信任、相互支持的良好关系。报告期内，公司在利益相关者权益保护方面主要做了以下工作：

第一，加强了预算管理，认真做好资金安排和资金的使用计划，及时支付供应商货款，没有发生因资金支付不到位而引起供应商投诉的情况。

第二，与供应商互利共赢，公司不断完善采购流程，建立公正、公平的采购体系，为供应商创造良好的竞争环境；公司建立了供应商档案，与供应商、客户

签订合同或协议，能够在约定的时间和条款生效后积极履行合同，保证了供应商和客户的利益；公司不断完善供应商评估体系，对供应商有着严格的质量标准，建立有效的采购流程，对供应商诚实守信，牢固树立"互惠互利、合作共赢"的理念。公司要求供应商遵守商业道德和社会公德，所提供的产品必须符合国家相关法律法规要求。公司定期对供应商进行合格供应商业绩评价，并与供应商保持良好沟通，做到互惠互利。

3. 消费者权益

华兰生物始终坚持为消费者提供优质的产品和服务。由医学部专门解决客户对血液制品和疫苗产品相关问题的咨询，做好公司产品的售后服务；建立了24小时响应制度，设立免费咨询电话800－883－2008，确保第一时间接受客户咨询，做好销售市场的开拓和维护工作。严格控制产品质量和安全、做好产品的售后服务工作。公司建立了严格的质量保证体系，严格按照《血液制品管理条例》的规定进行原料血浆的采集，有效保证了原料血浆的安全性。血液制品和疫苗产品的其他原辅材料也均需通过供应商评估、投产前检验等多步严格管理措施保证其安全；公司血液制品和疫苗产品的生产全过程严格按照《中国药典》和GMP的要求进行生产和质量管理；公司血液制品和疫苗产品每批均经过国家食品药品监督管理局指定的药品检定机构检验，检验合格后方出厂销售；公司产品投放市场后，在使用中进一步观察制品的有效性和安全性；血液制品和疫苗产品均采用电子监管码制度，建立了完善的售后质量管理体系，每一瓶制品都有完整的可溯性。如果产品在投放市场后接到用户来电来函的产品投诉，公司迅速启动该产品的质量调查程序。如确定产品质量问题或者潜在的质量风险，可立即启动"产品回收程序"对制品进行召回；如不属于产品质量或者潜在的风险问题，公司会根据具体情况予以全方位的售后服务。公司通过建立完善的管理制度，如"来信来函及用户访问制度"、"质量投诉和药品不良反应处理制度"、"产品投诉管理程序"、"产品召回制度"、"产品退货处理制度"，来保证公司产品临床使用的安全性、有效性、可靠性以及产品售后的及时性和规范性。

（六）股东权益

报告期内，公司董事会严格遵守《公司法》、《证券法》等法律法规，认真履行《公司章程》赋予的各项职责，贯彻执行股东大会的各项决议，紧紧围绕2015年经营方针和战略目标稳步推进各项工作，维护了全体股东的利益。

1. 完善公司治理结构，保护股东和债权人权益

公司根据《公司法》、《证券法》等有关法律法规规定，建立健全了法人治理结构，建立了股东大会、董事会、监事会和经理层组织，分别行使权力机构、决策机构、监督机构、执行机构的应有职能。股东大会、董事会、监事会、经理层之间形成权责明确、相互依存、相互协调、相互制衡、相辅相成、各司其职、各负其责的关系，构建了一种相互配合、各展其能的现代企业管理体制，确保公司规范发展，切实保障股东和债权人的合法权益。

公司自成立以来，不断完善公司法人治理结构、规范公司运作。公司股东大会严格按照《公司法》、《股东大会规范意见》、《公司章程》、《股东大会议事规则》规定召集、召开和表决。公司通过多种有效方式为股东行使权利提供便利，确保中小股东的话语权。公司股东大会采用现场加网络投票的方式召开，方便股东参加股东大会并行使投票权利，并请律师出席见证，确保所有股东尤其是中小股东的合法权益不受侵害。2015 年，公司召开股东大会一次、董事会会议六次、监事会会议五次，公司"三会"的召集、通知、召开、审议事项、表决程序、决议公告均符合相关制度规定。

2. 公司信息披露及时有效

面对多层次监管体系，公司不断加强投资者关系管理工作的规范化，严格履行公司的信息披露义务。公司严格依照法律法规、《公司章程》、《华兰生物工程股份有限公司信息披露管理制度》等规定，自愿自觉履行信息披露义务，真实、准确、完整、及时地披露所有可能影响投资者决策的信息，确保所有的投资者全面地了解公司财务状况、经营业绩以及公司重大事项的进展情况。报告期内，公司本着公平对待所有投资者的原则，未出现选择性信息披露等不公平信息披露的情况，不存在重大会计差错、业绩预告更正等情况，保证了信息披露的质量和透明度，通过深交所互动及时回复投资者的网络留言，加强与投资者的互动和交流。报告期内，公司严格按照相关要求编制并披露了 2015 年报告、2015 年第一季度报告、半年度报告和第三季度报告等定期报告，并主动、及时地披露可能对股东和其他利益相关者决策产生实质性影响的信息。2015 年，公司在深圳证券交易所披露的临时公告和定期报告共计 57 个，对公司重大信息及时、准确、完整地进行了披露，充分保障了社会公众和大中小股东的信息知情权。2015 年，深交所对上市公司 2014 年信息披露工作进行评价，公司被评为"A 类"。

3. 注重股东收益回报

公司经营业绩持续稳步增长的同时，重视对投资者的合理回报。2015 年公司实现营业收入 14.72 亿元，较上年增长 18.36%；营业利润 6.68 亿元，较上年增长 14.51%；归属于上市公司股东的净利润 5.89 亿元，较上年增长 9.42%。截至 2015 年底，公司总资产 40.21 亿元，归属于上市公司股东的净资产为 36.58 亿元。上市以来，本着为股东创造价值的核心理念，公司每年均进行现金分红或资本公积金转增股本，给投资者带来丰厚的价值回报。公司建立健全了《公司章程》中对现金分红的要求，落实了分红回报股东的理念，推动公司建立科学、可持续、稳定的分红机制，从制度上保障了股东的良好收益。2015 年 3 月 26 日，公司第五届董事会第十六次会议审议通过了 2014 年利润分配预案，以 2014 年 12 月 31 日公司总股本 58091.48 万股为基数，向全体股东每 10 股派发现金股利 6 元（含税）。2015 年 4 月 22 日，公司 2014 年度股东大会批准了这一方案；2015 年 5 月 28 日，公司在《证券时报》及巨潮信息网上刊登了《2014 年度权益分配实施公告》；2015 年 6 月 5 日，公司派送的分红款派送至全体股东。

（七）员工权益

公司始终视员工为企业最重要的资源，是企业可持续发展的基础，公司把实现和维护员工的利益作为工作的出发点和落脚点，促使员工与企业融为一体，实现员工个人价值与公司共同成长。

1. 依法用工，保障员工合法权益

公司严格遵守《中华人民共和国劳动法》和《中华人民共和国劳动合同法》等法律法规和用工标准，切实保障员工合法权益。公司建立工会组织，公司与工会签订《集体劳动合同》，切实维护公司和员工双方的合法权益；公司依法同所有员工签订劳动合同，按时发放员工工资，足额为员工缴纳各项社会保险和住房公积金。公司非常注重保护员工在劳动过程中的安全健康，为改善员工劳动条件，消除事故隐患，预防事故和职业危害，实现劳逸结合和女员工保护等方面努力提供各项安全措施。公司每年定期组织对工作场所进行有毒、噪声等职业危害因素监测，完善工作场所职业危害标识，安排全员年度体检，建立健全员工健康档案，加强劳动保护用具佩戴培训和监督检查，最大限度减少和避免职业危害。公司持续增加技术改造投入，提高生产自动化水平，减轻劳动强度，努力营造舒适、安全的工作环境。2015 年，公司继续推动国家职业健康安全管理体系标准的执行，保证职业健康安全管理体系的有效运行，通过职业健康安全管理体系年

度监督审核。

2. 关爱员工，健全薪酬福利体系

2015 年，公司通过培训考核和绩效考核相结合的评估系统，不断提升员工的学习能力和专业技术水平，激励员工进步，为工资调整、奖金分配和职务晋升等提供决策依据，在总体经济形势下行的情况下，公司坚持不断提高员工收入，保障员工生活，为员工提供具有市场竞争力优势的薪资福利水平。除按国家政策规定，员工依法享受各种法定节假日及带薪假日，如产假、婚丧假、年休假等休假福利外，公司还为员工提供了免费旅游、健康体检、生日祝福、降温取暖费、午餐补助、理发津贴、节假日福利、员工班车等多样化的福利政策，提升员工的幸福感和归属感。

3. 重视人才培养，积蓄发展力量

为加强员工队伍建设，公司继续积极营造终身学习氛围，构建学习型组织，加大对员工各类培训的支持力度，鼓励员工通过函授等继续教育方式提高自身综合素质。2015 年，通过外聘主任医师、资深律师、档案局专家、知识产权服务机构专家等优秀讲师进厂培训，外派员工至北京、上海等地开展在职、脱产培训，受训员工达到 1100 余人次。在公司的帮助下，经过近三年的不懈努力，公司近 100 名员工获得了本专业的继续教育大专、本科文凭，优化了公司各岗位的专业结构，为企业发展积蓄力量。

4. 开展文体活动，丰富员工文化生活

2015 年，公司组织开展了球类比赛、棋类比赛、趣味活动、田径运动、迎春晚会、带薪旅游等形式多样的文体活动，丰富了员工业余文化活动，放松了员工的心情，也增进了员工之间的感情，更增加了公司的凝聚力。为体现公司对员工无微不至的人文关怀，公司还组织开展了献爱心、帮助困难职工和夏季送清凉等活动，定期更新和丰富员工图书室各类期刊书籍，为员工提供了一个精神休憩的乐园。

（八）能源环境

作为一家负有社会责任的企业，公司在满足商业需求的同时非常注重环境保护与可持续发展。新修订的《中华人民共和国环境保护法》自 2015 年 1 月 1 日起施行，公司认真组织宣传学习，严格遵守环保法律法规要求，自觉履行环境保护的义务。公司建设项目均依法开展环境影响评价，严格执行环保设施与主体工程同时设计、同时施工、同时投产使用的"三同时"制度，建设项目在环保竣工验收后，公司按规定开展污染物监测，将相关各项指标控制在国家排放标准范围内。2015 年，公司废水、废气、噪声均达标排放，工业固废处置符合环保规定要求，未发生重大污染事故，没有受到环境违法行政处罚。

公司在生产经营过程中，着力通过优化产品工艺、发展资源循环利用等措施来促进资源得到综合利用。目前公司有 11 个品种的血液制品上市产品，是国内拥有产品品种最多、规格最全的血液制品生产企业，血浆综合利用率处于领先地位。在血液制品的低温乙醇生产工艺中，公司配备三级冷凝器蒸馏塔进行乙醇回收再利用，实现生产用乙醇 80% 自给率。在疫苗制品生产过程中，公司采用法国进口废胚处理机，全封闭管道输送废弃鸡胚进行高温灭菌处理，全程无废物排放，处理后的高营养价值鸡胚，可作禽畜动物饲料。在日常办公管理工作中，公司积极响应国家号召，开展地球一小时、全国节能宣传周等宣传活动，传播节能降耗发展理念，推动绿色生产生活化方式的形成。"勿以善小而不为，勿以恶小而为之"，公司鼓励每一位员工从自身做起、从身边小事做起，珍惜水、电、纸之不易，营造"绿色办公，低碳生活"的良好氛围，促使员工自觉养成节能低碳意识。

（九）和谐社会和责任管理

一直以来，公司积极参与社会公益事业，承担应尽的社会责任。公司重视与社会各方建立良好的公共关系，坚持以人为本、和谐共赢、可持续发展的原则，以"创新发展、服务社会"为己任，在不断拓宽自身发展道路的同时，以高度社会责任感回报社会、服务社会，积极参与社会公益事业，为推进和谐社会建设贡献自己的力量。2015 年，公司在力所能及的范围内，在地方教育、科学、文化、卫生、扶贫济困、危重患者救治、国家突发灾情应急救援、支持社会福利事业等方面奉献热情与力量，切实履行作为社会一员义不容辞的责任。2015 年公司通过美国 Task-Force 组织向摩尔多瓦捐赠了 15 万人份流感疫苗，本次中国通过世界卫生组织预认证的华兰流感疫苗将有助于摩尔多瓦群众对流感疾病的预防和控制。

血友病作为一种人类终身携带的血液疾病，目前尚没有根治办法，该类患者主要缺少正常人所拥有的凝血因子，公司生产的凝血因子药物是治疗血友病的救命药，公司常年与国家非营利性血友病患者组织——中国血友之家保持良好沟通，并提供帮助。2015 年 6 月 1 日，恰逢国际儿童节来临之际，华兰生物向中国血友病之家无偿捐赠价值近 20 万元的 300 支凝血因子Ⅷ和 200 支凝血酶原复合物，计划救助部分贫困血友病患儿。2015 年 8 月 12 日深夜，天津滨海新区瑞海公司所属危险品仓库发生爆炸，造成重大人员伤亡，公司紧急调运冷链运输车运送救治伤员所必需的血液制品前往塘沽，为突发事故伤员救治贡献一份力量。公司积极推动当地社会福利事业发展，坚持每年到当地敬老院、福利院等福利机构慰问，提供各种物资援助。2015年2月，公司向新乡市弱势群体帮扶中心捐赠50万元，以帮助弱势群体渡过难关，传递爱心正能量；各单采血浆子公司也在力所能及的范围内，积极参与社会公益事业，捐赠11.4万元用于当地扶贫、关爱留守儿童等慈善项目。公司感恩献浆员为救死扶伤做出的贡献，心系献浆员家庭，推出了"一人献浆、全家受益"，即当献浆员献浆达到一定次数，其本人可免费使用一定价值的血液制品，其直系亲属可以优惠的价格购买血液制品；从2007年起持续对考上大学的献浆员子女提供1000元、2000元不等的助学补助金，已累计资助3000余名高中毕业生顺利进入高校，2015年各单采血浆子公司共捐赠60.25万元，资助466名大学生。

三、进一步加强社会责任的建议

2015年，华兰生物高度重视企业社会责任工作，继续秉承"一切为了人类健康"的核心价值观，在持续提高经营和管理水平，为经济社会发展贡献力量的同时，积极参与社会公益事业，在股东和债权人权益保护、职工权益保护、供应商和消费者权益保护、参与社会公益事业及环境保护等方面采取了一系列实际行动和措施推动企业积极履行社会责任。但还有一些地方应当加以改进和完善。

1. 社会责任履行状况与《深圳证券交易所上市公司社会责任指引》的相关规定仍存在一定的差距

在稳健公司主业发展实体的基础上，公司应一如既往地推进和改善社会责任工作，继续积极同企业利益相关方构建和谐、共赢关系，创新公益形式，提高企业的社会价值，努力成为公众可信赖的社会责任建设典范，力争使公司成为生物医药行业最具社会责任感和可持续发展能力的企业之一，为促进社会和谐、自然和谐、可持续发展、实现中国梦做出更大的贡献。

2. 公司在社会责任的内容设置上应注重鲜明的特色

虽然华兰生物也建立了完善的责任管理机制，但是也应考虑根据自身产品或服务特色积极传播企业公民理念和公益文化，更好地发挥辐射作用来影响更多的成员。公司经营产品为治疗类和预防类生物制品，主要风险为产品安全性引致的行业风险，产品安全性导致的潜在风险药品质量直接关系到患者的生命安全，因此质量控制是医药企业生产和管理的重中之重。公司生产的血液制品是从人的血浆中提取，由于受到目前科学技术及人类认知水平的限制，可能存在因未知病原体导致血源性疾病传播的潜在风险，还因其原材料的特殊性，该类制品有可能导致交叉感染、血源性疾病传播等风险。另外，疫苗产品用于大众人群对相应疾病的预防，但因个人体质差异会出现不同级别的不良反应，甚至可能会导致严重不良反应（包括偶合反应），若不能依法及时处置，可能导致媒体和消费者对公司产品的不信任，轻则影响产品销售，重则损害行业声誉。因此，进一步完善并加强具有特殊的安全性相关的社会责任内容非常必要。

3. 公司在制定核心经营战略时，应进一步深化社会责任理念，逐步建立能充分彰显企业社会责任的管理体系，并完善相关的制度

在法律道德遵守和履行方面，尽管企业在保障员工权益、维护债权人权益、保护环境等社会责任的履行过程中，处处应该以法律为准绳和底线，严格做到了依法经营和生产。但是，作为高科技生物技术行业，企业还是应在法律道德履行和责任坚守方面做出专门的规定和承诺，并将法律道德责任履行状况进行单列。另外，也建议对企业诚实守信的经营状况进行全面、具体的补充。

河南羚锐制药股份有限公司 2015 年企业社会责任研究报告

一、公司概况

河南羚锐制药股份有限公司（以下简称"羚锐制药"）总部位于鄂豫皖苏区首府所在地、全国著名的将军县——河南省新县。公司是一家以制药为主业，涉及保健品、健康食品、中药材种植及养殖等行业的国家火炬计划重点高新技术企业，也是国内医药企业中以橡胶膏剂为主业的首家上市公司。公司创始于 1992 年 6 月，是一家由国家科委扶持老区新县创办的科技扶贫企业，依靠少量资金起步，始终秉承"诚信立业、造福人类"的企业理念，坚持"以人为本、诚实守信、关注过程、追求卓越"的核心价值观，艰苦创业，顽强拼搏，经过数年的不懈努力，企业得到长足发展，于 2000 年 10 月在上海证券交易所成功上市。

经过近 20 多年的发展，公司业已形成规模化经营态势，在北京、郑州、信阳、常州等地控股、参股 10 多家企业，拥有先进的科研、生产基地。目前，公司已建成国内最大的经皮给药生产基地——新县羚锐生态工业园区，年产贴剂药品 30 亿贴，产销量均居市场前列；建成国内先进的大型口服药生产基地——信阳羚锐健康产业园；在北京设立羚锐药物研究院作为科研创新基地。

公司现拥有橡胶膏剂、片剂、胶囊剂、颗粒剂、酊剂等六大种剂型上百种产品，其中包括通络祛痛膏（骨质增生一贴灵）、壮骨麝香止痛膏、伤湿止痛膏、关节止痛膏等系列贴膏剂产品；治疗心脑血管疾病的培元通脑胶囊、丹玉通脉颗粒、心可宁胶囊；治疗腰椎管狭窄症的丹鹿通督片；治疗糖尿病的参芪降糖胶囊等；治疗泌尿系统结石的结石康胶囊；治疗胃病的胃疼宁片、复方拳参片；治疗呼吸道疾病的咳宁胶囊；强力镇痛药物芬太尼透皮贴片等。公司具有多个自主知识产权的独家品种、中药保护品种和《国家医保目录》、《国家基本药物目录》药品，主导产品在国内市场上享有较高的知名度和美誉度。

公司为国内贴膏剂药业中首家通过 GMP 认证的企业，所有药品剂型和生产车间均通过国家 GMP 认证，以及相关系列的质量管理、环境管理、职业健康安全管理体系认证。公司拥有国家认定企业技术中心、国家博士后科研工作站、河南省羚锐经皮给药院士工作站、河南省经皮给药制剂工程技术研究中心。曾先后被评为"全国中药工业 50 强企业"、"全国中药系统先进集体"、"全国精神文明建设工作先进单位"、"全国医药优秀企业"等；2002 年"羚锐"商标还被国家工商行政管理总局认定为"中国驰名商标"，为国内橡胶膏剂药业中首件驰名商标。

二、公司履行社会责任情况

企业在创造利润、对股东负责的同时，还要承担起对员工、消费者、社区、环境等方面的责任与义务。2015 年社会责任报告的撰写，以中国企业评价协会、清华大学社会科学学院于 2014 年 6 月 17 日在北京钓鱼台国宾馆发布的标准为依据，从法律道德、质量安全、科技创新、诚实守信、消费者权益、股东权益等 10 个方面应遵守的原则、准则，对河南省上市公司——羚锐制药公司 2015 年企业社会责任的履行情况进行解析。

（一）法律道德

1. 依法决策与治理，创建守法和诚信经营的良好环境

报告期内，羚锐制药严格按照《公司法》、《证券法》、《上市公司治理准则》、《上市规则》等法律法规的要求，严格控制遵守国家制定的各项法律、法规，不断完善公司法人治理结构，加强信息披露，规范公司运作，力求做到科学、客观、真实。

公司的股东大会、董事会、监事会、经营管理层依法履行各自职责，对关联交易、非公开发行、股权激励进展情况及时进行信息披露。《公司章程》对董事、经营层、高管人员应遵循的准则和法律、道德责任做了明确规定。公司法务部全程参与重大经营事项的决策并出具法律意见书，规避经营风险。

根据国家对上市公司的要求，公司建立了内部审计制度，每年进行内部审核，内部审核有效性通过了外部会计事务所的审核。同时，组织架构中设立审计部，向董事会直接负责并报告工作。公司委托审计部独立开展经营管理审计、内控审计、离任审计、工程审计、专项审计等多方面内审工作，针对审计中发现的问题，及时下达审计决定和整改建议，并进行跟踪检查，形成闭环管理。

2. 以服务社会、满足百姓需求为导向

公司聚焦发展核心制药业务，坚定实施品牌带动战略，加大科技创新和品种结构调整力度，着力提升企业主导产品营销能力，不断巩固在经皮给药方面的竞争优势。同时，借助自身在行业中的品牌影响力，坚持转变发展方式，坚持创新驱动发展，实施差异化、科技与管理创新、资源整合和资本运作等战略举措，产业布局由单纯满足疾病治疗需求向满足治疗、预防、保健、养生、康复等多种需求方向发展，通过多元化、跨领域经营，拉动当地相关行业的发展，安置大批社会富余劳动力，帮带上万农民走上脱贫之路，有效助推老区经济社会快速发展。

公司奉行可持续发展的原则，始终怀着一颗感恩的心，传递"有关爱·没疼痛"的品牌理念，不断做强做大医药健康产业，为广大百姓的身体健康服务，为国家多缴税收，回报老区，富裕员工，努力实现让社会、员工和股东满意的百年"羚锐梦"。

3. 践行"三严三实"，倡导健康的商业价值伦理

公司以扎实开展专题教育实践活动为契机，针对可能存在的"不严不实"问题，进行排查补缺，紧盯不放，整改到底。报告期内，组织广大管理干部及党员到革命圣地井冈山接受革命传统教育，在"七一"节表彰中设立党员示范岗，充分发挥模范引领作用。公司上下风清气正，廉政建设扎实有效。全体干部及党员自觉维护和执行党纪法规，工作中廉洁自律，没有违法违纪现象的发生。

4. 扶贫济困，构建优秀企业伦理文化

公司创建于扶贫开发起步的时代，也因此形成了独特的文化基因。这种文化中有扶贫济困、回馈社会的感恩情怀，有立岗奉献的责任意识和担当精神，有锐意进取、攻坚克难的创新激昂，有艰苦奋斗、实干兴企的朴素作风，更有质量至上的工匠精神和品牌意识。这种特殊的企业文化激励着羚锐人不忘初心，充分传承和发扬大别山革命老区的优良传统。因此公司始终热心参与社会公益慈善事业，履行应尽的社会责任。这些活动不仅给企业带来了良好的声誉，提升了公司形象，也在一定程度上促进了企业的持续发展。近年来，羚锐制药主要经济指标保持年均20%以上的增长速度，居全国透皮贴剂制药业前列。目前，公司已发展成为国内知名的公众上市企业和革命老区新县的支柱企业，为当地社会经济发展做出了突出贡献。

5. 依法经营、诚信纳税

公司始终坚持"依法经营、诚信纳税"的企业理念，连续多年被评为A级纳税信用企业。通过建立和不断完善税务风险内控管理制度，并在实际工作中得到有效运用，使公司业务运营更加规范、顺畅，公司业绩保持稳步上升：2014年实际上缴入库税款13669.45万元，较上年同期增长35%，2015年实际上缴入库税款17412.42万元，较上年同期增长27.38%。

（二）质量安全

公司作为国内透皮贴剂医药行业中的首家上市公司和国家火炬计划重点高新技术企业，始终坚持以"强化药品质量，确保顾客满意"为方针，顺应经济社会发展转型、群众健康需求多元化和包括中医药服务在内的公共服务均等化的新趋势，坚持以提高经济发展质量和效益为中心，向质量和品牌要效益，以"药品质量关系患者生命，产品质量关系企业生命"作为工作核心，将质量管理与品牌建设作为日常工作的第一要务，不断强化药品质量监控、监管，在保障药品安全、有效、均一、稳定的同时，确保了患者的用药安全。

1. 重视安全的制度建设

公司一向重视企业质量管理工作，先后组织相关专业技术人员，从实际出发，按《药品生产质量管理规范》（1998修订）要求，制定了一套较为完善的管理文件：《机构与人员》、《厂房与设施》、《确认与验证》、《文件管理》、《生产管理》、《质量保证与质量控制》、《自检》、《物料与产品质量标准》、《检验操作方法》等，要求企业所有员工必须按相关文件要求从事生产操作、开展日常工作，规范了产品生产质量管理过程。随着药品监管不断加强和日趋完善及《药品生产质量管理规范》（2010年修订）实施，公司对GMP文件系统进行了提升，增订了《质量风险管理规程》、《变更管理规程》、《偏差管理规程》、《纠正和预防措施管理规程》、《供应商评估和批准管理规程》。公司在强化质量管理基础上不断提升生产技术，由技术人员编写《大别山药物志略》和《药物贴膏剂生产与研发》。

2. 严把质量关

为从源头上控制产品质量，公司依据《中国药典》制定了更高的原辅材料检验标准，确保进厂原辅材料质量。优选道地中药材，制定"标样"，进厂中药材统一与"标样"比对，从外观上严控中药材质量；包装材料制作"标样"，"标样"作为采购、验收、使用比对依据，控制产品外在质量；严格规范化管理，确保企业使用无重金属、无农药残留、无污染的优质绿色中药材。同时，在生产车间深入持久地开展"产品质量日日行"活动，做到了"不合格的原辅料不得入库，不合格的半成品不得流入下一道工序，不合格的产品不得出厂"。

3. 保障生产安全

公司还时刻不忘安全生产，先后投资数千万元用于安全生产监护、危险品库建设、消防设施建设、安全技术改造、安全培训和劳动保护等，严格按照国家《安全生产法》组织生产活动，建立健全了安全生产管理制度，确保了生产安全。

4. 追求卓越的理念与实践

公司积极推行卓越绩效管理模式，以质量为核心，按照物料、设备设施、生产、实验室、包装贴签、质量六大体系理念，坚持"严准入、强监管"，保证从原料供应、生产过程到产品放行全部符合 GMP 要求。公司已连续通过 GB/T19001 – 2008 质量管理、GB/T24001 – 2004 环境管理及 GB/T28001 – 2001 职业健康安全管理体系"三标一体化"认证；继获得河南省"省长质量奖"、信阳市"市长质量奖"，再次以较强的实力入选"中药企业品牌百强榜"。

5. 探索质量管理新模式

公司将 GMP 的系统管理方法与现行企业管理制度相融合，探索"全员、全系统、全效率"的管理模式。通过建立员工生产过程质量行为测试评估机制，不定期随机抽取相应岗位开展测评工作等手段，促使岗位操作人员规范操作，进一步提高了产品质量保障能力。在强化执行上，一方面，采取逐月通报的模式加强对工艺执行力的检查和监督；另一方面，开展岗位工作研究，用短板原理，通过现场调研、评价，不断改进员工日常生产和工作行为。在落实精细化管理上，建立健全工艺质量管理考核制度，形成人人关心质量的良好氛围；构建关键工序、原辅材料预警机制，车间内部开展质量缺陷管理，上下工序防差错管理，保障产品质量；公司技术中心与质量技术部门成立工艺专题攻关小组，共同抓好生产全过程的关键工序、关键指标和工艺流程，寻求最佳组合参数，保障同规格产品工艺参数和工艺指标的一致和稳定，促进了产品品质的稳步提升。

为提高质量检测、检验水平，公司还投巨资建立国内首家经皮给药制剂工程技术研究中心——河南省羚锐经皮给药制剂工程技术研究中心和河南省羚锐经皮给药院士工作站，购进多台高效液相色谱仪、气相色谱仪、紫外分光光度计、自动溶出仪及无菌隔离操作系统等先进仪器，引进大批专业技术人才，将先进的中药指纹图谱技术纳入企业质量内控标准。

6. 以技术为支撑，提高产品质量

公司坚持"以管理促进步，以技术支撑提高产品质量"的原则，建立质量事故应急预案，完善危机处理流程，在总工程师负责制下设立各事业部第一质量负责人，夯实质量工作基础，保障了产品质量。在产量高速增长的同时，保证了药品出厂质量合格率100%、市场抽检质量合格率100%，未发生一起重大质量安全事故，未发生一起严重药品不良反应事件，没有一起因质量问题被监管部门通报处罚，质量工作得到该行业的一致认可。

（三）科技创新

公司为国内贴膏剂药业中首家通过GMP认证企业，所有药品剂型及其生产车间均通过国家GMP认证，以及相关系列的质量管理、环境管理、职业健康安全管理体系认证，建立了行业标准，是国内首家经皮给药上市公司。建立了热熔胶、水凝胶及丙烯酸酯压敏胶等多个经皮给药技术平台，在国内经皮给药技术开发项目名列前茅，已开发二类新药两项，三类新药两项，在"十一五"重大新药创制获得国内唯一经皮给药中试平台，国内首家申报橡胶膏剂改热熔胶项目，被列入"十一五"重大新药创制"大品种二次开发"项目，带动了产业升级。报告期内，公司共支出研发资金4452万元，占净资产比例的2.61%，占营业收入比例的4.16%，与上年同期相比增长49.48%；并通过高新技术企业再认定。

1. 注重技术创新

公司积极研究和推广应用关键共用技术，先后开发和应用了多项具有国际先进水平和自主知识产权的技术（见表1）。

表1　主要技术一览表

编号	主要技术名称	装备水平
1	橡胶膏剂 CO_2 激光超微切孔专利技术	国际先进、拥有自主知识产权
2	橡胶膏剂热压法工艺制剂技术	国内先进
3	热熔胶贴膏剂制剂技术	国内先进
4	缓控释透皮贴剂制剂技术	国际先进
5	巴布剂制剂技术	国内先进

公司先后与设备制造商合作设计和制造出具有先进水平的联动生产线，引进、推广应用高水平的现代化制药设备（见表2）。

2. 公司自行研究开发核心技术

（1）激光在线检测、控制技术：该技术主要是应用激光作为探测光源，通过在线实时对橡胶膏剂涂布工艺参数进行检测，并实时反馈给计算机，即时调整设备工艺参数，达到产品质量标准的要求，保证产品质量精确控制的同时，最大限度地提高了生产效率，该技术在国内同行业中处于领先地位。

表2　主要设备一览表

类别	主要设备	装备水平
药品生产	橡胶膏剂溶剂法产品联动生产线	国内先进
	橡胶膏剂热压法产品联动生产线	国内领先
	橡胶膏剂 CO_2 激光超微切孔专利设备	国内、国际领先
	透皮贴剂产品联动生产线	国内、国际先进
药品检验和研发	高效液相色谱仪、红外光谱仪、智能溶出度测定仪、持黏性测试仪、电子剥离试验机、透皮扩散试验仪、多功能药用实验机、红外卤素水分仪、大孔树脂交换柱、提取浓缩机组等	国内先进
自动控制	透皮贴剂自动化控制生产线，CO_2 激光超微切孔自动化生产线、橡胶膏剂热压法产品自动生产线、双铝自动充填热封包装机、全自动高速压片机	国内先进
信息技术	五级架构的信息平台，核心为 ERP、MES 和 OA	国内先进

（2）激光在线超微切孔专利技术：该技术实现了对橡胶膏剂产品在线切孔，通过激光瞬时雾化的方式形成孔径，与针刺、冲压等切孔方式相比，保证了所切孔径不会回缩，且排列整齐，增加产品透气性。同时，激光所切孔径、大小均可根据不同产品进行调解，还减少了药物的损失，不接触药物，可以保证生产的连续性，极大地提高了生产效率，同时，因该技术为公司专利技术，也为公司产品提供了一种新的防伪手段，该技术在国内外同行业中处于领先地位。

（3）自动化连续提取技术：该技术通过对中药提取工艺的流程再建，通过计算机控制手段，保证对药物的有效组分连续提取，节省了劳动力，提高了生产效率，保证了产品质量，该技术达到了国内先进水平。

（4）新药筛选平台：公司建立了系统的药物开发筛选平台，从对单一中药成分的分析，到复方成分的药效评价，在仪器设备、人员、技术等方面均达到了国内先进水平，所开发的口服药制剂、外用制剂获得多项国家发明专利，为公司产品的持续开发奠定了基础。

（5）热熔胶技术：该技术是采用合成橡胶代替传统的天然橡胶，在提高了药物载药量的同时，减少了对皮肤的刺激作用，而且，因其与皮肤和毛发的低亲和力，揭贴时患者的毛发剥离及疼痛感降低，增加了患者的顺应性。同时，合成橡胶的应用在制剂过程中不需要使用汽油等有机溶剂，既节约了成本，又提高了安全性，对环保也有很大好处，该技术达到国际先进水平。

（6）热压法制造技术：该技术是对现有传统橡胶膏剂生产工艺的改进技术，通过加热的方式来溶解橡胶膏体，以替代传统的汽油浸溶方式，该技术既节约了生产成本，又提高了生产的安全性，简化了生产周期，降低了对环境的影响。该技术达到国内领先水平。

3. 重视科技研发与升级

公司积极跟踪产业发展趋势和市场需求，追踪国内外技术发展动态，围绕现有产品进行结构调整和技术升级，开展了深入系统的研究开发工作。近三年来，共开展新产品、新技术、新工艺研究课题 134 项，其中研究周期在三年以上的 88 项，占总课题的 70%，省级以上研究课题 15 项；三年来共完成新产品、新技术研究课题 44 项，其中新产品 31 项，新技术、新工艺 13 项，申请和取得国家专利共 34 项，其中发明 23 项，外观 7 项，实用新型 4 项。一批新产品、新技术应用于生产，取得了巨大的经济和社会效益。相关科研人员参加各类学术交流 100 人次以上，开展各类研究课题 30 项以上，其中省级以上重点、重大攻关和产业化项目 10 项以上，研究周期在三年以上的课题占总课题的 70% 以上，开发具有独立知识产权的新产品 10 种以上、具有国内领先水平新技术 5 项以上，新产品、新技术产业化率达 30% 以上。

（四）诚实守信

诚实守信是企业社会责任的又一重要内容。羚锐人奉行的"诚信立业，造福人类"的企业理念就是最好的诠释，在企业经营活动中，公司始终遵循市场交易诚实守信的基本原则，靠诚信打造品牌，靠诚信成就事业。

作为上市公司，必须具有完善的信息沟通和披露机制。公司及时向利益相关者发布公司关于重大决策、机构调整、非公开发行股票等方面的信息。公司按期发布季度及年度报告，对公司报告期内的生产经营活动、关联交易、各类融资进展等方面做了详细说明；同时，在公司出现临时性有重大影响的信息时，及时、合规地进行公告。上述重大信息均可通过羚锐制药官网、《中国证券报》、《上海证券报》、上海证券交易所网站获得，保证利益相关方能及时获得与公司运营相关的、对其决策具有重要影响的信息。公司还主动与外界进行多形式、多维度的沟通与交流，积极进行互动，充分了解利益相关方的观点与需求，并予以解决，提升公司竞争力。

报告期内，公司获得全国质量诚信标杆典型企业称号。

公司崇尚并践行诚信经营的理念和行为准则。在经营过程中，以诚信为本，公平交易，坚持靠信用待用户，忠实履行服务承诺，以提供最佳服务的态度开展工作。2015年7月，公司签约河南上市公司协会的诚信公约，承诺将诚信对待供应商、客户和消费者，公平交易、阳光操作。公司亦严格遵守诚信公约，以诚信为本，规范公司的生产经营。公司与大客户签署《经分销协议》，约束不规范行为，明确厂商双方的权利义务，保护客户的合法权益；公司对采购全过程实施监督机制，推行公开招标，实行阳光采购，杜绝徇私舞弊等不正当交易，切实保障公司和供应商的合法利益，维护良好的交易环境。

近年来，公司一直注重以高科技、高附加值、高质量的产品来赢得客户和消费者的信任，在生产经营活动中，始终以诚信为准则，公平交易，尊重和保护知识产权。公司曾荣获河南省省长质量奖、河南省信用建设示范单位、环境保护优秀企业、企业信用 AAA 等级等奖项及荣誉称号。在经营期内，公司未出现因知识产权问题而引发的法律纠纷。

除此之外，公司把诚实守信作为一项基本的企业道德准则来教育员工，使企业员工时刻以诚信美德来约束、规范自身的行为。利用宣传栏、道德讲堂、企业文化宣传微信群等形式广泛宣传道德建设的条例等，宣传企业的发展理念和文明建设；利用多种形式落实企业的经营准则和行为规范。

（五）消费者权益

医药产业作为国计民生行业，是人民群众最为关心的大事。药品作为一种特殊的商品，其质量直接关系到消费者的生命安危，是最能体现消费者权益的现实商品。

为了维护消费者的合法权益，羚锐制药一直把为消费者提供优质有效的药品视为企业的生命。为此，公司坚持使用道地药材作为保证药品质量的第一个环节，严格执行供应商管理制度，并专门设立了由生产、采购、质量、财务及审计等多个部门组成的联合工作组，对原辅料供应商从资质、规模等多个方面进行全方位的实地考察、核验，建立药用原辅料"标样"，实施动态管理，不定期抽查，及时淘汰不合格供应商。同时，不断加强质量管理，加大研发和技术改进力度，为消费者提供技术含量高、用户体验好、有疗效的产品。

市场销售环节始终坚持公平营销，确保向消费者提供真实可靠的商品信息和服务。在所有销售渠道，顾客均能看到公司所生产药品标注完备和明确的信息，如商品名称、商品规格、国药准字、生产厂家、通用名称、贮藏、有效期、功效与作用等内容。同时，公司还建立起了完善的客户服务和药品使用者投诉处理机制，加强产品的售后服务，切实做好药品的售前、售中、售后服务工作，积极追求臻于至善的客户服务目标，并对涉及消费者权益的重大问题及时做出澄清和回应。除了及时对涉及消费者权益的产品质量安全问题做出调查、回应之外，公司还制定了产品召回制度，进一步保障消费者的合法权益。

（六）股东权益

羚锐制药严格按照相关的法律章程不断完善内部制度建设，在积极承担对员工、客户、消费者、债权人、供应商、社会等其他利益相关者责任的同时，积极回馈股东，维护股东的合法权益，实现了公司与各利益相关者的共赢。

公司按照《公司法》、《证券法》等法律法规，不断健全规章制度，修订完善了《公司章程》、《股东大会议事规则》、《募集资金管理制度》等，使公司法人治理结构得到进一步完善；制定并完善内部控制体系，切实保障全体股东和债权人的合法权益。报告期内，公司加大营销力度，创新管理，实现扣除非经常损益的净利润 12069 万元，同比增长 75.75%，实现经营业绩的大幅提升，确保股东的合理回报。

公司三会运作规范。2015 年公司召开了一次股东大会，采用现场及网络投票相结合的方式召开，充分保障所有股东能够依法行使权利，会议召集程序、表决方式、决议合法有效；通过现场沟通交流，更多的投资者深入了解了公司。公司召开四次董事会、四次监事会，全体董事、监事均亲自参加会议，会议的召集、召开符合法定要求，重大事项均履行了相关的审批程序。独立董事按规定对相关事项均发表了独立意见，切实维护了公司整体利益和中小股东的利益；董事会各专业委员会在董事会的科学决策中发挥了重要作用。公司监事通过参加监事会会议及列席公司股东大会和董事会，充分保障了监事对公司事务的知情权和依法行使监督权。

公司严格按照《公司法》、《股票上市规则》等相关法律法规的要求，通过法定公开信息披露媒体及时、真实、准确、完整地进行信息披露，遵守公开、公正、公平对待所有投资者的原则，未发生有选择性地、提前向特定对象披露、透露或泄露非公开信息的情况。2015 年，公司共发布了临时公告 85 份和定期报告四份，依法依规公开公司财务信息、经营状况等信息和资料，积极争取中小投资者对公司各项决议的支持，为公司可持续发展创造良好的外部环境。

公司重视投资者关系管理。通过接待实地调研、电话、电子邮箱、投资者关系互动平台、网上业绩说明会等多种方式与投资者进行沟通交流，听取广大投资者对于公司生产经营、未来发展的意见和建议，平等对待所有投资者，提高了公司发展业绩的透明度和诚信度。

为积极回报投资者，实现对投资者的合理投资回报并兼顾公司的可持续性发展，公司建立并实行稳健的现金分红政策，构建与股东的和谐关系。公司召开第六届董事会第六次会议及2014年年度股东大会，修订《公司章程》中关于利润分配的条款，明确约定："原则上每年度进行一次现金分红。在有条件的情况下，公司可以实施中期利润分配，分配条件、方式与程序参照年度利润分配政策执行……在满足现金分红条件时，任意三个连续会计年度内，公司以现金方式累计分配的利润原则上不少于该三年实现的年均可分配利润的30%……"公司2012~2014年（含报告期）的利润分配情况如表3所示。

表3　利润分配情况表　　　　　　　　　　单位：元

年份	每10股派息数（元）（含税）	每10股转增数（股）	现金分红的数额（含税）	分红年度合并报表中归属于上市公司股东的净利润	占合并报表中归属于上市公司股东的净利润的比率（%）
2012	1.00	5	22905793.90	42453610.02	53.95
2013	1.50	5	53590036.35	105367058.23	50.86
2014	0.60		32133771.84	76170879.76	42.19

公司在保持企业良好、持续经营的基础上，不断扩展新的投资渠道，完善制度建设，最大限度地确保了全体股东的合法权益。

（七）员工权益保护

公司关心每一位员工的成长，关注每一位员工的发展，秉承"以人为本，尊重人才，创造机遇，共同发展，得人心者得天下，得人才者得未来"的人力资源管理理念，努力为员工创造公平竞争的工作环境。公司严格遵守《中华人民共和国劳动法》、《劳动合同法》和《妇女权益保护法》等法律法规，尊重和维护员工的个人合法权益，切实关注员工的人身健康安全和工作满意度。

1. 依法保护每位员工的合法权益

在维护员工合法权益方面，公司工会代表全体员工与企业签订了集体合同，集体合同中就劳动合同管理、劳动报酬、工作时间、休息休假、保险与福利、职工培训、女职工特殊权益保护、劳动安全与卫生、职工奖惩等内容进行了规范。还依据《劳动法》、《劳动合同法》等法律法规与每名员工签订了劳动合同，保障员工所享有的权利。为进一步保障员工健康与安全，除按国家规定全员办理"五险一金"外，还在商业保险机构为员工办理了团体人身意外伤害保险和大额医疗保险，进一步解决了员工的后顾之忧。

2. 广泛吸纳人才，注重本土培养

2015年，公司结合互联网发展趋势，在招聘工作上进一步创新思路和工作方法，拓展了多个招聘渠道，基本满足了公司用人需求。在员工的选聘、管理、培训方面，积极拓宽人才引进的渠道，广泛吸纳成熟型人才、成长型人才。公司通过面向全国的外部招聘，招收优秀应届大学毕业生，高薪聘请高级专业技术人才和管理人才。公司内部开办和组建了管理干部学习班、羚锐制药营销人未来星俱乐部，通过对内部员工进行各类专业知识与实践方面的教育，为公司进一步发展储备可持续发展的人力资源。根据《2015年培训纲要》要求，公司对全年的培训工作进行了具体的安排。2015年，共组织了21场员工培训，其中外聘讲师14场（管理技能两场，通用基本技能五场，专业技能两场，安排培训两场，其他培训三场），新员工培训七场，受训人次达2000余人次。此外，公司挂牌成立了羚锐培训中心，旨在打造一个更加专业的培训平台，通过内训锤炼一支更加优秀的管理干部团队和员工队伍，为公司未来发展提供人力资源支持。

3. 工会进一步丰富员工精神文化生活

公司工会下设工会委员会、劳动监督检查委员会、劳动争议调解委员会、女职工委员会。为丰富员工业余生活，调节工作气氛，增强公司凝聚力和向心力，公司工会全年组织了一系列接地气、贴近员工生活的集体活动。在"三八"妇女节和"六一"儿童节等节日期间，先后组织开展"模范家庭"、"模范丈夫"、"模范妻子"评选和员工宝贝总动员活动，让"关爱家人"的理念深入员工心中，让员工工作之余尽享亲情和欢乐；组织羚锐文学协会会员和青年员工赴黄柏山国家森林公园开展文学笔会活动，进一步培育引导员工的兴趣爱好；组织以"快乐运动，健康羚锐"为主题的第四届职工运动会，集中展示了羚锐人积极健康向上的精神风貌，将"更高、更快、更强"的体育精神带入员工工作和生活中；同新县人民医院联合组织单身青年联谊会，吸引了两单位130余名单身男女青年参与，在给广大青年员工提供良好工作环境的同时，还给他们更多生活上的关爱。

2015年，为更好地履行公司工会职能，增强团队的凝聚力，公司工会在原已设立的职工互助金基础上，依托河南省羚锐老区扶贫帮困基金会成立羚锐制药困难职工帮扶中心，及时为困难职工提供快捷的帮助和服务，帮助解决职工在医疗、子女上学、意外灾害等方面遇到的实际困难。

4. 积极保障员工的职业健康安全

（1）有针对性地开展培训教育，切实提高全员职业安全意识和能力。严格执行厂级、车间级、班组级的"三级安全教育"体系。紧密结合身边发生的安全事例，有针对性地对新入职的员工按标准要求进行厂级安全教育，同时督促、检查二三级安全教育，使他们熟悉、掌握必要的安全知识和自我防护技能，达到要求后方可上岗操作。对换岗、转产、复工人员，各部门均要按年度安全培训计划要求进行安全技能和岗位操作法的培训，经考核合格后才能上岗作业，并且把安全考试成绩作为职工晋级的依据之一。对施工、实习、参观等外来人员都要进行安全培训并完善相关手续后才准许进入生产区。

（2）认真组织各种安全活动，构筑浓厚的企业安全文化氛围，强化职工安全意识。认真开展"三查、三反活动"，杜绝人的不安全行为。紧紧抓住"以人为本，安全第一"的主题，通过在员工中广泛征集安全风险源识别活动，认真开展"查隐患、查漏洞、查问题"和"反违章、反违规、反违纪"活动，积极检查和修补安全管理问题及漏洞，认真组织职工讨论每次发生的事故案例、学习安全管理制度，加大对违章、违纪的处罚力度，强化安全管理，全面提高职工的安全意识，大力营造反对违章、关爱生命的氛围。

（3）2015年，公司累计投入资金20余万元组织全体员工体检。从体检结果来看，员工均无重大疾病，员工健康率保持较高水平。公司多年来保持无烟环境，在厂区和办公区域设置严格的禁烟标志，并有相关禁烟管理规定，平时员工吸烟率保持较低水平。公司通过职业健康安全管理体系认证、环境管理体系认证，并在2015年被列为新县健康促进企业建设试点单位。

5. 积极增加当地贫困人口的就业机会

新县作为国家扶贫开发工作重点县，近年来县域经济尽管发展较快，但贫困人口依然占全县总人口的7.5%。为分担地方政府就业压力，羚锐制药在能够进行技改、全面推进机械化大生产的条件下，仍从维护社会稳定、解决地方富余人员就业出发，不惜投入较高的生产成本，在药品生产过程尽量使用人力，目前贴膏剂药品生产仅仅打浆、涂布、涂胶和包装等工序，用工人数就达800余人，人均月收入在3000元以上，真正实现了"一人进厂、全家脱贫"。发展至今，羚锐制药已累计安置近万人就业。

（八）能源环境

从建厂之初，羚锐制药就高度重视公司发展与环境保护的关系问题，坚持发展不能以牺牲生态环境为代价的价值观。结合公司驻地创建"山水红城、健康新县"的发展目标，以创建"绿色企业"为契机，以推进节能减排为目标，以提高资源利用率为核心，注重节能降耗、节约用水，致力于建设资源节约型、环境友好型企业，走出了一条规模持续扩大、实力持续增强、能耗持续下降、效益持续提升、环境持续改善的科学发展之路。

首先，公司非常重视节能减排。始终秉持企业与环境可持续发展的思想与理念，并制定了相关制度以促进节能减排目标的实现。羚锐制药以持续推进清洁生产思想为指导，以降耗、减污、节能、增效为目标，成立了以总经理为组长的清洁生产审核小组，总体负责清洁生产的筹划、组织与实施。同时，公司又聘请专业机构和人员按照边审核边实施的原则，遵循"筹划与组织—预评估—评估—方案产生与筛选—可行性分析—方案实施—持续清洁生产"七个阶段制定清洁生产审核计划，推进清洁生产审核与生产工作。确定节能目标后，羚锐制药积极组织相关的人力、物力、财力，通过管理、生产、技改等各个生产环节和部门之间的联合协作，确保节能减排目标的实现。通过上述清洁生产审核的实施，公司真正使产品原辅料、能源消耗、水资源消耗达到甚至领先于国内同行业的标准要求，切实保证了节能、降耗、减污、增效目标的实现。为巩固节能工作成果，公司还建立节能降耗长效机制，将节能减排工作的持续开展当作一项重要任务来看待，先后制定了《节约管理标准》、《固废物管理制度》等，把节能工作纳入企业日常管理。

其次，公司投入巨资进行环境保护，坚持绿色发展。羚锐制药在进行项目建设与环保设施建设时坚持"三同时"原则：在进行新建、改建和扩建工程时，防治污染和其他防治公害的设施必须与主体工程同时设计、同时施工、同时投产。遵循此原则，信阳羚锐健康产业园的建设过程中，在建筑施工时配套了污水、烟尘、废气、废渣、噪声等方面的处理设施，实现了"三废"达标排放和清洁生产。2015年11月投入巨资在新县产业集聚中心兴建的"羚锐制药百亿贴膏剂产品建设项目"，在节能环保方面将全部淘汰燃煤锅炉设备，采用自动化程度较高的节能设备，组合式空调器采用变频调速风机，利用敞开式循环冷却系统节约用水，真正实现发展与环境保护的和谐统一。因此，羚锐制药通过了国家环保机构核查，并被河南省环保部门评为"环境友好型企业"和"绿色企业"。

最后，制药企业主要污染物为工业废水，而在工业废水治理方面，羚锐制药引进先进的污水处理工艺，废水 COD 浓度 35 ~ 45mg/L，pH 值为 7.5，处理达标后，经总排污口，排入市政污水管网进行二次循环处理。通过加大投入，淘汰能耗高、产污多的老设备，促进了生产工艺环保。羚锐制药先后购置了反渗透制水设备，代替高能耗的塔式蒸馏水设备；购置水环真空泵代替产生污染废气多的复式真空泵，使污染物在生产过程中得到了有效控制。与此同时，羚锐制药还通过购进中药饮片代替原药材，减少原药材在公司内部的洗涤量，加大中药材预处理力度，从源头上大大降低了污水的生产和排放。羚锐制药先后投资数百万元兴建循环水池，购进先进锅炉多管除尘系统，使二次水利用率达 70% 以上；并对工业废水排污口进行改造，使之符合规范要求，对所产生的污水全部按要求进站处理，达标排放。2015年，羚锐制药在做好节约用水的同时，推行重大工业改革，如应用新的生产工艺节约煤等能源的消耗，并对有机废水进行深度治理，使污水处理站得到更好的运行，务实高效地推进了一系列节能减排方面的技改措施。

《羚锐制药 2015 年年报》显示，在报告期内，公司高度重视环境保护工作，倡导清洁生产，加大环保投入，提高节能减排的效能，确保"三废"污染物排放稳定达标，保护好企业及周边的环境状况；注重环境保护管理体系的建设和完善，对各生产成员企业的环境保护状况进行管理控制和检查，督导各生产成员企业做好环境保护工作和规范化运作，确保不发生重大环境污染事件。2015 年，公司及下属分子公司没有发生重大环境问题，也没有受到任何形式的环境保护行政处罚。

（九）和谐社会

首先，企业是社会的一部分。羚锐制药发展到今天的规模，离不开政府与社会各界的关怀和支持。羚锐制药也为和谐社区建设做出了积极贡献。

2015 年，河南省省委副书记邓凯莅临羚锐中药材种植基地视察、调研；时任信阳市市长乔新江莅临羚锐暖贴和小儿退热贴生产基地观摩视察。在视察过程中，省市领导都对公司的发展给予了充分肯定和赞许。公司自成立以来，始终植根老区这片红色的沃土，坚持把重点投资项目建设在老区新县，这一做法既是羚锐制药出于带动县域经济发展的考虑，又是新县县委、县政府大力支持公司做强做大企业的结果。从建厂至今，羚锐制药始终与历届新县县委、县政府保持着阳光、健康的政企关系，打造了一个政企关系的典范。在 2015 年公司年会上，新县县委书记、县人民政府县长吕旅说："新县的发展离不开羚锐，羚锐的发展也离不开新县。羚锐和新县多年发展所形成的是一种健康的政企关系，我们有交集没有交易，我们有交往没有交换，这么多年，县委、县政府一直致力于全力支持羚锐做大做强。"

其次，羚锐制药积极投身脱贫攻坚。在推进全面建设小康社会进程中，新县县委、县政府确立了"2017 年全县脱贫、2018 年建成河南省革命老区扶贫开发示范县、2020 年全面建成小康社会"的目标，其中重点鼓励产业扶贫脱贫，推广"龙头企业＋基地＋合作社＋贫困户"的发展方式。新时期、新使命、新任务，作为当地龙头企业，羚锐制药认识到扶贫工作必须在总结过去扶贫模式与成效的基础上，针对贫困地区的实际情况，寻找有效的产业扶贫路径；要从以往的"授人以鱼"转变为"授人以渔"，通过精准扶贫，改"输血"扶贫为"造血"扶贫，才能彻底实现贫困地区经济发展的根本转变。在发展产业的道路上，羚锐人创新产业发展模式，探索出了一条适合立足当地资源开发的发展新模式，更好地造福一方百姓。

羚锐制药充分利用新县特色农业生产的传统优势和茶叶、中药材等特色资源，抢抓机遇、加快发展，通过积极涉足生物制剂、健康产品、医疗器械、中药材种植和养殖等产业，控（参）股河南羚锐保健品股份有限公司、河南羚锐生物药业有限公司、信阳羚锐生态农业有限公司等 10 余家企业，拥有多个科研、生产基地，打造集团化、规模化产业格局。

新县地处大别山腹地，境内生长的中药材近 2000 种，农民素有种植中药材的传统。基于此，近年来，羚锐制药加快了产业发展和产业扶贫实施步伐。2000 年始曾试点以"公司＋农户＋基地"的产业化模式，发展银杏、颠茄草等中药材种植，取得了一些经验。2014 年 3 月，公司投资设立了信阳羚锐生态农业有限公司（以下称"羚锐生态农业"），开展中药材标准化种植。羚锐生态农业在新县浒湾乡曹湾村流转土地 3000 余亩，建设了中药材标准化种植、养殖基地，筛选了公司生产需求量大的水蛭、颠茄草、丹参、延胡索等中药材进行种植、养殖。同时，建立了中药材种苗培育基地，以种苗培育基地为载体发挥标准化基地的示范作用，坚持走"公司＋基地＋合作社＋农户"的经营模式，积极投身扶贫开发工作，实施中药产业扶贫。目前，羚锐生态农业已与 10 个乡（镇）、600 多家贫困户签订了中药材种植、养殖协议，由羚锐生态农业提供中药材种苗和种植技术，并负责按市场价收购种植户的药材；同时，所有的田间种植工作都承包给当地农民，将农民转化为产业工人，促进贫困户增收脱贫，这一做法收到了较好的经济和社会效益。

最后，羚锐制药热心公益事业的发展。为更好地发扬羚锐制药"诚信立业，造福人类"的理念，2015 年，公司先后组织"扶贫助残"、"金秋助学"、寄送"温暖包裹"、资助孤贫儿童等活动累计捐赠现金及物品共计价值数百万元。积极开展扶贫济困工作，2015 年累计资助公司内部和外部人员 55 人；为北京大学光华管理学院、郑州大学药学院、河南大学药学院、河南中医学院捐赠羚锐奖学金；与新县妇联会联合开展"助梦想、伴飞翔"孤贫儿童资助活动，共资助 60 名孤贫儿童；与信阳市援疆办联合，资助了 12 名新疆红星四场二牧场学校学生，同时还捐赠了价值 10 万元的药品；为西藏阿里地区捐赠了价值 30 万元的药品；捐赠新县复羚未来星小学 10 万元，用于建设及配置复羚未来星小学"真爱梦想"电教图书室；开展"放飞梦想、扬帆起航"金秋助学活动，本次金秋助学活动共出资 20 余万元对新县百余名考入本科或研究生的学生予以资助，并向新县高中考入 985 院校的 40 名优秀学生每人捐赠一个高档行李箱，送上了羚锐人的爱心和祝福；在教师节当天，慰问新县周河乡希望小学及新县复羚未来星小学的师生，送去山茶油、香菇酱、保温杯、书包等生活用品，为 22 名优秀学生颁发奖学金 4400 元；为沙窝吴湾小学师生送去 280 个保温杯，关注留守儿童的健康成长；在新县范围内开展捐赠"温暖包裹"活动，为全县五个乡镇的 200 户贫困户送去了 200 个"温暖包裹"；开展"走基层、送温暖、献爱心"助残捐赠活动，通过河南省残疾人福利基金会向新县残疾人联合会捐赠价值 50 万元的物品。

（十）责任管理

在企业社会责任所要求的责任管理方面，羚锐制药以振兴民族药业为己任，通过建立有着自身特点的价值体系和企业文化来加强责任管理，明确奋斗目标，整合资源，促进发展。

作为一家老区企业，面对激烈的市场竞争，羚锐制药深知企业的技术、产品、管理制度、服务可以复制，但是企业文化却是不可以抄袭和照搬的，它应该拥有展现公司优势的个性和特点。因此，羚锐制药始终把企业文化作为公司的一种软实力加以培育与积累。与其他公司相比，羚锐制药有着自己个性鲜明的企业理念："诚信立业，造福人类"。"诚信立业"指的是始终以诚信为准则，靠诚信打造品牌，赖诚信奠定事业；"造福人类"指的是奉呵护人类健康为天职，视报效社会为福祉。此外，公司还倡导"团结、进取、创新、奉献"的企业精神和"实实在在做人，踏踏实实做事，认认真真经营，真真切切奉献"的为人处世作风，坚持"创造顾客、股东价值最大化"的服务理念，把"立足河南、走向全国、面向世界，打造中国卓越的医药企业"作为企业发展的战略目标。这些系统的企业文化战略建设使得羚锐制药形成了自己个性鲜明的文化软实力。从中我们也可以剖析出羚锐制药凝聚人心的核心价值观念，即强调质量、诚信经营、服务创新。公司还积极把企业文化融入世界范围内的竞争中来，让世人都能感受到羚锐制药不仅是民族的，同时也是世界的。公司不仅有着关于企业社会责任的理念和精神，而且还设立了专门的关于社会责任管理的机构，负责审核、管理社会责任项目，保证实施的系统性与持续性。2008 年 1 月，公司在河南省成立了首家以企业名义发起的慈善机构——河南省羚锐老区扶贫帮困基金会，作为一个公益工作平台，专门负责企业的社会公益项目和慈善活动。2015 年，公司进一步明确由党群工作部负责企业文化和企业社会责任管理方面的具体工作。

羚锐制药自成立以来，不断解放思想，转变观念，发展先进的企业文化，以目标鲜明的团队文化、不断超越的创新文化、充满情感的人本文化和求真务实的奉献文化夯实企业品牌，大力促进企业的可持续发展。公司也因较好地履行社会责任而获得多项荣誉和表彰。早在 1999 年和 2005 年，羚锐制药就先后两度荣获"全国精神文明建设工作先进单位"称号；2006 年，又入选"中国企业社会责任调查 50 家优秀企业"；2008 年 8 月，被国务院扶贫办授予"国家扶贫龙头企业"荣誉称号；2009 年 9 月，公司董事长熊维政获评"全国扶贫开发典型人物"；2011 年 11 月，被国务院扶贫办授予"全国扶贫开发先进集体"荣誉称号；2012 年 5 月，又被河南省敬老助老总会授予"敬老助老爱心企业"。在 2015 年羚锐制药公布的年度报告内，公司一直维护良好的公众形象，无任何社会责任缺失事件的发生。

三、未来推进企业社会责任工作的若干建议

羚锐制药高度重视企业社会责任工作，在 2015 年出台诸多务实的措施，促进企业主动承担社会责任，为人民群众的美好生活与和谐社会建设做出了突出成就，也为解析企业如何更好地担当社会责任提供了范例。但仍存在需加以改进及提高之处，今后，羚锐制药应该在以下方面进行持续改进与提高：

（一）继续提升科技创新力度

创新是企业发展的第一动力。羚锐制药根据行业前景及公司需求，不断加强产品研发及技术改进力度，在中药现代化方面做出了贡献。虽然目前研发投入较大，已基本满足公司需求，但从市场竞争和行业发展远景来审视，仍有较大的提升和开拓空间。公司应更加重视研发投入、新产品储备以及人才培养等多方面的工作，建立适应全球化人才竞争与培养机制，以确保企业的健康、可持续发展，更好地造福人民，回报社会。

（二）挖掘企业潜力，增加企业效益，提高股东以及利益相关者的回报

这是任何公司的一个永恒话题，也是公司之本。公司应在"创新、协调、绿色、开放、共享"五大新理念的引领下，结合公司实际，进一步创新经营理念和发展战略，加大营销力度，不断进行优质品牌推广，顺利完成公司年度的生产经营目标，全面提升公司的盈利能力和可持续发展能力，以更好的业绩回馈股东及投资者。

（三）进一步推动公司社会责任管理工作再上新台阶

公司要更好地担当社会责任，首先要设置公司责任管理机构，这是其前提。2015年，羚锐公司已明确由党群工作部具体负责企业文化和企业社会责任管理方面的工作，负责审核、管理社会责任项目，以保证实施的系统性与持续性。在河南省区域内，专设责任管理机构的公司尚属少数，在这方面羚锐制药走在了前边。希冀将企业社会责任管理融入公司发展战略，尤其是核心战略方面探索出新思路，创造出新业绩，使公司的社会责任工作再上新台阶。

三全食品股份有限公司2015年企业社会责任研究研究报告

一、公司概况

三全食品股份有限公司（以下简称"三全食品"）的前身是郑州三全食品厂，始创于1992年，2001年整体变更注册成立为三全食品股份有限公司，是一家中外合资的民营企业，于2008年在深圳证券交易所上市。截至2015年底，公司注册资本8.5亿元，公司总资产达38.4亿元，在册员工4880人。三全食品是中国速冻食品行业的开创者和领导者，同时拥有"中国驰名商标"和"中国名牌产品"称号，公司依托产品、品牌、渠道的优势，已经成为全国速冻食品生产企业的领导者，市场占有率连续多年位居行业第一，享有较高的市场美誉度。

三全食品总部位于河南省郑州市，拥有沈阳、成都两个分公司和河南全惠、郑州全新、成都三全等30多个全资子公司，在郑州、成都、天津、太仓、佛山等地建有生产基地，拥有现代化先进的厂房设施，生产能力和装备水平均处于国内领先地位。三全食品主要从事速冻食品、方便快餐食品、罐头食品、糕点、其他食品的生产与销售，主导产品是速冻汤圆、速冻水饺、速冻粽子以及速冻面点等。近年来三全食品把市场占有率作为战略发展方向，通过完善和深化渠道网络，推进品牌战略，调整产品结构，加大新产品研发推广力度等手段，进一步提升市场占有率和市场竞争力，2015年营业收入约42.4亿元，进一步稳固了行业龙头地位，经营发展整体态势良好，经营业绩保持稳定。

三全食品以"弘扬中华美食，志创产业先锋，成就百年基业"为使命，以"客户至上，服务创造价值；坚韧不拔，竞争攀登巅峰；人本创新，团队成就事业"作为核心价值观，以"餐桌美食供应商的领导者"作为企业愿景。

三全食品近年来取得如下荣誉：

➢ 多次入选"中国500个最具价值品牌"

> ➤ "中国驰名商标"
> ➤ "全国就业先进企业"
> ➤ "全国质量管理先进企业"
> ➤ "河南省省长质量奖"
> ➤ "农业产业化国家重点龙头企业"
> ➤ "中国私营企业纳税百强"
> ➤ 全国 520 家重合同、守信用单位之一

二、公司履行社会责任情况

三全食品注重履行企业社会责任，通过与利益相关方的紧密合作，将经济、社会与环境责任融入企业战略与经营活动，在有效管理自身社会影响的同时，最大限度地与利益相关方创造和分享价值，从而促进企业与利益相关方在经济、社会与环境方面共同实现可持续发展。

三全食品从 2008 年开始到目前已连续八次对外发布社会责任报告，其社会责任报告真实、客观地反映了三全食品作为社会一员，在从事企业经营管理活动的过程中，积极承担与履行社会责任，遵守法律、行政法规，遵守社会公德、商业道德，诚实守信，接受政府和社会公众的监督。三全食品连续多年发布企业社会责任报告体现了该公司把社会责任融入企业的发展战略和经营管理，积极自觉参与构建社会主义和谐社会。

2015 年三全食品履行社会责任情况如下：

（一）法律道德

1. 遵守法律法规

三全公司在生产经营活动中严格按照《公司法》、《劳动法》、《安全生产法》、《环境保护法》、《证券法》、《上市公司治理准则》、《深圳证券交易所股票上市规则》、《深圳证券交易所中小企业板上市公司规范运作指引》等有关法律、法规的规定和要求，认真遵守法律、法规，无违法乱纪现象。

2. 践行主流的商业伦理

三全食品倡导并践行健康的商业伦理，面对同业竞争者，杜绝恶性竞争、散播不实谣言、恶性挖角等行为；面向消费者，坚持以"消费者满意"为导向开展各项管理工作，认为满足顾客的需求才是企业生存的基础；面向股东，认为公司最根本的责任是追求利润，公司必须积极经营、谋求更多的利润，借以创造股东更多的

权益。面向社会，认同企业与社会息息相关，企业无法脱离社会而独立运作。谋求公司发展与环境保护之间的平衡，注重环境保护和节能减排，关注企业的可持续发展。

3. 社会责任观

公司积极主动履行社会责任，2008 年开始到目前已连续八次对外发布社会责任报告。2015 年社会责任报告已经在公司第五届董事会第二十二次会议审议通过，报告全文详见 2016 年 4 月 22 日在巨潮资讯网（www. cninfo. com. cn）披露的《三全食品股份有限公司 2015 年年度社会责任报告》。

但公司的企业文化与核心价值观对社会责任的论述减少。

4. 税收贡献

三全食品 2015 年共纳税 39204977. 10 元，荣获"中国私营企业纳税百强"、"中国食品制造行业纳税百强"等荣誉称号。

（二）质量安全

1. 质量管理制度

三全食品始终坚持"客户至上，以质量求生存、以质量创新求发展"的经营理念，将"安全、美味、营养、健康"作为产品质量的核心要素，在食品质量安全方面，从领导到基层，层层落实质量责任。公司总部设立品保部，公司高层设有品保总监，直接负责公司产品质量安全监管工作，车间设立品保专员，直接管理生产一线产品质量，严格过程监管，层层把关，使 ISO9001：2000 质量管理体系和 HACCP 食品安全控制体系得到了真正的落实。

2. 质量控制方法

三全公司有系统严格的质量控制方法和流程，安全生产始终如一。在生产过程中严把四关：

（1）加强原料进厂的质量检验，严把原辅材料进厂关。加强对供应商的考查、评审工作，特别是对食品添加剂企业所提供的添加剂的监督检测工作。该公司生产所用的原辅材料达千种，任何一种原料的质量安全，都会影响到公司产品的质量安全，为此，对每一个原料供应商都要由公司采购、品保、研发所组成的评审人员深入供应商所在企业进行全面考查、评审，在确认其产品有效得到安全保证的条件下，才纳入公司原料供应商名单，不仅如此，对供应商所提供的每批原辅材料都要进行抽样检验，不合格的原辅材料杜绝进厂。

（2）加强生产全过程质量监控，严把过程控制关。不合格的半成品不准进入下道工序，不合格的产品不准入库。生产过程全面实施 ISO9001 和 HACCP 体系管理，车间品保专员对半成品不合格品有一票否决权，并严格实施 GMP/SSOP 操作规范，制定了严格的清洁卫生控制、虫害防治控制、金属异物控制等制度。每袋包装产品都必须经过金属探测仪的检测后，才能进行装箱、入库工序。

（3）加强产品的出厂检验，批批产品进行检测，严把产品出厂关。产品出厂前，每批产品都要按照企业标准进行严格的检验，一旦发现微生物、酸价、过氧化值等任一项指标超标，都要进行报废处理。

（4）严抓产品运输、流通关。公司建立了完善的冷链管理体系，不仅在生产过程中建立了温度控制指标，而且产品出厂后也采取了严格的温度控制措施，对成品暂存冷库、产品在商场销售岛柜内的贮存温度、产品暂存时间，都有严格要求，发现异常及时纠正，及时召回。

三全食品目前建立了完善的产品溯源机制，通过包装袋打印码可以追溯到生产日期、车间、班次、生产时间，同时上游追溯到生产过程质量控制、使用原材料名称、原材料批号至原材料验收记录、测试记录、订单号、供应商、采购日期、运输车辆及供应商的生产控制及其上游，同时下游追溯到成品留样、发货车辆、发货时间、发货人、发货数量、经销商、分公司、超市。

3. 产品质量认证

公司在同行业中最先通过了国际上 ISO9001：2000 质量管理体系认证、ISO22000 食品安全管理体系认证和"英国零售业全球食品安全标准"BRC 认证，打造了一条完整的、有足够控制力的从农田到餐桌的新型食品安全供应链（见图 1），充分保证了从原料种植养殖、生产加工、储存、运输到终端销售的整个供应链产品的品质和安全，被授予"全国质量管理先进企业"、"中国食品工业质量效益先进企业奖"、"河南省省长质量奖"等荣誉称号。

图 1　三全食品质量管理体系

资料来源：三全食品官方网站。

4. 突发事故应对

三全食品还建立了完善的应急预案机制体系，即预警通报、应急处理和追溯召回三位一体的责任体系。食品安全的应急管理过程由事故发生前、发生中和发生后三个阶段组成，在每一个阶段都需要建立相应的应急管理机制。为最大限度地保证消费者的健康，公司主动承担起不合格产品的召回责任。

2015 年公司没有出现过严重的产品质量事件和安全事故。

（三）科技创新

1. 科技创新体系

三全食品构建了市场、技术、产品三位一体的技术创新体系技术中心，突破速冻行业共性技术难题数十项。

三全食品拥有行业唯一一家"博士后科研工作站"，公司还设有"国家认定企业技术中心"和"国家速冻食品标准化专业委员会秘书处"，公司研发中心是行业中在研究食品、营养和检验检测领域处于领先地位的研发机构，并形成了产学研一体的研发体系和强大的新产品研发能力，不断创新技术，为消费者提供高品质的产品和服务。

三全食品先后承担了"十一五"、"十二五"国家科技支撑计划重点项目，与总后军需装备研究所共同承担了第五代军用野战食品的项目，形成了产学研一体的研发体系和强大的新产品研发能力（见图2）。

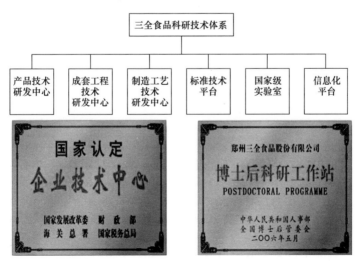

图2 三全食品科研技术体系

资料来源：三全食品官方网站。

2. 研发投入

公司始终坚持科技创新战略，继续加大科研投入，广泛开展产学研合作与交流，使企业的科技创新水平不断提高，企业的核心竞争力不断加强。

公司研发支出主要包括试验设备设施投入、新产品市场调研支出、研发人员薪酬、新产品开发试验用原料等。2015 年公司研发投入 129782523 元，较 2014 年增加 51.75%，主要是公司加大产品研发投入所致。

3. 开发好产品

公司一直致力于主食产品的标准化、工业化、规模化，将食品工业做大做强。公司在速冻水饺、速冻汤圆、速冻馄饨、速冻粽子、速冻包子、常温米饭等 400 多种主食产品的基础上，不断开发新的系列和品类，进一步丰富了产品线。依托产品、品牌、渠道、技术和管理等方面的优势，经过多年的品牌培育，在消费者心中树立了良好的口碑和企业形象，赢得了消费者的普遍信赖和认可，拥有了庞大的具有相当品牌忠诚度的顾客。2015 年公司推出的速冻牛排、速冻披萨、儿童水饺系列广受消费者好评。

面对快速发展的餐饮 O2O 市场，公司及时抓住机遇，迅速推出"三全鲜食"项目。该项目将消费者、移动互联 APP、工厂、智能售卖机四方连接成一个闭环，将传统餐饮与互联网服务进一步升级，打造通过中央厨房标准化生产，APP 与智能售卖机销售的新型模式，结合公司本身的食品加工和品牌优势，最终将切入到白领餐桌这一垂直电商市场。目前三全鲜食贩卖机已经在上海和北京铺设了近千台机器，市场反应良好。

（四）诚实守信

1. 信息公开

公司董事会秘书负责信息披露工作、接待投资者来访和咨询。《证券时报》、《中国证券报》、《上海证券报》、《证券日报》和巨潮资讯网（www.cninfo.com.cn）为公司指定信息披露媒体。公司严格按照有关法律法规及公司制定的《信息披露管理制度》的要求，客观、真实、准确、完整、及时地披露有关信息，并确保所有股东有平等的机会获得信息。2015 年，公司按相关规定披露了定期报告和临时公告共 60 份，使投资者全面了解了公司财务和经营状况。2014 年年度报告对外公告后，公司还举行了年报业绩网上说明会，公司总经理、财务负责人、董事会秘书、独立董事参加了此次活动，在说明会上，公司董事和高管向投资者报告了公司运营情况和成果，并就投资者提出的各项问题进行了详细解答。

2. 诚信经营、公平交易

三全食品始终坚持诚信为本，忠实履行服务承诺，与供应商和客户建立了战略合作伙伴关系，充分尊重并保护供应商和客户的合法权益，从不侵犯供应商及客户的商标权、专利权等知识产权。公司崇尚诚信服务的经营理念和行为准则。对于供应商、客户和消费者，公司均能以提供最佳服务的态度开展工作。公司还设立了完善的售后服务措施，配备服务部门和专业人员，对客户提供优质服务，确保客户满意，努力打造和谐的客户关系。

3. 营造诚信环境

三全食品高度重视对债权人合法权益的保护，严格按照与债权人签订的合同履行债务，及时通报与其相关的重大信息，保障债权人的合法权益。因公司信用程度良好，被国家工商行政管理总局评定为"全国520家重合同守信用单位"，连续多年被金融系统评为AAA信用等级企业。

4. 供应链关系

三全食品在供应链中积极倡导健康的商业道德价值，为供应链的上、下游企业提供公平交易机会。对于供应商的选择，严格遵守招投标法，公开公正地选择供应商。

（五）消费者权益

1. 提供优质产品

三全食品一直致力于主食产品的标准化、工业化、规模化，将食品工业做大做强，经过多年的品牌培育，在三全的主品牌下着力培育"三全凌"、"三全状元"、"面点坊"、"龙舟粽"、"果然爱"、"三全私厨"等副品牌，公司品牌在消费者心中树立了良好的口碑和企业形象，赢得了消费者的普遍信赖和认可，拥有了庞大的具有相当品牌忠诚度的顾客。2015年公司推出的速冻牛排、速冻披萨、儿童水饺系列广受消费者好评。公司在速冻水饺、速冻汤圆、速冻馄饨、速冻粽子、速冻包子、常温米饭等400多种主食产品的基础上，不断开发新的系列和品类，进一步丰富了产品线。

2. 食品安全与售后服务

公司持续强化食品安全管理，细化完善从农田到餐桌、从"种植养殖"到"生产加工"再到"物流运输"的食品质量安全供应链的无缝隙管理。注重对食品安全风险的识别与管理，完善每个环节的食品安全管控措施，坚持以"消费者满意"为导向开展各项质量管理工作，持续提高品牌影响力。

公司还设立了完善的售后服务措施，努力打造和谐的客户关系。公司将一如既往地严格按照速冻食品行业国家标准、行业标准、企业标准进行生产经营，生产让消费者放心的食品，做让社会放心的企业。

3. 产品召回与补偿

三全食品具有对质量缺陷的产品召回并给予消费者补偿的规定。为最大限度地保证消费者的健康，三全食品能主动承担不合格产品的召回责任。

（六）股东权益

股东是企业生存的根本，股东的认可和支持是促进企业良性发展的动力，保障股东权益、公平对待所有股东是公司的义务和职责。三全食品对待股东及其他利益相关方主张相互信任、互惠互利、共同发展，努力协调与合作伙伴之间的友好关系，创造双赢局面。

1. 确保股东的合理回报

三全食品正当健康经营，确保股东的合理回报。公司制定了明确的利润分配政策，按《公司章程》有关规定，在经济效益稳定增长的同时，公司重视对投资者的合理回报，积极构建与股东的和谐关系，在保证公司持续健康发展的前提下，坚持相对稳定的利润分配政策和分红方案积极回报股东。2015 年，公司按 2014 年末总股本 402108766 股为基数，向全体股东每 10 股派发现金红利 0.3 元人民币（含税），共计 12063262.98 元；同时以资本公积金向全体股东每 10 股转增 10 股，合计转增股本 402108766 股，本次资本公积金转增股本后，公司总股本增加至 804217532 股。

公司自 2008 年上市以来，已连续七年向广大股东进行现金分红，累计达 185985016.18 元。

2. 小股东权益的保护

三全食品注重对小股东权益的保护，严格按照《上市公司股东大会规则》和《公司章程》的规定和要求，确保所有股东特别是中小股东享有平等地位，都能充分行使自己的权力。公司严格按照中国证监会的有关要求召集、召开股东大会，并请律师出席见证。确保了所有股东尤其是中小股东的合法权益不受到侵害。

3. 最大限度地体现股东意志

三全食品一贯注重现代企业制度的建设，拥有科学的组织架构，决策可最大限度地体现股东意志。公司设立了股东大会、董事会和监事会的法人治理结构。

董事会下设战略委员会、提名委员会、薪酬与考核委员会和审计委员会。审计委员会下设内审部。公司设有行政部、证券法务部、采购部、信息部、财务部、品保部、人力资源部、零售事业部、业务事业部、技术中心等部门。自上市以来，股东大会、董事会、监事会"三会"运作不断规范，各项制度不断健全完善，形成了一整套相互制衡、行之有效的内部管理和控制制度体系，切实保障全体股东和债权人的合法权益，切实保障公司决策最大限度地体现股东意志。

4. 投资者良好的关系

三全食品注重投资者关系管理，与投资者建立了良好的关系，制定了《投资者关系管理制度》，开通了投资者电话专线，认真接受各种咨询。公司还通过网上说明会、接待投资者来访等方式，加强与投资者的沟通。

（七）员工权益

1. 尊重劳工，尊重人权

三全食品视员工为公司最宝贵的资源，让公司成为员工梦想成真之平台、自我实现之空间、从优秀到卓越之路径。坚持德能并重、有为有位、激发潜能、共同成长的用人理念。始终坚持以人为本，营造一个共同参与、团队合作、诚实守信、相互尊重、高效沟通的工作环境，激发每一个人的工作热情和创造力，为员工提供可持续发展的机会和空间。

三全食品非常注重加强与员工的沟通和交流，创办内部刊物《三全人》，开通公司网站和 OA 自动化办公系统，搭建公司和员工沟通的桥梁，使之成为公司内部交流经验、通报信息、展示成就、表彰先进、鼓舞士气的重要平台，给员工提供发挥特长、展示自己的舞台。

2. 遵守劳动法律和制度

三全公司的用工制度符合《劳动法》、《劳动合同法》等法律法规的要求，在劳动安全卫生制度、社会保障等方面严格执行了国家规定和标准。与所有员工签订了《劳动合同》，办理了养老保险、医疗保险、失业保险、工伤保险等各种社会保险，并实行带薪年休假等福利。

三全公司重视职工权利的保护，依据《公司法》和公司章程等的规定，建立职工监事选任制度，确保职工在公司治理中享有充分的权利，通过监事会的运作实现了对公司的监督，保证了公司职工的权益。

3. 同工同酬，反对歧视

公司根据国家有关劳动法规和政策，结合公司实际情况，制定了公司薪酬管理体系，公司按照薪酬管理体系及各部门的绩效考核发放工资，坚持同工同酬。员工的薪酬、福利水平根据公司的经营效益状况和地区生活水平、物价指数的变化进行适当调整。

公司提供养老、医疗、失业、生育、工伤等各类保险和住房公积金，实行带薪年假、加班补助、做五休二、年底双薪等休假制度。

4. 员工培训

三全食品十分注重员工培训与职业规划，积极开展新员工入职培训，不定期开展各项业务技能培训，安排公司中高层管理者进行研修学习，并针对公司两大系统——销售系统和工业系统进行梯队人才建设项目。通过梯队建设这个平台，员工学到了很多专业实用的课程，满足了公司不断发展的人才需求。

整个 2015 年累计学习 30086 课时，其中销售系统累计学习 15320 课时，工业系统累计学习 13210 课时，中高层管理者累计学习 1646 课时。以员工入职资格、岗位任职资格培训为起点，对员工在公司的职业生涯发展有一系列的"伴随式"培训规划，通过对员工在公司期间的系统培训，提升其专业技能及综合素质。在基层管理人员培训方面，公司通过聘请内部讲师或知名行业专家，对各部门管理人员进行有针对性、系统化的培训学习，提升其核心专业技术能力及职业化素养，为公司打造高素质、高水准的人才队伍。在中高层人员培训方面，公司给予了更高的重视，中高层人员培训是公司整体培训体系的高端部分，公司每年都要让中高层管理人员参加相关培训学习，同时将参加外出学习的公司高管纳入公司内部中高层培训师队伍，从而充分分享最新培训课程。此外，还组建了经理人训练营，又称"管理精神特训营"，此类活动的参加对象主要是公司中高层管理人员及部分优秀的基层管理人员。通过此类活动，加强了各部门之间的交流及沟通。

三全食品采用多样的培训形式和渠道对员工进行培训：①利用社会培训资源开展高端人才培训及先进管理思想、理念、方法培训等；②组织协调各部门，对专业技术管理和生产操作人员进行岗位专业性较强的技能培训、现场培训；③发挥公司培训师资力量和资源，集中开展通用素质、各专业岗位技能、职业资格及特种作业培训等能力提升培训；④通过公司 EKP 系统，进行远程培训学习，实现培训工作在公司内全范围覆盖。

三全食品培训工作依据公司的战略指导方针、岗位职责以及部门岗位需求制定年度培训计划，并秉持"利用内部资源、采取多种手段、注重实用技能、提升综合素质"的原则落实实施，坚持以人为本，激发员工工作热情和创造力。2015年公司共组织开展高、中、基层员工培训180余场，覆盖公司96.1%的在职员工（见图3）。

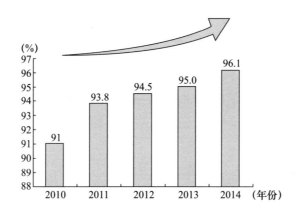

图3　三全食品全员培训率

资料来源：三全食品官方网站。

5. 工会活动及和谐劳动关系

三全食品重视党群建设，公司通过建立党支部、工会和共青团组织机构，发挥党群组织联系职工群众的桥梁和纽带作用，积极帮助职工解决困难和问题，搞好沟通协调，认真收集和听取职工关于企业发展的合理化建议，充分调动了职工群众投身企业发展的积极性和创造性。

三全食品积极开展各项文化娱乐活动，丰富员工的业余文化生活。公司成立了足球队和篮球队，经常和其他单位切磋球技，还与健身机构签订合同，免费为员工提供健身场所。业余文化活动不仅丰富了员工的业余文化生活，而且增强了其凝聚力、团队合作意识和集体荣誉感。

文艺活动：三全食品很注重员工的文艺娱乐活动，每年都举办很多的文艺汇演，给员工提供了一个很好的展示自己文艺才能的大舞台，尽情秀出自己不同于平常的另一面。

体育活动：公司足球、篮球队是公司企业文化活动的重要组成部分，同时也是公司广大此类运动爱好者的理想运动组织，公司有专门的训练场地。目前，公司有男子足球队一支，男子、女子篮球队各一支。公司每年还会举办运动会，也给员工提供了一个展现自我的舞台，让员工的飒爽风姿，尽情地展现在运动场上。

丽人俱乐部：丽人俱乐部是公司企业文化活动的重要组成部分，同时也是公司"半边天"——女士同事们风采展示的重要舞台，丽人俱乐部开展的主要活动有各类健身操及展示公司广大女性良好精神风貌的各项活动，从而塑造专业职场靓丽女性。

拓展训练：团结合作才能成就单靠个人所无法达到的高度。三全食品组织员工进行拓展训练，促使员工在实际的工作中能够发扬责任补位，团队服务，顾全大局的高尚风格，铸就一支协同互补、行动一致的员工队伍，为实现更高的跨越而携手共进。

亲子活动："三全大家庭·快乐亲子行"，员工安心工作离不开家人的大力支持。三全食品开展丰富多样的亲子活动，一方面体现公司对员工的关爱，提升员工的归属感、满意度；另一方面也向员工家人介绍企业的发展和文化，让员工家人对三全食品有更多的了解、对员工在今后的工作上给予更大的支持。

6. 职业健康和安全

三全食品注重保护员工的职业健康和安全，注重对员工的安全教育与培训，针对不同岗位每年定期为员工配备必要的劳动防护用品及保护设施，不定期地对公司生产安全进行全面排查，并组织员工参加安全知识培训，开展多种形式的安全演练活动，有效提高员工的安全生产意识和自我保护能力。员工身体健康也是公司的关注点，所有新入厂员工必须体检合格，还定期组织员工进行体检，发现问题及时复检、就诊，以确保员工的身体健康。

7. 创造就业

就业是民生之本。公司创造了4000余个就业岗位，现有员工4880人。部分工作进行劳务外包，2015年劳务外包工时总数为25599560，劳务外包支付的薪酬总数为41592960元。三全食品的发展推动了农村劳动力由农业农村向城市非农产业转移。公司积极向有工作意愿的残疾人提供就业机会，目前公司已安排1000余名残疾人士，并在他们中间建立了党支部、团委以及残疾人工会。同时，公司根据他们的身体情况安排相应的工种，尽量创造有利于他们开展工作的环境。

(八) 能源环境

1. 环境保护

三全食品将环境保护作为企业可持续发展战略的重要环节，注重履行企业环境保护的职责，严格贯彻执行《中华人民共和国环境保护法》的有关规定。

（1）在废气处理上，公司的天然气锅炉属于清洁能源，产生少量的废气，SO_2、NO_x、烟尘排放浓度远小于《锅炉大气污染物排放标准》（GB13271-2001）Ⅱ时段标准中 SO_2、NO_x、烟尘最高允许排放浓度，对周围的大气环境无影响。

（2）在废水处理上，公司废水主要来自加工车间的食品原料清洗废水。根据废水特点及处理出水要求，建设了污水站，处理后的废水达到国家排放标准，对环境无影响。

（3）在固体废物处理上，公司固体废物主要是废菜渣、废动植物油及厂内污水处理站处理后的污泥和生活垃圾，均由当地环卫部门清运处理，上述固体废物经处理后对周围环境无影响。

（4）在噪声处理上，公司使用的冷机组、风机、空压机等设备会产生一定强度的噪声，公司采取了相应的降噪、隔音措施，达到国家标准，对附近居民无不良影响。

（5）在绿化上，绿化是环境保护中的一个重要方面。厂区栽种了一定量的树木、花卉和草坪，绿化厂区、美化厂区、净化空气、阻止噪声传播、调节温度，改善厂区小气候。

三全食品自成立以来，历年均能严格执行国家有关环境保护的法律法规，制定了严格的环境作业规范，在生产绿色无污染食品的同时营造了花园式的生产基地。

2. 节能减排

公司积极推行节能减排，降低消耗，倡导全体员工节约每一度电、每一张纸、每一滴水，最大限度地节约资源。公司还建立了一整套电子化、网络化办公模式，充分利用现代信息技术手段，大大降低了办公对纸张、墨盒等消耗品的依赖性。公司积极发挥科技先导作用，采用变频制冷装置等节能新设备，利用节能新技术、新工艺和新流程，有效实现了节能减排。

3. 可持续发展

为了更好地发挥公司生产经营中的优势，规避可能存在的风险，公司坚持可持续发展的经营思路，加大品牌传播力度。同时，公司加强生产经营和财务管理，充分挖掘内部资金潜力，提高资金使用效率；持续改善供应链管理、持续优化生产工艺、不断强化节能降耗、控制成本费用，从而不断提高公司的盈利能力，使公司实现健康持续发展。

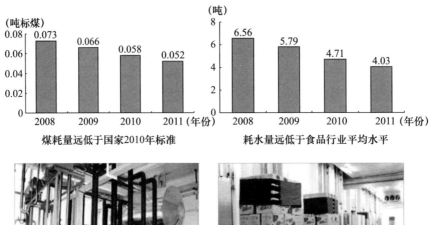

变频制冷机

全自动化速冻食品立体冷库

图4　三全食品节能减排的成效

资料来源：三全食品官方网站。

2015年公司实现营业收入423739.90万元，同比增长3.49%；营业成本284196.09万元，同比增加6.10%；销售费用125837.67万元，同比增加4.86%；管理费用本期发生额17648.47万元，同比减少2.07%；财务费用本期发生额983.28万元，同比增加899.72%，主要是银行借款及汇兑损失增加所致；投资收益本期发生额4047.85万元，同比增加970.24%，主要是出售万达期货股份有限公司股权及取得银行理财产品收益所致；研发支出12978.25万元，同比增长51.75%，主要是公司加大产品研发投入所致。

（九）和谐社会

1. 社区关系

三全食品不断加大原料基地建设力度，无公害蔬菜基地、优质小麦基地、花生和芝麻基地、家禽养殖基地以及糯米粉加工基地等专业基地迅速形成，对发挥地区农业资源优势、农产品转化增值产生了良好的推动作用，带动了上、下游产业40万农户增收。公司的发展对种植业、养殖业、油脂加工业、肉加工业、制糖业、包装业等近 20 个相关产业产生了巨大的带动作用。

2. 公益慈善

企业发展源于社会，回报社会是企业应尽的责任。公司在努力追求企业利润、创造股东财富的同时积极承担社会责任、创造社会财富，以企业自身的发展为振兴当地经济做出贡献。

2015 年，公司捐赠款累计 105.50 万元，积极担负起了一个企业应尽的社会义务。

三全食品一贯热心光彩事业和公益慈善事业，从捐建希望小学到设立大学奖学金；从支持医疗卫生事业到推动农业发展；从华东抗洪、非典肆虐到卢氏县水灾、四川大地震、玉树地震、雅安地震；从印度洋海啸到孤残儿童救助，每当社会需要时，都会留下三全食品无私奉献的身影。三全食品积极参与光彩事业和慈善事业，以企业的爱心真诚回报社会，目前公司已累计捐款捐物 5000 余万元。

（十）责任管理

1. 责任管理机构和人员

公司社会责任管理部门不明晰，未披露具体由公司什么部门承担社会责任和可持续发展的责任治理、责任推进、责任沟通事项。应明确公司社会责任的管理体系、具体的领导机构和责任部门。

公司的企业文化和核心价值观缺乏公司社会责任的指引。

2. 社会责任履行

公司能维护良好的公众形象，无社会责任缺失事件。公司携手中国红十字基金会，设立了三全博爱助学基金。

能积极纳税，被国家税务总局授予"中国私营企业纳税百强"及"中国食品工业企业纳税百强"荣誉称号。

三、未来推进企业社会责任工作的若干建议

（一）责任管理制度建设

建立健全的企业社会责任管理制度，明确领导机构和责任部门，以负责社会责任的治理、推进和信息沟通。

企业内部领导机构是指由企业高层领导直接负责的、位于企业委员会层面最高的决策、领导、推进机构，如社会责任委员会、可持续发展委员会。

责任部门负责企业内部社会责任推进和企业外部社会责任推进两个方面：内

部推进负责推动社会责任工作的制度及措施、内部推动社会责任工作取得的成效，外部推进主要描述企业对利益相关方履行社会责任的倡议和制度规定。

责任部门在企业社会责任推进工作中，应负责企业社会责任规划工作（包括企业社会责任工作的核心议题及社会责任工作要达到的总体目标及保障措施），负责社会责任培训，包括社会责任理论宣讲、国际国内先进企业社会责任运动介绍以及如何把社会责任融入经营等。

责任部门在企业社会责任信息沟通工作中，应注意沟通包括企业内部社会责任沟通和企业外部社会责任沟通两个方面，内部社会责任沟通主要负责社会责任信息在企业内部的传播机制，外部社会责任沟通主要负责企业对外部利益相关方的信息披露机制及企业领导参与的责任沟通交流活动，具体包括：①识别出企业的内外部利益相关方，如股东、监管者、政府、客户、供应商、员工、合作伙伴、社区、环境、媒体等；②对利益相关方的需求及期望进行调查；③阐述各利益相关方对企业的期望以及企业对利益相关方期望进行回应的措施。

（二）社会责任管理体系建设

社会责任包括政府责任、员工责任、安全生产和社会参与四个方面。三全食品在政府责任、安全生产、员工责任方面已经进行了很好的建设，取得了明显的成效。能够积极响应政府政策、依法纳税、带动就业。

在社区参与方面，应制定政策，采取措施，促进当地经济发展，如实现本地化采购、雇佣政策。在社会捐赠方面，应制定企业捐赠方针或捐赠制度，持续性地进行社会捐赠。

（三）积极参加企业社会责任组织

积极参加企业社会责任组织，包括国内外社会责任组织，如联合国全球契约（Global Compact）、世界可持续发展工商理事会（WBCSD）、中国可持续发展工商理事会、社会责任联盟等；参考这些组织制定的企业社会责任或可持续发展披露标准或规范，履行本企业社会责任。

风神轮胎股份有限公司2015年企业社会责任研究报告

一、企业概况

（一）企业简介

风神轮胎股份有限公司（以下简称风神股份）是世界500强企业——中国化工集团公司控股的大型轮胎上市公司（2007年11月加入），是中国最大的全钢子午线轮胎重点生产企业之一和最大的工程机械轮胎生产企业，是全球第一家100%无差别、无歧视地实现子午胎系列产品100%绿色制造的企业，是欧洲最受欢迎的中国卡客车全钢子午线轮胎品牌，是中重卡世界第一强东风商用车公司首选轮胎战略供应商。

公司主要生产"风神"牌、"河南"牌等多个品牌1000多个规格品种的卡客车轮胎、工程机械轮胎和乘用车轮胎等多种轮胎。"风神"商标是中国驰名商标，主导产品"风神"牌全钢载重子午胎蝉联中国名牌产品。

公司是焦作市第一家销售收入突破百亿元的制造业企业；国内轮胎行业第一家也是目前唯一一家精益六西格玛推进先进企业，荣获首届焦作市市长质量奖、河南省省长质量奖。连续12年入围中国500最具价值品牌，品牌价值达122.45亿元；连续五年荣登中国500强榜单；中国轮胎行业唯一一家入围2013第（19届）"中国最有价值品牌"排行榜。

公司拥有员工近万名，中小股东近三万家。2010年以来，公司实现利税近30亿元，尤其是2012年以来，实现利税近20亿元，出口交货值连年位居河南省生产型企业第一位。进出口总额突破10亿美元，占据焦作市进出口贸易总额的半壁江山。

（二）企业所获荣誉

风神股份是中国最大的全钢载重子午线轮胎重点生产企业之一和最大的工程

机械轮胎生产企业，国家高新技术企业，中国轮胎出口基地，中国轮胎行业首家获得出口免验资格的企业，海关保税工厂，国家海关总署 AA 类企业（中国海关最高信用等级）。

风神股份被新华社评为"2014 中国最受尊敬投资价值上市公司"，公司董事长王锋同时入选"2014 中国最受尊敬上市公司领袖"，还长期担任中国橡胶工业协会副会长，2014 年当选为中国橡胶工业协会企业执行主席。风神股份作为中国企业代表参加联合国第三届绿色工业大会，并作为代表进行发言（中国企业仅两家），受到联合国的认可。风神股份连续 11 年入围"中国 500 最具价值品牌"，品牌价值突破百亿元，中国轮胎行业唯一一家入围 2013 第 19 届"中国 100 最有价值品牌"排行榜。目前公司员工 9000 余人，纳税总额连年位居焦作市生产型企业第一位。风神股份在全球轮胎市场也享有重要地位和影响力，出口创汇连年位居河南省生产型企业第一位。

- 公司是全球轮胎行业第一家实行国内外统一环保标准，实现子午胎系列产品绿色制造的企业。

- 风神股份拥有博士后科研工作站和国家级企业技术中心，主持、参与国家标准制定 39 项，有 50 多个规格品种产品填补过国内空白。"风神"商标是中国驰名商标，主导产品"风神"牌全钢载重子午胎蝉联中国名牌产品，产品畅销世界 150 多个国家和地区。

- 风神品牌价值不断增值，国际权威品牌研究机构"世界品牌实验室"在京发布 2015 年第十二届"中国 500 最具价值品牌"排行榜，风神股份凭借 122.45 亿元的品牌价值上升至排行榜第 194 位，相较于 2014 年品牌价值增长 21.77 亿元，排名前移 3 名，连续 12 年入围"中国 500 最具价值品牌"。

2012 年以来，公司取得了以下国家级荣誉：

（1）2012 年公司被国家工信部等三部委评为轮胎行业唯一一家国家级资源节约型、环境友好型企业试点单位。

（2）2013 年公司被国家工信部评为"全国工业企业质量标杆企业"。

（3）2014 年公司被国家工信部评为"两化融合贯标试点单位"（同行业仅两家）。

（4）2014 年公司被国家工信部评为"国家技术创新示范企业"。

2012 年、2015 年公司连续两届被中质协评为国内轮胎行业唯一一家精益六西格玛推进先进企业。

2014 年公司被中国工业经济联合会评为中国工业领域最高奖——中国工业大奖提名奖，公司董事长王锋受邀在人民大会堂做典型发言。公司代表中国企业参加联合国第三届绿色工业大会，并做典型发言（中国企业仅两家），受到联合国层面的认可，对行业绿色发展起到了引领和带动作用。

（三）企业社会责任理念

风神股份作为一名社会的企业公民，始终坚持在自身科学发展的同时，积极承担相应的社会责任，始终把发展壮大民族轮胎产业，积极为客户、股东、员工谋求更多利益作为首要任务，致力于成为让客户满意、股东满意、员工满意，同时更让社会满意的合格企业公民。

二、风神轮胎股份有限公司履行社会责任情况

（一）法律道德

1. 高度重视社会责任的履行和实施

公司在生产经营活动中认真遵守法律、法规，无违法乱纪现象。在多年的发展过程中，公司倡导并践行健康的商业价值伦理，公司的发展规划和行动始终与社会的主流方向一致，并高度重视企业社会责任的履行及实施情况，将社会责任绩效纳入核心经营战略规划。为进一步凝练公司企业文化、提升企业社会责任意识，公司借助外脑智库团队开展了企业文化变革升级项目，企业文化升级是风神股份在传承优秀传统的基础上系统思考、达成共识、整体最大的一个过程，是风神人转变自身角色定位和行为，形成组织合力的一个深化，也是企业落实和履行社会责任的具体体现。目前公司核心文化理念体系已经形成，包括使命、愿景、发展理念、核心价值观和经营原则的核心部分。通过项目的实施和落地，凝聚了人心，统一了思想，提升了公司软实力。

2. 依法纳税，为经济社会发展做出突出贡献

公司切实履行依法纳税责任，为增加国家和地方财政收入做出贡献。"风神"商标是中国驰名商标，主导产品"风神"牌全钢载重子午胎蝉联中国名牌产品。风神轮胎在国内外市场上具有较强的影响力，是柳工、龙工、厦工等国内工程机械车辆生产巨头的战略供应商，是中重卡世界第一强东风商用车公司首选轮胎战略供应商。产品畅销全球 140 多个国家和地区，出口创汇连年位居河南省前列，在海外市场尤其是欧美高端市场产品售价、市场占有率均居第一位，是中国本土企业卡客车轮胎第一品牌和领军者。

公司切实履行依法纳税责任，为增加国家和地方财政收入做出贡献。2015年，公司按照国家有关规定，合计实现税收 3.11 亿元。2000 年以来，公司累计上缴国家税金 41 亿元，为经济社会发展做出了积极贡献。2016 年，风神股份以56764 万元实纳税额位居焦作市百强纳税企业榜首，在践行社会责任，坚持诚信经营，做好依法纳税等方面在全市企业中起到了积极的示范带头作用，为当地经济社会建设发挥了重要作用。

（二）质量安全

1. 拥有多项国际产品认证，高度重视安全生产

公司高度重视产品质量和生产安全管理，建立完善的安全生产管理制度，始终秉持"世界品质、国际品牌"的生产和经营理念，建立系统的、严格的质量控制方法和流程，安全生产始终如一，没有出现过严重的产品质量事件和安全事故。风神股份先后通过了 ISO9001 质量体系、TS16949 体系、ISO14001 环境管理体系、GB/T23331－2009 能源管理体系认证、ISO10012：2003 测量管理体系认证、OHSAS18001 职业健康与安全管理体系认证、ISO/IEC17025 实验室认证、E－MARK、美国 DOT 认证、欧盟 ECE 等 16 项认证，是国内轮胎行业极少数通过以上认证的企业之一。

2. 始终秉持"质量为先"的发展理念

2016 年 4 月，在 2015 年全国质量技术奖励大会暨第十三届全国六西格玛大会上，风神股份作为全国唯一制造行业代表做典型发言。风神股份在深入开展六西格玛的进程中，不断引入、探索、固化和推广特色做法、好经验，逐步形成具有风神股份特色的推动方式和 AWCM/CI 管理体系。风神股份开展战略转型，由"量"的经营者向"质"的经营者、"质"的领导者转变。在质量创新上，风神股份利用"质量环"管理为抓手，从各环节，实现了人人管质量，向质量要效益，齐心提升产品品牌。

2016 年 3 月，中国橡胶工业协会隆重发布了 2016 年中国橡胶工业百强企业，风神股份以主营业务收入 63.38 亿元荣登百强榜第七位。中国橡胶工业百强企业评价推介活动客观、公正、全面地反映了中国橡胶工业企业发展壮大的成绩，扩大优势企业的市场知名度，促进了行业持续稳定健康发展。

2015 年 11 月，2015 河南工业经济行业企业社会责任报告发布会暨第四届河南工业突出贡献奖表彰会在河南省人民会堂举行。风神股份榜上有名，荣获"第四届河南工业突出贡献奖"。"河南工业突出贡献奖"由河南省政府批准设立，

由河南省工业经济联合会组织全省性工业经济领域行业协会和省辖市工业经济联合会共同实施，鼓励和推动全省工业企业走新型工业化道路，表彰为河南工业做出突出贡献的企业和企业家，是全省工业经济领域的重要奖项。

（三）科技创新

1. 公司持续推进、改进世界级制造水平

公司通过"5S"和员工七步法使员工围绕自身岗位机台质量（Q）、成本（C）、交期（D）、安全（S）、士气（M）五大 KPI 指标，提出改进建议。2015年，共收到员工持续改进提案 40128 件，论证决定采用的提案件数 31598 件，完成的提案件数 22750 件，完成率达到 72%。提案转化成优秀 B - CI 涵盖了"6 + 1"专业。

2015 年，公司共确立 AWCM/CI 项目 227 项，其中质量类占 45%，设备类占 20%，涉及市场、营销等 13 个专业，预计创造财务收益 9000 万元以上。其中带级项目 15 项，预计创造财务收益 544.8 万元。

具有代表性的项目有《优化胎侧断面尺寸，提升成品质量》、《提升 315/80R22.5 配套产品动平衡合格率》、《成型工段汽油耗损》、《自动称漏料改善》等。

2. 持续推进技术创新，保持行业领先

风神股份技术中心拥有国内先进水平的检测仪器和试验设备，所属试验室是河南省橡胶产品质量监督检验站和商检认可的，并与多个院校进行产学研联合，建立多个科研机构，拥有博士后科研工作站和国家级企业技术中心。近年来，风神股份主持、参与国家标准制定 39 项，开发的 50 多个规格品种填补了国内空白，两项成果被鉴定为国际先进水平、10 项成果被鉴定为国内领先水平、10 余项成果被鉴定为国内先进水平，承担了数 10 项重要研发和管理项目。公司累计申请专利 233 项，授权专利 201 项，目前拥有专利 170 项。公司通过了国家级企业技术中心创新能力平台建设验收，并获得国家财政资金支持。

风神股份主要生产"风神"牌、"河南"牌等多个品牌 1000 多个规格品种的卡客车轮胎、工程机械轮胎和乘用车轮胎等多种轮胎。年产工程机械轮胎 80 多万套，稳居国内第一；年产卡客车轮胎 700 万套，位居国内第三，产品通过了美国 Smartway 验证，在欧盟标签法规测试中取得了 B/C 等级，噪声已经达到欧盟 2016 年限值要求；高性能乘用子午胎于 2012 年 6 月投放市场，取得了欧盟标签法规测试双 B 等级，达到国内同类产品的最高等级，目前产能 500 万套，"十

二五"期间将达到 1500 万套。

风神股份率先在中国自主品牌轮胎中成为世界 A 级汽车拉力赛——中国首届越野汽车拉力赛（CGR）唯一官方指定轮胎战略合作商，率先在国内轮胎行业举办了首届"公众开放日"活动，应邀在联合国绿色工业大会、中国责任关怀促进大会等国内外论坛上介绍转型升级先进经验，李克强、吴邦国、李长春、贾庆林等党和国家领导人都曾莅临风神股份视察指导，并对风神股份的发展给予了充分肯定。

2014 年，公司确立带级项目 26 项，创造财务收益 1518 万元；确定管理课题 328 项，创造财务收益 9000 万元以上；全年持续改进项目实现财务收益 800 余万元，共计 1.13 亿元。其中以李昭负责的《提高 12.00R20 短途重载产品的耐载性能》和杨艳萍负责的《降低 11R22.5 材料成本》为代表的七个六西格玛项目，被中质协评为 2014 年"全国优秀六西格玛项目"。

公司积极开展精益示范区的创建活动。2014 年共开展 16 个示范区/推广区现场整治及改善活动，经过近一年的 5S 工具导入，基本形成了"三定"、"目视化"及标准化作业相结合的推进思路。在开展 TWI－JI（工作指导）/JM（工作技能）/SMED（快速切换）实操训练和应用中，共培养了精益改善能手 36 名，取得了明显的改善效果。其中制造二部《开炼机自动导胶》项目实施后，每年可使员工少走 6412.3 公里，减少现场操作人员 18 名，预计实现收益 200 余万元。

公司持续开展创先争优擂台赛，全年竞赛项目 253 项，创新标杆 20 项，产生擂主 491 人。公司创新性地开展营销、研发、设备、职能部室专场擂台赛，截至目前，竞赛项目累计 33 项，产生擂主 120 人。全年共收到员工持续改进提案 20757 件（员工总数 7894 人），人均提案件数 2.63 件，员工参与率 65%，极大地鼓舞了风神人干事创业的热情，为风神股份迈入新的台阶做出了重要贡献。公司开展了以 AWCM/CI 季度擂台赛为载体的创先争优活动，更加激发了一批不甘平庸、追求卓越、勇争第一的风神人。成型工甪天乐作为其中的代表，2013 年被评为焦作市劳动模范，同时，被推荐为中央企业劳动模范；他所在的机台先后获得了"党员红旗机台"、"成型单机产能冠军"擂主称号，成为当之无愧的"最美化工人"。

（四）诚实守信

1. 品牌建设成效显著

公司积极推进品牌国际化建设：助力国家"一带一路"战略，郑欧班列

"风神号"专列于2013年11月23日在郑州成功开行（首次以企业命名），得到了中央电视台、新华每日电讯、河南电视台等重要官方媒体的普遍关注和重点报道；2014年8月31日，公司再次联手国际顶尖A级赛事——中国越野拉力赛（CGR），正式成为2014年第二届中国越野拉力赛官方战略合作伙伴；2014年10月3日，公司携手"东风号"扬帆出征，挑战国际极限赛事——沃尔沃环球帆船赛，2015年6月22日，"东风队"获得沃尔沃环球帆船赛总赛段季军；2014年11月，公司与NBA多伦多猛龙队达成了战略合作协议，正式成为猛龙队的官方赞助商；2015年6月28日，公司"风力队"荣获欧洲卡车拉力赛德国纽博格林赛段季军；2015年7月16日，中央电视台针对《中国制造2025》选定公司对智能制造情况做了专题采访，高度评价了公司在智能制造与"智慧工厂"方面的做法。

2. 认真履行信息披露义务

2015年，公司通过接待投资者现场调研、上证E互动、邮件、投资者服务热线、举行网上业绩说明会等形式，与广大投资者进行探讨和沟通，认真回答投资者提出的问题、介绍行业和公司的运行情况，使投资者全面真实地了解公司的运营情况。

（五）消费者权益

1. 积极创新营销模式，实现服务增值

针对批发商、零售商采取多种营销方式（如主机后市场、4S店、汽车快修连锁店等），并规划"爱路驰"旗舰店在全国的布局，加强终端客户的跟踪服务。

公司正式入驻天猫、京东、阿里巴巴、建行善融四大电商平台，并建立从线上销售到线下安装服务的O2O闭环模式，客户通过移动端、PC端等方式，累计访问风神京东、天猫旗舰店10980人次，积累了一定的客户资源。

打造"4G"服务品牌，通过呼叫中心及微信服务平台，提升客户的认知度和满意度。通过"4G"（关注、关切、关心、关爱）服务理念的有形化、标准化、流程化，关注客户，帮助客户发展。呼叫中心建立了2小时快速响应机制，平均响应时间为37分钟，订单关闭率达100%，累计实现销售成交1008条。同时开通了"风神e点通"微信公众服务平台，为客户提供更便捷的服务，继续提升客户满意度。

2. 推进营销模式转型升级，积极开展电商业务

内销方面：一是不断加大渠道开拓力度，二是公司成立营销呼叫中心，为客户提供售前、售中、售后一站式服务，从电话呼入到问题解决，呼叫中心实施全过程跟踪服务，形成了 2 小时响应机制与 72 小时办结回访机制。全年外聘专家培训 20 余场，近千人次，覆盖国内三大产品带销售人员，开通"业务云管家"系统，开展国内市场周电话例会。加强市场服务，指导客户正确使用产品，整体退赔率下降。

外销方面：全年实现出口 6.7 亿美元，创历史新高，同比增长 17%，远高于同期国内轮胎行业 -4.2% 的平均发展速度，出口增幅稳居行业第一，出口额继续位居河南省生产型企业首位。

公司影响力及品牌建设不断提升，有几个里程碑事件。公司荣获中国工业领域最高奖——第三届中国工业大奖提名奖，董事长王锋作为唯一一家提名奖获奖企业代表在人民大会堂进行发言。携手东风汽车，挑战国际极限赛事——被誉为"航海界的珠穆朗玛峰"的沃尔沃帆船赛；并与 NBA 多伦多猛龙队达成战略合作协议，成为官方赞助商。再次成为中国越野拉力赛（CGR）官方战略合作伙伴。

• 公司连续 14 年荣获东风商用车公司"最佳供应商"，成功升级为东风商用车唯一一家 B 级轮胎供应商。风神轮胎标配东风高端重卡登陆汉诺威向世界展示"华系"汽车配套体系。

• 风神高性能乘用轮胎配套海马汽车、众泰汽车，风神客车专用轮胎进入韩国公交客车市场，风神工程机械轮胎与柳工、厦工、龙工、徐工配套。工程子午胎通过了沃尔沃官方室内和野外测试。

• 风神股份作为东风商用车公司的战略合作伙伴，携手"东风号"扬帆出征，挑战国际极限赛事。

• 发布"爱路驰"售后服务品牌，致力于发展综合一站式服务模式，加快布局汽车后市场服务力。"爱路驰"是英文 AEOLUS 的中文谐音，中英文发音高度一致，含义是"爱在马路上奔驰"，具有很大的价值提升空间。

电商工作方面：2014 年风神股份积极开展电商平台建设工作，先后在天猫、阿里巴巴等六家知名网站搭建了电商销售平台。同时风神电子订单系统正式上线，上线产品涵盖了 TBR、OTR 和 PCR 三大产品带 35 个产品，实现从无到有的新突破。

（六）股东权益

1. 公司盈利能力相对稳定

2015 年，在轮胎行业整体仍处于需求不足、产能结构过剩、产品同质化严重、行业竞争日趋"白热化"的情况下，公司积极应对、克服困难，为股东带来了持续的价值回报。公司实现销售收入 63.58 亿元，实现出口创汇 5.41 亿美元，实现净利润 2.47 亿元，每股收益 0.66 元（见表 1），盈利能力继续保持行业领先水平。

表 1　关键绩效数据表

年份 绩效指标	2011	2012	2013	2014	2015
营业收入（亿元）	102.19	89.06	85.38	81.67	63.58
利润总额（亿元）	2.82	3.26	3.75	4.05	2.91
每股收益（元）	0.65	0.73	0.84	0.88	0.66
资产负债率（%）	71.18	68.05	65.77	60.01	56.78
研发投入（亿元）	4.38	3.31	3.17	3.44	2.02

2. 规范运作，保护股东和债权人权益

公司严格按照《公司法》、《证券法》等相关法律法规以及相关监管部门的要求，制定了包括《公司章程》、《股东大会议事规则》、《董事会议事规则》、《监事会议事规则》、《总经理工作细则》等一系列法人治理制度，对股东大会、董事会、监事会及经理层的职责权限进行了明确界定，形成权力机构、决策机构、监督机构和经营机构之间各司其职、协调运转、有效制衡的治理机制。

2015 年，公司股东大会、董事会、监事会"三会"规范运作，不断提升公司的治理水平，促进公司规范运作，有效控制公司财务风险、经营风险，保护了股东和债权人的合法权益。健全的公司治理结构、公司治理为公司的生产运营提供了保障。

3. 认真履行信息披露义务

2015 年，公司通过接待投资者现场调研、上证 E 互动、邮件、投资者服务热线、举行网上业绩说明会等形式，与广大投资者进行探讨和沟通，认真回答投资者提出的问题、介绍行业和公司的运行情况，使投资者全面真实地了解公司的

运营情况。按照中国证监会、上海证券交易所的有关规定，完成了 2014 年年度报告等四份定期报告、35 次临时公告信息披露工作，认真履行上市公司信息披露义务。

4. 实行稳健分红政策回报股东

为积极回报投资者，实现对投资者的合理投资回报并兼顾公司的可持续性发展，公司建立并实行稳健的现金分红政策。2008 年以来，每年都进行现金分红。2012～2014 年累计分配现金红利 1.31 亿元，占这三年实现的年均可供分配利润的 42.80%（见表 2）。

表 2　公司 2008～2014 年的现金分红情况

年份	现金分红数额（含税，元）
2008	37494214.80
2009	37494214.80
2010	37494214.80
2011	37494214.80
2012	37494214.80
2013	37494214.80
2014	56241322.20
合计	281206611.00

（七）员工权益

1. 严格遵守《劳动法》，确保合法用工

公司严格遵守《劳动法》、《劳动合同法》和《工会法》，与员工签订《劳动合同》，依法明确了职工合法权益和义务。公司尊重和保护员工的各项合法权益，奉行平等、非歧视的用工政策，实行男女同工同酬，公平和公正地对待不同民族、性别、宗教信仰和文化背景的职工。建立了比较完善的用工管理制度体系，包括劳动合同管理制度、工资保险与福利制度、业绩考核制度、奖惩制度、职业培训制度。

努力构建和谐稳定的劳动关系，保证员工享受养老、医疗、工伤、生育、失业等保险的同时，公司为员工办理补充养老保险——企业年金，由员工自愿选择是否参加，充分保障员工选择的自主性，公司按员工工资总额的 5% 缴纳，员工按本人上年度月平均工资收入的 1.25% 缴纳，自 2014 年 1 月以来，在员工自愿的基础上共有 4494 名员工参加了企业年金。2015 年全年做到了劳动合同签订率 100％，社会保险足额缴费率 100％，为员工支付各项社会保险 1.26 亿元，劳动报酬足额及时发放率 100％。

2. 加大人才引进与培育，提升人才队伍综合素质

公司技术中心是国家级企业技术中心，并设有博士后科研工作站。中心一直坚持以科学发展观为指导思想，贯彻"科学、民主、团队、领先"的理念，通过自主创新和产学研相结合等多种研发方式，不断完善研发体系和提升科研手段，加强科研队伍建设，加大产品研发力度，抢占市场制高点。中心拥有教授级高级职工 6 人、高级职称 30 人、中级职称 149 人、初级职称 100 余人。另有 5 名国家政府特殊津贴享受者、1 名教育部长江学者（外设科研机构）、6 名博士生导师（外设科研机构）。

按照集团公司引智战略，积极引进职业经理人（CXO）3 名，引进各类高校毕业生 108 人，其中，硕士研究生 9 名，本科生 99 名；通过内部选拔和培养，全年共任用 6 名中层管理者，通过人才引进和培养，有效地支撑了公司在营销、研发、品质等关键业务领域的持续健康开展。

创新性地开展"千人省人"项目，通过设备自动化改造、工艺革新等技术手段，持续改善员工作业环境，并有效降低员工劳动强度，运用技术手段全年共实现减员 229 人。

在引进人才的同时，公司还十分重视内部员工培养，修订发布了公司《内部讲师管理制度》，2015 年公司共制作各专业培训教材 40 个，开展各级培训 1801 场，培训 78795 人次，通过内部培训有效地提高了广大员工的职业技能水平。同时，公司还借助中国化工集团公司的资源，组织 59 人参加了第五期班组长远程培训，所有人员均通过顺利考试，对基层管理人员的技能提升起到了积极的推动作用。

3. 关爱员工，认真落实职工代表提案

在企业持续发展过程中，风神股份始终把维护员工权益放在重要的位置，定期召开员工听证会、职工代表大会及设立员工提案箱等，多渠道全方位收集员工意见和建议并及时解决。开展风神 50 年"爱在风神圆梦百年"职工集体婚礼、"职工运动会"、"拥抱春天"全员健身、"三八"妇女节等活动；开展夏日送清凉、春节慰问等员工关爱行动；开展创先争优擂台赛、推出"三个一"榜样工程、青工技能比武、新近大学生风采展示、风神青年大讲堂等活动关注青年的成长成才，搭建成长通道。组织青年员工参加市"缘聚七夕相约七贤"青年交友

活动、开展"相聚风神温情暖冬"冬至节日活动等，通过打造系列"安心工程"体现公司对员工的关心关爱，极大地增强了员工的归属感。

2014年，公司除了举办丰富多彩的文体活动外，还为员工搭建成长成才通道，其中第二届青年员工"赛马会"活动，响应人数高达上千名，在青年团体中掀起了一阵"赛马"热潮，经过初赛、半决赛、决赛的层层选拔，让员工在赛场上相互学习、展示才华，更是涌现出一批以李娟为代表的优秀杰出青年。更值得一提的是，"90后"新进员工顾路达在2014年橡胶公司新员工评选活动中，以4397的高票夺得整个橡胶系统的冠军，用他的话说就是，"我在风神的舞台上成长，风神成就了我的梦想"。"我的风神梦，青春勇担当"的大学生才艺展示、"青工技能比武"、"诗歌朗诵比赛"等活动，更是激发员工的工作热情，激励员工成为"中国梦、风神梦、我的梦"的造梦者和圆梦人。"第六届职工运动会"、"迎春文艺晚会"、"欢歌劲舞闹元宵"、"中秋节日送温暖"、"缘聚七夕、相约青天河"青年交友会等活动，让员工体验到家的温馨，营造了和谐的工作、生活环境，增强了员工的归属感。

坚持职工代表常态化，强化职工代表的责任意识，为充分发挥职代会的作用，让职工参与企业民主管理工作。2014年初组织召开公司五届二次职工代表大会，会上提出150项提案，经提案管理小组进行整理交职能部门落实现已答复144项，落实23项，正在进行的20项。同时，按照"河南省工资集体协商"规定，组织召开职工代表组长联席会议，选举产生工资集体协商职工方代表七名，聘请有关专家对他们进行培训，坚持沟通、协商、签约、审核、监督五个程序，在第五届二次职代会上签订了2014年公司工资集体协商合同书，为提高职工满意度奠定了基础。2014年共提提案267条，已落实212条。

4. 创造就业岗位，促进社会就业

公司在持续健康稳定的发展中，积极吸纳大中专毕业生、退伍军人、农村剩余劳动力转移就业。2014年为社会直接提供就业岗位400余个，2000年以来，累计为社会直接提供就业岗位超过9600个，为促进社会就业做出了重要贡献。

（八）能源环境

1. 推进绿色发展，得到联合国层面的认可

2011年5月起，公司全面推出无毒无害、低碳节油、可翻新的绿色轮胎，对上下游产业和同行业具有重要的引领和示范作用。公司是全球轮胎行业第一家实行国内外统一环保标准，实现子午胎系列产品100%绿色制造的企业。

2. 推进持续改进项目，实现节能降耗

公司注重对绿色环境的保护，大力推进持续改进项目，创建"绿色风神"。2015 年公司吨成品综合能耗同比下降 3.0%，"十二五"万元产值综合耗能累计降低 12.67%，累计节约标准煤 23650 吨，超额国家"十二五"强制性约束指标 1950 吨，完成率 109%。

近年来，风神股份坚持科学发展观，积极创建资源节约型、环境友好型企业，先后筹资 3 亿多元用于节能减排、环境改造，实现了企业规模扩大、效益提高与环境治理的同步发展。在具体做法上，一是主动拆除了全部八台锅炉，用最先进的环保设施建成了热能综合利用项目，使二氧化硫和烟尘排放总量分别下降了 30.16% 和 31.5%，公司提前两年完成了国家"十一五"期间提出的单位 GDP 能耗下降 20% 的约束性指标；二是关闭了用于生产的八口水井，用处理部分城市生活污水和生产用水循环利用的思路建成了水资源综合利用项目，在全国轮胎行业率先实现了污水"零排放"；三是持续加大科技创新力度和投入，导入六西格玛设计理念（DFSS），推动研发重点向提高产品性能转移，在国家没有要求的情况下，不惜投入巨额资金，自 2011 年 5 月起，主动、全面推出无毒无害、低碳节油、可翻新的绿色轮胎；四是主动接受社会监督，2012 年在行业率先举办了"公众开放日"活动，邀请了行业协会、同行代表、政府机构、周边相关方、新闻媒体代表数百人来公司参观指导，让社会各界看到了一个百亿的风神、科技的风神、绿色的风神、人文的风神。

2013 年，公司荣获中国上市公司环境责任百佳企业奖。2014 年，公司万元产值综合能耗同比降低 5%。2014 年，公司被中国石油和化学工业联合会评为"2013 年度能效领跑者标杆企业"。

3. 严格遵守环境保护法规，确保排放达标

公司严格遵守环境保护法规，认真贯彻实施公司各项环保制度和规定，坚持企业发展与环境保护并重，建立了从公司领导到全体员工、从专职的环保部门到所有组织单元齐抓共管环保的管理体系，继续推进"资源节约型，环境友好型"企业的创建工作，切实履行社会责任。

（九）和谐社会

1. 积极营造和谐的社会关系

多年来，公司注重营造和谐的社会关系，同政府机构、行业协会保持良好关系。发挥辐射作用，能带动所在社区更多的成员积极履行社会责任。2014 年共

发放救助款 10 万余元，持续开展"金秋助学"，共救助近 20 名职工的孩子，被河南省总工会、河南省教育厅评为"金秋助学"先进单位；关爱智障儿童，为焦作市福康学校送去钢琴，助力智障儿童提升康复训练效果；为焦作市博爱后桥村小学捐赠校服，让学生体会风神的关爱；积极组织公司捐衣捐物，为甘肃省贫困地区送去过冬物资；参加焦作市团市委"呵护雏鹰助力圆梦"公益活动，为困难中小学生送去棉衣，让"小雏鹰"们感到冬天不再寒冷；雷锋日当天慰问焦作市社会救助管理站，向孤寡老人及救助人员奉献爱心，传递温暖。

2. 参与社会公益事业，回报社会

公司捐助公益事业近 20 万元，开展免费为焦作车主提供轮胎检测服务，开展"建美丽焦作展青年风采"义务植树活动，用实际行动树立中国制造国家新形象，诠释风神"绿色风神全球共享"的发展理念，为经济建设、保护环境贡献企业力量。

（十）责任管理

1. 组织社会责任相关机构和人员具体实施社会责任项目

多年来，公司高度重视企业社会责任的履行和实施，不仅邀请外部智库来对企业社会责任进行梳理和落地建议，而且还专门成立社会责任管理机构，配备专职人员具体负责企业社会责任的落地和实施工作。在实施社会责任项目的过程中，建立了针对突发事件的积极有效的应对和改进机制。

2. 风神股份每股社会贡献值连年增长

近年来，风神股份每股社会贡献值连年增长。2015 年，上交所公司每股社会贡献值为 2.92 元，2014 年，上交所公司每股社会贡献值为 3.38 元，每股社会贡献值 = 每股收益 +（上缴税收 + 支付员工工资 + 支付员工保险费用 + 利息支出）/期末总股本。2011 年、2012 年、2013 年每股社会贡献值分别为 3.35 元、2.89 元和 3.21 元。

表 3　公司 2011～2015 年每股社会贡献值

年份	每股社会贡献值（元）
2011	3.35
2012	2.89
2013	3.21
2014	3.38
2015	2.92

三、风神轮胎股份有限公司增强履行社会责任的对策建议

风神股份将继续在"三个满意"（客户满意、股东满意、员工满意）的引领下，围绕"精益化、协同发展"年度工作主题，将全面开展与倍耐力公司的对标提升活动。公司将秉承"世界品质、国际品牌"的发展愿景，加速从"质"的经营者向"质"的领导者战略转型。

（一）稳步实施国际化战略

在企业自身的长远发展战略中，风神轮胎应该更加着眼于品牌知名度的塑造，尤其是在产业报国和树立"中国制造"国家形象方面应大有作为。第一，牢牢把握"一带一路"国家战略的新机遇，充分发挥促进中国与世界贸易往来和保障国家经济战略安全方面的重要作用；第二，继续广泛、深入地赞助世界重要体育赛事，向全世界展示中国制造业企业的长足发展和品牌影响力。

（二）提升技术研发实力

近年来，世界经济下行趋势明显，实体经济受到较大冲击，国内轮胎行业难以独善其身。在此背景下，要求企业自身进一步提升技术研发实力，真正实现在世界范围内的过硬的产品质量优势，通过优异的产品质量去获取更大、更稳定的价值回报。

中信重工机械股份有限公司 2015 年企业社会责任研究报告

中信重工机械股份有限公司作为中国中信集团公司实际控制的企业，积极落实国资委《关于中央企业履行社会责任的指导意见》，全面履行社会责任，实施全面风险管理，坚持以建立创新绩效型、资源节约型、环境友好型、社会责任型企业为目标，关注投资者、政府、员工、客户、合作伙伴、相关团体、社区与媒体、环境等利益相关方诉求，将"诚信"确立为核心价值观，实现企业与员工、企业与社会、企业与环境的健康与可持续发展。

一、公司概况

（一）企业简介

中信重工机械股份有限公司（以下简称"中信重工"）原名洛阳矿山机器厂，是国家"一五"期间兴建的 156 项重点工程之一。1993 年并入中国中信集团公司，更名为中信重型机械公司。2008 年 1 月，改制成立中信重工机械股份有限公司。2012 年 7 月，公司 A 股股票在上海证券交易所成功挂牌并上市交易（股票简称：中信重工；股票代码：601608）。

历经 60 年的建设与发展，中信重工已成为国家级创新型企业和高新技术企业，世界最大的矿业装备和水泥装备制造商，中国最大的重型机械制造企业之一，中国低速重载齿轮加工基地，中国大型铸锻和热处理中心。拥有"洛矿"牌大型球磨机、大型减速机、大型辊压机、大型水泥回转窑四项中国名牌产品，主要从事矿山、建材、煤炭、冶金、有色、电力电子、节能环保和其他基础工业领域的大型设备、大型成套技术装备及关键基础件的开发、研制及销售，并提供相关配套服务和整体解决方案。被誉为"中国工业的脊梁，重大装备的摇篮"。

中信重工拥有国家首批认定的国家级企业技术中心，位列全国 887 家国家级技术中心前十位，荣获国家技术中心成就奖，2015 年又获评国家级工业设计中心。所属的洛阳矿山机械工程设计研究院，是国内最大的矿山机械综合性技术开发研究机构，具有甲级机械工程设计和工程总承包资质，专业从事国家基础工业技术装备、成套工艺流程的基础研究和开发设计；拥有国家重点实验室——矿山重型装备实验室。博士后工作站建成运行；成立院士专家顾问委员会，形成了一支由业内各领域科学泰斗组成的高层次专家团队和高智力创新载体。

中信重工实施技术先导战略，开发拥有"年产千万吨级超深矿建井及提升装备设计及制造技术"、"年产千万吨级移动和半移动破碎站设计及制造技术"、"日产 5000～12000 吨新型干法水泥生产线成套装备设计及制造技术"、"低温介质余热发电成套工艺及装备技术"、"利用水泥生产线无害化处置生活垃圾技术"、"大功率高压变频技术"等 20 多项核心技术，形成了大型化、重型化、集成化、智能化、成套化的产业新格局。

中信重工是国家首批确定的 50 家国际化经营企业之一。着眼全球化战略布局，中信重工着力打造全球化的营销与服务网络：全资收购西班牙 GANDARA 公司，设立澳大利亚公司、巴西公司、智利公司、南非公司、印度及东南亚公司、俄罗斯办事处等；独家买断 SMCC 的 100% 知识产权，成为全球最先进的选矿工艺技术的拥有者。

中信重工的建设与发展备受党和国家领导人关注。近年来，习近平、李克强、张德江、俞正声、刘云山、胡锦涛、吴邦国、温家宝、李长春、贺国强等党和国家领导人视察中信重工并寄予了殷切希望，为企业发展注入了新的活力。

（二）稳中求进、创新发展

2015 年，面对错综复杂的国内外宏观经济形势和更加严峻的行业发展环境，中信重工坚持"稳中求进、创新发展"的方针，适应新常态，转型谋发展，积极应对各种风险和挑战，经受住了市场的冲击，保持了生产经营的有序稳定运行。

中信重工深入推进"三大战略转型"，以战略转型构筑和巩固竞争优势，保持公司持续、高水平的盈利能力——以变频为突破口跨界进入电力电子行业，亚洲最大的变频生产基地已经建成投产；通过资本运作并购唐山开诚公司，创立中信重工开诚智能装备有限公司，进入特种机器人领域，培育成为新的经济增长点。

中信重工构建了"核心制造＋综合服务商"的新型商业模式，成为国际领先的大型矿山智能成套装备服务商，致力于为客户提供工业项目的最优解决方案和"交钥匙"工程，更好地满足了客户的需求。

中信重工通过系统性投资，构建起以世界上规格最大、技术最先进的 18500 吨自由锻造油压机为核心的高端重型装备制造体系，具备了国内乃至世界稀缺的高端重型机械加工制造能力。依托"基于互联网的智慧制造云服务平台"项目，公司入选工信部"2015 年互联网与工业融合创新试点企业"。

中信重工积极践行"中国制造 2025"和"一带一路"战略，主动融入全球化分工合作体系，充分利用全球资源，构建国际化经营模式，稳步推进全球化进程。通过实施国际化经营，有效增强了抵御市场风险的能力。

中信重工以"大众创业、万众创新"助推战略转型，成为大企业"双创"的鲜活样本。2015 年 9 月 23 日，国务院总理李克强专程考察公司"双创"工作，并给予了高度评价。

二、公司履行社会责任情况

（一）法律道德

1. 打造诚信文化体系

中信重工着眼于长期、可持续发展，深入挖掘企业 60 年艰苦创业凝结的文化底蕴，融汇中信集团"诚信、创新、凝聚、融合、奉献、卓越"的企业文化精髓，凝练出依托于"创新"这一核心发展理念，以打造百年基业为目标，以"诚信"为核心，以经营理念为基础，以"焦裕禄精神"为精髓，以岗位诚信体系为特色的诚信文化体系。

2. 践行健康的商业价值伦理

公司严格遵循《公司反舞弊管理制度》，不断加强公司治理和内部控制，降低公司运营风险，规范经营行为，维护公司合法权益，实现了反舞弊工作制度化、规范化；公司进一步规范了公司董事、监事、高级管理人员、中层管理人员和所有员工的职业行为，督促相关人员严格遵守法律法规、行业准则、职业道德及公司规章制度，树立廉洁、勤勉的良好风气，防止损害公司及股东利益的行为发生。

3. 依法纳税

作为中央驻洛企业，公司依法进行税务登记、账簿设置、凭证保管、纳税申报、按时缴纳税款。作为辖区纳税大户，公司为财政税收及地方经济发展做出了积极贡献。2015 年，公司及所属的洛阳矿山机械工程设计研究院有限责任公司等八家公司被洛阳市国税局、地税局评定为"纳税信用等级 A 类企业"。

多年来，中信重工模范遵守法律法规和社会公德、商业道德以及行业规则，及时足额纳税，维护投资者和债权人权益，保护知识产权，忠实履行合同，恪守商业信用，反对不正当竞争，坚持诚实守信、依法经营，未发生诚信缺失和违法违规行为。

（二）质量安全

1. 实施以"质量红线管理"为核心的特色质量管理模式

中信重工坚持以质量求生存，建立了完善的质量管理体系，先后通过质量管理体系、军品质量管理体系和环境及职业健康安全管理体系认证，并在质量管理领域导入卓越绩效管理模式。通过内审、外审、管理评审改进提高质量管理水平。

2015 年，中信重工构建以"质量红线管理"为核心的特色质量管理模式，全面推进国际标准和国际规范工作，探索并创建出具有中信重工特色的质量管理方法——"155"质量防控体系，为产品质量提升提供了坚实保障。凭借在质量和服务领域的卓越表现，公司获得全国质量诚信优秀企业、全国产品和服务质量诚信标杆企业、全国实施卓越绩效模式先进企业、中国工业企业品牌竞争力百强、河南省质量信用 AAA 级工业企业等称号，荣获第二届中国质量奖提名奖（第七位），被中宣部列入中央媒体"中国品牌"重点宣传企业名单。

2. 以人为本，安全生产

中信重工始终坚持"以人为本，安全生产"理念，以"一岗双责"安全生产责任制为抓手，建立健全公司、直属厂、车间、班组四级安全管理网络。强力推行班前会制度，把安全生产的第一道防线建立在班组；依托企业文化体系建设，将安全生产融入企业文化之中，以文化的力量规范员工安全生产行为。创造性地实行安全工资制度，对全年未发生安全事故的直属厂进行专项奖励，增强员工共创共建安全生产环境的积极性。

中信重工设置安全环保部，负责安全生产，员工职业健康，环境保护的监督、监测、检查等事务的管理工作。公司通过了 GB/T24001－2004/ISO14001：2004 环境管理体系认证和 GB/T28001－2011/OHSAS18001：2007 职业健康安全管理体系认证。结合实际建立了完善的安全生产管理体系和制度，包括《安全操作规程》、《安全生产责任制度》、《安全生产考核办法》、《外来施工单位安全生产管理制度》、《危险化学品安全管理规定》、《生产作业现场安全检查及评分标准》等。

中信重工各级机构设专人负责安全生产工作，实行了分级管理、全员参与的安全风险防范责任制。公司注重提升员工的安全意识和职业健康意识，2015 年全年组织安全培训人数 12055 人次，包括特种作业人员培训、职业健康教育、安全管理人员培训、安全员专项培训等；开展了年度例行应急救援演练，提高了事故应急救援能力；开展了高处作业、劳保用品、大件起吊、吊索具专项检查、作业环境专项治理等安全专项治理活动。

2015 年，中信重工建立了雾霾天气应急响应长效机制，根据天气预警分级采取调休、减少或停止室外作业、增加防护措施、实行弹性工作制等措施，充分保障员工的身心健康。

（三）科技创新

中信重工把创新作为公司的核心发展理念，不断强化核心竞争力，把企业发展定位在高端，走技术引领、内生增长的路子，从发展方式、商业模式、产业结构、价值链等方面实施转型，推动企业走上了以创新驱动引领发展模式转型的强企之路。

中信重工密切关注行业技术发展趋势和国家产业政策，不断推出新产品和新技术，引领下游行业客户向着更加节能、环保、高效的方向发展，在满足客户需求的同时也开拓出新的细分市场。在 2015 年国家科学技术奖励大会上，公司两个项目荣获国家科技进步奖二等奖，一个项目荣获国家科技发明奖二等奖。

中信重工企业技术中心在全国 887 家国家级企业技术中心排名位列前十，拥有自主知识产权的产品占到了 95%，成为重型装备制造业前沿技术的引领者。公司近几年新产品贡献率均持续超过 70%，众多科研成果填补了国内空白，达到国际先进水平。2015 年公司新获授权专利 82 项，其中发明专利 34 项。公司 2013～2015 年研发投入情况如表 1 所示。

表 1　中信重工 2013～2015 年研发投入情况

年份	研发投入（万元）	营业收入（万元）	研发投入占营业收入（%）
2013	61237.32	508311.11	12.05
2014	44139.12	528629.49	8.35
2015	36616.97	402052.26	9.11

资料来源：中信重工 2013 年、2014 年、2015 年报告。

中信重工拥有国家级工业设计中心、矿山重型装备国家重点实验室、计量检测国家认可实验室。创建了院士工作站、博士后工作站、澳大利亚矿山工艺及装备研发中心等九大技术研发平台。国家矿用新装备新材料安全性分析验证中心实验室项目动工建设，目前已完成钢结构主体工程建设，于 2016 年底前投入使用。

中信重工拥有 2000 多名技术人员，占员工总数的 1/4，其中直接从事研发的工程技术人员 1100 多人。目前已经打造了一支包括 10 名院士和 24 名外籍专家在内的创新专家团队，形成了直接参与者超过 800 人的技术"创客"群体。

2015 年，"中信重工高端矿山重型装备技术创新工程"获得国家创新工程奖；矿物粉碎节能技术及关键装备获河南省科技进步奖一等奖；大型矿用磨机的研制及应用分别获得中国机械工业科学技术一等奖和洛阳市科技进步一等奖；千米深井用大型凿井提升设备关键技术研究分别获得河南省科技进步二等奖、中国机械工业科学技术三等奖和洛阳市科技进步二等奖；炉冷烧结机余热发电技术研究及工程示范申报河南省重大科技专项并通过专家评审；公司自主研制的国内首台具有自主知识产权的直径 5 米的（硬岩掘进机 TBM），首次在故县"引故入洛"饮水工程 1 号隧洞成功试掘进；立盘过滤机在电厂脱硫试验取得成功，具备了大力推广的条件。

中信重工成立了北京设计研究院，以设计开发高端电力电子产品为主。与中科院自动化所共建智能控制系统联合实验室，以精密检测与传感技术、高速高精伺服驱动技术、嵌入式智能系统、机器人集成应用系统、数据挖掘与分析利用为五大重点研发方向。

中信重工加速培植变频产业，目前已完成了全系列产品的开发，在技术研发领域取得了全方位突破，产品应用到不同行业，并出口澳大利亚、非洲、东南亚、伊朗、蒙古等海外市场，树立了传动领域的中信重工品牌。在第十二届变频器行业企业家论坛上，公司凭借在低速、重载、大功率工业专用变频领域的行业领头羊地位和品牌辐射力与创新驱动力，获评"中国变频器产业创新力十强"荣誉称号。

公司以中信重工开诚智能装备有限公司为平台，强力发展基于特殊工况和高危环境下的特种机器人产业。参加的上海中国国际工业博览会（机器人展）取得圆满成功。目前，开诚智能研制的特种机器人市场反应热烈，发展势头良好。

（四）诚实守信

1. 公司具有完善的信息沟通和披露机制，及时向利益相关方披露公司运营相关的、对利益相关方的决策具有重要影响的信息

2015 年，公司以投资者需求为导向，依托上交所信息披露直通车业务平台，

在指定信息披露网站、报纸，真实、准确、完整、及时地披露公司相关信息，增强信息披露有效性和针对性，切实履行自律监管职责，更好地服务、回应投资者，得到了投资者和监管部门的认可。同时，加强对公司内幕信息的日常管理，做好未公开重大信息的保密工作，有效防控内幕交易行为的发生。2015 年，编制、发布定期报告 4 次，临时公告 92 次；公司调入上证 180、沪深 300 等指数样本股；入选上证"中国制造 2025"样本股、MSCI 中国 A 股指数成分股；荣获"2015 中国最受投资者尊重的上市公司入围奖"；获评上海证券交易所"2014 年度上市公司信息披露工作评价优秀公司（A 类）"。

2. 规范供应商管理

中信重工致力于与供应商建立和维持长期合作关系，按照《采购招标管理办法》、《物资招标廉洁协议管理规定》等制度及实施细则规定，以高质量、高性价比、重合同、守信用原则，公平、公正、公开地选择外部供应商，供应商等级设置为战略合作伙伴、大宗采购供应商、一般性供应商，实行准入、年度考核、淘汰的管理机制。物资招标范围覆盖到生产、技改装备、工程建设等所有竞争性物资采购。公司对所有招标过程进行效能监督监察，确保供应商利益。

（五）消费者权益

中信重工始终以客户需求为中心、以客户满意为目标，致力于为客户提供工业项目最优解决方案和"交钥匙"工程；依托先进的新型客户服务平台，为客户提供全方位、全过程、全天候的保姆式服务。

中信重工始终以顾客关注为焦点，针对客户提出的意见或建议，制定纠正措施并及时改进，用户满意度逐年提高。2015 年，公司组织由质量、营销、技术、服务专家组成的九个分队，在矿山、冶金等领域开展"质量万里行"活动，赴全国各地客户现场开展交流服务活动。

中信重工建设了新型客户服务系统，具备多媒体服务计划调度、服务全流程管理、产品全生命周期管理、备件服务管理、远程视频监控、3G 视频实时诊断、技术支持、统计分析、客户体验九大功能，可为客户提供全方位、全过程、全身心、全天候的服务；建设完成客户服务体系展示平台，通过数字化重工、智慧化生产、信息化服务向客户全景展现服务流程和工作模式；建设完成客户服务信息管理平台，集公司技术、生产等各单位资源，满足客户对产品问题处理及时性的要求，做到了"互联网＋"时代的全员参与客户服务。

中信重工不断用新技术和新产品为用户提供系统解决方案，注重保护用户知识产权，全方位为用户服务，确保用户利益。

（六）股东权益

1. 公司治理

中信重工根据《公司法》、《证券法》及其他有关法律、法规和《公司章程》规定，建立了股东大会、董事会、监事会、经理层组成的法人治理结构。公司"三会一层"议事制度对公司股东大会、董事会、监事会、总经理的性质、职责和工作程序，董事长、董事（包括独立董事）、监事、总经理的任职资格、职权、义务以及考核奖惩等做了明确的规定，明确了决策、执行、监督等方面的职责权限，形成了科学有效的职责分工和制衡机制，为公司规范运作、稳健发展提供了有力保障。2015年，公司召开的股东大会、董事会议、监事会议相关决议均按照要求，在上交所网站（www.sse.com.cn）和《中国证券报》、《上海证券报》、《证券日报》、《证券时报》上登载披露。

2. 投资者关系

2015年，公司董事会要求相关部门认真执行《公司投资者关系工作制度》；在门户网站公布了投资者咨询电话、传真和电子信箱，由专人负责接听、答复投资者电话，保证投资者与公司沟通渠道的畅通。同时，做好国内外各种投资机构的实地调研、电话访谈，并与之签署《保密承诺书》，确保所有投资者可以平等地获取同一信息，切实保护广大投资者的合法权益。

2015年5月，发布《中信重工关于举行2014年业绩说明会暨投资者网上集体接待日的公告》（公告编号：临2015-036）。公司董事长、总经理、副总经理、财务负责人兼董事会秘书就公司业绩、公司治理、发展战略、经营状况、融资计划、可持续发展等投资者所关心的问题，通过网络互动平台与投资者进行了充分的沟通和交流。

2015年12月，公司参加了河南上市公司"诚信公约·阳光行"活动。公司副总经理、财务负责人、董事会秘书就公司在诚信履约、研发投入占比、市值管理等方面的内容与投资者进行了现场交流答疑。

3. 股东回报

公司在稳健发展的同时，亦非常注重对投资者的回报，积极通过现金分红等多种途径，提高投资者回报水平。《公司章程》第一百五十五条公司股利分配政策明确规定：公司采取现金、股票、现金与股票相结合的方式或法律允许的其他方式分配股利，并优先考虑采用现金分红的利润分配方式。公司2013～2015年现金分红情况如表 2 所示。

表 2　中信重工 2013～2015 年现金分红情况

年份	每 10 股送红股数（股）	每 10 股派息数（元）（含税）	每 10 股转增数（股）	现金分红的数额（含税）	分红年度合并报表中归属于上市公司股东的净利润	占合并报表中归属于上市公司股东的净利润的比率（%）
2013	—	0.58	—	158920000.00	490591305.51	32.39
2014	—	0.65	5	178100000.00	407474631.52	43.71
2015	—	0.23	—	99806643.74	61967680.64	161.06

资料来源：中信重工 2013 年、2014 年、2015 年报告。

（七）员工权益

在企业发展过程中，从员工利益出发，针对关键矛盾和问题，注重协调，妥善处理好员工与企业之间的劳动关系、工资关系，保障员工利益，为所有员工营造良好的工作环境和氛围，提高员工满意度。

1. 加强民主管理

公司传承了国有企业民主管理的优良传统，坚持源头参与，维护职工的根本利益。坚持完善落实职代会制度，严格按照程序要求审议，通过提交职代会的各种文件和涉及公司发展的重大议案，认真组织、开好两级职工代表大会。坚持召开代表团长联席会议，坚持落实公司重大决策经代表团长联席会议审议制度。坚持工资集体协商制度、厂务公开制度等，充分保障职工的知情权、参与权、表达权和监督权。

2. 持续改善员工福利待遇，强化帮扶机制建设

公司坚持发展为了员工、发展依靠员工、发展成果由员工共享。坚持住房公积金制度、企业年金制度、大病统筹制度、带薪年休假制度，认真落实员工各项法定福利制度，坚持进行年度健康休养和健康体检制度，保证员工身心健康。

公司强化帮扶机制建设，坚持"随报随救，应救尽救"的原则，积极拓宽帮扶救助渠道，建立困难职工档案并予以跟踪救助。2015 年，公司再次荣获"全国模范职工之家"称号。

3. 正确处理员工诉求

公司坚持完善利益协调、诉求表达、矛盾调处、权益保障等机制建设，高度关注、认真分析员工关心的热点、焦点问题，设立员工诉求信箱，严格落实首问责任制和诉求反馈机制，正确引导员工依法表达合理诉求，确保员工的诉求表达

渠道畅通，维护劳动关系稳定，促进企业健康和谐发展和员工利益的互利双赢。

4. 优化工作环境

公司严格执行国家《劳动合同法》、《安全生产法》、《职业病防治法》等劳动、安全生产法律法规，通过国家环境管理体系和职业健康安全管理两项体系认证，不断改善员工的职业健康安全条件。公司每两年实行一轮全员健康体检，建立员工个人健康档案，及时诊断发现健康问题，保障员工身体健康。每年对特殊工种员工按规定周期实施职业健康体检，及时为职业禁忌症员工调整工作岗位，预防职业病的发生。

公司近年来投入巨资进行大规模技术改造，有效改进了生产场地工作环境，强化劳动安全保护措施，各项关键检测指标均控制在国家标准范围内。

5. 完善的员工职业发展路径

公司坚持"以人为本，员工与企业共成长"的人才理念，为员工建立了多通道的职业发展路径，员工可以参考公司不同岗位的具体任职要求，结合自身的业务能力和兴趣选择适合自己的成长道路。

通过中信重工大学培训体系建设提供了涵盖员工职业生涯不同阶段的培训和学习机会，为员工构建了高层次的学习和发展平台。历年均面向新进员工开展职业生涯管理讲座，引导员工管理职业生涯。2015 年还实施了中基层干部管理素质提升培训、车间主任（书记）培训、班组长培训等。为了增强在国际化进程中的人才优势，公司与解放军外国语学院合作开展英语强化培训，实施了 2015 年海外子公司新员工回总部培训、邀请海外公司售后服务经理对总部客户服务人员进行培训、本部国际业务相关部门业务骨干赴海外公司交流学习等培训活动。2015 年全年完成管理、营销、技术等各类培训 16404 人次，提升了员工队伍整体素质和能力。

公司深入实施"金蓝领工程"，开辟技术、生产一线和管理三条职业发展通道，鼓励员工立足岗位成长成才。为技术工人设立了 11 个技能梯次，提高了薪酬待遇。

建立内部岗位竞聘制度，进行内部人力资源调配，实现员工的多元化发展。尤其针对后备干部队伍，中信集团公司通过委托培养、挂职锻炼、岗位轮换等多种模式加快领导能力培养，促进员工成长和自我价值的实现。

（八）能源环境

中信重工认真贯彻落实科学发展观，以强烈的社会责任感，大力发展循环经济和节能环保产业。

公司立足环境保护和资源节约的发展理念，致力于生产过程和产品技术的低碳化，以节能技术、节能工艺、节能方法生产节能产品，用节能技术装备中国工业。在余热发电、活性石灰、褐煤提质、尾矿处理、矿渣处理、原料立磨、高压辊磨、水泥窑消纳城市生活垃圾、变频等高效节能产品研发上取得了重大突破，推出了一系列资源高效利用、能源清洁开发、节能减排的重大技术装备，产生了巨大的社会效益。

公司大力推动国内水泥生产线的升级改造，开拓原料粉磨、水泥粉磨节能服务和智能化领域，积极拓展矿热炉、玻璃窑、石灰窑、球团窑、兰炭尾气、钢厂综合节能服务市场。积极推进烧结机余热发电、矿热炉余热发电、煤气发电、水泥窑协同处置垃圾等节能环保成套市场开拓。

公司成立了中信重工（洛阳）节能技术工程有限公司，大力推进节能环保技术应用；建设了亚洲最大的变频生产基地；打造的节能环保装备产业化基地项目也即将竣工，将为矿山、冶金、水泥等行业提供优质的节能环保装备，推动重型装备制造业向数字化、智能化、成套化转型。

（九）和谐社会

1. 社会关系

公司高度重视加强与政府部门、监管机构、行业协会的日常沟通和联系，主动配合政府部门和监管机构的监督检查，认真听取监管机构的意见和建议。作为一家公众上市公司，在各项生产经营活动中遵循诚信、公平原则，高度重视社会公众及新闻媒体对公司的评论以及相关报道，赢得了社会各界的广泛认同。

2. 公益慈善

中信重工在计划经济时期曾开办过技工学校、医院、职业高中、中小学、幼儿园、宾馆、酒店、旅行社等公益性社会服务实体，随着企业改革和转型，大部分已经改制退出企业或移交社会。作为公益事业，公司坚持服务为本，造福社会，努力打造优质服务品牌，不断提高服务口碑，力求人民满意和社会满意。

中信重工定点扶贫洛阳市汝阳县王坪乡王坪村，从 2012 年起坚持派驻帮扶工作小组。截至目前，已累计向王坪村特困党员和群众 90 余人次送去粮油和慰问金 4.05 万元，捐赠冬衣 6700 余件，并利用公司平台免费为王坪村民的山货销售设置展柜，缺水问题得到根治，入户道路实现硬化，建成了"中信重工核桃林示范基地"，依托皂角树构建的"金果树"工程、蜗牛养殖业正稳步推进。公司荣获"2015 年度洛阳市定点扶贫工作先进单位"荣誉称号。

爱心助学活动是公司关心职工、帮助困难职工子女上大学的一项重要措施。2004 年至今，累计近 600 名困难职工子女得到资助。

中信重工成立了志愿服务队，通过持续开展服务活动，形成了"关爱山区留守儿童"和"爱心献血"为旗舰项目的志愿服务活动体系以及服务企业生产经营的"小红帽在现场"志愿服务品牌。2015 年，一次组织 40 余名员工献血16000 毫升，连续五年共计 260 余人次参与献血 10 万余毫升。公司获评"无偿献血先进单位"、"2015 年河南省优秀志愿服务集体"。

（十）责任管理

1. 企业文化

中信重工着眼于长期、可持续发展，深入挖掘企业 60 年艰苦创业历史实践凝结的文化底蕴，融汇中信集团"诚信、创新、凝聚、融合、奉献、卓越"的企业文化精髓，凝练出依托于"创新"这一核心发展理念，以打造百年基业为目标，以"诚信"为核心，以经营理念为基础，以"焦裕禄精神"为精髓，以岗位诚信体系为特色的诚信文化体系，为企业持续发展凝聚了强大的精神动力和智力支持。被中国企业文化研究会授予"全国企业文化建设示范基地"称号，成为河南省首家获此殊荣的企业。2015 年 11 月，公司获评全国"'十二五'企业文化建设创新文化标杆"。

企业使命：为客户创造价值，以诚信铸就基业。

企业愿景：国内领先、国际知名。

核心价值观：诚信。

企业精神：焦裕禄精神。

企业理念：主要由经营理念、战略理念、人才理念、质量理念以及服务理念构成。其中经营理念是诚信为本，客户至上，变革创新，精致管理；战略理念是以高端战略赢取"云层之上"的竞争优势；人才理念是以人为本，员工与企业共同成长；质量理念要求第一次就把事情做对；服务理念则是追求客户满意。

2. 责任管理机构和人员

中信重工成立了由党委书记、董事长牵头的公益规划实施领导小组，制定支持计划，纳入年度全面预算；把任务和责任分解到公司党、政、工、团等部门，齐抓共管，造福社会，受到广泛好评。

中原环保股份有限公司
2015年企业社会责任研究报告

一、中原环保股份有限公司概况

中原环保股份有限公司（以下简称"中原环保"）系白鸽（集团）股份有限公司资产重组后更名而来。白鸽股份1992年经河南省体制改革委员会豫体改字[1992]1号文件批准设立股份有限公司，1993年12月8日经中国证监会批准以募集方式向社会公开发行A股股票并在深圳证券交易所上市交易。2006年底白鸽股份实施重大资产置换，将磨料磨具业务及其相关资产及部分负债与郑州市污水净化有限公司拥有的王新庄污水处理厂的经营性资产进行置换，置换完成后，公司主营业务由磨料磨具生产销售变更为污水处理及城市集中供热。2007年1月，公司名称变更为中原环保股份有限公司。截至2015年12月31日，公司资产总额为241882.01万元，较2014年同期上升5.35%；股东权益99633.33万元，较2014年同期上升10.35%。本期实现利润总额12471.34万元，较2014年同期上升57.56%；实现净利润10349.62万元，较2014年同期上升52.29%。

中原环保是郑州市政府控股的唯一一家国内A股上市公司，主营业务为城市污水处理和城市集中供热，属市政公用行业。截至报告期末，公司有王新庄水务、港区水务两家分公司和登封水务、上街水务、伊川水务、开封工业水务、漯河水务、郑东水务六家子公司从事污水处理行业，2015年全年共处理水量26106万吨，同比上升15.3%。新密热力和登封热力两家子公司从事集中供热行业，坚持以"规范、服务、发展、效益"为主线，以充分履行企业社会责任为抓手，实现了社会效益与企业效益双丰收，两家供热单位在2015年冬同时实现了供热面积超过百万平方米，供热总面积达到232万平方米，同比增长19.7%。

公司成立后，通过建立"三会一层"、公司治理体系、内部控制体系等来不断推进企业的现代化进程，经过数年发展，已成为一家管理规范、运营稳健的国有控股上市公司。公司在党、政、工各个方面均取得了优异成绩，先后荣获"全国十佳城市污水处理厂"、"中国城镇供排水行业突出贡献单位"、"郑州市五个好基层党组织"、郑州市"五一劳动奖状"、"郑州市国资系统先进党委、目标管理先进单位"、"为中原区经济发展做出突出贡献先进单位"等多项殊荣。

公司在做好本土主业发展的同时，积极寻找市场机会向外扩张发展，目前已先后投资设立了港区水务分公司和新密热力、登封热力、登封水务、上街水务、伊川水务、开封工业水务、漯河水务、郑东水务八家子公司。在保证两大主业稳定运行的基础上，充分发挥上市公司投融资优势，积极投资地方公用事业，较好地服务了社会民生和城市建设，为郑州市及周边地市的污水处理和城市集中供热工作做出了较大贡献。

二、中原环保股份有限公司履行社会责任情况

企业社会责任是指企业在其商业运行的过程中对其利益相关方应承担的责任。利益相关方是指所有可能影响或者会被企业的决策和行动所影响的个体或群体，其中包括员工、客户、供应商、社区团体、投资者和股东等。企业作为经济社会的"公民"，在其发展的过程中不仅要考虑自身的经济效益，还要考虑其发展对社会和环境所造成的影响。企业积极地履行社会责任，在创造社会效益的同时，还能够提升企业的社会影响力，扩大企业的品牌影响力，实现社会效益与经济效益的双赢。

中原环保自成立以来，牢记使命，积极地履行社会责任，不断地为社会发展做出贡献。公司秉持"持续推进民生、履行社会责任，保持国有资产持续升值、股东价值持续提升、职工收入持续增长，公司实现快速、持续、健康和长久发展"的发展使命，树立"服务城市居民，提高城市品位；发展循环经济，建设幸福家园"的经营宗旨，公司成立多年来，在实现公司经济利益的同时，积极履行作为一个社会"公民"应该肩负的社会责任。

中原环保一直致力于坚持科学发展观，建立健全机制体制，打造行业优质品牌；坚持以人为本，深化人力资源改革，培育高素质员工队伍；坚持创新发展，积极发挥公司在资本市场与货币市场的投融资优势；遵循市场规律，突出城市基础设施建设和市政公用事业主业，持续实现国有资产保值增值和股东利益不断增长，员工价值持续提升，为改善民生和促进经济社会可持续发展做出贡献。

（一）法律道德

中原环保在生产经营活动中严格遵守党和国家的各项政策法规，依法规范企业的经营行为，倡导平等竞争、公平交易的道德风尚，坚决反对见利忘义、以假充真的违法行为，自觉维护行业利益和形象，争当依法生产、守法经营的模范，争当照章纳税、重诺守约的模范，自觉接受全社会及有关行政管理部门的监督检查。2015 年未发生己方原因造成的违约事件。

中原环保作为一家上市企业，严格遵行《公司法》、《证券法》、《上市公司治理准则》等有关法律、法规，建立健全了治理结构和内控体系，设立了股东大会、董事会、监事会和经理层。董事会下设战略委员会、提名委员会、审计委员会和薪酬考核委员会四个专业委员会。为保证各项规章制度的贯彻落实，公司进一步建立健全了董事会领导下的内部审计体系，充分发挥内审机构的监督职能。通过不断开展内部审计工作，达到了预防风险、查堵漏洞的目的，在一定程度上促进了公司健康、可持续发展。内控体系的不断完善，对推进公司规范化管理奠定了坚实基础。

为了规范财务核算管理，保证财务报告的真实、准确、完整、及时，公司按照《公司法》、《企业会计准则》、《企业内部控制基本规范》及其配套指引等法律法规的规定，建立了《财务管理制度》、《货币资金内部自控制度》、《财务支出管理制度》、《会计人员管理办法》、《应收账款管理制度》等多项财务报告内部控制制度，对公司会计核算、资产管理、资金管理、会计人员行为管理、会计档案管理等实施有效控制，使财务的控制职能在经营管理活动中的各个环节得到有效发挥，保证财务报告能够真实、准确、客观地反映企业的资产状况、经营成果和持续经营能力等信息。报告期内，财务报告内部控制制度得到良好执行，财务报告内部控制没有出现重大缺陷。

公司从 2014 年开始启动规范管理工作，2015 年继续加大规范管理工作力度，成立全面依法规范管理领导小组和检查小组，制定《规范化管理自查整改活动实施方案》，要求各责任单位从"三重一大"、财务和资金管理、薪酬发放、大宗物资采购、工程建设等重要领域进行自查整改。通过自查整改及外部审计，公司各项制度流程进一步规范，规范化管理水平进一步提升，为公司全面实现精细化管理打下了坚实基础。

作为一家上市公司，中原环保始终将"服务于民回报社会"作为企业重要的发展理念，严格履行法定社会责任，积极履行道义社会责任，把实现经济效益和社会效益统一起来，努力塑造优秀企业形象。公司严格依据《中国企业社会责任评价准则》构建建立 CSR 管理指标体系，将责任理念探索和实践推进继往开来，逐步由基本达成社会共识阶段进入到社会责任管理的新阶段，并在总体上形成了政府引导、行业推动、企业实践、社会参与、国际合作五位一体、多元共促的社会责任推进格局。

公司始终强调廉政建设的重要性，持续加大从源头上预防治理腐败的力度，不断推进党风廉政建设和反腐败工作深入开展。涉及工程建设等关键部门、采购及财务等重要岗位实行重点监管，确保公司健康、持续发展，确保党员干部职业生涯安全、良性发展，以实现公司发展和个人进步共荣双赢。

（二）质量安全

中原环保作为一家市政公共服务公司，对于服务范围内的广大人民群众高度负责，不断提升服务质量。具体表现为：

第一，为保证供热服务质量，公司加大自建自管热交换站的巡检力度，增加巡检次数和深度，提前查漏补缺，防患未然，有效控制了自建自管站的供水温度，保证了大网均衡供热。

第二，公司制定了热力管网、换热站故障及爆管等应急预案，确保城市集中供暖万无一失。公司各级单位认真落实领导责任制、岗位责任制及供热运行汇报制，抢险设备设专人管理。供热前针对二次网、部分支架年久老化锈蚀严重等情况对各热交换站、管网、支架等进行全面排查，发现问题及时维修。在此基础上，公司进一步投入资金 30 万元更新供热抢险设备，提升应急处理能力，并成立五支供热抢险服务小分队，应对供热运行中突发的各类事故。

第三，通过信息化建设和组织机构再造，公司供热服务手段向现代化、信息化迈出了坚实的一步。为提高公司的信息化水平，公司信息化建设全面启动。OA 协同管理平台建设工程高质高效，整个项目经历商务谈判、项目规划、蓝图设计、系统建设、系统切换等阶段，召开会议 30 余次，组织培训 30 余次，培训人员 600 多人次，引进各类硬件设备 60 余套，OA 办公系统、物资系统、收费系统、呼叫系统均提前上线。目前，信息化办公平台已成为公司员工开展工作最得力的助手。

总之，公司通过扩大供热面积，不断改进供热管理水平和服务质量，大大提高了郑州城区的宜居性。

中原环保始终将安全生产视为头等大事，紧紧围绕企业安全生产、经济效益和科学发展，着力打造本质安全型企业。公司建立了安全生产责任制，坚持安全生产"党政同责"，将安全生产工作作为生产运营工作重点，层层签订《安全生产目标责任书》，建立健全"一岗双责"责任制体系。实际工作中，坚持定期召开安全生产专题会，总结分析安全生产过程中存在的问题，使生产一线的安全隐患得到及时发现和有效控制，确保公司安全生产工作管理各项环节的正常运转。按照公司整体安全生产工作要求，安全生产领导小组每月对生产单位进行一次全面、深入的安全检查，深入车间、深入现场，将存在的安全隐患列表存档，及时向生产单位下达整改通知。与此同时，坚持开展"安康杯"竞赛，保障职工人身安全。工会紧紧围绕公司职代会确立的安全生产目标及任务，一方面，充分发挥政治和组织优势，利用企业内部刊物、办公网络等宣传阵地，采取演讲会、知识竞赛、板报展览、案例教育等活动形式，大力营造企业安全文化氛围，广泛动员职工积极参与到"安康杯"竞赛活动之中；另一方面，把"安康杯"竞赛活动与公司开展的"安全活动月"、"安全竞赛"、"安全大检查"等活动，以及生产、工程、设备、消防等专项检查活动有机地结合起来，提高了"人人讲安全，人人懂安全，人人要安全"的职工安全意识和自我保护能力，推动了"安康杯"竞赛活动的深入开展，公司在安全生产综合治理方面实现"零事故"。

2015年中原环保进一步落实一岗双责，紧紧围绕平安建设和安全生产年度责任目标，结合公司经营管理工作的现状和特点，完善各项管理制度，开展隐患排查治理行动，遵循"横向到边、纵向到底、责任到人、不留死角"的安全生产工作原则，开展各种安全生产培训和演练，狠抓平安建设和安全宣传教育，夯实平安建设和安全基础，全面完成了上级部门下达的平安建设及安全生产各项工作，做到了"平安企业、平安发展"，全年无安全生产事故发生。

（三）科技创新

中原环保持续推进全面创新，以公司战略为导向，推进公司理念、机制、制度、技术、管理、文化等全面创新。用理念创新激发公司创造力，用制度创新催生内动力，用技术创新提高竞争力，用管理创新提升业绩。建立创新机制，构建创新平台，营造创新文化，形成全面创新局面。

公司根据行业规定，取得了国家环保部颁发的环境污染治理设施运营资质证书（甲级生活污水）、河南省发展和改革委员会颁发的河南省资源综合利用认定证书。公司下属的王新庄水务分公司自运营以来，2004年中国市政工程协会举办的评比中，获得"全国十佳污水处理厂"荣誉称号，2008年中国城镇供水排水协会举办的评比中，以 40 万吨以上大型污水处理厂总分第一名的成绩被授予"全国十佳污水处理厂"荣誉称号，2009 年荣获中国城镇供水排水协会颁发的"城镇供排水行业突出贡献奖"，连续十年取得河南省城镇污水处理运营先进单位称号，其消化系统及沼气利用项目在国内同行业处于领先水平，获全国"2011 年度污泥处置十大使用技术案例推荐"的荣誉称号。

加强内部控制制度建设，各项规章制度齐全，使各生产环节做到了有规可依、有章可循。公司下属的王新庄水务分公司于 2012 年 9 月通过摩迪国际认证有限公司审核，取得 ISO9001 质量管理体系、ISO1400 环境管理体系、OHSAS18000 职业健康安全管理体系证书。

加大新技术的创新和研发力度，延伸产业链。通过调整工艺，2015 年沼气输送量为 483 万立方米，中水输送量 1538 万吨。污水处理项目的 HV – TURBO 单级高速离心鼓风机和福乐伟离心脱水机属于行业内技术领先设备，公司在维修维护方面通过不断摸索，逐步实现部分配件的国产化替代，大大缩减了维修费用，提升了公司在行业内的竞争力。

2015 年中原环保新技术新设备投运，创新规范化。一是推进新密热力脱硝工作实施。2015 年供暖季结束后，公司按照河南省环保厅对排烟需进行脱硝处理的要求，对脱硝技术进行市场调研，优中选优，确保脱硝运行稳定，烟气排放达到国家规定要求。二是登封热力引进阻断器。登封市因地势高差较大，造成混水系统不能普遍使用，公司通过技术调研，引进一台带阻断器的浑水供热机组，目前运行比较稳定。

（四）诚实守信

中原环保将诚信纳入企业的规章制度，贯穿于企业的生产、经营之中，成为企业全体员工共同遵守的行为规范，并最终转化为全体员工的自觉遵守，使诚信行为普遍化。同时，在建立诚信制度的过程中，运用公平、公正、公开的诚信奖惩等手段，加强约束和激励机制，形成相应的考核评价体系，对诚信者进行表彰和奖励，对失信者进行批评和处罚。这些措施大大增强了员工对企业的责任感、认同感与归属感，从而提高了员工的诚信服务意识和诚信服务水平，使员工将个人成长与公司兴衰有机结合起来，在公司内外部形成倡导诚信、推广诚信、实践诚信的价值体系。在公司管理层和员工的共同努力下，企业上下已牢牢树立了"守信光荣，失信可耻"的理念，诚信意识已真正深入人心，融入到日常工作规范中，变成自觉的行为与行动培养，每个员工都充分认识到，企业诚信文化是企业最宝贵的无形资产，是个人和企业成长必不可少的精神财富。

为了规范公司治理，进一步提高信息披露质量，2014 年公司对《信息披露事务管理制度》进行全面修订，对《独立董事制度》、《内幕信息知情人登记管理制度》进行部分修订，实现了制度建设与公司管理需求结合。公司一向重视并高质量完成信息披露工作，确保及时、准确、真实、完整地披露每项信息。公司在 2013～2014 年获得深圳证券交易所授予的"信息披露直通车上市公司"称号，信息披露工作受到有关主管部门和投资者的一致肯定。

2015 年公司进一步完善供应商信息档案，为供应商管理和及时掌握物资市场行情打下基础。加强供应商资格审查，平等对待供应商；加大采购透明度，让供应商平等获得信息，严格依照法律和程序办事，规范运作。

（五）消费者权益

中原环保作为一家公共行业服务公司，高度重视所肩负的社会责任，秉承"辛苦千万次，温暖每一家"的供热服务宗旨，在有计划改造老旧管网的基础上，依托"六个一"，即"一条热线、一个短信平台、一个新型收费管理模式、一支网络客服队伍、一个网格化管理模式、一支社区服务小分队"，营造和谐供热环境。为方便用户缴费，公司拓宽缴费渠道，建立了银企互联系统，用户可以选择 ATM 机、网上银行、银行柜台等渠道缴费，也可致电客服电话享受预约上门收费服务。公司开通 400 热线电话和 106573371366 短信平台，全年 24 小时为用户服务，倾听用户心声，实现零距离沟通，对用户提出的问题进行"一站式"服务。客户拨打电话进入客服中心根据操作提示可收听公司收费政策，常规暖气故障解决方法等语音信息。打不进电话时，有短信服务。客服中心可以通过短信平台对用户提出的问题进行及时处理，24 小时内解决留言问题。

为进一步畅通服务渠道，加强网络客服应用，公司新建网络客服队伍，通过"中原环保西区供热"微博及时发布消息，增强与用户互动，实现供热区域网格管理员与社区网格员对接，第一时间了解到三级网格内用户投诉的问题和用户提出的意见，并及时给予处理和回应，做到网上客服和网格化服务对接。

由于资产重组，西区供热从中原环保剥离。2015 年，登封热力和新密热力坚持以"规范、服务、发展、效益"为主线，坚持以充分履行企业社会责任为抓手，坚持以确保城市发展与基础配套设施同步为依托，实现了社会效益与企业效益双丰收。《郑州市城市供热与用热管理办法》于 2015 年 10 月 1 日正式施行，标志着供热服务行业步入法治化轨道，两家供热单位及时通过媒体宣传、短信通知、制作宣传展板等方式加大宣传力度，快速提高公众接受度和认知度。同时，公司针对登封、新密两家热力公司需求进行优化设计，两家公司所属供热客户均实现了银行柜台缴费，登封热力同时实现了收费电子化管理；彻底摆脱了传统收费的资料不齐、面积不准、陈欠不清、票据混乱等困境，展现了公司良好的形象。

（六）股东权益

中原环保在实现公司利益的同时，积极履行股东权益责任，通过透明公开的信息披露，严格遵守上市公司法律法规等措施保障股东权益。2014年公司筹划重大资产重组事项，并于2014年10月29日发布《重大资产重组停牌公告》。2015年9月28日召开公司2015年第一次临时股东大会，审议通过了公司《发行股份购买资产并募集配套资金暨关联交易报告书（草案）》等重大资产重组相关议案，拟向净化公司发行股份，购买净化公司所拥有的五龙口污水处理厂一期和二期、马头岗污水处理厂一期和二期（污泥消化、干化资产除外）、南三环污水处理厂、马寨污水处理厂、王新庄污水处理厂技改工程。同时，中原环保拟向不超过10名符合条件的特定投资者非公开发行股份募集配套资金。除此交易外，公司拟将郑州西区集中供热业务出售给郑州市热力总公司，并支付现金购买郑州投资控股有限公司下属的郑州市郑东新区水务有限公司100%的股权。通过西区热力资产剥离，中原环保与控股股东热力公司的同业竞争问题将得到妥善解决，公司进一步明晰未来发展方向，充分利用资本市场平台的融资和并购功能，实现上市公司做大做强，更好地回报股东利益、履行社会责任。通过收购郑东水务和本次交易收购净化公司污水处理资产，公司将实现对郑州市污水处理业务的统一管理，有利于公司的可持续发展。

在管理与投资者关系方面，公司推进监管层、决策层、经营层之间的沟通，优化公司治理环境，建立起科学、畅通、及时、有效的沟通渠道。巩固和监管机构的沟通，及时了解最新的法律法规，把握监管动向；加强和大股东的沟通，持续完善"三会一层"治理结构，推进公司健康发展；畅通公司与投资者之间的沟通渠道，保护中小投资者的利益。公司建设投资者关系管理平台，及时高质量地回复深交所"互动易"平台上投资者的提问，做到工作时间电话有人及时接听、来信及时回复、来访有专人接待。

报告期内，公司共召开股东大会会议2次，董事会会议13次，审议通过了94项议案。所有会议的召开、表决程序均符合法律、法规和《公司章程》的规定。

完善内控体系、加强制度建设。为了规范公司治理，提高信息披露质量，对内控制度进行全面梳理，修订了《公司章程》，保持了与上级监管部门法律法规的一致性。为强化内部控制，有效落实"三重一大"、中央八项规定、"三严三实"、廉政建设等政策和精神，公司开展了内控建设和规范管理工作。经过对公司各项制度的梳理、完善，使公司治理更趋规范化，确保公司依法合规可持续发展。

一如既往地做好信息披露，坚持依法合规原则，切实保证每项信息披露及时、准确、真实、完整，高质量地完成信息披露工作。2014～2015年信息披露工作再次受到深圳证券交易所的肯定，继续保持"信息披露直通车上市公司"资格。公司严格执行《内幕信息知情人登记管理制度》等相关制度，做好重大事项的内幕消息保密工作，做好内幕信息知情人的登记备案，全年未出现重大信息泄露事件。

公司开展多层次的投资者关系管理，推进监管层、决策层、经营层之间的沟通，优化公司治理环境，建立起科学、畅通、及时、有效的沟通渠道。巩固和监管机构的沟通，及时了解最新的法律法规，把握监管动向；加强和大股东的沟通，持续完善"三会一层"治理结构，推进公司健康发展；畅通公司与投资者之间的沟通渠道，保护中小投资者的利益。建设投资者关系管理平台，及时、高质量地回复深交所"互动易"平台上投资者的提问，做到工作时间电话有人及时接听、来信及时回复、来访有专人接待。

中原环保坚持创新发展方式，积极发挥在资本市场与货币市场的投融资优势。遵循市场规律，突出城市基础设施建设和市政公用事业主业，持续实现国有资产保值增值和股东利益不断增长，员工价值持续提升，为改善民生和促进经济社会可持续发展做出贡献，实现社会效益和经济效益双赢。

（七）员工权益

中原环保通过建立、健全劳动安全卫生制度，执行国家劳动安全卫生规程和标准，对职工进行劳动安全卫生教育，为职工提供健康、安全的工作环境，并依照《中原环保股份有限公司员工劳动保护用品发放管理规定》，为在岗员工发放劳动保护用品，保障员工在劳动过程中的安全和健康。公司还特别注重对员工身体健康及人身安全的保护。每年定期组织全体员工进行体检，让员工在健康体检中发现的健康问题或存在的健康隐患，做到早发现早治疗、早预防；并根据员工健康情况安排相适应的工作岗位，帮助员工拥有良好的身体素质，获得身心健康及家庭幸福。坚持为职工购买意外伤害保险和女职工健康保险，确保职工的人身安全，解决职工在工作中的后顾之忧。

公司始终秉持"群众利益无小事"这一理念，关心职工生活，解决职工迫切需要解决的问题。开展夏季"战高温、送清凉"、冬季"战严寒、送温暖"活动，每逢夏冬两季，党政工领导组成慰问小组，看望奋战在工作一线的员工，嘘寒问暖，并发放慰问品；特别是在传统节日春节前夕，公司领导会专程走访贫困党员职工，详细了解他们的家庭情况和身体状况，耐心聆听他们在生活上的困难和对组织的要求，同时鼓励他们一定要保持乐观心态、树立信心，积极面对眼前的困难，详细了解困难情况，并发放慰问金，使职工切实感受到集体的关怀和温暖，增强了职工的归属感。

公司人力资本强化持续提升。通过校园招聘、内部招聘与社会招聘，为公司的长远发展储备了一批高素质、有潜力的专业人才，充分保障了人力资本健康发展。通过聘请外部专家、学者及内部讲师，以师带徒等多渠道、分类别、针对性地培训，加强培训工作，较好地提升了公司干部职工的综合素质。为加强机关员工对生产一线的了解，增强服务基层意识，提高管理水平及工作效率，统筹安排员工到一线岗位学习锻炼，有效转变了机关工作作风。

在人才的引进和培养方面，公司提出"以企育人、以人兴企"这一思路，制定了《干部考核办法》、《后备人才培养方案》、《员工试用期管理办法》等一系列管理办法，并在认真建立内部培训机制的同时，不拘一格地引进公司急需的各种人才。为强化人才兴企战略，公司树立以人为本的管理理念，积极开展人力资源项目建设，按照"德能正其身、才能胜其任、言能达其意、书能成其文、绩能服其众、体能担其责"的"六能"标准培育员工队伍。除此之外，公司每年组织各种专业培训都在300人次以上。通过不断提高员工队伍的基本素质，带动管理水平不断提升。为更好地解决人才短缺问题，公司采取"外招内选"的方式，实行人才招聘和竞聘上岗，建立了"能者上、平者让、庸者下"的干部管理机制。通过内部竞聘，公司把合适的人才放到了合适的岗位上；通过外部招聘，引进公司急需的管理人才和专业技术人才，进一步提升了公司的核心竞争力，为公司又好又快地发展奠定了坚实的人才基础。

（八）能源环境

中原环保以可持续发展与节约资源为己任，以保护环境和维护自然和谐为己任。通过几年的投资、经营、发展，公司污水处理规模和能力不断提升，目前公司水务运营单位达到八个，设计日处理污水能力 67 万吨。2015 年供暖季结束后，公司按照河南省环保厅对排烟需进行脱硝处理的要求，对公司下属的新密热力公司的脱硝技术进行市场调研，优中选优，投资加装脱硝设备，确保脱硝运行稳定，烟气排放达到国家规定的标准。

为减少温室气体排放量，在做好污水处理、保证出水达标排放的同时，公司积极探索污水处理新技术、新工艺，并在中水回用、沼气利用、污泥处置等方面开展技术攻关，公司 2015 年污水处理量达到 2.6 亿吨，有效改善了水环境污染；沼气输送量达 483 万立方米，变废为宝，不仅取得了经济效益，还为生态环境的保护做出了贡献。随着技术进步和对外合作的不断深入，公司将逐步提升资源综合利用的效率和效能，实现规模、效益的不断突破。公司在污水处理与环境保护事业上的突出贡献有目共睹，得到了社会各界的广泛称赞与积极肯定，两次荣获"全国十佳城市污水处理厂"，连续九年被评为河南省城镇污水处理运营先进单位、"郑州市环境友好企业"等。

供热方面，中原环保采取积极有效措施，大力发展集中供热面积，减少供热区域内的污染物的排放量，利国利民，环保的热电联产集中供热做大做强，对国家节能减排提供最大支持。依靠科技，加快技术开发和推广。加大投入，有计划地分批更新已运行近 20 年的一次主管网和采用新型保温材料，强化一、二次管网的保温效果，减少管网热量损失。公司下属新密热力公司引进清洁燃料新技术，节煤效果明显，二氧化硫排放浓度明显降低，锅炉大气污染物排放达到国家颁布的最严格标准。

（九）和谐社会

中原环保每年都开展"阳光供热提升服务"主题竞赛和"入社区、送温暖、进万家"便民服务活动，服务进社区、维修进家门，解决社区群众最关心的集中供热问题，几年来进社区服务千余人次。公司组织服务小分队走进收费到户等小区进行宣传，深入开展集中供热入网咨询、政策法规、供热常识等系列服务活动，征求意见，接受咨询，通过开展各种形式的社区服务活动，树立了良好的外部形象。除此之外，公司还通过整理客户档案，专门为老红军和孤寡老人建立绿色通道，优先、快捷提供服务。

公司在干部职工中开展"送温暖、献爱心"、"慈心一日捐"、扶贫捐款、植树护绿、义务献血等各类社会公益活动，曾多次向汶川、玉树、雅安地震灾区和慈善机构捐款，得到了社会各界的高度评价。

（十）责任管理

中原环保与国内著名的企业文化研究机构中国企业文化建设测评工作委员会携手，致力于构建和谐的企业文化，打造富有特色的中原环保企业文化。中原环保企业文化建设领导小组和测评工作委员会通过对中原环保文化积淀的提炼、文化现状的分析，文化建设方向、内容及方式的明确，与中原环保各层级进行深入沟通，并广泛借鉴国内外优秀环保企业的企业文化建设成果，形成了"一个价值核心"和"五大创新理念"。

一个价值核心：以造福人类为核心。"领航环保、福润社会，创造生态之美"。环保事业是保障人类生存和发展的永恒事业。公司把"环保责任"作为企业核心价值观，通过强化职业自豪感、使命感来引领企业员工以崇高的责任感、卓越的理念、科学的管理促进公司的持续健康发展。五大创新理念：一是以"中原立基、卓越发展"为发展理念；二是以"关爱民生、真诚无限"为服务理念；三是以"臻于至善"为质量理念；四是以"安全就是生命"为安全理念；五是以"敬德重才、纳贤用能"为人才理念。同时，明确了企业宗旨、企业使命和企业愿景，即以"规范、务实、诚信、高效"为企业宗旨，以"服务城市居民、提高城市品位、发展循环经济、建设幸福家园"为企业使命，以"打造行业典范"为企业愿景，形成了独具中原环保特色的企业文化体系，该体系反映了广大员工的共识、切合了公司发展战略和管理实践、彰显了中原环保特色和追求。经过初步的理念和视觉系统导入推广，培育了良好的劳动和生产环境，转变了员工的服务观念和服务意识，全面提高了员工的整体素质，增强了企业的凝聚力和向心力，在社会上树立了良好的企业形象。

公司党委、工会积极开展丰富多彩的党建宣传活动及职工文化娱乐活动，如通过组织开展主题演讲比赛、参观红色教育基地、庆"三八"女职工文体活动比赛（如职工篮球、羽毛球比赛等活动）进一步提高干部群众的参与意识、竞争意识和团结协作意识，在广大干部职工队伍中培养树立了良好的团队精神，营造了和谐的企业文化氛围。

在制度建设方面，公司将优化经济发展环境工作纳入制度化、规范化的轨道，制定了一套切实可行的措施，狠抓窗口服务。首先，公司与下属各分子公司签订行风目标责任书，认真落实行风建设目标责任制，由西区供热分公司领导负总责，下属各中心负责人为直接负责人，逐级管理，层层落实。同时，制定了

《西区供热分公司规范化服务考核奖惩办法》，与经济效益挂钩。做到责任到人，认真考核，奖惩分明。其次，建立健全了七项管理制度：一是首问负责制、半小时回音制度；二是供热运行汇报制度；三是便民服务制度；四是事故排查、检修制度；五是检修工作专工负责制度；六是经营考核制度；七是竞赛评比制度。为优化经济发展环境的深入开展和长效机制的建立提供了制度保证。

三、未来改进建议

随着企业社会责任理论的不断完善，企业对于社会责任的认识不断加深。如何履行社会责任，成为企业在具体的实践中需要面对的问题。参照《中国企业社会责任评价准则》的主要指标，中原环保在履行社会责任的过程中还需要做出以下几点改进：

（一）进一步加强企业社会责任披露

企业社会责任报告是企业集中展现履行社会责任成果的一个重要途径。为了更好地披露企业履行社会责任状况，越来越多的企业发布年度企业社会责任报告。中原环保作为一家国有企业、上市公司，应根据国家企业社会责任准则发布企业社会责任报告，让更多的投资者以及客户了解该公司履行企业社会责任的状况。

在发布企业社会责任报告的同时，还应进一步完善公司网站。通过查询中原环保官网发现，网站上披露的信息较少，也没有开通企业社会责任专栏。公司网站是一个公司对外开放的大门，理应充分发挥互联网的优势，让更多的企业信息披露在网站上，提升企业的形象。公司可以在网站上开通企业社会责任专栏，把公司履行社会责任的实践活动放到网站上，既方便投资者查看企业履行社会责任的状况，又提升了企业的社会影响力，实现企业的可持续发展。

（二）进一步增强能源环境责任的履行力度

近年来，河南省环境问题日趋严峻，郑州在 2015 年全国城市空气质量排名中位列倒数第五。水环境保护工作力度不够，郑州中心城区建成污水处理能力 145 万吨/日，其中仅有 65 万吨/日的能力执行一级 A 排放标准。改善环境已成为郑州市政府迫切需要解决的主要问题。中原环保作为郑州市内的一家环保类企业，肩负着环境保护的重任。而郑州的环境问题中，供热系统的燃煤占比较高，污水处理能力没有完全达到国家一级 A 排放标准。中原环保在肯定其取得成绩的同时，应看到与同类先进企业的差距，不断提升自己的技术水平，履行自己的能源环境责任，优化能源使用结构，减少空气污染，提升污水处理能力，达到国家一级排放标准，为郑州的环境保护贡献自己的力量。

（三）积极履行和谐社会责任

企业是经济社会的公民，应该积极履行社会责任，构建和谐的社会关系，大力开展公益慈善。根据2015年的资料显示，中原环保履行和谐社会这项议题中做得不够充足。构建和谐社会责任包括构建和谐社会关系和公益慈善两个方面。该公司在公益慈善方面的表现还需进一步改善，作为一家国有企业、上市公司，应该力所能及地开展慈善捐赠，并有科学安排，具有持续性。在公益慈善方面，应借鉴一些企业的做法，制定企业慈善捐赠的规章制度，持续性地投入某一领域开展公益慈善；建立基金会，促使公益慈善工作专业化和常态化；提高员工参与公益慈善的积极性，传播慈善理念和公益文化。

河南天冠企业集团有限公司
2015 年企业社会责任研究报告

一、公司概况

（一）公司简介

河南天冠企业集团（以下简称"天冠集团"）位于历史文化名城南阳市，创建于 1939 年，是国家 520 家重点企业和河南省 50 家高成长型重点企业集团之一，是国家燃料乙醇标准化委员会的设立企业、国家燃料乙醇定点生产企业以及国家新能源高技术产业基地主体企业，同时也是国家命名的循环经济试点企业和循环经济教育示范基地。公司拥有国家重点实验室、国家级企业技术中心、国家级质量检测中心、国家能源非粮生物质原料研发中心和博士后科研工作站以及国家国际技术合作基地等多个国家级技术平台。公司在职员工 6500 余人，资产 120 亿元，占地 7200 余亩，拥有国内最大的年产 80 万吨燃料乙醇和 18 万吨优质食用酒精生产能力，建成了国际上最大的日产 50 万立方米生物天然气工程、年产 7.5 万吨谷朊粉生产线和国际领先的 5 万吨级纤维乙醇产业化示范装置、万吨级全降解塑料（PPC）装置以及万吨级生物柴油装置，同时在柬埔寨和东南亚拥有面积超过 10 万公顷的非粮原料基地。形成了农业种植加工—生物能源—生物化工及下游产品及废弃物资源化利用的全产业链。产品涉及生物能源、生物化工、有机化工、精细化工、工业气体、电力、饮料酒七大门类，主要产品有燃料乙醇、食用、医药酒精、生物天然气、全降解塑料、生物柴油、谷朊粉、DDG 饲料、总溶剂、多元醇、二氧化碳等 40 余种，产品总量达 100 万吨以上，年收入近 90 亿元。预计到 2020 年，按照《河南建设国家生物能源示范省规划》要求，天冠集团将形成 500 万吨燃料乙醇、25 亿立方米生物天然气、100 万吨综合利用产品和 50 万吨生物化工产品的综合生产能力。

天冠集团是目前国内存续最完整的"红色企业"，70 多年来，企业多次获得盛誉，先后被国务院命名为"全国大庆式企业"，被国资委树为"全国十大国有典型企业"，被轻工部树为"轻工战线红旗、酿酒行业标兵"，被河南省委、省政府树为"河南省工业战线十面旗帜"之一等，先后被授予"河南省食品工业第一品牌"、"河南省酒业劳动关系和谐企业"、"全国轻工行业先进集体"、"改革开放 30 年河南省功勋企业"、"河南省改革开放 30 年卓越贡献国有企业"、"河南省农业产业化优秀龙头企业"、"中国质量诚信企业"等荣誉称号。

（二）发展历程

1. 新中国成立前大业初创

1939 年 11 月，经刘少奇同志批准，由时任中共地下党豫西南中心支委组织部长的邰士芳创建，命名为"芳林酒精厂"，也就是天冠集团的前身。工厂在创建之初仅有 20 余人，生产设备也简陋至极。厂房是当地龙泉寺破败的庙宇和用帆布搭起的帐篷，锅炉是从宝丰买回的废旧物品，蒸馏器是小炉匠用小片洋铁皮土法制作的土设备。尽管如此，在艰苦卓绝的抗日战争时期，这个在国民党地盘上创立的红色工厂，为中国人民的解放事业做出了突出贡献。芳林酒精厂之所以是"红色工厂"，不仅是因为它由中共地下党所创建，更是因为它从创建之日起就不单纯以盈利为目的，它的主要任务是掩护中共地下党组织并为其筹集经费，同时提供抗战急需的酒精燃料（由于当时汽油十分匮乏，军用或民用燃料往往由酒精替代）。在动荡不安的战争年代，一个工厂生存下去本身就是件极其艰难的事，但职工们始终以国家利益为重，或停工从戎，或生产支前，在民族危亡的紧要关头，总能体现出与民族共存亡、为全国求解放的大义。1943 年，芳林酒精厂正处于兴旺发展的阶段，工厂的宗旨是生产救国、抗日救亡，一方面为共产党筹集活动经费，另一方面掩护革命志士并组织工人武装，参加抗日战斗。当得知日军逼近南阳后，工厂以国家利益为重毅然停工，并以工人武装力量为骨干，组织起一支 2000 多人、1000 多支枪械的南阳抗战自卫军。在新四军五师政委任质斌的指示下，与侵略南阳的日军展开了顽强的斗争，打出了自己的声威。在解放战争中，工厂根据陈谢（陈赓、谢富治）兵团前委的决定，以酒精厂工人武装为骨干组建了南阳独立营，参加了解放宛西数县的战斗。1948 年 11 月南阳解放后，当时全国战场急需酒精这种重要的军用物资，豫西军区司令员曾希圣和豫西六地委政委李立研究决定：芳林酒精厂立即恢复生产，支援解放战争，并特拨小米五万斤作为恢复生产之用。上级任命邰士芳同志为经理，还从部队调回了原酒精厂技术熟练的工人，开展重建工作。邵士芳受命之后，带领同志们从龙泉寺拉来了疏散和隐藏的设备，在十分艰苦的条件下日夜奋战，很快在南阳城内建成了一座新的酒精厂，它就是南阳酒精厂（企业前身）。

2. 新中国成立后走向复兴

新中国成立后，企业继承了艰苦奋斗的光荣传统，在战争的废墟上把这个"红色工厂"逐步建设成为全国酒精行业的排头兵。新中国成立之初，满目疮痍，百业待兴。南阳酒精厂职工靠国家拨给的五万斤小米为建厂资金，开始了第二次创业。职工们在一片战争废墟上拆碉堡，平战壕，建厂房。靠两口酒锅三盘石磨，用土法生产酒精。继而又自力更生，实现了机械化、连续化生产。三年自然灾害时期，全国严重缺粮，面临连人都吃不饱的境况，这个以粮食作为原料的工厂陷入了极大困境。国家对工厂下了四个字的政策：关、停、并、转。在这个严峻时刻，工厂联想到之前曾用野生原料酿造酒精的经验，毅然决定全厂 300 名职工，分批上伏牛山，在内乡、西峡方圆 200 余里范围内安营扎寨，设置七八个野生原料采集点，一年四季采集橡子、拳菜根、猕猴桃等野生原料，就地酿酒后再运回厂加工成酒精。这个艰苦奋斗的决策，使工厂绝处逢生，得以延续下来。在深山密林里，工人们早出晚归，一住就是几年。这期间，走遍崎岖山路，尝遍千辛万苦。在两年零五个月的时间内，工人们共采集野生原料 430 多万斤，生产白酒和酒精 900 多吨。在极其困难的年代，不仅维持了全厂职工家庭的生活，还为国家上缴了 70 多万元税金。1962 年，国民经济复苏，恢复正常生产。职工们又靠精打细算、克勤克俭，使各项经济消耗指标在全国同行业领先。这一历史阶段，工厂规模扩大，声望日增，获誉颇多。曾先后受到团中央的奖励，派代表出席了 1959 年全国群英会，被轻工业部授予"轻工业战线的红旗，酿酒行业的标兵"称号，并被评为全国 70 个大庆式企业之一。十年动乱，风狂雨骤。在一片"停产闹革命"的声浪中，国民经济停滞不前。这一期间，南阳酒精厂职工发扬中流砥柱的主人翁精神，坚守岗位，发展生产。综合利用项目——酒精糟液生产沼气获得成功，用沼气做原料的石油化工车间建成投产。同时还因陋就简，研制生产出维生素 B12、三氯杀螨农药等产品。

3. 改革开放后快速发展

计划经济转轨变型时期，众多的国有企业由于观念滞后，负担沉重，效益低下，在严峻的市场竞争中纷纷被淘汰，天冠集团同样面临了这样的考验。计划经济时期，工厂只是一个来料加工厂，从原料调拨、产品分配到产品定价，都由国家决定，企业已经习惯了这个模式。当市场经济大潮将企业直接推向激烈的市场竞争时，企业面临着一次重大抉择。在这个重要的转折点，企业通过调整发展战略，展开了全面市场化的转变，制定实施了"以酒精为基础，以酒精深加工为主导，以综合利用和综合开发为双翼"的一体两翼发展战略。企业兴建了醋酸厂、生物发酵公司等酒精深加工项目，还建设了热电厂、二氧化碳公司、饲料公司、谷朊粉车间、小麦制粉厂等综合利用项目。一方面围绕酒精生产的副产品搞综合利用，另一方面利用酒精作原料搞深加工开发，从而形成"亮了东方亮西方"的多产品优势，最终使企业成功转型。酒精、白酒、啤酒产量扩大，质量升档；酒精深加工项目冰醋酸、醋酸酯、黄原胶等项目相继建成投产；综合利用和综合开发齐头并进，举世瞩目的民用沼气工程，使南阳成为全国第一个沼气城；工业治污取得重大突破，热电联产工程投产获益；企业在国际商贸中的份额增加，信誉提高；质量管理体系与国际接轨，产品发运四通八达……

企业的发展带来职工生活的巨大变化，上千户职工告别窄屋陋室，住进宽敞明亮的新居。1991 年，天冠集团被命名为河南省工业战线十面旗帜之一。1997年 3 月，经省政府批准，南阳酒精总厂改制组建为河南天冠酒精化工集团有限公司，并被列为全国 1000 家重点企业之一。21 世纪初，能源危机和环境污染成为世界性难题。天冠集团高瞻远瞩，把企业的发展同综合解决社会难题结合起来。经过多年的探索和研究，于 2000 年率先向国家及省市有关部门上报了"关于在我国推行清洁燃料乙醇，以综合解决国家粮食过剩、环境恶化、石油短缺三大热点问题的建议"，引起了国家领导人的高度重视，并被作为一项国家工程推广实施。企业抓住了这个历史机遇，确立了"以农产品为基础，以生物能源、化工为主导，以综合利用和精深加工为双翼"的新"一体两翼"发展战略，以绿色循环、可持续发展为理念，以生物能源和生物化工为核心产业，致力于农产品的全面、综合、规模、系统的开发和循环利用，数年后天冠集团已发展成为国内最具代表性的农产品综合加工转化基地、生物能源产品研发生产基地，实现了惊人跨越。与此同时，天冠集团与时俱进，把多年来在循环经济模式上积累的经验总结并加以提升和发展，更使企业成为了全国循环经济和可持续发展示范基地。天冠集团的创业史，是一部自力更生、奋发图强的发展史。几代人承前启后、继往开来，创造了辉煌业绩，赢来了巨大的社会荣誉，也留下了一份弥足珍贵的企业精神。

二、公司履行社会责任情况

（一）法律道德

1. 在生产经营活动中认真遵守法律、法规，无违法乱纪现象

天冠集团严格按照《公司法》、《会计准则》、《财务通则》、《合同法》、《产品质量法》、《税法》、《国有资产法》、《节约能源法》等法律法规，营造公司的信用氛围，严格履行对消费者的承诺，认真做好售后服务；严格执行与客户签订的合同，合同履行率达100%。公司多次荣获"全国重合同守信用企业"称号和"河南省守信企业"称号。天冠集团严格执行《劳动合同法》，贯彻国家《环境保护法》、《水污染防治法》、《安全生产法》、《消防法》相关法律法规，1997年开始推行 ISO9002 体系，建立了覆盖产品研发、采购、生产、检验、贮运、销售、服务全过程的质量管理体系，并取得质量管理体系认证证书。2006年，天冠集团推进一体化管理体系建设，先后通过了 ISO9000 质量管理体系、ISO14000 环境管理体系和 OHS18000 职业健康安全三合一管理体系认证，从制度和工作流程上不断完善管理体系。

2. 公司的核心经营战略充分考虑应尽的社会责任

2015年，在石油价格大幅下跌，公司生产运营亏损的情况下，公司坚持定点区域车用乙醇汽油供应的社会责任，使用国家处理的问题粮，坚持生产变性燃料乙醇70万吨，有效确保了定点区域内的乙醇汽油市场供应。2012年公司实现利税3.39亿元，2013年超过4亿元。

（二）质量安全

天冠集团始终视产品质量为企业的生存发展之本，以参与国家标准制定为契机，坚持强化质量控制和质量管理，通过设置完善的质量管理机构，建立并实施有效的质量控制和管理体系，使企业的质量管理工作持续改进和提高，提高企业的综合竞争力，为企业持续发展提供强力保障。生产部质量控制处负责质量管理工作，将原辅料、中控分析以及成品检验控制等，实行统一管理，通过实施严格的自检、互检、专检，确保各产品检验合格出厂。按照集团公司的质量方针和质量目标，每年制定下发年度质量目标，按月考核，严格兑现奖惩。

"为用户服务"和"下道工序就是用户"是天冠集团质量控制遵循的原则，更是企业保护消费者健康安全的重要手段。公司通过了 ISO9000 质量管理体系认证。在推进全面质量管理中，建立原材料进厂、生产过程控制、成品出厂检验到

售后服务的全过程质量管理机制，过程中强调恪守操作的规范性、检验的标准性、现场的整洁性和文件的执行性，对影响过程质量的人、机、料、法、环、测加以控制。制定《产品质量控制计划表》、《质量管理考核办法》、《质量程序管理条例》，规范了原煤、原粮、辅料等检验环节的项目检验方法、频次、控制指标，从源头上保障原粮、原煤质量；细化了样品取样时间、取样方法，加强了小麦从收购、入仓、出仓、制粉等整个工艺流程监控。同时运用 SPC、QAS（质量检验系统）、QC 方法工具，建立起质量分析日报、周报和月度分析制度，定期（每周一次）进行工艺大检查和产品实物质量抽查，确保了过程工艺操作的规范和产品实物质量的持续稳定。组织召开月度质量分析会，年度质量月活动，积极鼓励员工参与 QC 小组等质量改进活动，明确质量责任，持续改进质量工作，通过每道工序的质量控制，实现公司的质量目标：成品出厂合格率100%，一次合格率≥98%。产品质量让顾客满意，也让本公司股东方、员工、供方、合作伙伴和社会等相关方受益，从而使公司稳步发展，实现战略目标。

高度重视产品质量和安全生产管理，建立了相应的制度，始终坚持提供合格产品。有系统的严格的质量控制方法和流程，安全生产始终如一。企业没有出现过严重的产品质量事件和安全事故。公司产品连续多年被评为"河南省名牌产品"、"河南省出口名牌"，2012 年，"天冠"商标被评为生物能源行业中唯一的中国驰名商标。

（三）科技创新

作为我国新能源领域的领军企业，天冠集团是国家 520 家和河南省 50 家重点企业、50 家高成长型企业，国家燃料乙醇定点生产企业和南阳国家新能源高技术产业基地主体企业，生物能源行业首批四家国家循环经济试点企业之一和国家首批九个循环经济教育示范基地之一，唯一拥有国家重点实验室、国家级企业技术中心和博士后科研工作站单位、国家燃料乙醇标准化委员会设立单位。一直以来，天冠集团注重产学研结合，不断吸收行业内知名专家、学者、咨询研究机构参与研究、提供咨询；与国内知名大学浙江大学、中山大学及南京工业大学联合培养生物工程及化学工程的工程硕士，与科研院所加强合作，建立产学研用合作联盟，确立了长期稳定的技术合作关系，取得了丰硕的科技成果。保持了产品研发始终走在行业的最前沿。在研发能力、工艺与装备、品种与市场、营销策略、知识与人才等方面具有明显的竞争优势。

天冠集团已经形成了从设计、研发到成果转化"一条龙"的完整科技创新体系，并承担了包括一个国际合作项目、五个科技支撑计划项目、两个环境和资源综合利用项目、12 个"863 计划"项目在内的重大科研项目研发，申请专利113 项。在国家"973"、"863"和科技支撑计划等项目的持续支持下，天冠集团等单位以车用生物燃料技术国家重点实验室、国家能源非粮生物质原料研发中心、微生物技术国家重点实验室等国家级研发平台为依托，经近 20 年协同攻关，攻克了菌种选育、成套装备、生产工艺、资源综合利用等多项技术难题，在我国率先构建了规模化、模块化和标准化秸秆燃料乙醇多联产工艺技术体系，形成了国际上首套年产 5 万吨级乙醇—沼气—电力—有机肥多联产产业化模式，连续稳定运行三年以上，经济技术指标国际领先，取得了巨大的经济、社会和环境效益。

公司率先创建了秸秆燃料乙醇高效多联产工艺体系；构建选育出高效纤维素酶菌株、高抗逆酵母菌株、优势甲烷菌群；首次研制了秸秆燃料乙醇产业化成套装备；创立了原料供给保障体系，制定了原料收储运标准。本项目获授权发明专利 18 项，实用新型专利 49 项；参与制定国家标准两项，主持制定地方标准两项；发表论文 99 篇，出版专著三部；获省部级一等奖一项，二等奖两项。项目产能达 5 万吨，规模居国内外同行业首位，是国际上唯一以秸秆为原料的乙醇—沼气—电力—有机肥的多联产工艺体系；吨乙醇能量当量消耗秸秆和能源投入产出比达到世界先进水平。该项目是我国秸秆燃料乙醇行业的一项重大创新性科技成果，确立了我国秸秆燃料乙醇技术在世界上的领先地位，对国内外纤维乙醇行业起到了重要的引领作用，为我国实施新能源战略提供了强有力的技术支撑。企业将先进研发成果积极转化为生产力，带动行业健康发展并有利于其他企业研发水平的提升。

（四）诚实守信

公司及时向利益相关方披露公司运营相关的、对利益相关方的决策具有重要影响的信息，主动与利益相关方进行多种形式的沟通。在运营活动中始终为利益相关方提供真实合法的产品和信息。诚信经营、公平交易，在商业活动中坚决杜绝欺诈行为。尊重和保护知识产权。以身作则，为社会诚信经营环境的提升而不断努力。在供应链中倡导健康的商业道德价值，为供应链上的上、下游企业提供公平交易机会。

（五）消费者权益

作为国家新能源产业基地主体企业，全国首批四个燃料乙醇定点生产厂家之一，多年来天冠集团以行业龙头企业的地位，积极实施品牌战略。制定品牌战略规划，确立生物质能源行业领航者的品牌定位，确定倡导环保和低碳循环经济的品牌文化定位，规范了企业的 CI 和 VI 视觉识别系统，并利用国家级、地方级电视、报纸等媒体，及时传播公司的最新动态和行业主张。结合乙醇、酒精制造行业的特点，公司及时准确收集产品和市场信息，根据市场和客户的需求信息以及公司的状况进行分析，确定有效的品牌战略规划和营销服务策略，建立客户服务中心，引导顾客需求，不断提高顾客满意度和忠诚度，为自己在市场上确立了一批诚信合作、互利共赢的长期消费客户。目前，公司与主要用户如中石油、中石化等建立了战略合作伙伴关系。公司始终坚持为消费者提供优质、合格的产品。建立完善的售后服务体系，及时解决消费者的投诉和要求。重视对消费者的健康保护、安全保护、信息及隐私保护。

（六）股东权益

天冠集团建立了科学的治理结构（见图1），根据现代企业制度要求建立董事会、监事会，对管理层进行有效监督，确保股东权益不受损害；增强运营透明度，按季度、半年度、年度准确、完整、及时有效地披露有关信息，保证所有股东平等获取信息的权利；高层领导根据既定的长短期目标审订年度经营计划，保障公司不断提高盈利水平，实现资产的增值，保证股东的投资收益。高层领导高度重视运用组织绩效评审和领导绩效评审的结果改进领导体系的有效性。对这些评价结果的处理程序：收集意见—整理分析原因—制定整改措施—验证效果。

高层领导带头学习《公司法》等企业相关法律法规，凡要求员工不要做的，领导干部首先不做；凡要求员工做的，领导干部首先做好；大力开展"忠诚信用"教育活动，将道德教育、"6S"管理、精益生产、卓越绩效生产等纳入其中，形成企业良好工作风尚。公司还制定了各级议事决策制度、重大事项报告制度、干部民主评议制度、干部述职制度、财务审计制度、质量管理制度、干部人事制度、劳动用工制度等各项管理制度和标准，将企业的各项工作纳入法制化轨道，成为全体员工的工作准则。

（七）员工权益

1. 公司严格遵守国家劳动法律和制度，员工社会保障、保险齐全

企业制定健全的反对歧视制度，生育期间享有福利保障，薪酬公平，休假制度健全。尊重劳工权益，尊重人权。组建工会并积极开展工会活动。注重维护和谐劳动关系，没有各种形式的强迫劳动、童工劳动。积极创造就业机会。

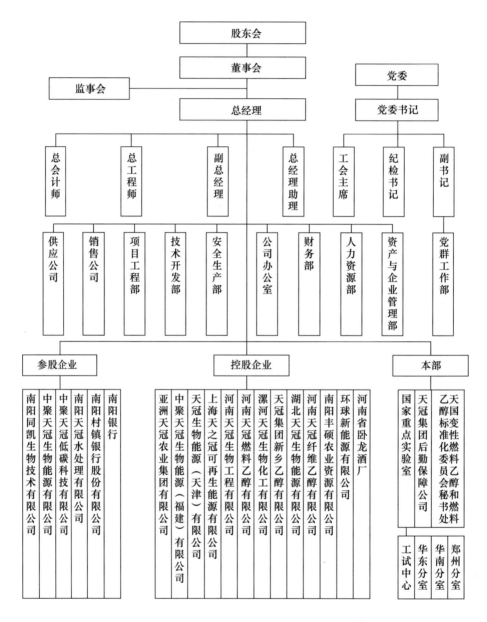

图1 天冠集团公司结构

天冠集团严格执行《劳动合同法》，使职工在符合安全、环保、健康标准的环境下工作，坚持以人为本的发展理念，高度重视保障职工合法权益，努力增加职工收入，积极改善职工生产生活条件和待遇，顺利通过了OHS18000职业健康安全管理体系认证。公司坚持每年召开职工代表大会，保证女职工和少数民族代表比例；依法与职工签订劳动合同，坚持按劳分配、同工同酬；建立了职工工资增长机制，连续为职工普涨工资，人均工资连续五年以11.2%的速度快速增长，按时足额缴纳社会保险；不断深化厂务公开，推进民主管理，广大职工积极参与到企业经营管理的各个方面。关心职工生活，先后建成了五个职工食堂，免费自助就餐；购入多辆通勤车，接送职工上下班；在完善现有四个生活小区管理的基础上，又开建了第五生活区，600套经济适用房和2000套商住房建设正在加紧施工中。每年都广泛组织"金秋助学"、"扶贫帮困"、"大病救济"、"女职工权益保护"等送温暖活动，广泛开展文艺汇演、文化艺术节、职工运动会等职工喜闻乐见的文体活动，不断满足广大职工的物质文化需求。

公司通过职工代表大会选举的职工代表，行使对公司运营以及职工权益保障方面的监督；管理层制定系统完善的人力资源管理系统以协调企业和员工的利益，与所有员工签订劳动合同，职工保障扩大到"五险一金"，最大限度地解决了职工的后顾之忧。企业积极缴纳社会保险，每月按时足额缴纳养老、失业、工伤、生育、住房公积金和医疗保险，连续被国家、省、市评为"劳动关系和谐企业"。近年来，天冠集团先后完成了老厂的搬迁工作，在新区普遍建成了绿树成荫、鸟语花香、景色宜人的花园式工厂；全部实现了自动化控制生产和信息化办公；每年为职工安排体检，保障职工职业健康，预防和减少职业病和其他疾病对职工的危害，通过了质量、环境和职业健康安全"三合一"管理体系认证，有力地确保了职工劳动权益。获得了"河南省酒业劳动关系和谐企业"荣誉称号。企业还曾先后九次派出代表赴京参加国庆观礼、全国群英会、全国劳模会等庆典活动。职工中更是涌现出几十位全国劳动模范、全国新长征突击手、全国五一劳动奖章获得者、河南省劳动模范等先进典型。

2. 公司注重保护员工的职业健康和安全

天冠集团以"安全发展"重要思想为指导，以科学发展观为统领，坚持"安全第一、预防为主、综合治理"的方针，确立"以人为本"的安全发展理念，强化安全生产基础工作，建立健全安全规章制度，下发《劳保用品发放管理规定》、《工伤事故管理规定》、《事故应急预案》、《动火作业安全管理规定》、《登高作业安全管理规定》、《进入受限空间作业安全管理规定》等各项安全规定，建立健全定期检查和日常防范相结合的安全管理制度，明确各岗位的安全责任，使安全工作有章可循、违章必究、不留盲点。为提高安全生产管理水平，积极引入和借鉴国际上先进的 HSE 管理、"6S"现场管理、中石化三基管理经验、卓越绩效管理等先进理念，与安全生产法相结合，全面进行安全标准化建设，明确了"零事故、零污染、零伤害"的安全管理目标，成立了各级安委会统领各项安全生产工作，建立了安全环保处等专职安全管理机构，每个车间配备专职的国家注册安全工程师，全面落实企业主体责任，以"党政同责、一岗双责、齐抓共管"为原则，全面贯彻落实各级岗位安全生产责任制，建立完善的安全隐患长效排查机制，及时消除各类安全隐患，杜绝事故发生。

为了在面对突发事件时能够科学、快速、有效地控制事态发展，尽可能地把损失降至最低，天冠集团确立"以人为本、安全第一"的应急管理原则，以危害辨识与风险评价为基础，以全面系统的抵御风险为核心，建成了一支敢打硬仗、能打胜仗的应急救援队伍，建立了一套完整可靠的应急管理体系；投资 2000多万元建立了应急管理指挥信息中心，各单元生产信息数据模块化管理，成立由退伍军人组成的专职消防队，购买了高喷消防车、消防战斗服、检测仪等各类消防装备器材，定期修订和完善各类应急预案，及时组织培训、演练，构建出层次分明、分工明确的系统化应急管理体系，全面提升了事故防范能力，有力地保障了企业的健康安全运行。

3. 企业积极开展员工培训，注重培养本土的技术人才、管理人才

集团公司人力资源部依据集团发展整体规划，建立了各级员工的职业发展通道，建立人才梯队建设，保证各层级人员的人才储备和后续接班人。建立健全人才竞争、激励和约束机制，倡导"人人争做人才，人人都是人才"的观念，广揽人才、培训人才，整合内部资源，完善人才培养平台，实施人力资源规划，以"育人"为主，"蓄人"为辅，重点抓好职业经理人、技术创新带头人、专家型管理人员等核心人才资源的管理。在公司内实行竞争上岗、轮岗，搭建竞争平台，为优秀人才的成长创造良好的环境，提供发挥其才能的舞台，促进员工与管理层沟通、知识共享和组织学习。创建学习型企业，坚持"以人为本，员工与企业共同成长"的人才理念，围绕激发员工的潜能和创造力，建立了三级培训管理体系和激励机制，积极推行员工个人成长计划，同时建设了统一的 ERP、OA 平台，实现信息资源共享。集团公司构建以技能为导向的绩效考评、职业晋升体系，员工培训分类如表 2 所示。

表1 员工培训

分类	目的	人员	培训方式
战略性培训	满足公司和管理人员适应未来变化和发展的需要	高层	先后邀请北京大学、人民大学等教授，到公司对高层领导进行授课，高层分批到清华大学学习，组织各种拓展活动，为管理团队培训
中短期培训	提升公司技术创新和管理创新水平	中层	建立公司"专家工作库"并享受专家津贴、专业技术专业培训、带职到高校学习等多层次的培训、拓展训练
应用型培训	提高公司员工的专业技能	基层	ERP、应用技术培训、精益改善、计算机操作培训、工艺技术培训、劳动竞赛、操作比武、特殊岗位培训
全员培训	提升员工的意识	全员	全面质量管理培训、全员军训、普法教育、企业文化教育等

公司还通过《合理化建议管理制度》、《生产、技术沟通会》、《技术创新管理》等形式，激励员工主动参与改进产品质量、减少损耗、提高效率、改善安全和环境等创新活动。通过"导师带徒"、"技术比武"、"职工金点子"和一些小改革活动进行评比，对先进者给予相应的表彰和奖励，调动了员工参与管理、改进工作的积极性，从机制上创造了"立足岗位，学以致用"的良好氛围，最大限度地把职工吸引到科技创新活动中来，增强了员工的归属感，为公司发展提供了不竭的动力。

（八）能源环境

天冠集团以"红色"精神为动力，以绿色理念为指导，以循环经济为特色，以自主创新为支撑，以社会责任为目标，经过70多年的创业发展，到目前已成为国内最具代表性的农产品综合加工转化基地、生物能源产品研发生产基地、循环经济和低碳产业示范基地。

1. 污染预防节能减排

天冠集团贯彻国家《环境保护法》、《水污染防治法》、《安全生产法》、《消防法》相关法律法规，确立减少污染、排放治理和设计双达标的环保工作目标，各级领导签订安全管理目标责任状，建立安全预警机制和安全事故应急处理机制，实现安全生产目标。按照"规范环境管理、满足法规要求、排放达标受控、持续节能降耗"的工作方针，以PDCA循环为手段，通过实施对安全和环境的危害辨识、风险评价，落实环境因素识别与评价控制程序、环境运行控制程序、环境监测与测量控制程序、危险源辨识与风险评价控制程序、职业健康安全管理方案控制程序、运行控制程序、监视和测量控制程序等，通过了 ISO14000 环境管理体系认证，实现环保目标。集团成立节能减排领导小组，总经理任组长，主抓生产的副经理任副组长，各分公司一把手作为小组成员。领导小组下设节能减排管理办公室，设在集团公司生产部，负责集团的日常节能管理工作，各下属公司设立节能专干，明确责任，确保节能减排工作得以有效落实。实行目标管理。在节能减排目标分解和落实工作上，根据各产品单位的耗能、工艺、设备、管理等实际情况，按照各公司的节能挖潜能力，分配节能目标，纳入各用能单位的目标管理和经济责任制中，定期进行考核考评，跟踪落实，奖罚兑现。严格能源责任制考核，公司先后出台了 30 余项能源管理制度及措施，使能源管理工作有章可循、有法可依。集团实行三级用能考核制度，即集团对公司（分厂）、公司（分厂）对车间、车间对工序以用能计量表为准，每月进行能源消耗考核，确保用能责任严格落实到每个岗位职工的身上，使职工在工作中尽量做到用好能、少用能。各单位产品下达的能耗定额，与节能奖直接挂钩，严格实行节奖超罚，月月兑现。

企业重视对节能减排措施的投入和研究创新，并注重积极推广各项新技术、新方法到实际生产工作中，有效预防污染。天冠集团作为一个以粮食为原料的发酵企业，如何体现"吃干榨净"，使所有废弃物都物尽其用，是企业不断发展的永恒课题。在以前的酒精生产过程中，大多数企业只注重主产品酒精的开发，而酒精生产过程中的伴生物大都当作废物排放，既浪费资源又污染环境。公司依据生态经营和可持续发展的理念，坚持实施清洁生产，不断强化综合开发和综合利用，通过一系列"吃干榨净"对工业废料的利用，不仅开发出十多种副产品，而且使企业生产过程中的排放物实现资源化、减量化、无害化处理，实现了产品增值和环保产品开发的双赢效果。二氧化碳是目前全球酒精生产过程中唯一没有被充分利用的最大废弃资源，只有开发和填补二氧化碳的综合利用，才能真正做到"吃干榨净"。公司用了近十年时间，用二氧化碳开发出了 PPC 全降解塑料产品，广泛应用于一次性餐盒、一次性医药、食品包装材料、可降解发泡包装材料等领域，因其具有优良的综合性能而拥有广阔的市场前景和竞争优势，它对于支撑燃料乙醇和酒精生产以及今后保障燃料乙醇产业的快速发展，均起到举足轻重的作用。近年来，天冠集团由一般农业加工企业向以绿色、环保、低碳为主要特征的循环经济加工模式转变。把循环经济的理念充分应用到对生物质能源的精深加工与综合转化中，企业依托生物能源发展生物化工产业链，并把产业链的各种废弃物回收进行资源化、减量化、无害化处理，使生产流程不产生对环境有害的物质，所有产品都能够以二氧化碳和水的终极形式返回大自然。"取自自然—用于自然—回归自然"，这种独具特色的循环经济模式已经成为天冠集团产业结构的最优先发展模式，更为企业的可持续发展提供了不竭的动力源泉。天冠集团在生物能源领域以"中国绿色能源倡导者"的使命为己任，在生产燃料乙醇的过程中，通过构建循环经济模式，一方面把产生的废糟液，经过发酵处理生产沼气，沼气污泥经过加工处理成为生态肥，用于改良土壤结构，增加土壤肥力；另一方面通过燃料乙醇的推广，大大减少汽车有害尾气的排放，使整个燃料乙醇推广区域的大气污染得到了有效控制。经测量，乙醇推广区域 CO、HC 平均值分别下降 30.8% 和 13.4%，温室效应气体二氧化碳大大减少，环保效益十分明显。开发的 PPC 全降解塑料项目，为解决世界范围的"白色污染"难题提供了重要途径；纤维乙醇产业化项目可解决农村秸秆燃烧污染环境的老大难问题，不仅使秸秆变废为利，更将使乌云蔽日的污染现象一去不复返。近年来开展的"乙醇沼气偶联发酵技术"中试的圆满成功，更在世界上开创了燃料乙醇无废水排放的绿色生产技术。如今，天冠集团利用废水和糟液建成了全球最大的年产 1.6 亿立方米的生物天然气及发电工程，使传统的废弃物成为企业的标志性项目和未来的支柱性产业。

天冠集团的循环经济模式，带来了显著的社会效益和经济效益，反生物天然气项目每年可替代并节约标准煤 12 万吨，节约水资源 300 万立方米，减少二氧化碳排放量 111 万吨，减少二氧化硫排放量 3.31 万吨，减少烟尘排放量 1.16 万吨。截至 2014 年底，累计生产燃料乙醇 528.8 万吨，通过在中国境内 3 省 31 市封闭运行 E10 乙醇汽油，替代汽油 500 多万吨；累计生产沼气 13.23 亿标准立方米，节约燃煤 130 多万吨。累计减少二氧化碳排放 1583 万吨，区域内一氧化碳浓度下降 30.8%，增加农民收入 200 多亿元。以秸秆为原料的乙醇—沼气—电力—有机肥的多联产工艺体系，年转化秸秆 35 万吨，减排二氧化碳约 32 万吨，节约粮食 15 万吨，替代汽油 5 万吨、燃煤 5 万吨标准煤。培养博士 15 名、硕士 46 名、核心技术骨干 260 名。近三年新增产值 20.3 亿元，使农民创收 3.6 亿元。目前，天冠集团燃料乙醇生产耗蒸汽由原来的 3.90 吨下降到 2 吨以下，年减少煤耗 20 多万吨；通过实施浓醪发酵、中水回用等一系列新技术，吨燃料乙醇综合能源消耗较历史水平下降了40%以上。

2. 资源可持续利用

目前，天冠集团的原料结构有三类：一是柔性原料生产模式，这是天冠集团独有的技术优势，即小麦、玉米、木薯按照比例混合的原料；二是薯类（木薯）原料；三是秸秆（纤维素）原料。第一类原料生产模式会伴随生产谷朊粉、二氧化碳、DDGS等副产品，其中蛋白饲料生产的废液用于生产沼气；第二、第三类原料模式因原料蛋白含量较低，生产燃料乙醇后的糟液既可以用来生产沼气，又可分离烘干后作为生物质燃料或者有机肥骨架材料、饲料添加组分等，从而实现原料的100%利用。

乙醇发酵生产过程中产生的二氧化碳，经提纯加压后可作为食品添加剂，还可用作二氧化碳基进行全降解塑料生产。利用乙醇糟液生产的蛋白饲料，可用于畜禽类、鱼类的饲养，其粪便、污泥回归到原料种植业；饲料生产废液作为发酵沼气的原料，沼气可以车用、民用，还可以用来发电；沼气生产中的渣泥用于生产有机肥。有机肥作为土壤的改善剂、增肥剂，回到原料种植业。通过多层次高效利用，原来污染环境的COD最终以肥料的形式循环回到产业链之中，乙醇糟液利用率达到100%。现已使用的沼液回用技术，实现沼气发酵污水80%回用。不回用的污水，既可以处理合格作为中水回用，也可以作为液态有机肥灌溉农田。

利用回收二氧化碳建设全降解塑料PPC新型生物材料、利用生物秸秆建设纤维乙醇产业化项目、利用废水和糟液建成生物天然气及发电工程、利用沼气污泥加工处理成为生态肥……产业链的各种废弃物得以回收并进行资源化、减量化、无害化处理，天冠集团通过这种独有的燃料乙醇工业生态系统，使原材料利用率达到100%，再生资源利用率达到100%，真正做到了"吃干榨净"，综合效益领跑全行业。

20世纪末，随着全球范围内化石能源的日渐紧缺和生态环境的日益恶化，发展绿色可再生能源、实现能源替代，成为天冠集团追求的新目标。着眼于我国面临的突出矛盾和热点问题，通过对酒精产业特性的潜心挖掘和产品定位的重新审视，天冠集团提出了"以农产品为基础，以生物能源为主导，以综合利用和精深加工为双翼"的新"一体两翼"战略，以酒精为原料全力开发和拓展生物能源产业。2000年张晓阳总经理率先向国家提出开发生产燃料乙醇，以综合解决粮食相对过剩、石油短缺、环境恶化三大社会热点问题的政策建议，得到了国家领导人和有关部门的高度重视，从而为我国决定推动车用乙醇汽油做出重大贡献。弹指一挥间，今天的天冠集团，燃料乙醇从几万吨实验装置飞跃至80万吨的生产规模，占全国总量的31.5%。累计生产燃料乙醇600多万吨，供应区域已达河南、河北、湖北三省的31个市，累计替代汽油600万吨以上，带动农民增收200多亿元，有力地促进了国家能源结构的调整，探索了后石油时代人类对绿色液体能源的替代渠道，天冠集团也因此实现了跨越式发展。

21世纪以来，面对世界能源危机、全球环境污染，天冠集团并没有就此止步，而是把探索绿色能源、实现可持续发展作为企业发展最宏大的愿景。根据企业原创的"乙醇产业碳闭路循环理论"，天冠集团对企业发展战略进行了新的设计和定位，提出了"以生物资源为基础，以生物能源和生物化工为主导，以精深加工和综合利用为双翼"的发展战略。根据这一战略，天冠集团设计建立了与人类生产生活息息相关的能化并举循环经济产业链，不仅形成了以燃料乙醇联产油料、谷朊粉、DDGS饲料、固体燃料、有机肥、生物天然气及发电的成熟体系，依托生物能源延伸出PPC全降解塑料、生物乙烯等具有高技术含量和高附加值的生物化工产业链，而且把产业链的各种废弃物回收并进行资源化、减量化、无害化处理，实现了"取自自然、用于自然、回归自然"的良性循环。

天冠集团独有的燃料乙醇工业生态系统，真正做到了"吃干榨净"，使原材料利用率达到100%，再生资源利用率达到100%。这种可持续发展模式，有效利用了资源，也为我国循环经济建设树立了标杆，为建设美丽中国、美丽乡村贡献了力量。鉴于"天冠循环经济模型"的典型性和示范性，天冠集团先后被国家确定为全国首批循环经济试点单位和全国九家循环经济教育示范基地之一。

天冠集团自推广变性燃料乙醇以来，企业生产的变性燃料乙醇，有效替代了约同等量的石油资源，为我国使用绿色可再生能源有效替代石油化石资源、缓解国内能源危机开创了一条明确的道路，缓解并改善了全球汽车尾气排放的环境保护工作，推动了我国生物能源产业的革命。继燃料乙醇之后，又在秸秆纤维乙醇、生物柴油等清洁能源产品及其研发上取得巨大突破，进一步完善了企业的生物能源产品链，为生物质能源的全面开发拓宽了道路，必将进一步在环境保护、地球生物多样性、恢复自然栖息地等方面提供新的模板。天冠集团生物能源产品及其主要功效如表2所示。

表 2　天冠集团公司生物能源产品及其主要成效

产品	项目名称	项目成效	社会效益
粮食类燃料乙醇产品	30 万吨/年燃料乙醇生产线	保障供应三省变性燃料乙醇市场需求	乙醇推广区域 CO、HC 平均值分别下降 30.8% 和 13.4%，温室效应气体 CO_2 大大减少，据推算，CO_2 减排量达 300 万吨以上，大气污染被有效控制，绿色能源所带来的环保效益非常突出
非粮（木薯类）燃料乙醇产品	30 万吨/年非粮木薯燃料乙醇生产线	30 万吨/年燃料乙醇保障供应三省市场，替代了谷物类，形成了具有特色的木薯原料供应体系，为燃料乙醇的非粮替代创造了条件	薯类燃料乙醇清洁生产工艺可实现非粮薯类乙醇和沼气的联产，可实现纯生物质乙醇生产；多种原料的柔性生产工艺可根据原料价格的变化选择成本更为低廉的原料结构，具有较强的灵活性
非粮（秸秆类）燃料乙醇产品	1 万吨/年纤维乙醇生产线示范项目	实现了纤维乙醇的纯生物质生产模式，即不消耗化石能源，用秸秆本身的能量生产纤维乙醇，再用秸秆渣子作为生物燃料产蒸汽和发电的模式，从而以秸秆乙醇、秸秆沼气、秸秆发电、秸秆还田"四位一体"的综合效益，诠释了低碳产业可持续发展的更高目标	具有良好的社会效益，纤维乙醇产业化项目能有效地解决乙醇产业"不与人争粮、不与粮争地"的可持续发展问题，同时还可有效解决农民新的增收渠道及当前普遍存在的农村秸秆燃烧污染环境的老大难问题等

3. 环境保护

实施"发展循环经济"的方针，以"循环利用，吃干榨净"为目标，广泛深入开展清洁生产，积极追求"零排放"管理理念，认真履行公司的社会责任，维护良好的企业形象。企业内部实施逐级负责的环保目标责任制，实行污染事故追究制，将环境污染事故控制和污染达标率等环境保护指标纳入各子公司领导综合业绩考核中，哪个单位出现环保问题，其首要领导将负主要责任；坚决执行"四不放过"的原则（即不处理责任人不放过，事故原因查不清不放过，不采取措施不放过，员工不受教育不放过）。集团公司制定了《建设项目环境保护管理规定》等多项规定，严格执行环境影响评价。在建设新项目及各生产单位在安排生产和技改工作时，要求必须考虑到对环保的影响，要严格按照环保"三同时"

制度（同时设计、同时施工、同时投产使用），把生产、工艺改进、技术改造与环保工作同时下达，同时考核，确保从源头控制污染，负责把本单位污染物防治任务落到实处。

公司积极培养和倡导员工的环境保护意识。天冠集团创建了具有自身特色的企业文化，确立了远大的发展方向和战略目标，营造了一个合理授权、主动参与、快速反应、持续创新和积极学习的经营氛围。公司领导始终倡导"实现自我，奉献自我"的核心价值观和"绿色、循环、可持续发展"的经营理念，创造员工与公司共同成长的机会，为顾客创造价值，促进整个社会的和谐发展。公司在生产燃料乙醇的过程中，通过构建循环经济模式，发酵醪糟废糟液发酵处理生产沼气，沼气供应南阳市民生活用气，同时利用沼气发电，提供生产用电；沼气污泥经过加工处理生产的生态肥，改良了土壤结构，增加了土壤肥力。企业项目建设坚持安全、环保、职业卫生"三同时"，对社会环境的影响严格控制在国家规定的范围内。在绿色、循环和可持续发展上，天冠集团始终坚持安全环保是一切工作的基础，在确保安全环保的基础上，以节能、节材、清洁生产和发展循环经济为重点，通过技术改进，不断降低能源消耗，不断完善能源管理体系建设，加强能源的科学管理、合理利用与技术创新，不断提高能源的利用效率，减少污染物排放，通过节能减排工作的有序开展，增强了企业的竞争力，促进了企业快速、高效地发展。

减缓并适应气候变化，致力于生产环保型产品或服务。天冠集团在70多年的发展历程中，建立了"以产品为中心"的品牌战略。公司建立了一系列的绿色产业集群，并衍生出众多的绿色产品，创建了天冠系列品牌，在国内外享有盛誉。例如，天冠牌酒精是行业内唯一获得国优的品牌，天冠牌谷朊粉是美国与欧盟唯一认可的免检产品；天冠牌液体二氧化碳是可口可乐、百事可乐、百威啤酒等饮料的专用食品添加剂之一；天冠牌PPC全降解塑料受到国内外市场的高度关注。2012年，天冠品牌被国家工商总局认定为中国驰名商标，成为具有国际影响力的中国品牌。2007年，胡锦涛总书记亲临天冠集团视察，指出天冠集团的发展史不仅要记载到党史上，还要记载到我国的科技发展史上，这是企业受到的最高褒奖。2009年和2010年，企业作为国内生物能源产业代表应邀参加中美清洁能源圆桌会议。2010年10月9日，李克强副总理第五次视察天冠后高兴地说，"在天冠是一个可以圆梦的地方"，"看了天冠，真正是梦想成真"。

（九）和谐社会

1. 社会关系

为建设好南阳市沼气工程，让千家万户用上沼气，企业甘愿背起了几百万元的大包袱；为了带动南阳经济的发展，企业收购了破产的南阳市啤酒厂，接收了全部下岗职工；为了迅速地推广燃料乙醇，企业更是以社会效益为重，做了大量的前期工作，甘做铺路石，使车用乙醇汽油得到迅速的推广使用。此外，企业还积极安置退伍军人、转退军人达 1078 人；积极安排残疾人就业，被河南省评为安置残疾人就业先进单位，很好地履行了社会责任，也在社会上塑造了优秀的企业形象。2015 年，公司社会贡献率达到 2.42%，创造就业净数量 5177 人，年增长率达到 1.89%。

天冠集团切实履行社会责任，积极支持所在地区的经济、教育、基础设施建设等事业，实现企业与地区、社区的协调、和谐发展：积极支持教育文化事业；积极支持抗震救灾事业；努力改善社区生活和居住环境；大力支持地方经济建设。近年来，在南阳市中心医院升格为三级甲等医院、南阳理工学院专升本和南阳师院扩建升级为河南文理学院中，在 2012 年南阳全国第七届农运会的举办中，在南阳"国家卫生城市"、"国家园林城市"的创建中，天冠集团都给予了鼎力的经济支持，为地方的社会事业尽了不可或缺的责任。企业还长期热心支持体育事业，十多年如一日赞助天冠男排；除 2012 年出资出物资助全国第七届农运会外，还赞助了 2013 CBSA 世界斯诺克巡回赛郑州公开赛，冠名了河南省"天冠杯"大学生"华光"体育活动第 21 届篮球比赛等，为推动国家体育事业的发展做出了企业应有的贡献。

2. 慈善捐助

公司大力弘扬志愿活动，高层领导高度关注公益事业，公司董事长带头捐款，同时以天冠集团为主体单位援助灾区建设。汶川、玉树、雅安大地震之后，天冠集团干部员工第一时间向灾区捐款 100 多万元。多年来，企业坚持与贫困乡村结对子进行对口扶贫、精准扶贫，为建设新农村贡献力量；吸收社会用工，实施工农共建，化解社会矛盾；组织职工无偿献血，组建社会服务志愿者队伍，长期赞助希望工程，支持山区教育事业，为构建和谐社会添砖加瓦，在社会上塑造了优秀的企业形象。

三、未来推进企业社会责任工作的建议

天冠集团经过 70 多年的创业发展，形成生态循环经济产业链的同时，也逐步形成了"崇尚绿色、产业报国"的核心价值理念，把履行社会责任融入了企业战略和经营管理之中，勇于承担社会责任，切实履行社会责任，不断建立和完善包括产业发展、安全生产、节能减排、质量管理、社会公益等在内的系统的社会责任体系。这恰是战略型社会责任的典型代表，它不只是做社会中的一个良好企业公民，也不只是减少企业生产经营活动中已经产生的或者可能产生的不利社会的负面影响，它是在致力于推出并践行能产生显著而独特的社会效益和企业效益的重大举措。这些重大举措，充满着与所有利益共同体（员工、客户、股东、社会、环境等）互利共赢、共荣共享的发展理念。正所谓企业越成功，社会越繁荣；社会越繁荣，企业越成功。

任何一个组织的生存发展，都不能脱离时代发展的轨迹和历史变革的延续。21 世纪的今天，人类对地球资源、环境、人权等方面的需求无须赘述，对可持续发展的追求有目共睹，作为国内最具代表性的农产品综合加工转化基地、生物能源产品研发生产基地、循环经济和低碳产业示范基地，天冠集团要在自身设计建立的与人类生产生活息息相关的能化并举循环经济产业链、形成的独有燃料乙醇工业生态系统的基础上，大力发展乙醇—沼气—电力—有机肥，忠诚履行"取自自然、用于自然、回归自然"的理念，更进一步展现出企业的"与人类共生存、与地球同发展"的责任担当。小至促进农业增收、提供就业岗位，大至国际合作、保护地球环境等企业形象，都将在企业主动参与并承担的社会责任中体现。

有经济利益才能有生存资格，有社会效益才能有发展价值。历经 70 多年发展历程，天冠集团已经走在社会责任与盈利至上的并重共生道路上，企业必须从公司总体战略高度出发，认识和安排社会责任方面的管理，将企业社会责任贯穿到生产经营活动中去，在追求经济利益的同时，与社会共发展、同繁荣。例如，为确保农户利益、员工收入、股东权益、客户利益、国家税收等，确保市场利润的机动维持和长远发展，确保工业生态系统的有机运行，在技术可行性基础上加大对社会的长远或短期影响的考量；在加大创新力度的同时，更加明晰本身优势及核心定位，在经济环境变化时，以主业带动辅业或以成熟辅业推动发展主业，以专业专注促进扩张发展；在可持续化运营的模式基础上，与社会双向开放，诚

信互通，借助社会平台促进本身发展；明礼诚信，科学发展，利用产品安全、生产安全、环保安全、质量安全等追求与国际接轨，打造自身过硬的制度安全和科学管理，最大程度上杜绝腐败、贪污等不利企业发展的毒瘤滋生；集中资本优势、管理优势、生产优势和人员优势，助力地区资源开发和社会公益发展；科学利用劳动力，降低生产成本，创造不减员而增效的运营模式；设置专门机构、专职专岗及相应考核指标，专人负责、计划实施，培养企业员工的社会责任意识，稳扎稳打推动企业社会责任项目的履行；持续定期发放企业的社会责任报告，全面真实地反映企业公民形象……一切都遵照前期履行的社会责任继续执行，一切又将在前期已经履行的社会责任基础上，深化扩展。

河南瑞贝卡发制品股份有限公司
2015 年企业社会责任研究报告

一、瑞贝卡发制品股份有限公司概况

河南瑞贝卡发制品股份有限公司（以下简称"瑞贝卡"），其前身为 1990 年创建的许昌县发制品总厂和 1993 年 3 月中美合资成立的河南瑞贝卡发制品有限公司。该公司于 1999 年 10 月整体改制为股份公司，2003 年 7 月瑞贝卡股票在上海证券交易所上市，成为国内发制品行业第一股。公司在全世界拥有 16000 多名员工，其设在国内的全球总部拥有世界规模最大、技术和设备最先进的发制品生产基地以及全国最大的发制品研究中心，并在芝加哥、伦敦、拉各斯等地设有控股公司和生产工厂。公司以产品结构调整和产品升级为主线，加大技术创新和产品创造力度，努力建设拥有自主知识产权和自主知名品牌的国际化企业集团。公司生产的工艺发条、女装假发、男装假发、化纤假发、教习发、纤维发丝六大系列数千种产品，畅销北美、西欧、亚洲、非洲的 40 多个国家和地区以及国内 100 多个大中城市，其时尚产品深受国内外消费者所喜爱。

二、瑞贝卡发制品股份有限公司履行社会责任情况

2015 年，公司坚持发展与履行社会责任相结合，持续推进技术创新、质量管理、节能环保、安全生产、保护员工利益、参与社会公益事业，以公司的发展实现股东受益、员工成长、客户满意、政府放心，努力追求企业效益与社会效益、环境效益的全面提升。

（一）法律道德

1. 建立现代企业制度，依法依规经营

市场经济是法治经济、信用经济，依法经营、诚实守信是市场经济的必然要求，也是公司最基本的社会责任。2015 年，公司严格按照《公司法》、《证券

法》、《上市公司治理准则》及相关法律、法规的要求，进一步完善公司法人治理结构和公司各项法人治理制度，提高公司规范运作水平。

股东和股东大会。公司严格按照《上市公司股东大会规范意见》的要求，规范股东大会的召开、表决程序，能够确保所有股东特别是中小股东有平等的知情权和应该行使的权利。对于重大事项决策，公司严格履行股东大会审批程序，确保决策的科学、公正、合法。2015年，公司召开三次股东大会，出席会议的股东能够按照自主权利充分行使表决权。

控股股东和上市公司。控股股东行使出资人的权利均通过股东大会进行。对公司董事、独立董事、监事候选人的提名，严格遵循《公司法》、《公司章程》规定的程序进行。公司与控股股东在人员、资产、财务、机构和业务方面做到"五公开"。公司董事会、监事会和经理层依法独立运作，具有完整的业务及自主经营能力。

董事与董事会、监事与监事会。公司严格按照《公司章程》的规定选聘董事，监事会的人数和人员构成符合法律的要求。董事会和监事会分别建立了《董事会议事规则》、《监事会议事规则》，董事会议和监事会议严格按照规定的程序进行。公司董事和独立董事按《公司章程》的规定认真履行自己的职责，精心维护公司整体利益及中小股东的权益。公司监事本着对股东负责的精神，对公司财务以及公司董事、公司经理和其他高级管理人员履行职责的合法合规性进行监督。

维护相关利益者的权利和利益。公司能够充分尊重和维护利益相关者的合法权益，实现股东、员工、社会等各方利益的协调统一，全面调动利益相关者的积极性。

公司信息披露与透明度。公司制定了《信息披露事务管理制度》、《内幕信息知情人登记管理制度》、《年报信息披露重大差错责任追究制度》，明确了信息披露的责任人，并严格履行信息披露的责任和义务，保证了信息披露的真实、完整、及时、公平。

目前，公司已形成权责明确、各司其职、有效制衡、科学决策、协调运作的法人治理结构。公司股东大会、董事会、监事会各尽其责、恪尽职守、规范运作，切实维护了广大投资者和公司的利益。2015年，公司无违法乱纪行为的发生。

2. 坚持核心经营战略理念和社会责任管理对接

公司十分重视核心经营战略和理念与应该承担的社会责任的对接。在公司优秀文化"纽带"的影响下，公司始终秉承"壮大瑞贝卡、完善自我、报国惠民"的价值理念，大力弘扬"精诚、创新、发展"的企业精神，坚持"质量第一、永远第一"的质量观和"竭尽全力、创造满意"的服务观，以"回报股东、回报员工、回报社会"为己任，成为员工共同的价值追求和自觉行动。公司建立严格的岗位责任制，严格管理，严格要求，严格执行，把先进科学的管理经营理念落实到日常工作中，安全生产，保证质量，保护环境，热心公益，促进公司与社会的和谐发展。

3. 反腐倡廉

反腐倡廉，遵守商业伦理是每个企业的铁律。一是公司党委认真履行反腐倡廉主体责任，一名党委成员专职负责党风廉政建设工作，统一领导，分层负责，做到党风廉政建设与经营管理工作共同部署、共同落实、共同检查、共同考核，切实把反腐倡廉工作落到实处。对不认真履行党风廉政建设责任制，分管单位出现严重问题的，党委进行责任追究。二是近年来，公司认真遵守党中央党风廉政建设的一系列决策部署，认真落实中央"八项规定"和省委"20条意见"，做到不贪不占不要，守住底线，不逾红线，以清新形象赢得员工的信任。三是开展文明道德活动。学习和践行社会主义核心价值观，举办道德讲堂，评选身边好人和劳动模范，对员工进行潜移默化的影响，有效提高员工的文明道德素养。四是遵守商业伦理。商业伦理包括规则、契约、诚信、自由、竞争等方面，诚信是企业家精神的基石。没有诚信的商业社会，将充满极大的道德风险，显著提高交易成本，造成社会资源的极大浪费。公司严格遵守商业伦理道德，认真履行合同，切实践行承诺，公平竞争，依法经营，以自己诚实守信的文明行为，为和谐社会的建立做出应有的贡献。

4. 将社会责任绩效纳入核心经营规则

核心经营规则是公司赖以发展的精髓，涉及公司的长远发展和根基。公司把核心经营理念和规划渗透到企业应承担的社会责任中，确保每项社会责任的最佳效用。企业社会责任主要包括经济责任、法律责任、环保责任、文化建设、安全生产、员工福利、股东利益、公益事业等方面。公司将企业社会责任按类分解，落实到每个员工的岗位责任中，并进行绩效考核，奖优罚劣，在经济效益增长的同时，也很好地履行了公司应承担的社会责任。

5. 税收贡献

瑞贝卡2013年实现营业收入21.29亿元，实现归属于股东的净利润1.72亿元，上缴税金 2.85 亿元，向员工支付工资 3.88 亿元，支付银行等债权人借款利息 7974 万元；2014 年实现营业收入 19.32 亿元，实现归属于股东的净利润 1.56 亿元，上缴税金 2.18 亿元，向员工支付工资 4.94 亿元，支付银行等债权人借款利息 9445 万元；2015 年实现营业收入 19.45 亿元，实现归属于股东的净利润 1.41 亿元，上缴税金 1.1 亿元，向员工支付工资 4.58 亿元，支付银行等债权人借款利息 1.0073 亿元。

（二）质量安全

1. **健全规章制度，提供高质量产品**

公司坚持实行品牌战略，牢固树立精品意识、品牌意识，以"高质量"为保证，以"高标准"为目标，努力打造自主知名品牌。公司建立了四大机制：竞争机制、监督机制、激励机制、约束机制，充分调动员工的内在热情和积极性。坚持四大创新：技术创新、管理创新、体制机制创新、企业文化创新，确保企业的生机与活力。实行四大管理模式：制度化、标准化、程序化、精细化，永保产品质量的先进性和高品质。公司制定了员工守则和工作准则，严格管理，严格要求，以制度来规范员工的言行，促进公司的平稳运行和永续发展。

2. **建立系统严格的质量控制方法和流程**

质量是企业的生命。公司始终坚持"质量第一，从头做起"的质量方针，把产品质量管理和控制放在首位。公司严格按照国际惯例和国际要求实施质量管理，推行全面质量管理、精细化作业和"零缺陷"质量管理模式。在车间设立质检员，建立系统严格的质量控制方法和流程。在各道工序层层严把质量关的前提下，加强产品生产过程的质量控制，把质量管理的重点放在"事前预防和事中监督"上，把不合格产品切实消灭在萌芽状态，确保产品质量稳步提高，公司产品受到广大消费者的喜爱。

3. **公司通过了相关产品质量认证**

公司于 1999～2004 年先后通过了 ISO9001 质量管理体系、IQNeT（国际认证联盟）质量体系认证。瑞贝卡商标被国家工商总局认定为"中国驰名商标"，被省商务厅认定为"河南省国际知名品牌"。

4. **建立安全稳定的工作预案，处理危急突发事故**

公司建立了安全稳定的工作预案，责任到人，做到有人员、有措施、有保障，及时处理危急和突发事故，保证了公司正常的生产工作和生活秩序。2015 年，公司产品畅销北美、西欧、亚洲、非洲 40 多个国家和地区以及国内 100 多个大中城市，其时尚产品深受国内外消费者青睐，没有出现严重的产品质量和安全事故。

（三）科技创新

1. 加大研发投入，积极开展产品创新

创新是推动公司发展的不竭动力。2009 年 11 月，国家发改委、科技部等五部委认定瑞贝卡企业技术中心为国家级企业技术中心。该中心是集技术与产品的研究、开发、交流、培训、服务为一体的综合性产业技术平台。主要任务是：加强新材料、新装备、新产品、新技术、新助剂和新工艺的研究、推广和应用；高附加值和功能性新产品的研究设计；科技成果的转化与产业化；利用高新技术和新兴科技开展对发制品中相关的检测项目和检测方法进行研究。发展目标是：逐步把中心建设成为全国发制品行业技术创新中心、发制品行业标准中心、发制品行业的检测中心、发制品行业的信息中心、发制品行业的人才培训中心。公司建立了博士后科研工作站。2015 年，公司投入研发经费 5263 万多元，研发投入占营业收入比例 2.71%，研发人员 699 人，研发人员占公司总人数的 7.26%。随着研发投入的增加，公司加大了新产品、新助剂、新工艺、新材料等领域的研发和推广力度，企业核心竞争力得到全面提升。全年确认新产品 868 种，研发新助剂五种，完成技术创新项目 31 个，其中 28 项已在生产中推广应用，有效提升了产品质量，降低了生产成本。

2. 产品时尚新颖，引导美好生活

瑞贝卡作为发制品行业国际一线品牌，旗下 Sina、Mddel 品牌是北美高端假发第一品牌，Sleek 品牌是欧洲发制品第一品牌，Noble 品牌是非洲高档假发第一品牌，Rebecca 是国内假发第一时尚品牌。瑞贝卡的品牌理念，致力于为人们的生活带来美好的变化，不仅是外表，更包括心灵。瑞贝卡从 2007 年开始在北京经营第一家专卖店至今，在全国已设有 200 余家专卖店，瑞贝卡受到了广大消费者的追捧。当前，瑞贝卡通过一流产品以及一流服务，成为发制品的代名词。

3. 注重研发成果转化，引领行业发展

多年来，公司坚持科技兴企，不断促进技术进步，承担了国家自主创新示范项目，起草编写了发制品国家标准，完成了多项科研成果和技术专利，有力促进了公司的产品结构调整和产业升级，为打造拥有"自主知识产权、自主知名品牌"的国际化企业集团，实现由制造型企业向品牌型企业的转变，起到了积极的促进作用。

公司行业地位突出。公司出口创汇多年来稳居国内同行业首位，亦是国内生产规模最大的发制品企业。公司是全国发制品标准化技术委员会秘书处承担单位，起草编制了五项发制品行业国家技术标准，抢占了行业制高点。公司是中国轻工工艺品进出口商会发制品分会理事长单位，该分会是由全国从事发制品经营业务的企业自愿组成的自律性行业组织，在促进行业良性竞争和可持续发展方面起着重要作用。

公司产业链条完整。公司在激烈的市场竞争中逐步形成了完整的产业链条和产业布局，公司产品类别涵盖了纤维材料、工艺发条、化纤发条、化纤假发、人发假发、教习发六大系列数千个品种，产品类别齐全，可满足不同客户群体的多层次需求。公司市场覆盖范围广，销售网络健全，客户关系稳定，形成了国内、国外两大市场相互补充、相互促进的全球市场营销格局，有效地带动了国内发制品行业的健康发展。

（四）诚实守信

1. 建立完善的信息沟通和披露机制

公司严格履行了信息披露的责任和义务，确保信息披露的真实、完整、及时、公平。公司制定了《信息披露事务管理制度》，明确信息披露的部门和责任人。公司选定的信息披露媒体为《上海证券报》、《证券时报》，登载年度报告的网站为 www. sse. com. cn。同时，公司还制定了《内幕信息知情人登记管理制度》、《年报信息披露重大差错责任追究制度》、《公司外部信息使用人管理制度》等制度，确保公司信息披露工作保密机制的完善。2015 年，公司没有发生公司内幕信息知情人在影响公司股份的重大敏感信息披露前，利用内部信息买卖公司股份的情况，公司及相关人员不存在内幕信息知情人涉嫌内幕交易被监管部门采取监管措施及行政处罚的情况，公司董事和高级人员不存在违规买卖公司股票的情况，公司未发生信息泄露事件或发生内幕交易行为。

2. 诚信经营，公平交易

瑞贝卡的成功源于对细节的关注，对质量的执着，对"创新、创造，实现客户梦想"的自觉定位，对"精诚、创新、发展"企业精神的贯彻落实。2013 年 8 月 9 日，由河南省证监局指导，河南上市公司协会主办的"河南上市公司诚信公约阳光行"走进瑞贝卡，机构及个人投资者代表、券商分析师代表、消费者代表、新闻媒体记者参与了本次活动。与会者针对公司《诚信公约》履行情况和关心的热点问题，与公司进行了真诚的沟通和交流，并对公司进行了现场考察。与会者对瑞贝卡公司经过三次艰难的跨越，如今已成为发制品行业全球第一表示钦佩。深刻认识到瑞贝卡的成功，源于对细节的关注，对质量的执着。本次活动对公司进一步加强诚信建设，提升资本市场形象，起到了积极的推动作用。

以此为契机，公司高度重视优秀企业文化的教育与建设，包括灵魂体系和载体体系两大建设。灵魂体系建设包括企业使命、企业精神、价值观念、经营理念、工作作风等。载体体系建设包括企业形象、制度模式、企业标识、工作规范、文体活动、主题教育活动等。公司以文化这一"纽带"，统一思想，统一步调，形成共同的价值观念、道德追求和行为规范。同时，公司开展评选先进职工和道德模范活动，用身边人教育身边人，身边事教育身边人，使员工学有榜样，赶有目标，形成学习楷模，争做贡献的热潮。

诚实守信成为企业"文化品牌"，促进了企业持续健康发展。瑞贝卡公司诚实守信，依法经营，先后获得"河南省诚信纳税大户"、"中国工业旅游示范点"等荣誉称号。

3. 尊重和保护知识产权

尊重和保护知识产权，就是保护先进生产力，调动人的积极性。公司尊重知识、尊重人才、尊重劳动、尊重创造，对于员工申请的专利，予以重奖并保护。在坚持自主创新的同时，不断加强公司自主品牌国内外注册保护和公司自有技术的专利保护。2015 年，公司共申报专利 25 项，其中发明专利 1 项，实用新型专利 3 项，外观专利 21 项；授权发明专利 10 项，省级科技成果 2 项。申请国内外商标注册 16 件，收到商标注册证 8 件。

（五）消费者权益

1. 信息化和工业化融合，为消费者提供优质产品和服务

随着物质生活的丰富，人们对生活品质的要求不断提高，发制品作为逐渐普及的日常消费品，开始融入人们的生活氛围，人们求新、求美、求奇意识逐步提高，发制品也日渐成为我国居民的消费热点。2010 年，瑞贝卡公司提出"创品牌、树形象、谋发展"的发展战略，打造从"品牌"走向"名牌"之路，通过一流的产品加上一流的服务，始终坚持为消费者提供优质产品和服务，引领国内发制品的消费方向。

2015 年，公司积极推进信息化和工业化两化融合，工作重点是推动 REID、SAP 等信息技术在生产和经营管理中的集成应用，形成财务业务一体化平台和供应链一体化平台，最终形成管理系统的集成优化，有效提高工作效率和服务水平。

2. 专卖直营与加盟相结合，完善售后服务

公司以加盟为主，直营为辅的市场推进策略，有步骤地实现公司在国内主要城

市的布局。公司一开始发展的主要消费市场在国外，从 2008 年开始，在国内设专卖店。除北京、上海等一线城市设专卖店直营外，在国内其余城市零食市场主要以加盟渠道拓展。目前，全国约有专卖店 200 余家。作为发制品行业一线品牌，公司在瑞贝卡专卖店内设置产品展示区、试戴区及休息区、量身定做服务区。打造统一的装修风格，形成时尚、温馨的购物环境，使消费者在购买产品的同时，感受到来自瑞贝卡无微不至的关怀。"顶上时装"这一概念，逐渐被人们认可和接受。

3. 高度重视消费者的权益保护

公司高度重视消费者的权益保护，设立专门的督察部门，加强对各专卖直营店和加盟店的督察。各专卖直营店和加盟店高度重视市场声誉，及时解决和满足消费者的投诉和要求，重视对消费者的健康保护、安全保护、信息及隐私保护，受到广大消费者的广泛称赞和拥护。

（六）、股东权益

1. 确保股东的合理回报

保持良好的经营状况和持续的盈利能力，是企业生存和发展的基础，也是企业给股东带来的合理回报，履行社会责任的根本保证。2015 年，公司面对复杂严峻的国内外经济形势，克服重重困难，在竞争激烈的市场条件下，保证了生产经营的稳定运行。与此同时，公司也非常重视对投资者的回报，实行持续、稳定的股利分配政策回报股东。公司于 2015 年 3 月通过上海证券交易所"上证 E 互动"平台，举行了 2014 年利润分配及现金分红说明会，就投资者普遍关注的问题进行了解答。公司于 2015 年 4 月召开股东大会，审议通过了公司 2014 年利润分配方案，以总股本 943321200 股为基数，向全体股东每 10 股派发现金红利 0.4 元，2015 年为 0.5 元。公司 2013 ~ 2015 年分红情况如表 1 所示。

表 1　瑞贝卡 2013 ~ 2015 年分红情况

年份	现金分红数额（含税）（万元）	分红年度合并报表中归属于上市公司股东的净利润（万元）	占合并报表中归属于上市公司股东的净利润的比率（%）
2013	7546.57	17257.29	43.7
2014	3773.28	15632.56	24.1
2015	4716.61	14138.82	33.4

资料来源：瑞贝卡发制品股份有限公司 2013 年、2014 年、2015 年《社会责任报告》。

2. 注重对小股东权益的保护和救济

根据证监会《关于进一步落实上市公司现金分红有关事项的通知》及相关文件的规定，公司于 2012 年 7 月 14 日召开第二次临时股东大会，对《公司章程》中利润分配政策相关条款进行修订。本次利润分配政策的调整，充分保护了中小投资者的合法权益，审议程序合法有效，公司独立董事发表了独立意见。修改后的利润分配政策对公司现金分红的标准、比例、相关决策程序和利润分配政策调整的具体条件、决策程序和机制进行了明确规定，为独立董事尽职履职和中小股东充分表达意见和诉求提供了制度保障，注重对中小股东权益的保护和救济。

3. 加强沟通与管理，与投资者建立良好关系

公司严格履行上市公司监管有关信息披露的法律法规要求，真实、完整、及时、公平地履行信息披露义务，并确保所有股东平等地获取信息。公司通过网站、邮箱、电话、上证 E 互动等方式，向投资者提供所需的资料和服务，强化与投资者的沟通和交流。2015 年，组织召开网上业绩说明会两次，另外，依托上海发制品博览会，公司在现场组织召开了与基金公司、证券公司、研究机构等中介投资机构的见面交流活动，增强了投资者对公司经营情况和未来规划的进一步了解和信心，维护了公司在资本市场的良好形象，提升了投资者的信心。

（七）员工权益

1. 尊重员工权益，构建和谐劳资关系

公司推行"以人为本"的管理文化，严格按照《劳动法》、《劳动合同法》的规定，依法保护员工的合法权益，尊重人权。公司合理设置劳动岗位，明确岗位职责，健全公司薪酬设计、岗位评价、绩效管理、员工职业规划、晋职晋级、创先评优等，关爱每一位员工，构建和谐的劳资关系，使人力资源部的各项工作适应公司快速发展的需要，为公司的可持续发展提供人力资源保障。

公司十分关注员工社会保障和福利。建立了较为科学的薪酬体系，员工薪酬以外具竞争力、内具公平性与激励性为原则，以吸引留住和激励表现优秀的员工为宗旨，通过定期向同行业及外部专业机构采集各岗位薪酬福利市场数据，对不同的部门、不同的岗位、不同的人才，采用不同的薪酬策略。高端技术、骨干员工薪酬领先型市场，其他人员保持市场中位以上水平。员工工资构成分为固定工资、绩效工资、奖金、津贴等。员工的薪酬、福利水平根据公司的经营效益状况和地区生活水平、物价指数的变化进行适当调整。公司制定健全的反对歧视制

定，设立多样的福利项目，如提供设施齐全的专家、大学生公寓、职工宿舍及餐厅、定期免费体检、各类保险、女员工生育期间享有福利保障等，深受员工欢迎。

2. 注重员工职业培训和综合素质提升

公司拥有完善的员工培训和再教育机制，把员工职业发展规划作为年度七件大事之一，为每一位员工设置清晰的职业发展"双通道"，将员工个人的发展愿望与公司发展的需求有机结合，为每一名员工提供一个不断成长以及挖掘和发挥个人最大潜力的机会，真正把个人的前途和企业的命运联系在一起，形成命运共同体、利益共同体、责任共同体，使企业与个人达到双赢。培训层级包括：公司级培训、部门级培训、车间培训。培训模式包括：内部培训、外部培训、学历教育、岗前培训、岗中培训、特种作业培训、应急培训等。公司对培训结果进行评估和跟踪考核，考核结果作为年终绩效考核及员工晋职晋级的依据，为实现公司经营发展目标奠定了雄厚的人才基础。

3. 工会积极履职，活跃员工文化生活

公司成立了工会组织，工会积极履行教育、维护、参与、建设职能，组织开展丰富多彩的活动。开展主题教育活动，践行社会主义核心价值观，提出合理化建议，促进企业健康有序发展，开展维权活动，消除歧视，救助困难职工，开展丰富多彩的文体娱乐活动，活跃员工文化生活，努力把工会办成"员工之家"。

4. 重视员工职业健康和安全

公司高度重视员工职业健康和安全生产工作。成立了以总经理为主任，各部门负责人为委员的安全生产管理委员会，组建了安全生产管理机构，实行安全生产责任制，建立了覆盖公司所有部门的安全标准化体系，制定了安全标准化制度65个。日常管理中，认真落实三级安全检查制度，发现问题及时整改，杜绝了各类事故的发生，有效保障了员工的职业健康与安全。

5. 积极创造就业机会

目前，公司在国内共有员工9626人，从专业构成来看，生产人员7522人，销售人员395人，技术人员1069人，财务人员193人，行政人员285人；从教育程度来看，研究生16人，本科生690人，大专1209人，高中及以下7711人。

（八）能源环境

1. 环境保护

思想重视，机构健全，管理规范。公司高度重视环境保护工作，成立了安全环保处和清洁办公室。主要负责环境保护和开展清洁生产审核。公司制定了环保管理标准和环境工作标准及《环保应急预案》，做到有计划、有措施、有检查、有落实。公司于 1999 年至 2004 年，先后通过了 ISO9001 质量管理体系、ISO14001 环境管理体系以及 GB/T28001 职业健康安全管理体系认证。

节能减排成效显著。公司是发制品行业首家通过清洁生产验收的企业。于 2005 年首次通过清洁生产审核验收，2014 年 8 月通过了第二轮清洁生产审核评估验收。公司在生产过程中采用清洁生产技术，进行中水回收利用，把节能、降耗、减污、增效等清洁生产贯穿到每个生产环节。2015 年，公司继续加大清洁生产宣传和环保教育力度，定期对公司环保、清洁工作进行监督和检查，不断增强员工的清洁生产意识，确保环保工作落到实处，做到清洁生产，安全生产、取得了显著成效。

2. 实现可持续发展

公司制定了科学的可持续发展战略，全公司上下已经形成了较强的可持续发展意识。公司加大研发投入，采取新材料、新工艺、新助剂，已实现生产的可持续、环保的可持续。公司先后被许昌市环保局评为"市级绿色企业"，被河南省环保局、工信厅授予"省级绿色企业"、"河南省绿色企业"等荣誉称号。

（九）和谐社会

1. 建立和谐社会关系

公司作为全国发制品第一企业，多年来十分注重与政府机构、行业协会保持良好的关系。公司积极参与当地水务建设，响应政府号召，大力支持并热心参与社会公益和慈善事业，积极参与文明社区建设，参与为困难家庭发放救助品，为贫困学生发放助学基金等社会扶贫助困活动，并通过《瑞贝卡人》报纸、网络、板报等载体，宣扬公司在"关爱社会、奉献爱心"方面涌现出来的先进事迹，加强对员工的教育，提高员工的社会责任感。公司带头执行落实行业协会的规则和标准，积极承担行业协会分派的相关任务。正是由于各级政府和行业协会的大力支持，公司才有了今天长足的发展。

2. 热心公益慈善事业

多年来，瑞贝卡公司一直大力支持并积极参与社会公益和慈善事业，积极开展各项奉献爱心公益，在扶危济困、活动组织、女工保护、首席员工评选等方面做了积极的努力和探索。公司在北京、杭州、郑州、许昌等城市开展了"为爱义剪"活动，向因化疗导致脱发的癌症患者捐助假发，抚慰其受伤的心灵。2015

年，公司帮扶贫困员工 100 名，帮扶贫困大学生 10 名，看望慰问伤病员工及社区老人，发放慰问金近 20 万元，为构建和谐社会做出了应有的贡献。

（十）责任管理

1. 构建具有社会责任感的企业文化

企业文化是公司精神、经营理念、价值观念、道德规范的具体体现，公司持续健康发展，需要精神动力、思想保证、道德滋养和文化支撑。瑞贝卡建立了完善的法人治理结构，实施股东大会、董事会、监事会、经营层"人权分离"，使"三会一层"各司其职，各负其责，相互配合，相互支持，相互制衡，共同促进公司的健康发展。公司十分重视企业文化建设，大力弘扬"精诚、创新、发展"的企业精神，始终秉承"壮大瑞贝卡、完善自我、报国惠民"的价值理念，坚持"质量第一、永远第一"的质量观和"竭尽全力，创造满意"的服务观，以"回报股东、回报员工、回报社会"为己任，成为公司全体员工共同的价值追求和自觉行动。优秀的企业文化，增强了员工的凝聚力、感召力和战斗力。

2. 把承担社会责任作为公司的神圣职责

公司始终把承担社会责任作为公司的神圣职责，成立了相关管理机构，指定了专职工作人员，确定了社会责任项目，认真履行自己的职责。公司建立了生产、质检、安全、环保、销售等岗位责任制，严格管理，严肃执纪，维护了员工的人身安全，维持了良好的公众形象，保证了公司安全有序运转。公司在追求经济效益和股东利益最大化的同时，还十分重视对利益相关者、社会公益、环境保护、资源节约利用等方面的关注和贡献，积极促进公司与社会的和谐发展。

三、未来推进企业社会责任的若干建议

公司在 2015 年通过制度创新和文化建构，在推动社会责任工作方面取得了突出成绩。公司在今后的生产经营中，应进一步强化社会责任意识，在实践中积极履行社会责任，创建和谐企业。

一要继续遵循自愿、公平、等价有偿、诚实信用的原则，遵守社会公德、商业道德，诚信对待每一位供应商、客户和消费者，为经济社会发展增添正能量。

二要进一步增强公司内部控制机制和法律风险防控机制建设。在全球市场经济秩序日益规范、法律制度日益健全的今天，公司应用现代化、专业化、规则化和制度化的理念去管理和经营。只有这样企业才能行稳致远，永续发展。

三要增强透明度，自觉接受政府和社会公众的监督。对公众反映的问题不推

脱，真心倾听，真情整改，以过硬的产品和优质的服务，赢得社会的更大信任和支持。

四要继续加大投入，积极做好环境保护、资源节约、清洁生产等工作，这既是社会公众的要求，也是企业可持续发展的要求。

五要尽最大能力开展社会公益和慈善事业，做好扶贫济困、社区服务等工作，为和谐社会的建设积极做出应有的贡献。

郑州万达重工股份有限公司
2015 年企业社会责任研究报告

一、公司概况

郑州万达重工股份有限公司（以下简称"万达重工"），位于全国首个航空港经济试验区——郑州航空港经济综合实验区，是一家专业致力于高端压力管道核心部件、新材料、工业智能系统集成、机器人的研发、制造及国际贸易的国家高新技术企业。公司历经不懈奋斗，已与中石油、中石化、中海油及以央企为代表的企业集团等重点客户群达成长期且稳定的合作关系，并以雄厚的综合实力居于行业翘楚。公司已于 2015 年 7 月 23 日在全国中小企业股份转让系统挂牌，成为郑州航空港经济综合实验区首家上市企业（证券简称：万达重工；证券代码：832936）。自上市以来，公司已连续两个季度实现了毛利率的正增长，综合实力得到了较大提升。

（一）商业模式

公司的商业模式是"核心制造＋智能装备＋成套服务"，将原有单一核心制造向智能装备及成套服务拓展，为公司整体竞争能力提升以及在行业资源整合提供巨大的空间。公司依托自主研发及产学研相结合的技术优势和完善的技术工艺，专业从事高端管件研究、制造及销售。公司成立至今，完成了从单一管道配件研发、生产、销售，转变为以核心制造为主业，以智能制造、成套服务等适度多元发展为一体的高新技术企业，公司已拥有"小口径坡口加工工艺"、"大型汇气管制作方法"、"厚壁双金属三通冷压成型工艺"、"双金属复合材料弯管、管件加工工艺"等独特技术；已申报 53 项专利：其中已授权 43 项，发明专利 3 项、实用新型专利 40 项，受理 10 项；申请取得 3 项版权登记，3 项成果登记，6 项网络域名保护登记，3 件商标（其中一件为河南省著名商标）。一直以来为企业客户提供优质管道元件产品（如中频感应热煨弯管、钢制弯头、三通等）来获取收入并实现利润，主要服务于中石化、中石油、中海油输油管线以及天然气、城市燃气、城市热力、城市管廊的输气管线。公司始终恪守"以质量求生存、以品质求发展、以服务求信誉"的经营宗旨，致力于双金属复合材料管件等"三新产品"的研制开发和企业核心竞争力的培育，不断改进原有产品、推出新产品，以适应多元市场需求。

（二）公司规模和荣誉

2015年，公司拥有员工285人，其中博士3人，硕士8人，大专以上的科技人员120余人，公司拥有国家质检总局核发的压力管道元件特种设备制造A级许可资质和自营进出口资质，年生产"益工"牌特种压力管道元件约10000吨，产值近2亿元。

截至2015年底，公司总资产已达212409847元。公司目前建有总面积逾12000平方米，装备齐全、工序完整的专业化加工车间和能客观、准确担负化学分析、力学性能检验检测功能的质量检测中心。公司还建有省级企业技术中心，拥有专业研发团队，建设并运行有郑州市管道工程配件技术研究中心，拥有河南省锅炉压力容器安全检测研究院科研中心、河南工业大学、中原工学院产学研实验基地，博士工作站等高等级产、学、研机构。公司始终注重新产品、新材料、新工艺的研发工作，目前已取得各项专利53项，参与了新材料的复合弯管及复合管件两项国家标准的编制工作，拥有著作权3项，成果登记5项，每年申报国家、省、市各类研发项目达10余项。

公司拥有独立的试验检测中心，具备国家级的CNAS实验室和独立第三方检测机构（CMA）资质，能够独立承揽金属材料及制品化学成分、力学性能、金相、晶间腐蚀、点蚀、SCC、SSC、HIC等腐蚀试验。

公司的成长发展，受到了各级政府和客户的关心与大力支持，公司先后荣获了"高新技术企业"、"国家驰名商标"、"中国信用共建重信用企业"、"河南省信用建设示范单位"、"河南省质量兴企科技创新型最具投资价值企业"、"河南省创新试点企业"、"河南省十佳科技型最具发展力企业"、"河南省质量诚信AAA级工业企业"、"中国石油和石油化工行业名牌产品"、"中国燃气行业推荐产品"、"河南省名牌产品"、"河南省著名商标"、"郑州市创新试点企业"、"郑州市电子商务重点示范企业"、"郑州市诚信民营企业"、"郑州市百高工业企业"等上百项荣誉。

二、公司履行社会责任情况

（一）法律道德

1. 强调使命必达，理念先行，以确保公司遵法而行

公司秉承"产业报国，奉献社会"的使命，严格遵循国家的相关法律法规，在生产经营活动中认真落实安全主体责任、合规运营责任，以确保不出现违法违纪现象。2015年3月18日，郑州航空港经济综合实验区人力资源和社会保障局出具了"该公司自2013年1月1日至今，在遵守劳动法律法规、保险法律法规或者规章方面，无重大违法违规行为，也没有被我局行政处罚的记录"的证明。①

公司始终坚持以"为客户创造价值、为社会承担责任"的核心价值理念，以一种兼容并蓄的视角来看待客户利益与社会责任之间的关系，始终认为公司在为客户创造价值的同时也在为社会承担着责任，始终把社会责任放在公司优先考虑的位置，从而以砥砺力行、脚踏实地的精神在不断践行着、承担着社会责任，最终目标是"开创幸福万达事业、为社会承担更大责任"。

成功上市后，公司进入发展的快车道，子公司不断设立，业务不断拓展，人员不断增加，管理难度也随之提升，但公司始终秉承健康的商业伦理价值观。对外，公司坚守最基本的商业底线是"为善，不害人"；对内，公司一直倡导"平安、悦享、幸福"的分享式价值伦理，始终认为能为企业提供效益的员工是公司的第一大资产，公司从不同渠道出发培养员工，以造就更多的资产型员工。公司积极保护员工的权益，确保员工与公司共成长、共受益。同时，公司对内部的腐败行为持零容忍的态度，并采取各种措施以确保公司的发展方向与社会主流方向保持一致。

2. 完善公司管理架构，依法进行公司治理

2015年，公司依据相关法律、法规的要求及规范公司经营操作合法、合规的要求，根据公司发展需要，对管理架构进行了重新调整，由何清担任董事长，负责董事会日常工作；控股股东、实际控制人张付峰任总经理，负责日常经营管理。公司经营决策严格按照各层权限进行，公司对部分高管进行了职业经理人培训，各高管具备了专业的管理知识和管理能力，对公司部分内部制度进行了修

---

① 资料来源：《郑州万达重工股份有限公司公开转让说明书》。

订，完善了相关内控制度。公司的股东大会、董事会、监事会和管理层均严格按照《公司法》等法律、法规和中国证监会有关法律法规等的要求，履行各自的权利和义务，公司重大生产经营决策、投资决策及财务决策均按照《公司章程》及有关内控制度规定的程序和规则进行，截至报告期末，上述机构和人员依法运作，未出现违法、违规现象，能够切实履行应尽的职责和义务，公司治理的实际状况符合相关法规的要求。

未来，公司仍将加强公司董事、监事及高级管理人员在法律、法规方面的学习，在未来工作中进一步改进、充实和完善内部控制制度，为公司健康快速的发展奠定基础。

3. 监事会严格履行职责，确保公司运作合法有序

报告期内，公司监事会仍然严格按照《公司法》、《公司章程》、《监事会工作细则》和有关法律、法规及相关规定，本着对公司和股东负责的态度，认真履行监督职责，对公司依法运作情况、公司财务情况、投资情况等事项进行了认真监督检查，尽力督促公司规范运作。近年来，监事会列席了公司部分董事会会议，通过与公司的财务沟通，抽看财务的相关材料，对公司的财务着力进行了解，对公司董事、高管执行公司职务时是否符合《公司法》、《公司章程》及法律、法规尽力进行了考察，对公司董事会、经营班子执行股东大会精神的情况进行了检查，对公司经营管理中的一些重大问题认真负责地向董事、高管提出了意见和建议。监督记录证实，公司能够严格履行《公司法》、《公司章程》等规定的义务。

4. 积极行动，努力创造经济与社会价值

在党和政府的正确领导下，在公司上下共同努力下，公司的税收实现了迅猛、显著增长，2014 年公司纳税额为 275633.18 元，2015 年公司纳税额为 2481351.49 元，公司纳税额大幅增长，以实际行动履行了相应的社会责任，如图 1 所示。

（二）质量安全

1. 倡导质量工作理念

多年来，公司始终坚守以质量求生存的工作方针，高度关注产品质量安全问题，特别制定了"质量兴，万达兴"的质量方针，提出了"人人关注质量，质量构筑尊严"的质量工作理念，并在全员中普及了"大质量观"意识，提出了"质量三耻观"的工作要求，并在每年的 4 月开展企业质量月活动，坚持"硬起手

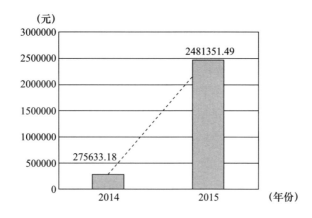

图1 公司纳税额增长情况

资料来源：万达重工2014年半年度报告、2015年半年度报告。

腕抓质量，狠下决心保质量"的工作作风，持续提升产品质量、工作质量和服务质量。

2. 高度重视产品质量认证工作

公司作为一家负责任的民营企业，始终把履行社会责任的要求融入企业经营管理和发展的全过程，科学发展、公平运营，相继通过了ISO9001质量管理体系、ISO14001环境管理体系、OHSAS18001职业健康安全管理系统"三合一"管理体系认证，对产品质量、环境、职工健康安全等各个方面进行保护，如公司明文规定由质量管理部负责样件质量的检验与测试，以确保产品的生产符合设计规范和相关要求。以上规定从制度层面保证了产品质量安全和生产运营安全，从而确保公司能通过为社会提供安全产品的方式积极地履行自己所肩负的社会责任。

3. 狠抓产品质量流程管理和安全生产制度建设

在生产活动中，公司建立了以项目经理为第一责任人的安全生产领导小组，承担组织、领导安全生产的责任；建立各级人员的安全生产责任制度，明确各级人员的安全责任，落实责任和制度。加强安全教育与训练，操作人员经过安全教育培训，考试合格后方可上岗作业。加强日常安全检查，消除事故隐患，以防止事故和意外伤害的发生。

同时，公司还针对不同产品制定了各自的制造工艺流程，以确保产品质量有保证，确保没有任何一个残次品流出公司，以汇气管制造工艺流程为例，如图2所示。

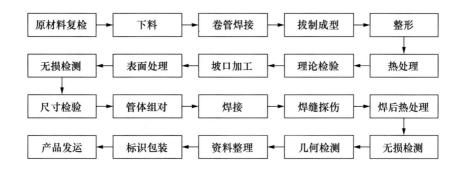

图 2 汇气管制造工艺流程

资料来源：公司官方网站，http://www.zzwanda.com/cn/。

公司还建设了较为完善的应对突发事故及风险的程序，制定了《郑州万达重工股份有限公司风险评估和应急预案》管理制度，并设立了公司安全领导小组和风险应急领导小组，由公司工会主席担任组长、总工程师担任副组长、相关部门领导担任组员，各种突发应急事故责任到人，并设有严格的奖惩管理制度，确保公司突发事故的有效处理。

得益于严格的质量控制流程和完善的安全生产制度体系，2015年，公司未出现严重的产品质量事件和安全事故。2015年被河南省总工会、河南省安全生产监督管理局评选为"河南省安康杯优胜企业"，被郑州航空港经济综合实验区评定为"港区安全生产优秀企业"等。

（三）科技创新

1. 不断增加研发支出，增强科技创新能力

公司十分重视研发工作，不断加大研发方面的投入力度。目前，公司建有"省级企业技术中心"和"郑州市管道配件工程技术研究中心"，同时与河南工业大学、中原工学院等高校结成校企联盟，建立了产学研基地，在依托自身科研力量的同时，借助高校科研优势积极从事高强度、耐腐蚀技术的研究，汇气管成型技术研发，核电管道产品的开发，双金属复合材料的开发和超耐蚀材料的研究。此外，河南省科技厅根据企业需要，结合材料领域的研究，在公司设立了博士工作站。公司还成立了科协组织，以吸纳更多的优秀人才，为公司科技创新提供了顶层的技术支持。在不断的努力之下，公司自成立以来，自主研发的科技项目共29项，企业科技成果转化18项：其中获得科技厅成果认定登记5项，相关技术被认定为国内领先技术；申报专利53项：其中发明专利5项，实用新型专利 48 项。

公司始终高度重视"三新"（新材料、新工艺、新产品）工作，将"三新"工作作为国家建设美丽中国的万达实践，下大力气攻克堆焊复合材料管件的研制与生产难题，相关产品和技术取得省科技厅的成果鉴定，被认定为国内领先，并成功运用到中石油塔里木油田、中石化普光气田，赢得了客户的信任和赞扬。公司始终关注产品生产的每一个环节，每一道工序，从整体管控，从细节入手，制定了严于国家标准和行业标准的企业检测标准，持续不断地改进生产制造工艺，提高生产智能化水平，不断进行技术创新，以确保质量合格作为工作底线，不断为客户提供优质、安全、可靠的管件产品。正是在公司高度重视研发工作的基础上，公司的产品不断获得客户的认可与接受，不断获得来自政府与社会的各项荣誉，如公司"益工"牌"钢制弯头"被中国石油和石油化工设备工业协会评为"2014 年中国石油石化装备制造企业名牌产品"。

在大形势总体不佳的情况下，公司通过技术升级，开发出堆焊复合材料管件等高端产品，从而使得毛利率大幅度增加。毛利率增加的其他原因：2015 年钢材价格较 2014 年持续下降；公司进行了工艺改造，提高了原材料利用率，原材料投入减少；2015 年购入新机器设备并对原有设备进行了自动化改造，机械化水平得到提高，产品返工率降低。

2. 加强横向合作，做好技术储备工作

公司在不断提升现有技术能力的同时，还努力拓展新的产业方向，并为新产业累积技术研发力量。2015 年 10 月，万达重工与沈阳新松机器人签署战略合作协议。此举不仅标志着万达重工业务实现涵盖工业制造与智能机器人的研发、销售及售后服务为一体的综合提升发展，而且意味着中原地区的机器人产业发展有了新的突破。

（四）诚实守信

1. 以理念来凝聚诚信共识

公司所秉承的企业精神是"敬业、诚信、创新、发展"，公司成立伊始就把"诚信"列入了重要的位置，把"诚信"作为公司立足市场、发展壮大的根本。所以，诚信是万达重工快速发展的必要条件，也是万达重工在激烈的市场竞争中立于不败之地的法宝。在公司《万达十三论》第六论"论诚信"中这样写道："诚信是我们生存的底线。诚信是我们最大的市场资产累积。诚信是我们弥足珍贵的财富。任何践踏诚信的行为都是自掘坟墓。"对员工讲诚信，员工才能为公司努力工作；对客户讲诚信，客户才能长期认同企业的服务；对社会讲诚信，社会才能对企业认同。长期以来万达重工始终坚持将"始于客户需求、终于客户满意"作为企业的服务理念，坚持诚实守信，坚持质量为先，在运营活动中始终为利益相关方提供真实合法的产品和信息，毫不松懈地坚持自觉承担着对于客户的责任，这份坚持也得到了客户的赞许，并先后成为了中石油、中石化、中海油的甲级供应商，与诸多央企签订了长期合作协议。

2. 以制度来确保诚信行为

公司改制为股份公司后，按照规范化公司管理体系及相关规定的要求，制定了股份公司的《公司章程》，并制定了"三会"议事规则和关于公司的关联交易、对外担保、重大投资等方面的各项制度。相关制度建立之后，股东的知情权、参与权、质询权和表决权将得到更好的保障，投资者关系管理、纠纷解决机制也将更加完善。

目前，公司已构建了完善的信息沟通和披露机制，及时向利益相关方披露公司运营相关的、对利益相关方的决策具有重要影响的信息，主动与利益相关方进行多种形式的沟通。所以，万达重工能够给予所有股东合适的保护以及能够保证股东充分行使知情权、参与权、质询权和表决权等权利，公司信息披露工作也正在有序进行中。

公司重视诚信的行为受到了政府和社会的一致好评，并先后获得了河南省质量技术监督局和郑州市企业信誉认定委员会颁发的"河南省质量诚信 AAA 级工业企业证书"、"AAA 企业信誉等级证书"。2015 年 5 月，万达重工还通过了"河南省信用建设促进会"和"河南省企业信用评审委员会办公室"共同组织的"河南省信用建设示范单位"复审认证，被认定为"河南省信用建设示范单位"。

3. 高度重视知识产权保护工作

公司自成立以来就非常注重知识产权的保护工作，成立了专职的知识产权部，配备有专职知识产权专员，致力于公司专利、商标、版权等知识产权的注册、维护、保护、应用及资本化运营工作。目前公司共有自主专利53项、商标3件，其中"益工"商标被认定为"河南省著名商标"，并于2015年向国家工商总局提请了"中国驰名商标"认定保护。

4. 为上、下游企业提供公平交易的平台和机会

公司建立了完善的供应商管理制度和客户管理制度，与上、下游建立了合作共赢的交易平台，并每年定期做客户满意度调查分析和供应商考核管理分析，利用科学合理的测评工具对上下游企业进行考核，建立产业链合作共赢的战略伙伴关系。

（五）消费者权益

1. 以顾客为中心，始终坚持为客户提供优质、合格产品

全体万达人必须坚守的信条就是"始于客户需求，终于客户满意"，想客户之所想，心怀感恩，用心服务。公司成立以来，一直秉承以客户为中心的信条，经过多年的科技攻关和用心服务，目前已经成长为提供智能装备和成套服务的设备供应商。公司主要产品是钢制工业管道配件，具体有钢制弯管、钢制三通、钢制弯头、钢制管帽、法兰、汇气管、双金属管件、堆焊管件等产品，其中复合管件产品和堆焊管件产品以其优良的品质和领先的工艺而深受客户的欢迎。

以双金属复合管件为例，双金属复合管件是以碳素钢或合金钢为基层，在其内表面覆衬一定厚度（一般为 2 ~ 3mm）的不锈钢、钛合金、铜、铝等耐蚀合金属制造的复合管件，这种特殊的结构形式，使其兼顾碳钢的耐压性和不锈钢的耐蚀性以及相对不锈钢低廉的特点，其突出的性价比和耐蚀性能，使它在石油及天然气工业、供水工程、化学工业等行业具有广泛的应用前景。

公司始终坚守"始于客户需求，终于客户满意"的服务宗旨，在行业内以优质的产品积累了大量的优质客户资源，公司是中石油集团甲级供应商、中石化集团一级网络供应商、中海油合格供应商、壳牌（中国）公司合格供应商。"以顾客为中心"的服务宗旨为公司赢得诸多客户，并为公司持续做大、做强奠定了稳定的基础。

2. 实施订单化生产和服务营销策略，始终坚持消费者需求引领战略

公司致力于服务转型与升级，优化订单承接和生产组织模式，努力满足用户需求。公司一方面开展量身定做式服务，为客户提供个性化服务，同时，还可以和客户一道开发个性化产品，根据客户的需求而提供私人定制类服务；另一方面针对热销对路的产品，公司适当保有一定库存，以缩短供货周期，满足客户的急迫需求。

公司还为客户提供"技术＋服务"的系统解决方案，为客户提供技术支持、专业服务。打造由销售、生产、研发、质量组成的专业化客户服务团队，开展一对一贴心服务，对重点用户甚至可以派驻专人开展长期驻点服务。

3. 构建完善的售后服务体系，及时解决消费者的诉求

公司建立了严格的产品追溯制度，对每一个出厂的产品建立产品身份证，制定了产品终身追责制度来保障客户在使用产品过程中的权益。

在产品追溯制度的基础上，公司还建立了较为完善的售后服务体系，成立了客户服务中心，并根据公司客户分布情况，在全国设立了14个售后服务站点，制定了完备的售后服务流程，在公司层面制定了《郑州万达重工股份有限公司售后服务管理制度》，全力保障和及时解决消费者投诉和要求。

4. 制定产品召回管理制度，解决消费者的后顾之忧

公司针对质量缺陷产品制定了《产品召回管理制度》，在制度中明确了产品召回因素、召回产品如何处理以及对于消费者如何补偿等，以确保消费者的权益不受损害。

5. 高度重视消费者的信息及隐私保护

公司在信息化建设中专门设置了客户管理模块，根据客户的重要性对客户进行了分级管理，不同等级客户信息机密等级不同，针对公司核心客户公司还采取了信息安全防护措施，对于客户的信息和隐私进行全面保护。

（六）股东权益

1. 提高盈利水平，切实维护股东权益

公司一直坚持诚信、互利、平等的原则，在追求社会效益、经济效益的同时，积极保护股东的合法权益。公司认为保护股东权益的首要做法就是降低成本，提高公司盈利水平。

2015年，公司实现营业收入125668630.29元，较2014年增长3.38%，实现净利润16176241.43元，较2014年增长477.80%。公司综合毛利率41.77%，同比增长44.53%。在大形势总体不佳的情况下，公司通过技术升级，开发出高端产品；通过科学管理，降低营业成本；公司多措并举，最终使得产品毛利率大幅度增加。公司产品毛利率的大幅度提高，使得公司净利润、每股收益也得到了大幅度提高，如表1所示。

表1　公司2015年每股收益　　　　　　　　　　单位：元

项目	2015 年	2014 年同期	增减比例（%）
营业收入	125668630.29	121563944.14	3.38
毛利率（%）	41.77	28.90	—
归属于挂牌公司股东的净利润	16176241.43	279962223	477.80
归属于挂牌公司股东的扣除非经常性损益后的净利润	13289909.36	−583553.94	−2377.41
加权平均净资产收益率（%）（依据归属于挂牌公司股东的净利润计算）	19.35	3.95	—
加权平均净资产收益率（%）（依据归属于挂牌公司股东的扣除非经常性损益后的净利润计算）	15.89	−0.83	—
基本每股收益	0.30	0.05	447.17

资料来源：公司2015年度报告。

（1）营业成本的降低。公司营业成本的降低得益于多方面因素，营业成本降低的第一个因素是钢材价格的下降。钢材价格较2014年有一定幅度下降，据钢协统计，2015年1～7月，钢铁企业钢材结算价格同比下降了756元/吨，降幅为28.38%。主要钢材品种平均价格与2014年末相比，钢筋和线材每吨分别下降797元和904元，热轧卷板每吨下降1197元。普通钢材2015年较2014年价格大约降低了28.38%，不锈钢和复合钢出现了微降现象；我国钢铁研究中心数据也表明钢材价格与往年比有了较大幅度的下降，如图3所示，所以，2015年产品的成本较2014年有大幅降低。

营业成本降低的第二个因素是公司加强了生产管理，提高了自动化作业程度。公司在2015年对主要生产机器进行了智能化生产改造，对产品表面处理工序进行了作业自动化技术装备的研究开发，此两大项目改造均能提高工作效率和节省原材料。

营业成本降低的第三个因素是公司改进了生产工艺，提高了材料利用率。通过设备升级改造，新机器设备的购入提升了公司的机械化水平，降低产品返工率，减少了原材料的投入。

营业成本降低的第四个因素是公司对人工成本进行了控制。2015年公司对生产方阵的薪资制度进行了调整，人工成本得到了进一步控制。

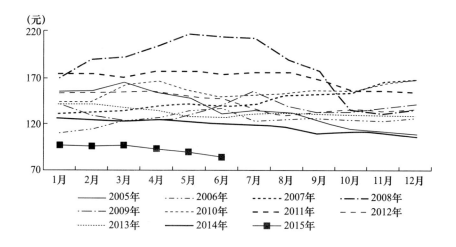

图3 钢材价格变化情况

资料来源：钢铁研究中心。

（2）高附加值产品产销量不断增加。2015年收入125668630.29元，2014年收入121563944.14元，增长3.38%，而营业成本2015年为73182144.71元，2014年为86434107.17元，下降15.33%。公司在营业成本下降的同时不断扩大营业收入的规模，导致本报告年度内公司毛利率的大幅上升。2015年毛利率大幅上升的主要推动原因就是公司的高附加值产品产销两旺。公司与中油管道、中国石油、中石化等项目公司签订了较大的复合管件订单，复合材料产品因为生产工艺难度较大，技术含量较高的高端产品，国内尚在发展初步阶段，且在河南省本公司属于唯一一家生产此类钢制管件的企业。2014年复合管件属于正常生产阶段，2015年生产熟练程度比2014年有所提高，所以2015年的产量比2014年大，毛利率也较高。

（3）严格控制财务成本。2015年，公司采取控本增收的战略方针，加大资金合理利用力度，在资金闲置阶段，提前归还了国家开发银行贷款500万元，减少了利息支出，并且提升了财务理财能力，减少了部分金融顾问业务，导致财务费用比2014年有大幅度下降。据统计，2015年财务费用为591737.27元，2014年为1140739.89元，下降48.13%。

（4）尽量减少营业外支出。营业外支出2015年为71369.86元，2014年为220052.67元，比2014年减少67.57%。减少的原因是2014年公司原址土地征用，剩余土地价值转出186450.57元，而2015年并未发生。

总之，2015 年公司实行控本增收的战略，考虑到外界宏观因素的影响，对材料成本、人工成本进行了一定规模的控制，同时技术的改进及高附加值订单比重的增加导致净利润较 2014 年有一定规模的提升。

2. 公司结构科学，决策体现了股东意志

报告期内，在公司治理方面，严格按照三会治理的架构，股东大会、董事会、监事会和高级管理人员之间职责分工明确、依法规范运作的法人治理结构；公司关于股东大会、董事会、监事会的相关制度健全，运行情况良好。《公司章程》的制定和内容符合《公司法》及其他法律法规的规定。公司根据《公司法》以及其他有关法律法规和《公司章程》的规定，制定了公司《股东大会议事规则》、《董事会议事规则》、《监事会议事规则》等相关议事规则。公司的三会议事规则对三会的成员资格、召开程序、议事规则、提案、表决程序等都做了相关规定。公司三会会议召开程序、决议内容均符合《公司法》等法律法规、《公司章程》和相关议事规则的规定。三会的组成人员以及高级管理人员均按照法律法规和《公司章程》及内部制度履行相应的职责。2015 年公司三会召开情况如表 2 所示。

表 2　公司三会召开情况

会议类型	报告期内会议召开的次数	经审议的重大事项（简要描述）
临时股东大会	4	创立大会，申报股东公司挂牌，审议股票发行方案，修改公司章程议案
董事会会议	8	选举第一届董事长、股票发行方案、修改公司章程议案、半年度报告审议、总经理变更、企业向银行申请授信
监事会会议	2	选举监事会主席，审议公司半年度报告

资料来源：公司 2015 年报告。

公司建立了股东大会、董事会、监事会的现代企业治理制度，与治理机制相配套，公司还制定了《公司章程》、"三会"议事规则、对外投资、对外担保、关联交易等管理制度，符合《公司法》、《证券法》、《全国中小企业股份转让系统业务规则》等法律法规及规范性文件的要求，对公司的投资、关联交易、信息披露及投资者管理等行为进行规范和监督。通过对上述制度的实施，畅通了股东知晓公司经营和决策的渠道，提升了股东参与公司经营、监督企业运营的积极性，保障了公司决策运行的有效性和贯彻力度，切实有效地保护了股东充分行使知情权、参与权、质询权和表决权等权利。公司的治理机制能够给所有股东提供合适的保护，确保所有股东，特别是中小股东充分行使其合法权利。

公司依据《公司法》、《证券法》等法律法规及规范性文件的规定制定了《公司章程》、《股东大会议事规则》、《董事会议事规则》、《监事会议事规则》、《总经理工作细则》、《董事会秘书工作制度》、《对外担保管理制度》、《对外投资管理制度》、《关联交易决策制度》、《投资者关系管理制度》、《信息披露事务制度》等内部规章制度。以信息披露事务制度为例，公司严格按照《非上市公众公司监督管理办法》、《全国中小企业股份转让系统股票发行业务细则（试行）》、《全国中小企业股份转让系统挂牌公司信息披露细则（试行）》等规定以及公司的《公司章程》、《信息披露管理制度》等相关法律法规及指引，真实、准确、完整、及时地编制并披露各期定期报告与临时报告。上述《公司章程》及各项内部管理制度从制度层面上保证了现有公司治理机制能为所有股东提供合适的保护，保证了股东充分行使知情权、参与权、质询权和表决权。

本报告期内，公司重大生产经营决策、投资决策、财务决策、关联交易和高级管理人员任命等方面均按照《公司章程》及有关内控制度规定的程序和规则进行，公司重大决策的程序及决议内容均合法、合规，也体现了股东的意志。

3. 加强投资者关系管理，与投资者建立良好关系

公司与投资者建立了良好的沟通渠道，公司有专人对接投资者，将联系方式公开，并保持畅通，及时解答投资者关心的问题，广泛听取投资者关于公司经营和管理的意见与建议，与广大投资者保持了良好的沟通关系。

公司积极做好投资者来访接待工作，建立投资者关系管理工作档案，合理、妥善地安排个人投资者、机构投资者等相关人员到公司进行调研，并切实做好相关信息的保密工作；同时，积极参加股转系统公司、券商及投资机构举办的推介活动，便于投资者及时关注并了解公司，以提升公司在资本市场的知名度。

（七）员工权益

1. 严格遵守职工权益保障的各项规章制度，维护员工权益

公司认真贯彻《劳动合同法》，员工劳动合同签订率达100%，有效维护了员工的合法权益。公司先后成立了党支部、工会、妇联、科协等多个员工群体组织，并严格按照劳动保障法为全体员工办理了社会养老保险、失业保险、医疗保

险、工伤保险、生育保险等险种。

2. 强调以员工为本，构建完善的人力资源开发与管理体系

公司坚持以人为本的管理理念，对于人力资源建设提出了极高的要求和期望，在"选、育、用、留、裁、接"六个方面做了全面的部署，建立了职位分析评价体系、薪酬激励体系、绩效评价体系、培训开发体系、素质能力识别体系五大体系，公司以五大体系为基础构建了人力资源开发与管理系统，为员工营造出了卓越的阶梯式人才培养、多通道的职业发展空间，有效地促进了企业与员工的共同发展。

3. 关注职工健康，认真开展医疗卫生工作

万达重工在发展过程中一贯奉行"以人为本"的管理理念和"德才兼备"的用人理念。公司在《万达十三论》中明确提出了员工是公司的最大资产，努力使员工的个人价值观和企业的价值观得到统一，以构建和谐共赢关系，打造"幸福万达"作为企业文化的最终落脚点。理念决定态度，态度决定行动，公司在健康理念的指引下定期组织员工进行体检，同时按照职业健康的要求，对相关岗位人员定时、全员进行职业健康检查，从而保障了员工的合法权益。

4. 采用多种形式丰富员工业余文化生活

公司建立了企业关爱文化体系，投入大量的财力、物力、人力资源为员工提供一个良好的工作和生活环境，免费为所有员工提供住宿和一日三餐，每年组织员工外出旅游、拓展训练、组织元旦晚会；建设员工活动室、图书室；每月召开员工生日会、组织员工培训；不定期组织员工运动会、学习培训会等活动，并且遵守劳动纪律，不违法使用童工，每月按时发放员工工资，提升员工的凝聚力、安全感和归属感。正在兴建中的万达二期工程，更是把员工的文化娱乐、健康休闲、快乐工作等作为重要建设内容，加大投资，全力提高员工的幸福指数，为员工打造更美更新的幸福万达之家。公司对员工的重视也得到了政府和社会的高度评价，2015年6月，公司被评为"郑州市最佳雇主企业"。

5. 积极创造就业机会，为员工提供更多发展空间

随着公司生产规模的不断扩大，企业发展在近几年进入了快车道，特别是2015年7月公司三板挂牌上市以后，根据上市企业组织架构的要求，公司内部在不断进行调整，各类岗位的设置也越来越完善，人力资源部在人才的引进和招聘上也采取了诸多措施。具体而言，生产一线员工按照就近招聘的原则，主要解决本地剩余劳动力的就业问题；技术人员和管理人员则采用内培外聘的原则，在为

企业内部优秀员工创造机会的同时不惜重金聘请技术能力强、管理水平高的专业型人才加入团队；同时，还采用与高校联合的方式，定期到高校招聘毕业大学生用于企业人才储备。

（八）能源环境

1. 制定完善的环境保护管理制度，切实履行环境保护职责

公司制定了完善的环境保护管理制度，按照环境管理体系认证的要求对企业废水、废气、废液等进行了回收和处理，并与港区环保局签订了环保责任书，成立了公司环境保护领导小组，并制定了环保追责制度，严格执行国家相关环保法规，全面落实公司制定的环境保护制度。

2. 发展循环经济，推进节能减排工作

万达重工作为高新技术企业，依托科学发展，严格执行国家能源环保法律、法规和产业政策，积极响应节能减排要求，加快结构调整步伐，走绿色转型、生态发展道路，做到全过程、全方位减少和控制污染物排放，使厂区及周围区域的环境质量日趋改善，排放污染物持续下降。如公司建设了水循环系统，所有生产用水得以反复利用，实现了生产污水的零排放。

3. 加大环保投入力度，努力打造绿色智能万达

保护环境是所有企业都应该主动承担社会责任的重要部分，万达重工虽为重工企业，但近年来也一直在向绿色智能制造转型升级，先后投入 200 多万元改造了热处理炉，将原有的燃煤热处理炉改造为智能化燃气热处理炉，并购置了电加热炉，极大地减少了废气的排放，大大减少污染；花费近 100 万元对于老旧设备进行了智能化节能升级改造，极大地节约了电能；企业还在车间加装了隔音层，为员工配备了隔音耳塞等，解决了生产对于周边环境造成的噪声污染，保障了员工的基本职业安全。万达重工也逐步完成了从传统的重工企业向现代化绿色智能化企业的转变，对于各类环境要素进行的有效控制也得到了当地居民和政府的认可。

4. 制定并实施了科学的可持续发展战略

公司在近几年的发展过程中成功实现了传统产业的转型升级，在确保高端制造业为企业的核心产业不动摇的基础上，先后成立了以服务类机器人为主营业务的郑州万达科技发展有限公司，以成套设备进出口贸易为主营业务的郑州万达迈科国际贸易有限公司，控股成立了以工业自动化机器人集成系统为主营业务的郑州友联智能装备有限公司，并在 2015 年年终会议上对企业的发展做了重新的规划和定位，制定了公司"二·五"发展规划，确立了以财务管理为核心，坚持"做强主业，适度多元"的多元化发展战略，秉持"差异化发展，站位高端"的经营理念，创新形成万达重工"核心制造＋智能装备＋成套服务"新型商业模式，形成难以复制的复合竞争优势，推动企业成功实现向高新技术企业、成套服务商、国际化企业（集团）的战略转型。

（九）和谐社会

1. 响应政府号召，按章纳税，积极营造和谐社会

公司一直把"产业报国，奉献社会"作为企业安身立命的根本，公司始终认为提高盈利能力虽然是自身生存的基础，但主动自觉地承担社会责任更是企业应尽的义务。公司不仅要承担起员工及其家人的生活安全问题，而且还要为客户提供优质的产品和服务，更要为环境的改善做出自己的努力，最重要的是要将自己的所得更多地回报国家，奉献给社会。万达重工自 2008 年立足航空港区发展以来，无重大安全事故发生、连续被评为港区纳税先进企业和纳税大户，不仅用实实在在的事实和行动承担了社会责任，而且还给周边企业做了很好的示范，起到了很好的表率作用。

2. 积极开展公益慈善活动，坚持不懈地传播慈善文化

公司在持续、稳健发展的同时一直不忘将社会公益事业作为承担社会责任的主要途径之一，不仅多次组织企业员工为困难家庭捐钱捐物，还定期组织员工到郑州市福利院关怀老人和儿童。不仅积极参加政府组织的各种募捐和植树等活动，在每次灾难发生时还主动捐款给灾区奉献爱心。不仅帮助当地果农解决水果滞销问题，还远赴西藏为边远地区小学生送去了来自中原人民的关怀。仅 2015 年一年，公司就组织参加各类公益活动 20 余次，捐赠衣物、学习用品、资金折合人民币约 50 余万元。公司用一次次的实际行动感化着员工，奉献着社会，也一步一步地履行着自己的社会责任，践行着自己的庄重承诺。

（十）责任管理

1. 构建深具责任感的企业精神与文化，积极承担社会责任

公司自 1999 年创建以来，始终秉持"敬业、诚信、创新、发展"的企业精神，坚持为客户创造价值、为社会承担责任，坚守"开创幸福万达事业、为社会承担更大责任"的价值观，牢牢把握国家能源建设战略机遇期，大力培育企业核心竞争力，持续提升企业盈利能力；同时，还积极而自觉地承担建设"美丽中国"的企业社会责任，以"做负责任的公民，做负责任的产品，做负责任的企

业，做负责任的服务"为企业社会责任目标，将企业的经济效益和社会责任有机地统一起来。坚持诚信、互利、平等的原则，在追求社会效益、经济效益的同时，积极保护股东和职工的合法权益，诚信对待供应商、客户和消费者，注重环境保护，热心公益事业，努力在日常经营活动中践行"企业公民"的职责要求，从而有效促进了企业自身与社会的和谐发展。

2. 积极维护自身良好形象，稳步推进"以评促建"工作

公司秉承"产业报国，奉献社会"的神圣使命，始终坚持为客户提供优质产品和高效服务，始终坚守"以顾客为中心"的服务宗旨，积极维护公司的良好形象，积极参与各项社会责任评比工作，并以评比为动力来进一步深化公司的社会责任意识，进一步提升公司的社会责任水平，进一步完善公司的社会责任体系建设。公司每年都对外发布社会责任报告，2014 年被评为"河南省社会责任示范单位"。

总之，企业的科学发展和积极履行社会责任是相辅相成的，企业的发展是为了更好地承担社会责任，更好地为社会做出贡献；而社会责任担当则能转化为更好发展的机遇，无形中提升企业的长期竞争力，进一步促进企业的发展。万达重工的快速发展靠的就是对于这份社会责任的担当，也正是这份担当，万达重工才能迅速成长为港区首家上市企业，公司将继续肩负这份责任，在"成为世界一流管道制造商"的伟大愿景的征程上稳步前行。

三、郑州万达重工股份有限公司增强社会责任的对策和建议

（一）面对挑战，挖掘潜力，扩大利润，提高股东收益

公司在上市以后虽然取得了不小的进步，但仍然需要保持警惕心理，要时刻注意到来自市场的各方面风险，积极应对各种挑战。具体而言，公司需要应对以下几个方面的风险和挑战：

第一，市场竞争加剧的风险。随着国内金属管件行业的迅速发展、管件产品市场化程度的不断提高，管件制造商之间的竞争日趋激烈。虽然公司规模正在逐步扩大，并且与中石油等大型国有企业也建立了长期稳定的合作关系，但若不能在服务质量、技术创新、产品研发、客户维系等方面进一步增强实力，未来将面临业务萎缩、经营业绩下降的风险。

第二，技术和产品更新风险。金属管件特别是管道用途的金属管件是一项对专业技术要求较高的商品。随着技术的不断革新和发展，客户对技术服务将提出

更高的要求。为了满足客户的需要、提升市场竞争力，公司必须及时跟踪管件、机械装备等行业技术发展的最新情况，进一步加大研发投入和人员培训的力度，以确保自身管件水平的先进性。如果未来公司不能顺利推进研发项目或者不能及时实现技术升级，则可能无法把握行业发展机遇，无法满足客户的技术服务需求，从而影响公司原有的市场份额，阻碍公司业务的进一步发展。

第三，核心技术被复制的风险。公司掌握了不锈钢、双金属复合材料等系列高端材质管件产品的生产工艺技术，拥有"小口径坡口加工工艺"、"大管径厚壁管件制造工艺"、"大型汇气管制作方法"、"厚壁双金属三通冷压成型工艺"、"双金属复合材料弯管、管件加工工艺"等独特技术，生产的管件产品迎合了企业客户长途输送管道所需的大口径、高压管件，石油裂解工业所需的耐高温、高压的集合管件，化工行业所需的不锈钢金属基复合材料大口径管件，电力行业所需的能经受超临界甚至超超临界工作状态的合金、厚壁管件需求。随着同行业人才争夺的加剧，公司无法保证未来不会出现核心技术人员流失甚至核心技术泄密的情况，从而对公司未来发展带来巨大的不利影响。

第四，人才流失风险。公司拥有经验丰富的技术队伍和经营管理团队，随着公司业务的发展，生产经营规模不断扩大，对高层次管理人才、技术人才的需求也将不断增加。同时，行业内对人才的争夺也日趋激烈，公司能否继续吸引并留住人才，对公司未来的发展至关重要，所以公司面临一定的核心技术人员流失或者短缺的风险。

面对以上诸多风险和挑战，公司应有统筹考虑并预作安排，积极做好"开源节流"工作。一方面，要高度重视科研工作，不断加大科研投入力度，确保公司的科技优势不被超越，并以高附加值的产品获得超出行业平均值的毛利率；另一方面，公司也要切实做好成本控制工作，在管理费用不断增加的背景下，尤其是在物流成本、环保成本、资金成本、人力成本在内的其他附加成本都呈刚性上涨的态势下，注意对费用和成本进行科学控制，要注意费用投入是否在合理时间内产生预期效益，并通过市场手段和精细化管理，切实降低企业运输费用、财务费用等支出，及时取消或调整一些不合理的费用投入。最终，通过完善公司管理体系，提升公司管理水平，来进一步挖掘公司内部潜力，不断提高公司的整体收益，并为股东的权益提供充足的保护。

（二）协调利用社会资源，加强品牌的建设和保护

公司要高度重视品牌建设工作，一方面要建设品牌，另一方面还要加强品牌

管理与维护工作。在品牌建设的过程中，要通过各种质量认证，提高企业产品质量的社会认可度，拿到进入市场的通行证，不断获得更多客户的认可和欢迎。

公司还应积极参与行业内各种评比活动，包含企业社会责任的相关评比活动，以提高行业知名度、社会认知度。在提高知名度和认知度的同时还要加大品牌保护力度，要善于运用各种社会资源来维护产品声誉和品牌形象。

（三）在提高效益的同时，适当增加慈善和公益投入

慈善是企业社会责任的一部分，企业做慈善不分体制和大小，践行社会责任、开展社会公益慈善活动应成为企业的一种习惯和常态。近年来，公司面临着诸多风险和挑战，经营压力较大，盈利水平也亟须提高，虽然也在努力地开展着公益慈善活动，但总体规模偏小，社会影响也有所欠缺，在提升企业形象方面还有进一步提升的空间。因此，在以后的经营活动中，公司应在盈利水平好转的过程中，不断加大公益支出，尽力多参与慈善和公益活动。

（四）打造和谐社会关系，构建良性社会生态环境

公司应高度重视和谐社会建设工作，注意维护与当地政府、行业协会、地方社区的良好关系，投入一部分资源用于改善身边社区的公共设施等，为当地居民的生活改善做出贡献，以打造和谐的社会关系，最终为公司的可持续发展构建一个良性的社会生态环境。

河南企业公益慈善调查报告

《河南企业公益慈善调查报告》
编委会

前　言

　　企业是社会财富的创造者，也是推动公益慈善事业发展的重要力量。在我国近几年的慈善捐赠中，企业是最大的捐赠主体，企业捐赠占全社会捐赠总量的六成以上。在全国4313个基金会和众多其他慈善组织中，有相当一部分是企业发起成立的。许多企业结合自身专长，组织员工开展了各具特色的志愿活动，一些企业通过在投资兴业中增加社会就业、设立慈善信托、开展公益创投、提供技术或平台支持新方式行善扬善，树立了良好的社会形象，弘扬了广大企业的慈行善举。

　　企业积极投身公益慈善事业，一方面充分发挥了其作为社会组织在实现社会第三次分配中的重要作用，有针对性地支持慈善组织开展各种帮扶，将社会的温暖传递给政策尚未覆盖或不能完全保障的群体或对象，共同编密织牢困难群众的生活安全网；另一方面结合自身特点和优势，围绕某一困难群体提供灵活性、差异性、个性化帮扶服务，与政府公共服务实现互补，在为困难群众排忧解难的同时，促进了社会和谐，成为实现中国梦的重要发展实践。

　　近年来，河南企业公益慈善事业的稳步成长，得益于政府、社会、企业三方力量，初步建立了"善政、善治、善商"的格局。中共十八大提出把发展慈善事业作为社会保障体系建设的重要补充，为新时期慈善事业发展指明了方向。中共十八届三中全会进一步提出了"完善慈善捐助减免税制度，支持慈善事业发挥扶贫济困积极作用"的目标和要求。中共十八届四中全会提出依法加强和规范公共服务，完善包括慈善在内的多方面法律法规。

　　与此同时，政府简政放权的力度不断加大，政府向社会组织购买服务日渐成为趋势，为包括企业在内的各种公益慈善主体争取了更多的发展空间，为企业实现慈善事业的完善、升级，制定更加专业和可持续发展的公益慈善战略规划提供了客观条件。

　　2014年国务院下发了《国务院关于促进慈善事业健康发展的指导意见》，首次提出探索捐赠知识产权收益、技术、股权、有价证券等新型捐赠方式，鼓励设立慈善信托。河南省委省政府坚持改革创新、扩大开放，紧紧围绕打造富强河南、文明河南、平安河南、美丽河南的战略布局，锐意进取，持续发力，在经济社会发展的方方面面都取得了新成绩。在政府的大力扶持下，河南省的公益慈善事业也在这一年展现出了蓬勃的生命力和强大的发展势头，改善民生和社会治理步伐不断向前迈进。

经济发展为企业公益慈善事业发展奠定了物质基础。2014年河南省生产总值达到3.49万亿元，比上年增长8.9%，规模以上工业增加值1.5万亿元，增长11.2%，财政总收入4094.8亿元，增长11%。河南企业家的慈善捐助已经多次涌现独具特色的"河南式井喷"，2010年7月~2011年9月，企业捐赠规模甚至超过16亿元。

各类慈善组织共同搭建起企业公益慈善活动的专业平台。2014年，河南省慈善总会共接收慈善款物捐赠5.967亿元，同比增长28.75%。其中资金6870万元，物资价值5.28亿元，资助和帮扶困难群众8万人次。目前，河南省18个省辖市均已建立起慈善总会，在市级慈善组织的推动下，许多县级慈善组织也相继成立。此外，河南省现已建立了779个社会捐助工作站（点）、慈善超市等，其中，周口、郑州、安阳、平顶山的社会捐助站（点）、慈善超市建设居全省前列。

企业捐赠队伍持续壮大，实现造血功能。从全国历年捐赠情况来看，企业是慈善捐赠的主体。《2014年度中国慈善捐助报告》显示，企业法人的捐赠约占我国年度捐赠总额的七成，为捐赠的绝对主体。近年来，河南企业的数量不断增多，2013年末数据显示，河南省第二产业和第三产业企业法人单位共有31.91万个，比2008年末增加10.63万个，增长50.0%。到2014年底，全省中小企业单位数达到45.14万家，同比增长3.77%。河南企业数量的快速增长，为全省慈善事业发展起到了重要的支撑作用。

新闻媒体持续为慈善事业发展宣传造势。河南省众多主流和权威媒体的官方网站上开设公益专栏，长期进行公益慈善信息传播和新闻报道。如新华网河南频道开辟的新华公益专栏、大河网的"爱心频道"、人民网河南分网的"公益河南"、腾讯·大豫网，"和讯公益"等。河南电视台、河南人民广播电台等也长期着眼于民生问题和政府救助的盲点，利用自身权威媒体平台，为企业与受助人之间牵线搭桥，为各类从事公益事业的社会组织搭建沟通与交流的平台，充分发挥着传统媒体的独特宣传优势。《河南日报》更是率先在版面上开设"中原公益"专版。此外，微博、微信等也日渐成为企业进行公益慈善运作的工具和助手。

为贯彻落实《关于促进慈善事业健康发展的指导意见》精神，促进河南省企业公益慈善事业健康发展，在新华社河南分社、河南省工业和信息化委员会指导支持下，新华网河南频道、河南省企业社会责任促进中心通过各种渠道收集到河南省 777 家不同类型、不同规模的企业公益慈善多项数据，同时，对部分典型企业进行了实地调研，最终共同编制了这份《河南企业公益慈善调查报告》，引导企业以更高的站位谋划参与公益慈善事业，增强全社会慈善意识，规范慈善行为，同时也为河南省有关部门制定促进慈善事业发展的相关政策提供参考和依据。

一、报告说明

（一）调研对象

调研对象主要为注册地址在河南省境内的企业，及业务区域范围在河南省内的企业性质的单位。

（二）样本数据来源

本报告数据来源于：

（1）河南省企业社会责任促进中心《河南省企业社会责任信息数据库》，新华网河南频道信息中心《企业信息数据库》。

（2）新华社河南分社、河南省工业和信息化委员会《河南企业社会责任绩效调研表》，河南省工商业联合会《2014 年度民营企业社会责任调研表》。

（3）企业公开发布的公司年报、企业社会责任报告、企业官网。

（4）相关公益组织和基金会网站、权威媒体网站披露的相关数据和信息。

（5）中民慈善捐助信息中心、《公益时报》、中国社会科学院企业社会责任研究中心等机构公开发表的刊物等。

此外，本报告还参考了河南省工业和信息化委员会、河南省发展和改革委员会、河南省统计局、河南省工商行政管理局等公开发表的年报和相关信息。

（三）样本分布情况

调研覆盖全省 18 个地市、18 个行业、777 家企业（见表1），其中民营企业 750 家，国有企业 27 家。样本分配综合考虑了企业成立年限、企业类型、企业规模、行业特点等多方面因素，力图全面、客观地反映河南企业公益慈善发展现状。

样本总体上呈现三大特征：

（1）大中型企业较多。从企业规模来看，大中型企业占总体的 43.3%，高于实际市场主体中大中型企业的比例。

（2）行业相对集中。从行业分布来看，制造业企业样本数占比最大，达到48.6%，接近半数；除制造业外，样本数量占比在5%以上的行业还有农、林、牧、渔业，批发和零售业，房地产业和建筑业，以上五个行业总样本数占调研总样本数的82.8%。

（3）有限责任公司达到七成。从企业类型来看，有限责任公司样本数占比最高，为70.0%；其次是股份有限公司和独资企业，占比分别为16.9%和11.0%；合伙企业样本数最少，占比只有2.1%。

表1 样本分布情况

	类别	百分比（%）		类别	百分比（%）
行业	制造业	48.6	产业分布	第一产业	10.3
	农、林、牧、渔业	10.3		第二产业	57.7
	批发和零售业	10.0		第三产业	32.0
	房地产业	8.6			
	建筑业	5.3	企业规模	大	10.2
	住宿和餐饮业	3.2		中	33.1
	采矿业	2.9		小	37.8
	租赁和商务服务业	2.6		微	18.9
	交通运输、仓储和邮政业	2.0			
	居民服务和其他服务业	1.6	企业类型	独资企业	11.0
	卫生、社会保障和社会福利业	1.1		股份有限公司	16.9
	文化、体育和娱乐业	1.0		有限责任公司	70.0
	电力、燃气及水的生产和供应业	0.9		合伙企业	2.1
	教育	0.7			
	信息传输、计算机服务和软件业	0.6	成立年限	3年以内	5.3
	科学研究、技术服务和地质勘察业	0.3		3~5年	10.1
	金融业	0.1		5~10年	28.3
	水利、环境和公共设施管理业	0.1		10~20年	43.9
	总样本 N=777			20年以上	12.4

（四）数据时间区间

本报告中所有数据的时间为2013年1月1日~2014年12月31日。

二、企业捐赠数据分析

（一）捐赠总额

在参与调研的 777 家企业中，2013 年共有 485 家企业有公益慈善捐赠行为，占被调研企业的 62.42%，捐赠总金额为 47419.2 万元；2014 年，有公益慈善捐赠行为的企业增长到 500 家，占被调研企业比例增加到 64.35%，有捐赠行为的企业数量相对 2013 年增长了 3.1%，捐赠总金额也达到了 49243.7 万元，增加了 1824.5 万元（见图 1）。在我国经济进入由高速增长转向中高速增长"新常态"的 2014 年，河南企业慈善捐赠并没有受到经济下行压力的影响，呈现出相对独立的发展态势。

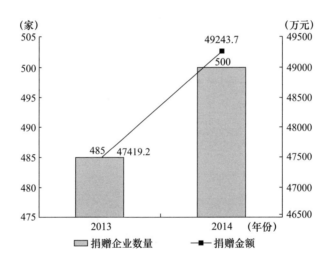

图 1　2013 年和 2014 年捐赠企业数量与捐赠总金额情况

（二）企业性质与捐赠规模

从企业性质来看，本次调研中，河南国有企业平均捐赠金额为 25.57 万元；民营企业平均捐赠金额为 64.74 万元（见图 2），民营企业是慈善捐赠的主力军。

（三）捐赠金额分布

从捐赠金额分布情况来看，捐赠额在 10 万元以下的企业数量最多，2013 年为 234 家，占公益慈善捐赠行为企业总数的 48.2%；2014 年为 228 家，占比为 45.6%。其次是捐赠额在 10 万～50 万元的企业，2013 年有 146 家，所占比

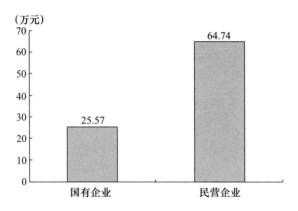

图 2　2013 年与 2014 年国有企业与民营企业捐赠金额情况

例为 30.1%；2014 年有 149 家，占比为 29.8%（见图 3）。可以看出，近八成的企业捐赠额集中在 50 万元以下，小额捐赠因其辐射面广、灵活性强、便于常态化实施等特点更容易被企业所接受。值得一提的是，2013 年，有 11 家企业的捐赠额达到了 1000 万元以上；2014 年，捐赠额在 1000 万元以上的企业有 8 家。

　　企业在创造利润的同时，积极回馈社会。投身公益慈善事业既提升企业的声誉，也对河南省社会保障体系建设起到了重要的补充和完善作用。

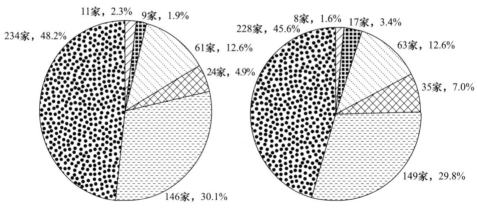

图 3　企业 2013 年与 2014 年捐赠金额情况

（四）捐赠用途分布

河南企业捐赠领域呈现多元化，在扶贫、教育、助残、环保、科学文化、救灾等方面均有涉及。

从企业数量上来看，首先，扶贫领域进行捐赠的企业数量最多，2013年，在扶贫领域实施捐赠的企业有337家，2014年为344家，占有捐赠行为企业数量的比例分别为69.5%和68.8%；其次，在教育领域有捐赠行为的企业2013年为311家，2014年为316家，所占比例也在六成以上（见图2）。

从捐赠总金额上看，2013年接收捐赠最多的三个领域为公共设施、环保和扶贫。其中，公共设施领域接收捐赠金额最大，为8688.7万元（一家被调研企业在2013年捐款4000万元用于公共设施建设），占捐赠总金额的18.32%。2014年环保领域的捐赠金额最大，为9592.9万元，占捐赠总额的19.48%（见图4），其次为产业扶贫和扶贫。环保领域接收捐赠金额突出，一方面与国家大力提倡生态文明建设，并出台新的环保政策密切相关；另一方面捐赠用于环保领域的企业多为涉污企业，这些企业大多为经济实力相对雄厚的制造业，投入金额较大。

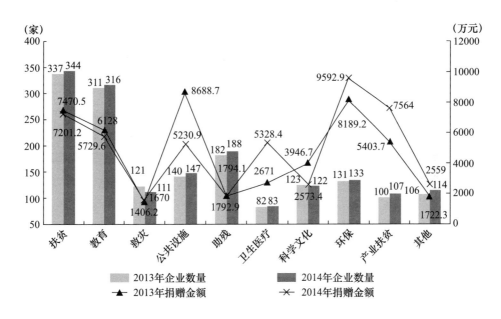

图4　企业捐赠用途情况

（五）企业类型与捐赠金额

从企业类型上看，2014年股份有限公司捐赠金额较为突出，平均每家企业捐款108.96万元；其次为有限责任公司，平均捐款63.44万元（见图5）。

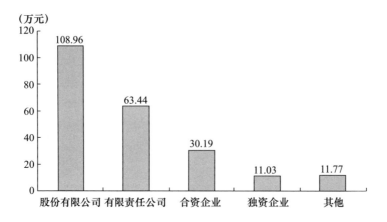

图 5　企业类型与捐赠金额情况

（六）企业规模与捐赠金额

从企业资产总额方面看，捐赠金额与企业资产总额呈正相关，即企业资产总额越高，捐赠金额越大。资产总额在 10 亿元（不含）以上的企业捐赠金额最大，平均捐赠 206.38 万元；资产总额在 100 万元（不含）以下的企业捐赠金额较低，平均只有 1.24 万元（见图 6）。

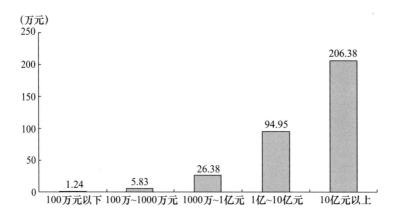

图 6　企业资产总额与捐赠金额情况

（七）企业行业与捐赠金额

在本次统计调查中，平均捐赠金额最大的前五个行业依次为制造业（99.5万元），采矿业（75.75万元），农、林、牧、渔业（63.24万元），房地产业

（54.83 万元），批发和零售业（16.72 万元）（见图 7）。

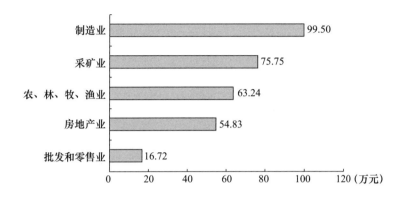

图7　企业行业与捐赠金额情况

（八）企业成立年限与捐赠金额

从企业成立年限上看，企业成立时间越久，捐赠金额越大（见图8）。创业期企业（成立年限在三年以内），当前主要任务是生存与发展，在公益慈善领域平均投入相对较少；成立时间大于等于20年的企业，经过多年发展，一方面企业经济实力相对雄厚，另一方面企业对公益慈善也有了更明确的认识，因此这类企业在公益慈善上的投入相对较多。

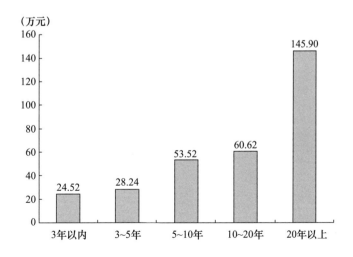

图8　企业成立年限与捐赠金额情况

三、政府大力支持公益慈善事业

2013 年起，我国公益慈善事业迎来了巨大机遇。中共十八届三中全会通过的《中共中央关于全面深化改革若干重大问题的决定》指出，要激发社会组织活力，正确处理政府和社会关系，加快实施政社分开，推进社会组织明确权责、依法自治、发挥作用。2014 年，中央和地方共出台百余项公益慈善政策。2014 年 10 月，李克强总理在国务院常务会议上提出："发展慈善事业，引导社会力量开展慈善帮扶，是补上社会建设'短板'、弘扬社会道德、促进社会和谐的重要举措。必须创新机制，使慈善事业与国家保障救助制度互补衔接、形成合力。"2014 年底，国务院印发了《关于促进慈善事业健康发展的指导意见》（以下简称《意见》），确定了鼓励和规范慈善事业发展的一系列重大政策措施。

政府购买服务稳步推进。2013 年 9 月 26 日，国务院办公厅印发《关于政府向社会力量购买服务的指导意见》，该意见中指出"承接政府购买服务的主体包括依法在民政部门登记成立或经国务院批准免予登记的社会组织，以及依法在工商管理或行业主管部门登记成立的企业、机构等社会力量"。2013 年底，中共十八届三中全会通过了《中共中央关于全面深化改革若干重大问题的决定》，对政府购买服务有了明确要求。同年，河南省印发《河南省政府购买社会工作服务实施办法》，并于 2014 年出台《关于推进政府向社会力量购买服务工作的实施意见》，提出了河南省政府购买社会服务的工作目标："十二五"末在全省推开，初步形成统一有效的购买服务平台和制度体系；到 2020 年，全省要形成比较完善的政府向社会购买服务的制度、机制及高效合理的公共服务体系。

社会组织直接登记制度加速落实。2013 年 3 月 14 日，第十二届全国人民代表大会审议批准《第十二届全国人民代表大会第一次会议关于国务院机构改革和智能转变方案的决定（草案)》，明确提出"重点培育、优先发展行业协会商会类、科技类、公益慈善类、城乡社区服务类社会组织。成立这些社会组织，直接向民政部门依法申请登记，不再需要业务主管单位审查通过。"12 月 5 日，民政部指出，行业协会商会类、科技类、公益慈善类和城乡社区服务类四类社会组织，可以依法直接向民政部门申请登记，民政部在社会组织的登记管理上将会取消不必要的审批，下放权限。截至 2014 年 9 月底，全国共有 27 个省、自治区和直辖市开展或试行了社会组织直接登记工作，全国直接登记的社会组织约三万个；有 18 个省、自治区和直辖市先后出台了推进社会组织登记制度改革的相关政策文件。河南省政府办公厅于 2014 年 9 月下发《关于四类社会组织直接登记的通知》。

行业协会商会与行政机关脱钩提上日程。2013 年起，民政部会同发展改革委等部门研究起草了行业协会商会与行政机关脱钩总体方案，并对全国性行业协会商会情况进行全面调查和统计，选择 100 个左右的单位进行试点，铺开实施试点工作。2014 年，包括河南省在内，超过 15 个省份开始实行行业协会商会与行政机关脱钩举措，大力清理党内领导干部兼任社会团体职务，着力解决政社不分、主体不清、职责不明、行政依附性强等问题。

行政审批权力下延至县级民政部门势在必行。取消和下放一大批行政审批项目，意味着市场放开或市场的门槛放宽，拆掉了市场的隔墙，着力依靠市场调节，促进行业自律。2014 年 2 月 26 日，民政部正式下发了《关于贯彻落实国务院取消全国性社会团体分支机构、代表机构登记行政审批项目的决定有关问题的通知》（民发［2014］38 号），文件在下放对全国性社团管理权限的同时，也对其分支机构提出了进一步规范的要求，使对全国性社团的分支机构管理有章可循、有法可依。2014 年 20 多个省份纷纷出台政策，取消社会团体、基金会设立分支机构、代表机构的审批，将异地商会和基金会的登记成立的审批权从省级民政部门下延到县级以上民政部门。河南省于 2014 年 6 月发布了《关于取消调整下放行政审批项目和部门非行政许可审批事项的决定》。

随着国家相关法律法规进一步完善，一系列政策文件随之出台，河南省已逐步形成有利于慈善事业发展的多层次政策支持，公益慈善事业呈现出蓄势待发的势头。可以预见，未来，慈善事业在河南省社会经济建设中的地位将得到更大的提升，慈善事业需要站在国家和区域发展战略的高度上，担负起更多的责任，发挥更大的作用。

四、河南企业捐赠特点解读

（一）扶贫领域捐赠热度不减

中国慈善捐助报告显示，自 2013 年起，我国捐赠者对扶贫发展领域的投入虽有所下降，但扶贫依旧是我国社会捐赠最为集中的领域之一。中央和各级政府部门一直将扶贫作为重要的民生工程和党政工作的重点，而企业正是参与扶贫工作重要的民间力量。

河南省一直以来都是扶贫开发的重点省份，目前仍有 53 个贫困县，占全省县级行政区的近一半。截至 2014 年底，全省有 8103 个贫困村，农村贫困人口

576万人，超过全省总人口的1/15。近年来，在河南省委省政府的带领下，越来越多的企业、社会组织、个人加入到扶贫事业中来，已初步探索出一条具有河南特点的扶贫开发路子，2011～2014年，河南省累计实现550多万农村贫困人口脱贫。

授人以渔才能"真脱贫"。企业参与扶贫工作，除了资金上的扶持外，变"输血"为"造血"已是不可抵挡的趋势，助力村民提高创业致富技能，开展帮扶培训等"造血功能"类扶贫愈加受到青睐。2013年12月，洛钼集团捐出1500万元扶贫款项，并深入偏远村组实地走访，为村民提供创业致富信息，为有技术、有能力的农民提供创业帮扶资金和岗位，因地制宜开展帮扶工作。扶持村民创业致富，树立靠技能、靠科技致富的典型，提高了更多村民学科学、用技术的积极性。

精准扶贫展现扶贫工作新方向。扶贫工作进入新的历史阶段后面临着新的挑战，有专家指出，中国的扶贫事业正在吸收各方面资源，从而更精准、有效地扶贫济弱。2014年10月17日，国家扶贫日当日，河南君裕宏房地产开发有限公司、郑州进达置业有限公司等多家爱心企业共同捐赠21万元，集中用于驻马店市确山县南泉村打井及其配套设施，解决了南泉村的大李楼、小李楼和小杨三个村民组约使550人面临的严重缺水问题。

（二）教育领域大额捐赠突出，捐赠形式多样

我国历来重视教育事业的发展，不断加大教育领域投入。《中华人民共和国教育法》中规定：国家建立以财政拨款为主、其他多种渠道筹措教育经费为辅的体制。教育作为一项成长性工程，吸引了大量社会资金的注入，在我国教育经费来源中，社会捐赠是一条十分重要的渠道，其中，企业和企业家功不可没。

教育领域投入显著。历年的中国慈善捐助报告数据显示，教育一直是我国慈善捐赠的重要领域，通常占到全国日常捐赠总量的一半以上。本次调研数据显示，河南省2013年和2014年在教育领域有捐赠行为的企业数量超过六成。教育是河南企业大额捐赠频出的领域，2014年9月19日，河南豫发置业有限公司董事长王建树向河南财经政法大学捐资3800万元建成的"建树楼"落成并交付使用，这是河南省个人捐资额度最大的教学楼。2014年12月，河南煤化建业房地产开发投资有限公司斥资3120万元实物捐赠河南省实验中学教学楼一栋。

救助型捐赠仍是主流。"哪里螺丝松了就拧哪里"，教育捐赠长久以来都呈现着以救助型捐赠为主的局面。企业着眼于学生最直接的困境，在学费上给予资助，对教学基础设施进行改善、新建等已成为河南多数企业教育捐赠的首选。河南金马能源有限公司自 2012 年 8 月启动"慈善助学十年规划"以来，已先后对 150 名困难大学生发放善款 150 万元。康利达公司 2013 年 1 月通过"暖心工程"项目向郑州市最贫困 50 所农村寄宿制小学捐助 200 万元，用于改善学校食堂和体育活动条件，安装饮水设施。

创新捐赠模式，提升捐赠效果。"2013 社会力量助推教育创新高峰论坛"中提出"教育公益，不仅是'建希望小学'"，教育捐赠应由救助型、直接型转向引领型、成长型，力求从最根本上解决教育问题。以企业为代表的社会力量，在推进教育创新中正发挥越来越重要的作用，不仅为教育创新提供有力的经费支撑，而且提供了新的理念和引领。郑州日产一直秉持从物质和精神上给予贫困大学生双重的帮助，在资金帮扶的同时，对受助学生进行定期回访座谈，从生活、学习等各方面给予指导，关注受助学生的心理健康及未来发展方向；此外，多次组织受助学子参加公益夏令营、参观车展、参观工厂等活动，为受助学生提供多种参与公益活动的平台。

（三）以多元化捐赠应对社会差异化问题

随着社会经济文化的不断发展，公益慈善事业的范围不断拓宽，延伸至更为广泛的领域；与此同时，公益慈善事业本身也在不断进行着更为专业化的细分，满足不同受助群体之间越来越突出的差异化问题。随着捐赠者对慈善事业的认识逐渐深入，捐赠领域的多元化趋势日益明显。

《2014 年度中国慈善捐助报告》显示，目前我国社会捐赠涉及医疗、教育、扶贫与发展、减灾与救灾、生态环境、文化、体育、艺术等诸多领域。捐赠领域的多元化反映了企业更广泛的社会关怀与更深刻的社会责任。河南企业捐赠领域亦呈多元化表现。2013 年，圣光集团、河南合融集团有限公司等 14 家企业共同向河南省残疾人福利基金会捐赠款物 8560 万元，定向用于资助开展轮椅助行工程、配备残疾人康复医疗设备、为残疾人免费配戴助听器、向残疾人捐赠药品、扶持残疾人艺术培训、救助特困残疾人等扶残助残公益事业。2014 年 7 月，天瑞集团股份有限公司向河南省省直八个文艺院团和平顶山市直两个院团捐款 3000 万元用于精品剧目创作等。2014 年，河南信华置业投资有限公司向环卫部门捐赠 300 万元，专门用于添置环卫设施、设备。

（四）企业公益项目迈入品牌化竞争时代

公益项目想要有长足发展，应具有品牌意识，项目的品牌是其立足之本。品牌的影响力一定程度上反映出公众对公益项目的认知度和信赖度，直接影响项目的可持续发展。新公益环境下，"以品牌促公益"逐渐成为公益事业发展的趋势，以公益项目为基础，打造公益品牌，是企业公益事业迈向新高的重要途径。目前，我国较为成熟的公益品牌项目有公募基金会旗下的希望工程、母亲水窖、爱心包裹，也有非公募基金及社会组织打造的麦田计划、梦想课堂、免费午餐等。

企业作为公益慈善的主体之一，在公益项目品牌化打造方面也颇具心得，如加多宝"加多宝·学子情"爱心助学行动，贝因美三大母婴工程项目等。河南企业公益事业发展相对滞后，企业大多是参与短期内的一次性公益活动，虽然一些企业有意识地开始打造目标明确、持续性强的公益项目，但真正趋于品牌化发展，得到社会广泛认同的品牌化公益项目却寥寥无几。其中，郑州日产的"牵手工程"项目以及中国移动河南分公司的"爱心接力"助学行动是当中的佼佼者。

郑州日产于2010年启动了专项教育支持项目——牵手工程，承诺每年捐赠300万元，连续五年用于对贫困大学生、贫困孤儿等困难群体的帮扶。五年间，郑州日产不仅举行了40多场线下公益活动，捐赠近1300万元，救助了4800多名大学生，还在其官方微博平台上发起"牵手回家"、"爱心1+1"、"牵手暖冬"等活动。经过持续不断的摸索和努力，"牵手工程"已成为河南省最具影响力的公益品牌之一，同时也为企业树立了良好的公众形象。

中国移动河南分公司自2006年起，面向教育领域，持续开展"爱心接力"行动，累计出资4800多万元，资助贫困大学生1240名、贫困教师200名、农村贫困儿童1600名、留守儿童2500名、孤儿350名、聋哑儿童100名、艾滋病儿童4752名，捐建爱心图书馆92个，多媒体教室36个，电脑阅览室200个，远程培训教师3850名，免费筛查3991名疑似先心病儿童，救助397名。在捐助过程中，形成了"慈善机构组织、企业出资、员工志愿服务、主流媒体倡导、社会各界参与"五位一体的公益慈善模式，架起了企业向贫困学生传递爱心的桥梁。

（五）"一日捐"受企业追捧

近年来，"一日捐"在各地不断兴起，已形成常态化的联合捐赠模式。"十一五"期间，"一日捐"这种模式作为有效的经验被广泛复制、推广，到2010年，全国几乎所有的省和大部分地市均开展了各类"一日捐"活动。"一日捐"是颇具中国特色的大型捐赠形式，主要由各地较有影响力的慈善组织号召"每一个企业捐出一日的利润，每一位公民捐出一日的收入"。这种大型捐赠活动范围广、影响力强，为诸多慈善项目提供了资金保障，有助于营造良好的社会慈善氛围，同时，此类活动具有一定的行政色彩，企业关注度较高，参与热情也较为高涨。

郑州市从 2000 年开始连续多年在全市范围内开展"扶贫济困一日捐"活动。2014 年，郑州市"慈善一日捐"活动的捐赠范围、捐赠规模和捐赠额度比往年都有大幅度提升。企事业单位和个人积极参与，全市共接收善款 1567.02 万元，其中市直接收 636.9 万元、中原油田慈善分会接收 160 万元、各县区接收 770.12 万元，比 2013 年增长 13.9%，是"慈善一日捐"活动开展以来最好的一年。市慈善总会相关负责人说，多年来开展的这项活动所募集的善款全部用于慈善事业，全市各级慈善组织捐赠款项的接收、分配、使用情况，自觉接受社会和审计部门的监督。

（六）灾害激发捐赠高潮

"一方有难，八方支援"，2013 年、2014 年两年，我国自然灾害多发，企业在减灾救灾方面做出了突出贡献。尤其是在重大灾害爆发的时候，第一时间向灾区伸出援手，捐资赠物，展现出企业极高的效率和强大的力量。企业减灾救灾方面呈现如下特点：反应迅速；救灾资金大多属于企业年度公益支出中的机动支配部分，且捐赠金额较大；资金大多用于紧急救灾和灾后重建阶段。

2013 年 4 月 20 日，四川省芦山县发生里氏 7.0 级地震，掀起了自汶川、玉树地震之后的又一次赈灾狂潮，企业捐赠资金占到总捐款额的 60% 以上。此次赈灾募捐政府不再指定专门的募捐机构，对官方和民间的募捐组织一视同仁，这是与以往最大的不同。这一转变使募捐环境更为宽松，使企业、企业基金会、民间组织展现出巨大的力量。河南企业积极参与救灾捐赠工作，建业集团为四川雅安地震灾区捐款 100 万元；天伦集团向四川雅安地震灾区捐款 100 万元；河南少林汽车股份有限公司向雅安灾区捐赠价值 100 万元的汽车，用于支持灾区灾后重建工作。

2014 年 8 月 3 日，云南省昭通市鲁甸县发生 6.5 级地震，虽然震级没雅安地震高，但伤亡程度已超过雅安。本次救灾过程中，许多组织依据自己的业务特点，形成不同的救灾角色，构成了多层次、多领域的民间救灾图景。这其中，企业作为捐赠主力，又一次冲到了最前方，河南企业也不例外。王守义十三香集团第一时间通过驻马店市光彩事业理事会向灾区捐赠 500 万元，支持当地抗震救灾工作；金龙集团举行员工向云南地震灾区捐赠仪式，向灾区捐款 310 万元；郑州日产向云南鲁甸地震灾区支援捐赠合计 100 万元的救灾车辆及物资；河南太龙药业股份有限公司为云南省鲁甸县捐赠近百万元的药品——双黄连口服液。

（七）专项基金及企业基金会成为企业公益慈善专业化首选

随着企业对开展公益慈善事业意义的认识逐步加深，越来越多的企业将公益慈善纳入自身发展战略当中。企业的公益慈善行为从过去的随机而为转向系统化、专业化行动，通过建立专项基金以及企业基金会，更为专业地开展相关工作。

专项慈善基金成为企业的慈善选择。目前，各大基金会几乎都设立了企业专项慈善基金，且大都采用企业冠名认捐模式。企业建立的公益慈善基金涵盖了"教育"、"救灾"、"扶贫助困"、"社区发展"、"公共服务"、"文化"、"环保"等方面，在社会服务功能上已经从补充型向主体型转变。天明集团通过郑州市红十字会捐资 5000 万元成立的"天明博爱助学基金"，是郑州市首个以企业命名的用于支持郑州市教育公益事业的爱心助学基金。在河南，还有很多企业是像天明集团一样通过基金会建立了公益慈善基金，如天伦集团的河南省天伦关爱残疾儿童基金、河南康利达集团的薛景霞革命老区教育基金等。专项基金满足了捐赠方和社会对慈善捐赠的多样化需求，调动了捐方参与公益事业的积极性。

企业慈善捐赠专业化趋势明显，尤其表现在越来越多的企业开始设立基金会。早在 2004 年出台的《基金会管理条例》中就已明确提出，鼓励企业和企业家捐资成立非公募基金会。目前，河南省有公益慈善基金会 122 家，包含公募基金会 47 家，非公募基金会 75 家。新乡大北农农牧有限公司成立爱心基金会，以传承和发扬团结友爱、互帮互助的传统美德，共建和谐企业为宗旨坚持开展慈善工作；河南锦鹏实业集团有限公司成立了河南省嵩岳爱心基金会，全年不间断地面向社会开展献爱心公益活动；河南仰天雪绿茶叶有限公司成立的河南省福兴儿童公益基金会，以关爱儿童成长为主要职责，专注于对儿童事业进行专项救助。

（八）企业、媒体联动助推公益慈善传播

企业和媒体天生具有一定黏性，尤其是在公益慈善领域，企业与媒体共同开展公益慈善工作，往往可以得到双赢的效果。社会信息的传播结构中，各种媒体本身就推不开公益的天然属性，传播效率是媒体的优势，媒体一直希望将慈善做成一种社会风尚；对企业来说，通过媒体做公益慈善，不但能使公益项目得到更多关注，同时能够很好地解决企业在选择公益慈善项目时的信息不对称问题。

"媒体操刀，企业参与"模式深受企业青睐。媒体在活动组织和策划方面较企业来说更有优势，由媒体参与组织或开展的公益活动，具备良好的社会传播条件，企业愿意与媒体一道践行公益慈善理念。2013 年 4 月，由河南日报报业集团与河南省环保联合会共同举办的"美丽河南"大型公益活动吸引了大量企业参与配合，活动根据企业填报的资料推选出美丽河南建设先进单位，并大力宣传他们的先进经验和发展模式。2014 年 10 月，FM104.1 河南交通广播联合东润玺城举办"梦想早点到"公益能量传递活动，该活动旨在为奋斗在路上的 70 后、80 后、90 后送上一份温暖早餐。

互联网媒体增强企业公益硬实力。随着互联网的兴起，网络逐渐成为一种便捷、有效的工具，企业通过网络，线上线下联动，不仅能够提升公益活动效果，而且起到了更为广泛的带动作用。2013 年，河南省发生 63 年来最大干旱，城乡百姓均出现饮水困难的问题。得知灾情后，亿嘉控股草黄金第一时间派出公司员工与志愿者深入干旱灾区为村民送去饮用水，为饮水困难地区打井取水；同一时刻，草黄金借助网络舆论力量为抗旱工作进行社会动员，号召了一大批社会爱心人士，有组织地进入灾区参与灾情救助。此外，该公司还借助官方微信公开招募青年志愿者加入抗旱队伍。这种线上线下联动的公益模式是企业在互联网思维下进行公益活动的典型代表，也是企业实现高效捐赠的一大途径。

微公益，新媒体助推下公益领域的"最佳新人"。"微公益是一场革命"，随着新媒体时代成长起来的"微公益"，更加强调全民参与并创造价值，它像是一种生活方式，不仅推动了平民公益事业，更传递了一种人人公益的理念。由邓飞发起的"免费午餐"就是"微公益"的杰出代表，河南企业也早已开始涉足"微公益"。郑州日产自 2011 年以来利用微博先后发起了"你转发我捐款"、"成就你梦想"等活动进行捐赠，且每年捐赠 20 万元、帮助 40 多名来自全国各地的贫困大学生实现大学梦。随着网络技术的不断发展和成熟，公益慈善依托互联网平台渐渐成为人人可参与的全民活动，公益活动将逐步由"大公益"进入"微公益"时代。

五、发现及建议

（一）发现

1. 少数企业参与公益慈善的动因带有功利性

大多数企业都将参与公益慈善事业作为企业发展战略中必不可少的组成部分来实施，通过公益慈善工作的推进，回馈社会，造福民生。但仍有少部分企业参与公益慈善的动机或多或少带有一定的功利性，甚至背离了慈善的初衷。

一些企业将公益慈善活动视为企业形象宣传的工具，活动开展流于形成；还有少数企业在慈善捐赠中为追求媒体关注而弄虚作假，诺而不捐；有些企业的慈善工作并非出于自愿，而是被动接受的摊派任务；也有企业迫于社会舆论的无形压力，不得不象征性地捐出部分善款，为舆论形象买单，这些都对公益慈善事业的健康发展产生消极影响。

2. 企业参与公益慈善的战略性不足

企业参与慈善捐赠是企业履行社会责任的最高层次，也是企业竞争中重要的战略选择。然而，企业对公益慈善的认识不足，致使非理性捐赠频出，也因不了解国家政策，放弃应有的权利。目前，企业普遍缺乏公益慈善战略，没有系统化的公益捐赠计划和制度，影响企业有序、有效开展公益慈善活动。

一方面，企业缺乏系统的捐赠计划，使得企业没有明确的捐赠目标和捐赠方向，更没有设立企业捐赠预算，盲目跟风，糊涂捐款，为摊派而捐款；另一方面，企业缺乏明确的捐赠制度，在参与公益慈善运作时缺乏相应的组织管理流程，使得企业的慈善捐赠呈现出零散性、随意性、临时性特点。此外，企业在寻找筛选优质公益慈善项目、进行公益慈善创新、树立企业公益慈善品牌等方面的规划，存在着较为严重的缺失。

3. 多数企业的公益慈善基础建设工作滞后

捐赠数据显示，在有捐赠行为的企业类型中，以中小型企业居多，这与全国范围内以及全省范围内的企业规模构成相一致。在调查中，拥有品牌公益项目，设立基金会的企业类型绝大多数为大型企业。这也从侧面说明构成捐赠数量主体的中小型企业虽对公益充满热情，但无论是在组织建设还是制度规划等公益慈善基础建设方面的工作，相对大企业而言仍较为滞后。

企业参加重大公益慈善活动，一般采用临时组织方式，抽调其他部门人员组成工作小组，活动完成后工作组解散，如此程序，既耗费成本，又打乱员工日常工作节奏，在一定程度上干扰了企业正常经营运作。与此同时，多数企业在慈善捐赠方面缺少专业性。根据此次对河南企业的统计调查显示，在777家企业中，只有11家企业成立了自身的基金会，大部分企业对基金会的专业运作了解不足，一些企业甚至对基金会全然不知。

（二）建议

企业自身方面：

　　慈善是企业作为社会公民的价值追求，也是国家和人民对企业的现实期望。企业开展公益慈善工作不仅是提升自身综合竞争力的有效途径，更是企业帮助解决民生问题，不断促进社会和谐进步的重要举措。企业捐赠作为我国社会捐赠中的第一主体，是最主要的捐赠来源。河南企业公益慈善事业的发展，在很大程度上直接影响着全省整体公益慈善事业发展的规模和格局。作为推动我国经济建设的主力军，企业应当以慈善责任为履行社会责任的最高追求，将慈善理念根植于企业内部，培育企业慈善文化，将公益慈善事业和经营活动结合起来，真正实现企业自身的可持续发展。

　　1. 摆正位置，提高认识

　　公益慈善是一种精神倡导，而非法律层面的制度性要求。对于企业而言，参与公益慈善事业既主动承担社会责任，也增强了企业文化建设。企业从事公益慈善事业的社会效果是难以用确切的数字来衡量的，这就要求企业必须以客观、平和、不计较短期回报的心态投入公益慈善事业，正确认识自身定位，树立正确的慈善理念，用发展的眼光做公益慈善。

　　首先，慈善是企业社会属性的体现。企业既是一种单独的个体存在，也是构成社会体系的重要组成部分。前者要求企业必须以自身的发展为核心目标，后者要求企业必须扮演好其社会角色。这就要求企业在主导和参与社会公共事务性活动时应对自身有较为准确的定位和认知，充分了解社会事务的内涵，将慈善事业的定位上升到国家层面，而后回归自身。

　　其次，慈善是目的而非手段。就企业自身而言，参与公益慈善事业的动机是多元化的，组织开展相关活动的手段也是丰富的。但不管出于何种动机，采取何种形式，其中一条最为重要的原则就是正确认识慈善事业的真正目的。慈善的利他性决定了企业在从事公益慈善活动时应当以国家利益、社会利益、集体利益、他人利益为前提，不能将慈善作为盈利的工具和手段。

　　2. 合理规划，量力而行

　　"凡事预则立，不预则废"。企业应依据自身定位，制定合理的公益发展战略，做好公益慈善支出预算，将公益慈善事业作为一项系统工程。企业从自身战略高度出发，通盘布局，精心规划，为公益慈善活动的社会效果提供长久的保障机制，让公益慈善事业从思想变为实践，从实践变为经验，从经验变为财富。需要指出的是，企业在制定战略规划时，应当充分考虑自身的经营和发展情况，量力而行，尽力而为，力求实现企业公益慈善规划与企业发展战略的统一。

首先，企业所涉足的公益慈善领域应尽可能与企业的主营业务保持一致，使得企业的公益慈善活动成为改善竞争环境的有效策略，实现企业社会责任与经济目标的兼容；其次，将企业的慈善活动与其独特资源能力紧密结合，进一步提高有限慈善资源的社会与经济效益。

目前，河南企业捐赠多数是属于资金型捐赠，很少选择产品捐赠和劳务捐赠，但不容忽视的是，将慈善与自身产品有机地结合起来，在发挥企业优势的同时，在一定程度上也助推了所开展公益慈善活动的可延续性。

3. 规范运作，持续升级

"无规矩不成方圆"。公益慈善规划的实施必须以组织保障和制度保障为前提。

首先，企业需要加快建立一体化的捐赠制度，并结合实际情况不断完善，具备条件且拥有操作经验的企业，可以在企业内部成立主管慈善捐赠的机构，对慈善捐赠实行规范化运作。

其次，借助第三方专业机构力量运作慈善项目。公益慈善事业并非企业最为擅长的领域，企业可以借助专业慈善机构的力量，在专业机构的指导下，将慈善项目打造成企业自身叫得响的品牌活动。

再次，对公益慈善项目进行严格筛选和把关。如今，公益慈善事业逐步成为一种专门的社会事业。越来越多的公益机构和第三方组织开始从事公益活动的策划、组织实施以及公益项目的培育，加之互联网时代信息的爆炸式增长，各种网络公益项目和众筹项目进入公众的视野，其中必然会掺杂一些以次充好、动机不纯的公益项目和活动。为此，企业在进行决策时应该有所舍弃，有所倾向，认真考察公益项目的可行性和发展空间，合理规避风险。

最后，企业应合理利用税收优惠政策，降低捐赠成本。企业所得税法对捐赠行为的影响主要表现在捐赠渠道、受赠项目性质与捐赠总额上，捐赠企业应理性选择捐赠渠道、分析捐赠项目性质，合理控制捐赠规模、降低捐赠成本，为企业减轻负担。

企业外部慈善环境营造：

放眼企业公益慈善事业的发展全局，应客观看到，企业外部公益慈善环境的营造对企业公益慈善规划落地起到了关键作用。多方联动共建和谐公益环境，才能使企业在公益慈善事业中游刃有余。

1. 进一步完善慈善制度建设，落实已有政策法规

健全完善慈善法制是发展慈善事业的根本保证。在中国政治、经济、社会因素均有利于慈善事业发展的时代背景下，法制滞后是中国慈善事业难以发展壮大的重要影响因素之一。

当前，我国慈善事业相关的法律法规仍然处在酝酿和完善阶段，宏观层面的指导意见虽然已经出台，但缺乏本地化的实施和指导意见。促进中国慈善机构与慈善事业的发展还需要多管齐下，河南省可从以下方面入手：一是制定并完善专门的慈善事业地方性法规，坚持贯彻落实，做到有法可依，有法必依；二是完善慈善财税制度，统一各地区组织机构的税收标准，并对较为保守的税收政策激励机制进行调整；三是推进社会组织的独立运作，贯彻落实政府与社会组织的脱钩，加速实现行政审批下放，提升社会组织的独立性与灵活性；四是大力推动政府购买社会组织服务，以财政购买实际支持慈善组织发展；五是进一步降低公益慈善组织的准入门槛，并鼓励民营企业自立包括基金会在内的公益慈善组织。

2. 加强社会组织自身能力建设

在一系列社会公共事务当中，社会组织开始扮演越来越重要的角色，促使社会组织运行机制发育成熟是更好开展慈善事业的关键所在。在河南省慈善事业的发展实践中，社会组织数量不足、公信力不足、资源投入不足、活动缺规乏序，加之对市场机制的不熟悉，直接影响河南省企业慈善事业的发展。

对此，社会组织应该：第一，加强自身能力建设。社会组织应建立相应的组织机制，不断加强制度建设，规范内部管理；同时，注重人员专业知识培训，打造高效组织运作团队。第二，建立公开透明的组织机制。社会组织应通过新的传播手段推广自身慈善意图，遵循阳光、公信的原则，加强与外界的交流和沟通，改变其故步自封、欠透明的运行方式。第三，加强对市场机制的利用。在市场经济条件下，慈善机构需要与企业在互利中达成共识，利用市场化理念开展慈善活动的策划、营销与基金的资本运作等。

3. 注重发挥舆论导向和监督作用

媒体凭借其天生的公益属性和强大的传播效力，在公益慈善氛围的营造上起着关键作用。

媒体应发挥的作用在于：第一，宣传作用。发展社会慈善公益捐助事业的原动力来源于崇高的慈善价值观，应利用媒体广泛的宣传效力，加大对慈善公益捐助的传播力度，弘扬慈善公益捐助价值观念，不断扩大慈善公益捐助的社会影响

面。第二，监督作用。舆论监督成为当今社会一些民众维护正义与合法权益的重要手段。利用媒体对公益慈善事业进行监督，揭露、报道、评论、客观报道政府、企业、社会组织在慈善领域不当行为，促使社会各方严于律己，从而形成良好的公益慈善环境，促进企业慈善行为更好的发展。第三，引导作用。加强舆论引导，增进整个社会的慈善意识，是新闻媒体实现自我价值、推动社会进步的一个契机。媒体应提高对慈善的认识，保障报道正确的舆论导向；加强对典型案例的引导和传播，给企业的"义举"以公平待遇；加强项目策划，注意活动基调的整体把控和细节展示，使其更好地传递公益主旨。

公开信息来源

河南省公安民警英烈基金会

河南省见义勇为基金会

河南省浙鑫助残救孤基金会

河南省中原文化建设发展基金会

河南省拥军优属基金会

河南省中原老龄产业发展基金会

河南省天慈公益基金会

河南省慈鑫福利基金会

河南省原动力公益基金会

河南省南阳张仲景基金会

河南省本源人文公益基金会

河南省文化产业发展基金会

河南省金鑫爱心教育基金会

河南省黄帝故里基金会

河南省爱心事业基金会

河南省张海书法发展基金会

河南省羚锐老区扶贫帮困基金会

河南省光彩事业基金会

河南省福兴儿童公益基金会

河南省关心下一代基金会

河南省新机救助基金会

河南省银龄基金会

河南省中原文物保护基金会

河南省会善助老基金会

河南省华康爱心教育基金会

河南省康泰扶贫助困基金会

河南省中原发展研究基金会

河南省金阳光慈善救助基金会

河南省平煤医疗风险救助基金会

濮阳市教育发展基金会

河南牧野文化基金会

河南省残疾人福利基金会

河南省民营企业信用发展基金会

河南省丹阳助老基金会

南阳油田中小学教师奖励基金会

河南足球事业发展基金会

新乡市教育基金会

河南省爱心基金会

河南省黄河文化基金会

河南省老区建设基金会

河南省东方文化艺术基金会

河南省崇文教育基金会

河南省张伯驹文化发展基金会

河南交通职业技术学院教育发展
基金会

河南省体育发展基金会

河南省儿童希望救助基金会

河南省上上公益基金会

郑州市嵩山文明研究基金会

河南省和谐慈善基金会

河南省大爱文化艺术发展基金会

河南省中土养老慈善基金会

河南省荆浩非物质文化遗产传承
发展基金会

郑州市法律援助基金会

河南省大河文化发展基金会

新乡市环卫爱心基金会

河南省阳光助老基金会

洛阳市河洛文物保护基金会 　　河南省阳光文化发展基金会

河南省青年创业就业基金会 　　中牟县慈善总会

河南省爱心助老基金会 　　　　信阳市慈善总会

河南理工大学教育发展基金会 　　河南省扶贫开发协会

河南省宋庆龄基金会 　　　　　荥阳慈善总会

济源市宝之源慈善基金会 　　　河南省慈善总会

河南省青少年发展基金会 　　　漯河市慈善总会

河南省善福缘老龄基金会 　　　周口市慈善总会

鲁山县人民教育基金会 　　　　焦作市慈善总会

三门峡市慈善总会 　　　　　　郑州市慈善总会

河南省助残济困总会 　　　　　河南省红十字会

中国公益慈善网 　　　　　　　基金会中心网

腾讯大豫网 　　　　　　　　　人民网河南分网公益河南

新华公益 　　　　　　　　　　大河网爱心频道

公益时报社发布的"中国慈善榜"

福布斯发布的"中国慈善排行榜"

胡润研究院发布的"胡润慈善榜"

北京师范大学公益研究院发布的
"中国捐赠百杰榜"

后　记

《河南省企业社会责任研究报告（2016）》一书，由河南财经政法大学河南经济伦理研究中心、中国人民大学伦理学与道德建设研究中心（教育部百所重点人文社会科学研究基地）、河南省经济伦理学会组织撰写，是继《河南省企业社会责任研究报告（2015）》之后第二本河南省企业社会责任研究报告。《河南省企业社会责任研究报告》（拟定每年一本）是河南财经政法大学河南经济伦理研究中心推出的重大特色项目，也是2016年河南省高等学校哲学社会科学应用研究重大项目——《新常态下河南省上市公司企业社会责任研究》（编号：2016-YYZD-02）的阶段性成果。项目历时一年，其间经过项目前期的理论考证、国内外企业社会责任建设的理论实践、选择评价参照体系、企业调研、问题讨论、撰写初稿、企业反馈等阶段，最终形成《河南省企业社会责任研究报告（2016）》的研究成果。

《河南省企业社会责任研究报告（2016）》一书由五部分组成：总论、理论篇、行业篇、企业篇、附录。具体分工如下：总论（马书臣、乔法容），理论篇（马越），行业篇（张新宁），企业篇（依企业排序分别是：王文超、李培林、李天舒、李涤非、冷元元、乔楠、郦平、许贵阳、周林霞、黄卫华、乔桂香、李怡静、陈伟涛）。全书由主编、副主编提出撰写大纲、选择评价标准体系、统稿、定稿。

《河南省企业社会责任研究报告（2016）》一书主要研究2015年河南省企业社会责任的履行情况、政府通过制度和政策引领、社会各方推动、企业的社会责任实践与创新等内容，于2016年底推出。之后将陆续出版。这是第一套较为系统研究河南省企业社会责任的理论与实践的著作。由于是首套著作，因资料搜集存在一定的难度，该书以上市公司、行业协会为研究对象和典型个案，依据公司年度业绩报告和我们的调研数据来开展研究工作。

《河南省企业社会责任研究报告（2016）》一书是河南财经政法大学河南经

济伦理研究中心推出的具有河南特色的重大应用研究成果。该项目的团队，是在河南省经济伦理研究中心专兼职人员基础上组建的，绝大多数成员具有教授、副教授、博士等职称和学位，还有五位获得国家级、省级专家荣誉称号的学者。该中心系河南省高校人文社会科学研究重点基地，近四年评估获得优秀等次。中心有省级重点学科——哲学一级学科支撑，河南省经济伦理学会、教育部百所重点研究基地——中国人民大学伦理学与道德建设研究中心企业伦理研究所均挂靠与设置在该中心。在中国人民大学伦理学与道德建设研究中心主任葛晨虹博导的指导和大力支持下，在河南省经济伦理学会的直接协助下，由河南财经政法大学河南经济伦理研究中心具体组织该书的研究与写作任务。

与《河南省企业社会责任研究报告（2015）》相比，《河南省企业社会责任研究报告（2016）》增加了"行业篇"。行业协会作为市场和政府之外的社会组织，在促进企业社会责任履行方面有着不可替代的作用，其主要通过行业协会自律在经济部门的治理中发挥着重要的作用，河南省的行业协会也不例外。2016年我们选取河南省工业经济联合会和河南省矿业协会作为典型行业协会，他们通过种种努力推进河南省企业在履行社会责任方面走在全国前列。今后推出的《河南省企业社会责任研究报告》，将陆续研究其他行业协会的典型经验。

关于本书排序，也做简要说明。《河南省企业社会责任研究报告（2015）》选取了13家企业，这些企业按相关行业标准和指标进行了排序。这13家企业有10家企业在2016年的报告中仍作为典型企业，我们还按照2015年的排序标准进行了排序，分别是安阳钢铁股份有限公司、河南神火煤电股份有限公司、神马实业股份有限公司、河南汉威电子股份有限公司、华兰生物工程股份有限公司、河南羚锐制药股份有限公司、三全食品股份有限公司、风神轮胎股份有限公司、中信重工机械股份有限公司、中原环保股份有限公司。2016年新增加了河南天冠企业集团有限公司、河南瑞贝卡发制品股份有限公司、郑州万达重工股份有限公司三家企业，我们按照研究报告的定稿时间顺序做了排序。

在本书即将付梓之际，对支持与帮助我们工作的领导与朋友深怀感激之情。感谢入选本书的河南省工业经济联合会和河南省矿业协会，感谢入选本书的13家企业，正是你们的奋斗与创造成全了该作；感谢河南省证监委的领导和河南上市公司协会秘书长康红仲，他们为本书的写作给予了多方面的支持；感谢中国人民大学伦理学与道德建设研究中心各位导师长期以来对企业伦理研究所工作的指导与帮助；感谢河南省企业社会责任促进中心主任、河南省经济伦理学会副会长林彬的大力支持；感谢河南财经政法大学提供专项研究经费支持，组建优秀团队、提供多方必要条件，都离不开学校的有力支持；感谢学界诸位学者，您的研究成果正是我们借鉴和思考的思想资源，引用处已在著作中一一标出。

在此，特别要感谢经济管理出版社的领导和编辑，正是你们的鼎力支持和帮助，才使本书得以顺利出版。

作者

2016 年 11 月于河南郑州